高等院校应用心理学专业精品课程规划教材
编委会

丛书总顾问
莫 雷　刘 鸣

丛书主编
张 卫　刘学兰

委 员
（以姓氏笔画为序）

王 玲　田丽丽　许思安　何先友　张敏强　迟毓凯
范 方　陈 俊　陈 琦　郑希付　彭子文

高等院校应用心理学专业精品课程规划教材·学校心理系列

SCHOOL MANAGEMENT PSYCHOLOGY

学校管理心理学

主　编 ◎ 罗品超
副主编 ◎ 梁碧珊　徐　亮
编　者 ◎ 李俊娇　徐　恬　闫　沛
　　　　 张　帆　郑　娟　张雪莲

"学校心理系列"教材编写时凸显了三个方面的特点：首先，以问题导向为出发点，构思整体架构；其次，以学科前沿为背景，在内容的选择上突出心理学的最新研究成果，引领读者在解决实际问题中感受心理学领域的最新进展；最后，充分考虑学习者的学习需求，力求体现学以致用的基本导向，创新教材的呈现方式，体例灵活。

华中科技大学出版社
http://press.hust.edu.cn
中国·武汉

内 容 提 要

学校管理心理学是一门在学校管理活动中研究各种心理现象及其规律并解决学校管理问题的学科。本书围绕本科高等院校应用型人才培养目标,立足于我国学校管理心理学发展的现状和相关的前沿性问题,从学校管理心理学的发展历史、个体及群体心理、学生及教师管理心理、领导及组织心理等方面进行了全面、系统的阐述。

本书体例简明合理,内容上突出理论与实践的有效结合,案例丰富多样,实践环节清晰易懂、适用面广,强调对应用能力的培养。本书可供本科师范类高等院校各专业的学生使用,也可作为相关教师、学校管理者培训的参考书。

图书在版编目(CIP)数据

学校管理心理学/罗品超主编. —武汉:华中科技大学出版社,2017.8(2024.8重印)
高等院校应用心理学专业精品课程规划教材.学校心理系列
ISBN 978-7-5680-3084-7

Ⅰ.①学… Ⅱ.①罗… Ⅲ.①学校管理-管理心理学-高等学校-教材 Ⅳ.①G47

中国版本图书馆 CIP 数据核字(2017)第 162700 号

学校管理心理学 罗品超 主编
Xuexiao Guanli Xinlixue

策划编辑:周晓方
责任编辑:李文星
封面设计:原色设计
责任校对:何 欢
责任监印:周治超
出版发行:华中科技大学出版社(中国·武汉)　　电话:(027)81321913
　　　　　武汉市东湖新技术开发区华工科技园　　邮编:430223
录　　排:华中科技大学惠友文印中心
印　　刷:广东虎彩云印刷有限公司
开　　本:787mm×1092mm　1/16
印　　张:25.75　插页:2
字　　数:637千字
版　　次:2024 年 8 月第 1 版第 2 次印刷
定　　价:78.00 元

本书若有印装质量问题,请向出版社营销中心调换
全国免费服务热线:400-6679-118　　竭诚为您服务
版权所有　侵权必究

总序

随着现代社会的不断发展与进步,心理学正迅速渗透和应用到社会生活的各个角落。心理学在促进人类的健康和全面发展、应对各种各样的社会问题与挑战中正扮演着越来越重要的角色,应用心理学正逐渐成长为一个具有广阔发展前景的重要领域和专业。为适应应用心理学专业建设和人才培养的需要,我们策划了这套"高等院校应用心理学专业精品课程规划教材",此套教材共分三个系列:学校心理系列、心理咨询与心理治疗系列、人力资源管理与人才测评系列。这三个系列所涵盖的领域也是心理学应用最广泛和较为成熟的领域。

我们在编写本套教材时凸显了以下三个方面的特点。

第一,实践性的导向。本系列教材以问题导向为出发点构思整体架构。在中小学中,最受关注的热点问题包括学生的自我发展、学习困扰、情绪调节、学生之间的同伴关系、师生之间的沟通、家校之间的合作、班级凝聚力的提升、教师课堂教学的驾驭、突发事件的处理、特殊儿童与常态儿童的融合等,本系列教材将针对这些问题给予理论阐释和实践指导。

第二,前沿性的内容。本系列教材以学科前沿为背景,在内容的选择上突出心理学的最新研究成果,引领读者在解决实际问题中感受普通心理学、发展心理学、教育心理学、社会心理学、咨询心理学、教师心理学、心理测量学、性别心理学、脑科学等分支学科、领域的最新进展,以及这些学科的进展在诸多实际问题中的具体应用。

第三,创新性的体例。本系列教材充分考虑学习者的学习需求,力求体现学以致用的基本导向,创新教材的呈现方式,体例灵活。每章包括"本章结构"、"案例分享"、"学习导航"、"课外拓展"等板块,以实现理论和实践融合、课堂向课外延伸,具有很强的实用性和可读性。

本系列教材由六册组成,分别是:《学校心理学》、《学校管理心理学》、《学习心理辅导》、《心理健康教育课程设计与组织》、《青少年心理与辅导》、《特殊儿童心理与教育》。其中,《学校心理学》、《学校管理心理学》属于通识模块,侧重介绍跟学校领域相关的心理学基本理论与应用,帮助读者掌握学生的心理发展规律、课堂教学中的心理学效应、班级管理与团队运作的常用策略等方面的基础知识与基本技能。而《学习心理辅导》、《心理健康教育课程设计

与组织》《青少年心理与辅导》《特殊儿童心理与教育》这四本教材属于拓展模块，引导读者从发展性教育和补救性教育等多个层面深入具体地掌握相关领域的理论与研究进展、应用技能与方法。

本系列教材的作者大多是多年在心理学领域从事研究、教学和服务的教师，有着扎实的专业功底和丰富的教学、实践经验，确保了本系列教材的水平和质量。由于各种主客观原因，教材存在各种不足或不当之处，请广大学者、专家和读者不吝批评和指正。各位作者在编写本系列教材的过程中付出了大量的辛勤劳动与心血，本系列教材的出版得到了华中科技大学出版社领导及编辑的大力支持，在此一并致以敬意和谢意！

华南师范大学心理学院院长，教授、博士生导师

张卫

2015 年 1 月于广州

前言

　　学校管理心理学是管理心理学在学校管理中的具体应用,是研究学校管理活动中的心理现象及其规律的学科,其主要目的不仅是探索学校管理中的心理现象和规律,更是为学校管理实践提供科学理论指导的依据。了解并科学地解释学校管理活动中人的心理特点和规律,对提升学校管理效能具有十分重要的意义。

　　从20世纪80年代至今,经历了三十多年的发展,我国学者对学校管理心理学进行了多层面的深入探讨及大量的实证研究,形成了一系列的论文成果及学术著作。但总体来看,学校管理心理学作为一门新兴的学科,其发展还处于起步阶段,亟待更多的学者以及一线学校管理人员加入到学校管理心理学的理论研究及实践应用中,为我国学校管理心理学的发展做出贡献,促使学校管理心理学更好地应用于学校全方位的管理与建设中。为此,本教材旨在将理论与实践相结合,培养一支具有一定专业理论基础、具有解决学校管理问题实际能力的学校管理队伍。

　　针对学校管理实践的问题,本教材在阐述学校管理心理学基本理论的基础上,注重实际问题的分析,全书共八章:第一章"学校管理心理学概论",介绍了学校管理心理学的发展历程与现状,以及学校管理心理学的基本概念、研究对象、研究任务及研究方法等;第二章"学校管理心理学基本理论",介绍了与学校管理相关的管理心理学理论、人性假设理论及激励理论;第三章"个体及群体心理",介绍了认知过程、情绪情感、个性倾向与特征、群体心理与学校管理心理的关系,学校人际关系的基本情况以及学校人际沟通与人际冲突处理的策略;第四章"学生管理心理",介绍了中小学生的认知、个性与社会性特点,特殊儿童心理发展特点及管理的产生、发展及方法,学生心理危机的概念、阶段及危机管理的理论与方法,学生心理健康及其维护管理的途径;第五章"教师管理心理",介绍了教师的角色与职业素养,教师积极心理及鼓励策略,教师的绩效评价、学生评教、课堂教学评价及教师在教学活动的反思,教师职业压力分析及心理健康维护;第六章"班级管理心理",介绍了课堂气氛的营造与课堂纪律管理,班级管理的职能、意义、模式变革及心理效应在班级管理中的应用,班干部管理、队伍建设及心理文化指导下的班干部管理体系建设,心理主题班会及其设计路径;第七章"学校领导心理",介绍了学校领导角色与职业素养,领导特质理论、行为理论、权变理论,权

力以及领导影响力构成与影响因素,学校领导的有效性及其影响因素、评价体系、有效的影响策略;第八章"学校组织心理",介绍了学校组织及其结构、心理功能以及组织气氛、组织文化,学校组织变革的含义、动因、必要性、理论、主要模式及策略,学校组织冲突、影响、解决策略、沟通技巧及校园危机管理等。

    本书的参编人员具有丰富的学校管理心理学理论基础和学校一线管理教学的实操经验,编写过程中尤其重视理论与实践相结合,管理与心理相结合。教材既有理论知识的阐述,更着力于实际案例分析,为学习者提供"案例分享"、"心理训练"等可操作、可模仿的模块,既满足学习者理论学习的需要,更能提高学习者的实操能力,满足学习者的就业、工作需求。希望本教材的出版能为培养一支理论与实践双出众的学校管理工作者队伍提供借鉴。教材各章编写安排如下:第一章由梁碧珊撰写,第二章由张帆、梁碧珊撰写,第三章由徐亮编写,第四章由徐恬编写,第五章由郑娟编写,第六章由闫沛编写,第七章由张雪莲编写,第八章由李俊娇编写,罗品超负责全书统稿工作。

    本教材在编写过程中参考和借鉴了国内外专家、学者的研究成果,在此表示衷心感谢!由于编者水平有限,书中难免出现疏漏或错误,恳请广大读者不吝赐教,共同丰富教材内容,使教材得以充实和完善。

罗品超
2016 年 9 月 11 日

目录

第一章　学校管理心理学概论 ..1
　第一节　学校管理心理学的产生与发展 ..1
　　一、管理心理学的产生与发展 ..2
　　二、学校管理心理学的产生和发展 ..7
　第二节　学校管理心理学的研究对象和任务 ..11
　　一、学校管理心理学的研究对象 ..12
　　二、学校管理心理学的研究任务 ..17
　第三节　学校管理心理学的研究方法与技术 ..19
　　一、学校管理心理学的研究原则 ..20
　　二、学校管理心理学的研究方法和技术 ..22

第二章　学校管理心理学基本理论 ..29
　第一节　人性假设理论 ..30
　　一、性恶论——经济人假设（X理论） ..30
　　二、性善论——社会人假设 ..32
　　三、自我实现人假设（Y理论） ..34
　　四、复杂人假设（超Y理论） ..35
　　五、文化人假设（Z理论） ..37
　　六、决策人假设 ..40
　　七、学习人假设 ..41
　第二节　激励理论 ..43
　　一、内容型激励理论 ..44
　　二、过程型激励理论 ..52
　　三、行为矫正型激励理论 ..59
　　四、综合型激励理论 ..61

第三章　个体及群体心理 ..71
　第一节　心理过程与管理 ..71
　　一、认知过程与学校管理 ..72

二、情绪情感过程与学校管理 .. 83
　第二节　个性心理与管理 .. 91
　　一、个性倾向性与学校管理 .. 91
　　二、个性特征与学校管理 .. 95
　第三节　群体心理与管理 .. 105
　　一、群体与学校群体 .. 106
　　二、学校群体心理 .. 107
　　三、学生非正式群体 .. 109
　第四节　学校人际关系及沟通策略 .. 112
　　一、学校人际关系概述 .. 113
　　二、学校人际沟通 .. 117
　　三、学校人际冲突 .. 119

第四章　学生管理心理 .. 130
　第一节　学生心理特点与管理 .. 130
　　一、中小学生认知特点 .. 132
　　二、中小学生个性与社会性特点 .. 137
　第二节　特殊学生心理与管理 .. 144
　　一、特殊儿童心理发展特点 .. 145
　　二、特殊儿童心理管理的产生和发展 .. 149
　　三、特殊儿童教育管理观念 .. 153
　第三节　学生危机心理与管理 .. 160
　　一、心理危机的概念 .. 160
　　二、心理危机的阶段 .. 162
　　三、心理危机管理的理论与方法 .. 165
　第四节　学生心理健康教育与管理 .. 173
　　一、心理健康维护的概述 .. 174
　　二、维护学生心理健康的运作模式 .. 178
　　三、学生心理健康维护与管理的内容和方法 .. 180

第五章　教师管理心理 .. 188
　第一节　教师角色与职业素养 .. 189
　　一、教师角色 .. 189
　　二、教师职业素养 .. 192
　第二节　教师积极性的激励 .. 207
　　一、教师积极性的心理分析 .. 207
　　二、教师积极的激励 .. 211
　第三节　教师工作考核与评估 .. 221
　　一、教学绩效评价 .. 222

二、学生评价教师教学工作 .. 223
　　三、同行对课堂教学的评价 .. 225
　第四节　教师工作压力与心理健康 .. 231
　　一、教师职业压力分析 .. 233
　　二、教师心理健康及应对 .. 236

第六章　班级管理心理 .. 250
　第一节　课堂管理心理 .. 251
　　一、课堂气氛的营造 .. 251
　　二、课堂纪律的管理 .. 254
　第二节　班级管理心理 .. 260
　　一、班级管理的职能与意义 .. 261
　　二、班级管理模式的变革 .. 262
　　三、心理效应在班级管理中的应用 .. 267
　第三节　班干部管理心理 .. 273
　　一、班干部及班干部管理的意义 .. 273
　　二、完善班干部队伍建设与管理的三种机制 .. 275
　　三、心理文化指导下的班干部管理体系建设 .. 279
　第四节　心理主题班会设计 .. 284
　　一、认识心理主题班会 .. 286
　　二、心理主题班会的设计路径 .. 286

第七章　学校领导心理 .. 298
　第一节　学校领导角色与职业素养 .. 299
　　一、学校领导的角色 .. 300
　　二、学校领导的职业素养 .. 304
　第二节　领导理论 .. 309
　　一、领导特质理论 .. 310
　　二、领导的行为理论 .. 312
　　三、领导权变理论 .. 314
　第三节　领导者的权力和影响力 .. 326
　　一、权力的概述 .. 326
　　二、权力的来源 .. 327
　　三、领导者影响力构成 .. 328
　　四、影响领导影响力的因素 .. 332
　第四节　领导的有效性 .. 335
　　一、学校领导有效性的界定 .. 336
　　二、影响领导行为有效性的因素 .. 337
　　三、领导有效性的评价体系 .. 338

  四、提高有效领导行为的步骤 ·· 339
  五、有效的影响策略 ·· 340
  六、权威（权力＋威信）是有效领导的基础 ·· 340
  七、提升领导有效性的途径 ·· 341

第八章　学校组织心理 ·· 348
第一节　学校组织心理概述 ·· 349
  一、组织与学校组织 ·· 350
  二、学校组织的结构与心理功能 ·· 351
  三、学校组织气氛与组织文化 ·· 355
第二节　学校组织的变革与发展 ·· 363
  一、组织变革的含义 ·· 364
  二、组织结构变革的动因 ·· 364
  三、学校组织变革的必要性 ·· 365
  四、学校组织变革的理论 ·· 369
  五、学校组织变革的主要模式 ·· 371
  六、学校组织变革的策略 ·· 373
第三节　学校组织的冲突与危机管理 ·· 376
  一、学校组织冲突 ·· 377
  二、学校组织冲突的影响 ·· 379
  三、学校组织冲突的解决策略 ·· 380
  四、沟通与冲突解决的基本知识 ·· 383
  五、校园危机管理 ·· 385

参考文献 ·· 396

第一章 学校管理心理学概论

本章结构

- 学校管理心理学的产生与发展
  - 管理心理学的产生与发展
  - 学校管理心理学的产生和发展
- 学校管理心理学的研究对象和任务
  - 学校管理心理学的研究对象
  - 学校管理心理学的研究任务
- 学校管理心理学的研究方法与技术
  - 学校管理心理学的研究原则
  - 学校管理心理学的研究方法和技术

第一节 学校管理心理学的产生与发展

案例分享

报道引发师生大"沟通"

"都是因为沟通不够。"离高考只有一个多月,一名高三女学生被班主任强行要求从班上转走,这是2006年4月16日发生在长沙市华夏实验学校的一件事情。该事件引起了学校的强烈关注,最终这名女学生被留在原班上。同时,华夏学校领导采取了多管齐下的措施对师生存在的缺乏沟通引起的问题进行了重点解决。

"高考前要学生转班"事件,引起了长沙市教育局领导的重视,事情发生后,华夏学校的领导对班主任颜老师进行了批评,认为主要是老师、家长、学生三方沟通不到位引起的。

学校决定采取科学合理的沟通,来融洽高三年级师生的感情。五一长假期间,学校印发了"学生家校沟通表"。另外,学校还在自己的网站上设置了留言板,学生和家长的意见可通过留言板直接传递给校长。校长针对这些意见再要求相关部门做出处理,限期将处理结果向学生和家长反馈。短短的一个月内,共收到了意见1080条。

5月8日,为让高三学生有一个健康的心理,副校长王西德——原河南省学校管理心理学会理事,专门给学生上了一堂心理辅导课。

(资料来源:http://news.sina.com.cn/s/2006-05-25/07519019680s.shtml.)

师生关系是学校管理中的重要一环,是教与学过程中不可或缺的因素之一。作为一名班主任,如何根据学生心理特点对班级进行管理?作为一名老师,如何处理好与学生、家长、同事之间的关系?作为一名校长,如何了解不良师生关系的原因并及时解决师生矛盾?通过学习学校管理心理学,你将了解到学生、教师、学校领导及学校组织的心理特点及管理策略。本章主要介绍学校管理心理学的产生与发展、研究对象、研究任务以及研究方法。

学习导航

学校管理心理学是管理心理学在学校管理中的具体应用,是研究学校管理活动中的心理现象及其规律的科学。在了解学校管理心理学的具体内容前,十分有必要回顾管理心理学的产生和发展过程,有助于我们更好地认识和理解学校管理心理学的产生和发展。

一、管理心理学的产生与发展

管理心理学是研究组织管理过程中个体、团体、组织的心理及行为现象、心理过程及其发展规律的科学。它把心理学的理论、原则和方法运用于组织管理中,通过研究组织中人的心理和行为规律,进而控制和预测组织中的人的心理和行为规律,以调动人的积极性,发挥人的潜能,提高生产和工作效率,改善人际关系及增强组织功能。管理心理学是心理学和管理学交叉而成的一个新兴重要分支,属于应用心理学科。从18世纪的英国工业革命开始至20世纪初,由于生产力的迅速发展,社会生活发生了巨大的变化,管理心理学被推到了企业管理的前沿。它是在管理科学及心理科学蓬勃发展的基础上发展起来的。

(一)管理科学的影响

在18世纪后期至19世纪末,科学管理的理论并没有形成。先行工业革命的英国,企业主在企业管理中相互封闭保密,阻碍了管理科学的研究和传播。早期思想家的管理思想没有引起重视,传统的经验管理滞后于当时生产力的发展,许多工厂的产量都远远低于额定的产量。这种情况迫使一批工程技术人员和管理人员努力把当时的最新科技成果运用于管理,突破传统的管理观念,使经验上升为科学理论。一般认为,管理心理学起源于20世纪20

年代,成熟于20世纪五六十年代,这时期代表人物较多,如美国的泰勒、梅奥等。

1. 科学管理学派

泰勒被公认为是"科学管理之父",从1900年开始,他在工厂实验的基础上,先后提出了劳动定额、工资定额、工作流程图、差别计件工资制、岗位职能制等一系列科学管理的制度和方法,统称"泰勒制"。他最早采用科学方法研究工人的工作效率问题,并发展出科学的作业方法,使得工作效率成倍提高。泰勒于1911年出版了《科学管理原理》一书,为科学管理理论中管理心理学的产生奠定了基础。

2. 行为科学学派

20世纪30年代至60年代是现代管理理论的重要发展期,人们开始重视管理中人的因素。美国的一些心理学家和社会学家相结合,对企业管理中提高人的生产效率问题进行了许多实验,并形成了管理中一个对后来的管理心理学产生重要影响的人际关系学派(又称行为科学学派)。该学派是以20世纪20年代至30年代的霍桑实验为标志形成和发展起来的。美国哈佛大学教授梅奥等人在芝加哥城的霍桑电气工厂进行了为期9年的大型现场实验,主要研究人的工作环境如湿度、温度、休息时间、福利等对生产效率的影响。研究结果发现:影响生产效率的主要不是物质因素和经济因素,而是工人的心理或社会因素。梅奥1933年出版了《工业文明中的人类问题》一书,成为人际关系学派的代表作。该书认为,工人不是只追求金钱收入的"经济人",他们还有社会心理方面的需要,应把工人当作"社会人"来看待,重视人际沟通作用;管理要转向以人为中心的管理;要重视工人群体的研究;要建立新型的领导、监督关系,主张运用协调人际关系的方法以及采取民主参与的领导方式等。梅奥领导的"霍桑实验"是推动管理心理学发展的重要因素。随后20世纪50年代,在美国,这门运用社会科学、心理科学的知识与科学原理来提高管理效能的学科被命名为行为科学。直到20世纪60年代,管理心理学正式成为一门独立学科。

(二)心理科学的影响

自1879年冯特在德国莱比锡大学建立第一个心理学实验室后,科学心理学不仅在认知、情绪、动机、需要、个性等基础心理理论方面有重要的发展,且从20世纪开始,应用心理学的发展也扩展到各领域并取得重大突破。许多心理学家开始关注到科学心理学与科学管理学之间存在的密切关系,很快把研究拓展到企业管理等领域中。

1. 心理技术学

心理技术学是最先把心理学运用于工业企业的一门学科。最早对心理技术学进行具体研究的是心理学创始人冯特的学生、被称为工业心理学之父的德国心理学家闵斯特伯格。他在1910—1914年期间发表了《心理学与经济生活》、《心理学与工业效率》等著作。他认为心理学可以为不同岗位选择具有相应品质的工人,可以找到生产效率最高、最令人满意的工作条件;他还强调人的愿望、兴趣在生产活动中的重要性,利用心理学研究工人的工作动机,寻找方法减轻工人的工作疲劳。

2. 群体动力理论与社会测量理论

被称为"社会心理学之父"的德国心理学家勒温所提出的"群体动力说"对于管理心理学的形成有很大的促进作用。勒温曾借用物理学中"磁场"的概念,提出了著名的心理场理论。

他认为人的心理、行为决定于人的内在需要和周围环境的相互作用。当人的需要未得到满足时,会产生内部力场的张力,客观环境中的一些刺激起着导火索的作用。人的行为的动向取决于内部力场与情境力场的相互作用。1933年以后,他又把心理场理论用于研究群体行为,提出了群体动力的概念。群体的行为不等于群体中成员个人行为简单的算术和,因而会产生一个新的行为形态。勒温的学生对影响群体行为的诸因素(群体规范、沟通、领导等)进行了深入的研究,这些研究构成了管理心理学中群体心理的基本内容。1934年,美国社会心理学家莫里诺创造了社会测量法,这种技术主要采用填写问卷的方法,让被试根据好感或反感对伙伴进行选择,并把这种选择用图表形式表示出来,以便于对群体中各成员之间的关系进行分析,帮助人们认识群体凝聚力、群体结构等人际关系的问题。

3. 有关人性的理论

1954年,美国心理学家马斯洛在对人的需要、动机进行研究的基础上出版了《动机与人格》一书,提出了对管理理论产生重要影响的需要层次理论。该理论将人的需要分为五类,即生理需要、安全需要、社交需要、尊重需要和自我实现需要,认为人都需要发挥自己的潜力、表现自己的才能,只有当人的潜力充分发挥出来,才会感到最大的满足。需要层次理论促使管理心理学家和管理学家抛弃了科学管理时期"经济人"的人性假设观,并对人际关系学派的"社会人"的人性假设观的认识有了进一步深化,重视探讨在管理中激励员工积极性的途径。20世纪50年代,美国心理学家阿吉里斯提出了员工"不成熟-成熟"理论。他的成熟理论与马斯洛的自我实现的理论有同样的含义,认为成熟的过程就是自我实现的过程。但阿吉里斯强调,人之所以不能完全成熟、不能充分自我实现是环境条件特别是管理制度限制了人的发展。美国另一位心理学家麦格雷戈总结和归纳了马斯洛、阿吉里斯等人的观点,提出了代表对立的人性假设的两种观点,即X理论和Y理论,他称泰勒制为X理论,主张管理应采取与X理论相对立的Y理论。Y理论肯定了人的成长和发展的可能性,管理的任务是发挥员工的潜力,创造条件使个人的需要与组织的目标结合起来,反对管理中运用权力实现指挥和监督。

4. 组织心理理论

除了对管理中的个体、群体心理的研究,约20世纪40年代以来,许多心理学家和管理学家开始注意对整个组织心理宏观研究,如美国的现代管理理论之父巴纳德1938年出版的《经理人员的职能》。他认为组织是两个以上有意识的协作力量和活动的合作系统;工人首先是社会成员,然后才是组织的参与者,而不是工具;管理人员的权威不是依靠命令来取得;合适的工作条件、技艺受到重视,企业事务的参与机会、与伙伴合作共事的兴趣将更为重要;强调组织中的信息沟通和非正式群体的作用。

美国斯坦福大学教授、著名管理学家莱维特于1958年正式出版了《管理心理学》,标志着管理心理学的诞生,它不断吸收心理学科乃至其他学科的知识,来丰富自己的内容,其中值得一提的是权变管理理论、行为科学以及神经管理学的发展,为管理心理学的发展,开辟了广阔的前景。

迄今为止,管理心理学已成为心理科学的一个独立的分支,它的普及与应用已不再局限于企业,而是对各行各业的组织管理具有普遍的指导意义,其中学校管理心理学就是管理心理学科中的一门新兴的独立学科。我国在这几十年的发展中,学习国外的先进管理理论和方法,联系我国的改革实践、企业管理以及学校管理实践加以应用,取得了较好的效果,也取得了一定的科研成果。

 知识链接 1-1

霍桑实验

经典管理理论的杰出代表泰勒、法约尔等人在不同的方面对管理思想和管理理论的发展做出了卓越的贡献,并且对管理实践产生了深刻影响,但是他们有一个共同的特点,就是都着重强调管理的科学性、合理性、纪律性,而对管理中人的因素和作用未给予足够重视。他们的理论基于这样一种假设:社会是由一群无组织的个人所组成的,他们在思想上、行动上力争获得个人利益,追求最大限度的经济收入,即"经济人",管理部门面对的仅仅是单一的职工个体或个体的简单总和。基于这种认识,工人被安排去从事固定的、枯燥的和过分简单的工作,成了"活机器"。从 20 世纪 20 年代美国推行科学管理的实践来看,泰勒制在使生产率大幅度提高的同时,也使工人的劳动变得异常紧张、单调和劳累,因而引起了工人们的强烈不满,并导致工人的怠工、罢工以及劳资关系日益紧张等事件的出现;与此同时,随着经济的发展和科学的进步,有着较高文化水平和技术水平的工人逐渐占据了主导地位,体力劳动也逐渐让位于脑力劳动,也使得西方的资产阶级感到单一地用古典管理理论和方法已不能有效控制工人以达到提高生产率和利润的目的。这使得对新的管理思想、管理理论和管理方法的寻求和探索成为必要。

▷ 实验过程

√ 照明实验

时间从 1924 年 11 月至 1927 年 4 月。当时关于生产效率的理论占统治地位的是劳动医学的观点,认为影响工人生产效率的可能是疲劳和单调感等,于是当时的实验假设便是"提高照明度有助于减少疲劳,使生产效率提高"。可是经过两年多实验发现,照明度的改变对生产效率并无影响。具体结果是:当实验组照明度增大时,实验组和控制组都增产;当实验组照明度减弱时,两组依然都增产,甚至实验组的照明度减至 0.06 烛光时,其产量亦无明显下降;直至照明减至如月光一般、实在看不清时,产量才急剧下降。研究人员面对此结果感到茫然,失去了信心。

从1927年起,以梅奥教授为首的一批哈佛大学心理学工作者将实验工作接管下来,继续进行。

√ 福利实验

福利实验是继电器装配测试室研究的一个阶段,时间是从1927年4月至1929年6月。总体来说,实验目的是查明福利待遇的变换与生产效率的关系。但经过两年多的实验发现,不管福利待遇如何改变(包括工资支付办法的改变、优惠措施的增减、休息时间的增减等),都不影响产量的持续上升,甚至工人自己对生产效率提高的原因也说不清楚。

后经进一步的分析发现,导致生产效率上升的主要原因如下:

①参加实验的光荣感。实验开始时6名参加实验的女工曾被召进部长办公室谈话,她们认为这是莫大的荣誉。这说明被重视的自豪感对人的积极性有明显的促进作用。②成员间良好的相互关系。

√ 访谈实验

研究者在工厂中开始了访谈计划。此计划的最初想法是要工人就管理当局的规划和政策、工头的态度和工作条件等问题做出回答,但这种规定好的访谈计划在进行过程中却大出意料之外,收到意想不到的效果。工人想就工作提纲以外的事情进行交谈,工人认为重要的事情并不是公司或调查者认为意义重大的那些事。访谈者了解到这一点,及时把访谈计划改为事先不规定内容,每次访谈的平均时间从三十分钟延长到1～1.5个小时,多听少说,详细记录工人的不满和意见。访谈计划持续了两年多,工人的产量大幅提高。

工人们长期以来对工厂的各项管理制度和方法存在许多不满,无处发泄,访谈计划的实施恰恰为他们提供了发泄机会。发泄过后心情舒畅,振奋了士气,因而产量得到提高。

√ 群体实验

梅奥等人根据访谈的结果设计了群体实验,他们选择了14名男性工人在单独的房间里从事绕线、焊接和检验工作,对这个班组实行特殊的工人计件工资制度。

实验者原来设想,实行这套奖励办法会使工人更加努力工作,以便得到更多的报酬。但观察的结果发现,产量只保持在中等水平上,每个工人的日产量平均都差不多,而且工人并不如实地报告产量。深入调查后发现,这个班组为了维护他们群体的利益,自发地形成了一些规范。他们约定,谁也不能干得太多,突出自己;谁也不能干得太少,影响全组的产量;并约法三章,不准向管理当局告密,如有人违反这些规定,轻则挖苦谩骂,重则拳打脚踢。进一步调查发现,工人们之所以维持中等水平的产量,是担心产量提高,管理当局会改变现行奖励制度,或裁减人员,使部分工人失业,或者会使干得慢的伙伴受到惩罚。

这一实验表明,为了维护班组内部的团结,可以放弃物质利益的引诱。由此提出"非正式群体"的概念,认为在正式的组织中存在着自发形成的非正式群体,这种群体有自己的特殊的行为规范,对人的行为起着调节和控制作用。

(资料来源:http://baike.baidu.com/link? url＝ObdbJonmr8OuwwY1CvvwAY94huDXoVQC2lJcAGfthEWsxdrZ04Tiynn5auCD28epFlDBfpp8e8X7T24qrKyXmK.)

二、学校管理心理学的产生和发展

(一) 学校管理心理学的产生

自从有了学校,学校就具备了管理这项职能,但由于生产力落后,学校教育的规模和内容都十分有限,在学校管理方面并没有形成系统理论。20世纪初期以来,随着社会的发展,在欧美一些国家,学校增多,规模扩大,教学内容、方法和形式日益丰富,学校管理工作也日趋复杂,许多问题亟须解决,学校管理心理学应运而生。学校管理心理学的基本理论和框架来源于管理科学发展过程中的行为科学,其萌芽可以追溯到闵斯特伯格。闵斯特伯格十分关注学校管理心理学问题,把发展教师有效的教育技术作为心理技术学的主要内容之一。他认为,心理技术学应该应用于教育领域,其目的不仅在于使教师能有效地影响儿童,也在于使教师能够自省,进而采取适当的教育方式。他为早期学校管理心理学的发展做出了一定的贡献。

(二) 学校管理心理学的发展

1. 国外学校管理心理学的发展

直至20世纪七八十年代,教育实践,尤其是学校管理实践孕育了学校管理心理学的成长。第二次世界大战后,随着科技的快速发展,国际上的政治、经济、技术等的竞争日益激烈。要在这些竞争中获胜,必须通过发展教育积蓄竞争实力。因此,近几十年来各国教育改革如火如荼,通过研究学校管理心理并借助其成果提高学校管理与教育管理质量的行为普遍出现。20世纪七八十年代,一些发达国家相继出版了有关著作,如美国欧文斯(R. Owens)的《学校组织行为学》(再版时更名为《教育组织行为学》),琼斯(N. Jones)等的《学校管理和心理》,沙库罗夫的《学校管理的社会心理学问题》等。

2. 我国学校管理心理学的发展

我国是率先使用"学校管理心理学"这门学科名称的国家。早在1979年,在急需心理学教材的情况下,在教育部和中国心理学会的领导下,全国八家教育学院的心理学工作者编写了《学校心理学》,就有关学校教育、教学、管理的心理学知识编写了九章内容。"管理心理"是其中的第八章。该章共四节,有提高领导效能、调动教师积极性、科学管理学生、校风的形成等。这是改革开放以后,我国第一次见诸正式出版的学校管理心理学内容,但它还不是独立的一本书。1984年,云南教育学院张燮主持编写我国第一本《学校管理心理学》。书中提出的"心理设计法"、"领导环境的诊断"、"学校心理环境的建设"在学校管理心理学的研究方法中具有独到之处。此外,学校管理心理学教材的建设很好地体现了我国学校管理心理学的学科发展。随后,相关的一些学校管理学书籍、教材陆续出版,其中,由潘菽、林崇德指导,中央教育行政学院等单位协作编写的《学校管理心理学》,在国内比较早地把"人的本质问题"、"管理的本质问题"、"人的全面发展理论"视为学校管理心理学的基本理论,在激励问题上,对需要、目标、教职工的成熟度、教职工的考核等,做了深入的论述。此外,张尚仁、章永生、吴秀娟、袁俊昌、熊川武、张挺楚、程正方、陈安福、李永鑫和马超等围绕学校管理心理学大框架,从不同角度编著了学校管理心理学的专著和教材。这些专著和教材在内容、研究对象、范畴体系、研究方法等方面各有特色,各个学者的观点不尽相同,但总体来说,这些专著和教材的不断丰富和深入论述,表明我国的学校管理心理学的发展在日趋成熟,逐步成为一门兼具理论和实践指导意义的新兴综合性学科。

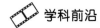 学科前沿

积极心理学

积极心理学是心理学领域的一场革命,也是人类社会发展史中的一个里程碑,是一门从积极角度研究传统心理学研究的东西的新兴科学。积极心理学作为一个研究领域的形成,以 Seligman 和 Csikzentmihalyi 于 2000 年 1 月发表的论文《积极心理学导论》为标志。它采用科学的原则和方法来研究幸福,倡导心理学的积极取向,以研究人类的积极心理品质、关注人类的健康幸福与和谐发展。积极心理学的方法及与之相伴随的一些概念对学校管理心理学有所裨益,这不仅是出于人本化的考虑,最主要的是这些与积极相关的概念与方法能够有效地应用到管理当中。积极心理学不只是人本主义理念,也是由实证研究支撑的理论体系,如乐观注意、主观幸福感、情绪智力、自我效能感等与成功的关系研究,都各自形成了自己的研究领域,成为近年来心理学、管理心理学研究的几大亮点。

随着教育改革的不断深入,人们越来越意识到,教师素质的提高以及教师的主动参与是教育质量提高的一个重要因素,生活质量影响着教师的工作,"过一种幸福而完满生活"的教师能更好地工作。同时,在当前"以人为本"的教育理念下,"过一种幸福而完满生活"应该成为教师的追求。近年来国内关于教师幸福感的研究受到了越来越多的重视。

(资料来源:陈学金,邓艳红.近年来国内教师幸福感的研究述评[J].教育导刊,2009(3):25-28.)

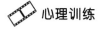 心理训练

你幸福吗?

总体幸福感量表

*1. 你的总体感觉怎样(在过去的一个月里)?

好极了　精神很好　精神不错　精神时好时坏　精神不好　精神很不好
　　1　　　　2　　　　3　　　　　4　　　　　5　　　　　6

2. 你是否为自己的神经质或"神经病"感到烦恼(在过去的一个月里)?
极端烦恼　相当烦恼　有些烦恼　很少烦恼　一点也不烦恼
　　1　　　　2　　　　3　　　　4　　　　　5

＊3. 你是否一直牢牢地控制着自己的行为、思维、情感或感觉(在过去的一个月里)?
绝对的　大部分情况下是的　一般来说是的　控制得不好　有些混乱　非常混乱
　1　　　　　　2　　　　　　　3　　　　　　4　　　　　5　　　　6

4. 你是否由于悲伤、失去信心、失望或有许多麻烦而怀疑还有任何事情值得去做(在过去的一个月里)?
极端怀疑　非常怀疑　相当怀疑　有些怀疑　略微怀疑　一点也不怀疑
　　1　　　　2　　　　3　　　　4　　　　5　　　　　6

5. 你是否正在受到或曾经受到任何约束、刺激或压力(在过去的一个月里)?
相当多　不少　有些　不多　没有
　1　　　2　　 3　　　4　　 5

＊6. 你的生活是否幸福、满足或愉快(在过去的一个月里)?
非常幸福　相当幸福　满足　略有些不满足　非常不满足
　　1　　　　2　　　 3　　　　4　　　　　　5

＊7. 你是否有理由怀疑自己曾经失去理智,或对行为、谈话、思维或记忆失去控制(在过去的一个月里)?
一点也没有　只有一点点　有些,不严重　有些,相当严重　是的,非常严重
　　1　　　　　2　　　　　　3　　　　　　　4　　　　　　　5

8. 你是否感到焦虑、担心或不安(在过去的一个月里)?
极端严重　非常严重　相当严重　有些　很少　无
　　1　　　　2　　　　3　　　　4　　　5　　6

＊9. 你睡醒后是否感到头脑清晰和精力充沛(在过去的一个月里)?
天天如此　几乎天天　相当频繁　不多　很少　无
　　1　　　　2　　　　3　　　　4　　　5　　6

10. 你是否因疾病、身体的不适、疼痛或对患病恐惧而烦恼(在过去的一个月里)?
所有的时间　大部分时间　很多时间　有时　偶尔　无
　　1　　　　　2　　　　　3　　　　4　　　5　　6

＊11. 你每天的生活中是否充满了让你感兴趣的事情(在过去的一个月里)?
所有的时间　大部分时间　很多时间　有时　偶尔　无
　　1　　　　　2　　　　　3　　　　4　　　5　　6

12. 你是否感到沮丧和忧郁(在过去的一个月里)?
所有的时间　大部分时间　很多时间　有时　偶尔　无
　　1　　　　　2　　　　　3　　　　4　　　5　　6

＊13. 你是否情绪稳定并能把握住自己(在过去的一个月里)?

所有的时间　大部分时间　很多时间　有时　偶尔　无
　　1　　　　2　　　　3　　　4　　5　　6

14. 你是否感到疲劳、过累、无力或精疲力竭（在过去的一个月里）？
所有的时间　大部分时间　很多时间　有时　偶尔　无
　　1　　　　2　　　　3　　　4　　5　　6

*15. 你对自己健康关心或担忧的程度如何（在过去的一个月里）？
不关心 0　1　2　3　4　5　6　7　8　9　10　非常关心

*16. 你感到放松或紧张的程度如何（在过去的一个月里）？
松弛 0　1　2　3　4　5　6　7　8　9　10　紧张

17. 你感觉自己的精力、精神和活力如何（在过去的一个月里）？
无精打采 0　1　2　3　4　5　6　7　8　9　10　精力充沛

18. 你忧郁或快乐的程度如何（在过去的一个月里）？
非常忧郁 0　1　2　3　4　5　6　7　8　9　10　非常快乐

19. 你是否由于严重的性格、情感、行为或精神问题而感到需要帮助（在过去的一年里）？
是的,曾寻求帮助　是的,但未寻找帮助　有严重的问题　几乎没有问题　没有问题
　　1　　　　　　　　2　　　　　　　　3　　　　　　4　　　　　5

20. 你是否曾感到将要精神崩溃或接近于精神崩溃？
是的,在过去一年里　是的,在一年以前　无
　　1　　　　　　　2　　　　　　　3

21. 你是否曾有过精神崩溃？
是的,在过去一年里　是的,在一年以前　无
　　1　　　　　　　2　　　　　　　3

22. 你是否曾因性格、情感、行为或精神问题在精神病院、综合医院精神病科或精神卫生诊所治疗？
是的,在过去一年里　是的,在一年以前　无
　　1　　　　　　　2　　　　　　　3

23. 你是否曾因性格、情感、行为或精神问题求助于精神科医生、心理学家？
是的,在过去一年里　是的,在一年以前　无
　　1　　　　　　　2　　　　　　　3

24. 你是否因性格、情感、行为或精神问题求助于以下人员？

	是	否
A. 普通医生（真正的躯体疾病或常规检查除外）	1	2
B. 脑科或神经外专家	1	2
C. 护士（一般内科疾病除外）	1	2
D. 律师（常规的法律问题除外）	1	2
E. 警察（单纯的交通违章除外）	1	2
F. 牧师、神父等各种神职人员	1	2

G. 婚姻咨询专家	1	2
H. 社会工作者	1	2
I. 其他正式的帮助	1	2

25. 你是否曾与家庭成员或朋友谈论自己的问题?

是的,很有帮助	是的,有些帮助	是的,但没有帮助	不是,没有人可与之谈论
1	2	3	4

不是,没有人愿意与我谈论	不是,不愿与人谈论	没有问题
5	6	7

注:＊为反向计分。

记分:

按选项0~10累积相加,其中本量表共有33项,其中标有＊号的1、3、6、7、9、11、13、15、16项为反向评分。得分越高,幸福度越高。

总体幸福感量表通过将其内容组成6个分量表,从而对幸福感的6个因子进行评分。这6个因子是:对健康的担心、精力、对生活的满足和兴趣、忧郁或愉快的心境、对情感和行为的控制,以及松弛与紧张(焦虑)。

全国常模得分男性为75分,女性为71分,得分越高,主观幸福感越强烈。总体幸福感量表(General Well-Being Schedule(Fazio,1977))是由美国国立卫生统计中心制定的一种定式型测查工具,1996年段建华对该量表进行了修订,用来评价被试对幸福的陈述。本量表共有33个题目,得分越高,幸福度越强烈。量表各项目与总分的相关在0.48和0.78之间。分量表与总表的相关为0.56和0.88之间,内部一致性系数男性为0.91,女性为0.95。重测信度为0.85,与焦虑量表(PEI,PSS,CHQ)的相关分别为0.41、0.40和0.10;与抑郁量表(HQ和MMPT)的相关分别为0.35。

(资料来源:汪向东,王希林,马弘.心理卫生评定量表手册(增订版)[M].北京:中国心理卫生杂志社.1999.)

第二节 学校管理心理学的研究对象和任务

新会机电中专着力打造绿色校园助力中职学生成长、成才

江门市新会机电职业技术学校(下称"机电中专")是国家级重点、广东省示范性中职学校。除了教学成绩优异外,机电中专非常重视校园文化建设,努力为学生构建一个环境怡人、文化氛围浓厚的绿色校园、人文校园。2013年11月,新会区教育局对全区中小学进行校园文化建设工作检查,该校被评定为"新会区校园文化建设示范校"。

绿化环境和校园文化建设有机结合

"我校实行封闭式的管理制度,良好的校园文化氛围和环境能为学生健康、全面成才提

供有力保障。"机电中专校长梁远榕告诉记者,结合中职教育的实际,学校确立了"天生我材必有用"的文化主题,将绿化环境和校园文化建设有机结合起来,并处处渗透着儒家的思想。例如校门口正中竖立的一块文化大石,正面刻着"天生我材必有用"七个大字,让学生一进校门就树立信心——"我有用",这就是孔子"有教无类"、"因材施教"思想的充分体现。记者看到,大石背面刻上"不怕吃苦、不怕吃亏、不怕吃气"的校训。"这彰显了机电人的'三不怕'精神,要求学生学会做事、学会做人。"校长梁远榕说。

根据"天生我材必有用"这一文化主题,学校合理规划安排教学区、实训区、运动区、生活区等,并根据各功能区的作用和特点设置文化专区。现在的校园树木常青,绿化带与各教学分区相映成趣,相得益彰,别具一格。

创建主题小公园 学生潜移默化受教育

在校道南侧两个大草坪,学校充分利用自然地理条件为学生创建主题小公园文化专区,一个取名为"智慧园",种上菩提树,树间竖立着爱因斯坦、爱迪生、毕加索三位名人塑像,园内有"古兜乳泉",水池种上荷花、莲花,养一些锦鲤。"池边有一'爱'字石,寓意为师者要用大爱哺育学生,培养学生,感化学生,让学生出淤泥而不染,茁壮成长。"据学校工会主席李荣华介绍,另一个取名为"觉悟园",园中分布仁、义、礼、智、信、恕、忠、孝、悌九块文化石,园正中建有孔子塑像,周围辅以九曲花径等。"让学生在觉悟园环境的熏陶下,有所感悟、觉醒,做个合格的好公民。"李荣华说。两块草坪之间的通道,建设一块长长的石碑,分别记载着学校参加广东省、全国中职技能大赛的一等奖的优秀学生——武状元,印上状元手印并配有简介,以激励机电中专的学生积极向上,努力拼搏,为校争光。这是学校文化的沉淀。

(资料来源:http://www.gzqjnews.com/html/2014/news_0626/8219.html.)

学校管理心理学作为一门新兴的应用型学科,其主要目的是探索学校管理中的心理现象和规律,为学校管理实践提供科学理论指导的依据。因此研究学校管理心理学对于学校管理者有着重要的意义,如上述案例中,新会机电中专积极开展学校管理心理学中组织文化与学校文化等方面的研究,并运用到管理实践,以此激励师生的工作、学习热情。那么,学校管理心理学具体研究对象和任务是什么?

✦ 学习导航

一、学校管理心理学的研究对象

学校管理心理学是研究学校管理活动中人的心理现象及其规律的科学。既不同于学校心理学、学校管理学,也不同于管理学和管理心理学,学校管理心理学的研究对象是学校领导者为实现预定目标而实施管理职能时,在与被领导者交互过程中产生的心理现象及其规律。

(一)与相关学科的研究对象的区别

(1)学校管理心理学研究学校管理中的"心理"现象与规律,而不研究"学校管理"本身,从而区别于学校管理学。虽然学校管理心理学与学校管理学密切联系,两者有一些共同关注的问题,但是无论在视角和研究方法上两者都存在差别,学校管理心理学更关注学校管理中的心理现象。举例来说,学校管理学要研究学校管理战略与战术、环节与方面、原理与方法等,而学校管理心理学则研究制定学校管理战略与战术,展开学校管理的各个环节与方面的心态,以及蕴含在学校管理原理与方法中的心理因素等。

(2)学校管理心理学研究学校"管理"等心理现象与规律,而不研究学校中"一般的"和"教育的"心理现象和规律,从而区别于普通心理学、教育心理学。学校管理心理学与普通心理学的共同点在于均研究人的心理规律,从而指导人的行为活动,提高行为效率;不同之处在于它们研究不同活动领域人的心理规律,研究对象及具体应用都有很大的不同。具体来说,学校管理心理学主要研究学校管理个体心理、学校管理群体心理、学校管理组织心理。而学校管理心理学与教育心理学虽然都属于心理学在学校领域中的应用分支,但教育心理学主要关注学校教学中的心理现象和规律,如教学概念、原理、技能等的心理现象和规律,为学校管理心理研究提供教学管理方面的重要参考。学校管理心理学则更多关注教学管理之外的学校管理内容,如教师管理、学校领导心理与校园文化建设等。

(3)学校管理心理学研究"学校"管理心理现象和规律,而不研究"普通"管理心理问题,从而区别于管理心理学。虽然学校管理心理学是管理心理学的分支,但管理心理学主要研究工业、经济等领域管理中的心理问题。学校管理与一般管理既有共同的一面,又有不同的一面,管理心理学为学校管理心理学提供具有普遍性的概念和原理,学校管理心理学则在借鉴和运用这些概念和原理分析与解决学校管理心理学问题的过程中,创建出自己的理论体系,为管理心理学提供了具体材料和观点。

(二)主要研究对象

与管理心理学一致,学校管理心理学的构成体系一般可分为三大部分:个体心理、群体心理、组织心理及领导心理,即学校管理过程中的个体心理、学校群体心理、学校组织心理及领导心理。

1. 个体心理

学校管理心理学中的个体心理主要是指学校教师心理及学生心理。在学校管理中,教师处于特殊位置,既是领导者又是被领导者。教师是"知识劳动者,他们的职业生涯包含了知识的获取、知识的管理及知识向下一代的传递"。对学校领导者来说,教师是被领导者;但对学生来说,教师又是教育、教学工作的组织者与领导者。教师在学校教育、教学过程中起主导作用。学校领导者应了解教师职业的特点和教师的一般需要与特殊需求,了解教师积极性激励的心理规律、教师的角色与职业生涯及其成长发展的心理规律、教师态度变化的心理规律以及教师的工作压力及心理挫折与心理健康的状况等,对于发挥教师的主导作用、促使他们积极参与学校管理、提高办学效能,具有非常重要的意义。

在学校管理心理学的研究对象中,学生既是接受教育的对象和被管理者,又是自我教育、自我学习、自我管理和自我发展的主体。了解与掌握学生的心理规律、特殊学生心理、学生危机心理及学生心理健康维护等方面,对学校领导者和教师来说,具有十分重要的意义。

图1-1反映了教师的心理状况。

图 1-1 教师心理状况

（资料来源：http://edu.163.com/11/0324/16/6VU3C1NS00294IIT.html.）

知识链接 1-2

天津六成教师心理状况欠佳不到四十就更年期

一项针对天津幼儿园及中小学教师的健康状况调查显示，有六成的教师体现为心理状况欠佳，强压来自学生成绩、升学比例、教学任务量大，以及无力照顾家庭等方面。

《每日新报》联合解放军464医院，针对天津市5000名幼儿园及中小学教师的健康状况进行了抽样调查。调查结果显示，超过八成的教师压力较大，三成教师存在不同程度的工作倦怠性，更有六成的教师表现为心理状况欠佳。

- 强压让人透不过气

在接受调查的教师中，记者发现，教师的压力多来自学生成绩、升学比例、教学任务量大，以及无力照顾家庭等方面。

65%的教师认为学生成绩的好坏让自己压力很大，55%的教师每天工作8~10个小时，工作量让自己透不过气来。许多教师表示，尽管自己做了很多努力，却时常得不到学校和家长的肯定。

一位刚刚参加工作的教师告诉记者，她的课被安排得非常满，有时候一上午连喝水的时间都没有，自己平日还得准备教案、论文，迎接不定期的考核，根本没有私人时间。

- 一进教室就头疼

常年从事高强度的工作，让不少教师出现对工作的倦怠，通常表现为情绪低落、对自身工作满意度降低等方面。其中有近10%的教师觉得自己一进教室就头疼，有时甚至有种快要崩溃的感觉。

一些老师表示，尽管他们不断地为自己充电，但长期做重复性的工作让自己失去了原有的激情。"虽然不断丰富自己，可毕竟精力有限，我觉得自己的知识快被掏空了。"一位老师说道。

- 过半教师难寻减压途径

面对来自各方面的压力,很多教师表示无法排解。此次调查显示,有62.5%的教师都处于心理健康不佳的状态,其中40%的人能选择在压力过大的时候向身边的同事、家人倾诉,但更多的人无法找到有效的渠道缓解释放。

马老师的女儿30岁了,却迟迟没有男朋友,女儿的理由是:"我该找个什么样的男朋友才能满足你的要求啊?"此时的马老师才认识到,自己过分将压力转加于家人了。

(资料来源:http://edu.163.com/11/0324/16/6VU3C1NS00294IIT.html.)

2. 学校群体心理

在学校的管理活动中,多数情况是在群体形式下进行的。每个成员都在学校的正式群体或非正式群体中承担不同的角色,发挥不同的作用。群体内和群体间复杂的心理现象直接影响群体成员的积极性和群体活动的效率。学校领导者与管理者了解群体心理规律,对提高管理效能、办好学校具有重要的意义。研究学校群体心理现象及其规律主要涉及群体心理特征与群体分类,学校群体心理气氛(含凝聚力、士气与团队精神等)与群体活动效率,学生群体建设与管理的心理规律,学校中的非正式群体管理的心理规律等。如图1-2所示,学生们在集体拔河。

图1-2 学生集体拔河

3. 学校组织心理及领导心理

学校是一个完整的组织结构系统(见图1-3),学校组织是群体为达到共同目标,经由人力分工和职能分化,运用不同层次的权力和职责,合理地协调一群人活动的结构系统。学校组织与成员个体是不可分离的,组织的本质在于它是领导、管理和支配人力的机构,学校组织目标的实现是一个学校整体智慧和能力的结晶。因而了解学校组织心理规律,对学校领导者提高整个学校的管理效能,实现办学目标来说,显得十分重要。学校组织心理主要包括学校组织的特点与功能、学校组织变革与发展、学校组织的危机管理、学校组织文化建设等。

学校领导者对学校的组织行为、群体行为、个体行为以及人际互动行为均有重要影响。他们卓有成效的领导与管理是办好学校的一个重要因素。学校领导者采取哪种领导与管理方式才有较高的成效取决于许多因素:领导者自身的素质和胜任能力;教职工与学生的心理

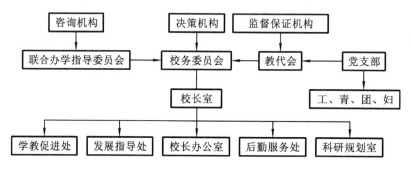

图 1-3　学校组织机构

成熟水平、个性心理差异及心理参与水平;校外社会心理环境、校内群体心理与组织心理环境等。学校领导心理涉及的主要内容有:学校领导者的角色与职业素养;增加学校领导者的权利、权威与影响力的心理依据;学校领导者的个体心理规律、素质特点与心理评价;学校领导集体心理与集体领导;学校领导有效性理论与管理原则和方法等。

学习和了解上述各种学校成员的个体心理、群体心理、领导心理及组织心理的行为现象与心理规律,可以为学校的管理者有效地使用学校资源,行使决策,实施计划、组织、指挥、控制、协调、激励、沟通等管理职能,提供一定的理论支持和心理依据。

> **知识链接 1-3**
>
> **学校管理与人的心理**
>
> 学校管理是学校领导(或管理)者通过一定的计划、组织、指挥、控制、协调等各种职能活动,使学校等行政、教育、教学达到预定目标的活动过程。
>
> 学校是一个开放的社会结构系统,因此,学校管理是一个系统工程。首先,从学校内部结构系统来看,管理体制与运行机制要相互适应,各种管理要素(人、财、物、事、项目与活动、时间、空间、信息等)都必须相互配合,系统运行;学校领导机构、教务、行政与其他职能部门,校长、教师、学生及家长等都应相互协调才能增强学校的管理效能。其次,从社会结构系统看,学校是一个开放的系统,涉及课堂、学校、社会、家庭等几个层面的教育与管理,学校教育与社会教育、校内的因素与社会因素必须紧密联系,学校管理除受内部因素制约外,与社会政治、经济、文化、科技等也有紧密的联系,尤其是远程教育的发展,使这种联系更加紧密。
>
> 在学校管理中,最核心、最重要的是对人的管理。学校管理促进学校的发展,主要体现在最大限度地促进人的成长与发展,即有利于发现人的价值、发掘人的潜能、发展人的个性、发挥人的创造力。因此在学校管理活动中我们应明确以下几点:
>
> 第一,一切教育的成就不会离开管理而自发地产生。学校是人才培养的基地,而人才的培养离不开科学有效的管理。学校管理要求我们研究如何通过适宜的组织结构、团队激励方式,发挥现有人员的最大潜能,使办学活动达到预定目标,从而保障学校教育功能的实现。

第二，学校管理必须遵循人的心理活动规律。学校管理主要是对人的管理，而人是具有高级心理与行为活动的复杂机体。学校管理过程就是复杂的心理活动过程，是人的心理活动中的知、情、意、行统一的过程。以人为中心的学校管理过程要遵循人的心理活动规律，做到"晓之以理，动之以情，导之以行，持之以恒"。

第三，在学校管理活动中，必须处理好人与人之间的关系。学校管理就其本质而言，就是处理各种关系（包括"个人与个人"、"群体与群体"、"个人与群体"、"人与事"、"事与事"的关系），其核心是处理好人际关系。学校的领导者、管理者、教育者与受教育者都是重要的人的要素。他们是相互影响、相互促进的，分别发挥各自的角色作用。

第四，学校管理重视以人力资源为核心的知识管理。在知识经济时代，学校作为传承和发展文化的重要场所，更应重视管理、教育、教学人员的知识化和专业化，强调对知识型人才的培养和使用；重视教育、教学、科研、行政管理等知识库与知识信息网络平台的建立、创新与发展；重视知识的有效提取、使用、评估与传播；重视发展高效能的学校知识管理系统。

综上所述，学校管理与人的心理活动是紧密联系的。学校管理，归根到底是对人的管理，是对人的心理与行为活动的管理。学习学校管理心理学课程，可以帮助我们了解人的心理行为产生与发展的规律及其原因，从而可以在管理活动中预测人的行为，提高学校管理的有效性。

（资料来源：程正方.学校管理心理学[M].北京：中央广播电视大学出版社，2000.）

二、学校管理心理学的研究任务

随着社会环境的变迁，学校管理实践面临越来越多的新问题，而学校管理心理学作为一门应用型学科，需要为学校管理实践中出现的问题提供解决方案。因此，学校管理心理学的总任务应该是研究学校管理活动中人的心理现象及其规律，从而指导学校管理实践，提升学校管理效能。

学校管理心理学理论研究的具体任务是：①研究学校管理活动中个体成员（教师与学生）的心理特点、成员角色意识、职业生涯与心理动力规律，从而为培养与提高成员的心理素质，增进心理健康，协调成员关系，发挥成员在管理与办学活动中的核心、主导与主体作用，为激励与调动成员的积极性、主动性和创造性，全面提高办学效能提供心理依据。②研究学校正式与非正式群体心理、人际关系心理与学校内部各子系统之间协调心理、教师与学生班级群体的社会心理规律，可以为学校领导者协调人际关系，发挥群体的社会心理功能，增强群体的士气、凝聚力与内部团结，协调群体之间的竞争与合作，建设高效能的学校团队提供心理依据。③研究学校组织心理、组织气氛与组织文化建设、组织环境（校风）建设的心理规律，为促进学校发展、提高办学水平提供心理依据。

此外,学校管理心理学的任务还应包括以下方面:①不断完善自身理论并将现有的研究成果应用于实际,开展多种形式的理论检验活动。②针对目前各级学校管理中日渐突出的问题,如校园暴力行为、学生网络成瘾及教职工工作倦怠等问题,给予理论上的帮助和科学规范的咨询服务,帮助学校及各级教育主管部门制定科学的学校管理方案。③着力于服务实践,同时不断完善自身的理论体系建设。明确自身的研究范围、研究对象和研究内容,避免学术上的分歧,不断吸收借鉴国内外相关研究的最新成果。

总之,在理论和实践结合的基础上,不断创新,逐步形成有中国特色的学校管理心理学学科体系,并为教育改革与实践,学校内部管理体制与组织结构改革与发展提供心理依据及理论支持。

中学教师自我效能感对学校管理的启示

"自我效能"这一概念,最早是由美国心理学家阿尔伯特·班杜拉(Albert Bandura)于1977年发表的论文《自我效能:关于行为变化的综合理论》中提出的。1980年,班杜拉在美国心理学会杰出科学贡献奖授奖大会上做了题为《人类行为中的自我效能机制》的演讲,进一步丰富了这一理论。1986年,班杜拉出版了《思想与行动的社会基础——社会认知论》再次完善了这一理论。该理论运用到教育领域,进行教师自我效能感研究,可以为理解教师的教学行为、加快教师专业化发展和提高教学质量,为学校的管理提供一个新的理解视角。

教师教学效能感是教师根据自己以往的经验及对教育理论的了解,确认自己能有效地完成教学工作、实现教学目标的一种信念,包括一般教育效能感和个人教学效能感。一般教育效能感是指教师对教与学的关系、对教育在学生发展中的作用等问题的一种信念。个人教学效能感是指教师对自己教学能力的一种信念。教师的教学效能感其实就是教师的一种自信心,即能否教好学生的自信心。自信心属于自我概念的范畴,教师自我概念的不同可能会对教学效能感产生影响。

自我效能感对学校管理意义:1.教师的自我效能感影响着教师工作积极性;2.教师自我效能感影响教师工作绩效;3.教师自我效能感可以缓减教师职业压力。

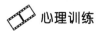

一般自我效能感量表(GSES)

以下10个句子是关于你平时对你自己的一般看法,请你根据你的实际情况(实际感受),在右面合适的□上打"√","1"为完全不符合,"2"为比较不符合,"3"为比较符合,"4"为完全符合。答案没有对错之分,对每一个句子无须多考虑。

1	2	3	4

1. 如果我尽力去做的话,我总是能够解决难题的。　　□　□　□　□

	1	2	3	4
2. 即使别人反对我,我仍有办法取得我所要的。	□	□	□	□
3. 对我来说,坚持理想和达到目标是轻而易举的。	□	□	□	□
4. 自信能有效地应付任何突如其来的事情。	□	□	□	□
5. 以我的才智,我定能应付意料之外的难题。	□	□	□	□
6. 如果我付出必要的努力,我一定能解决大多数的难题。	□	□	□	□
7. 我能冷静地面对困难,因为我相信自己处理问题的能力。	□	□	□	□
8. 面对一个难题时,我通常能找到几个解决方法。	□	□	□	□
9. 有麻烦的时候.我通常能想到一些应付的方法。	□	□	□	□
10. 无论什么事情在我身上发生,我都能够应付自如。	□	□	□	□

(资料来源:王才康,胡中锋,刘勇.一般自我效能感量表的信度和效度研究[J].应用心理学,2001,7(1):37-40.)

第三节　学校管理心理学的研究方法与技术

案例分享

一个实验告诉你鼓励和表扬的差别

斯坦福大学著名发展心理学家卡罗尔·德韦克在过去的10年里,和她的团队都在研究表扬对孩子的影响。他们对纽约20所学校400名五年级学生做了长期的研究,这项研究结果令学术界震惊。

大家常常会把"表扬"和"鼓励"混为一谈,认为这二者都是激励人积极向上不断前进的精神动力,来自斯坦福大学的测试结果令人震惊,"表扬"与"鼓励"的结果大相径庭,区分好二者非常关键。

1. 孩子对表扬或鼓励有多敏感？一句话划出分水岭

首先,让孩子们独立完成一系列智力拼图任务。研究人员每次只从教室里叫出一个孩子,进行第一轮智商测试。测试题目是非常简单的智力拼图,几乎所有孩子都能相当出色地完成任务。每个孩子完成测试后,研究人员会把分数告诉他,并附一句鼓励或表扬的话。研究人员随机地把孩子们分成两组,一组孩子得到的是一句关于智商的夸奖,即表扬,比如:"你在拼图方面很有天分,你很聪明。"另外一组孩子得到是一句关于努力的夸奖,即鼓励,比如:"你刚才一定非常努力,所以表现得很出色。"

为什么只给一句夸奖的话呢？对此,德韦克解释说:"我们想看看孩子对表扬或鼓励有多敏感。我当时有一种直觉,一句夸奖的话足以看到效果。"

2. 第二轮拼图测试,结果逐渐呈现差别

随后,孩子们参加第二轮拼图测试,有两种不同难度的测试可选,他们可以自由选择参加哪一种测试。一种较难,但会在测试过程中学到新知识。另一种是和上一轮类似的简单测试。结果发现,那些在第一轮中被夸奖努力的孩子中,有90%选择了难度较大的任务。而那些被表扬聪明的孩子,则大部分选择了简单的任务。由此可见,自以为聪明的孩子,不喜欢面对挑战。

为什么会这样呢?德韦克在研究报告中写道:"当我们夸孩子聪明时,等于是在告诉他们,为了保持聪明,不要冒可能犯错的险。"这也就是实验中"聪明"的孩子的所作所为:为了保持看起来聪明,而躲避出丑的风险。

3. 测试继续进行,差别越来越大

第三次,所有孩子参加同一种测试,没有选择。这次测试很难,是初一水平的考题。可想而知,孩子们都失败了。先前得到不同夸奖的孩子们,对失败产生了差异巨大的反应。那些先前被夸奖努力的孩子,认为失败是因为他们不够努力。

这次测试中,德韦克团队故意让孩子们遭受挫折。接下来,他们给孩子们做了第四轮测试,这次的题目和第一轮一样简单。那些被夸奖努力的孩子,在这次测试中的分数比第一次提高了30%左右。而那些被夸奖聪明的孩子,这次的得分和第一次相比,却退步了大约20%。

4. 令人震惊的结果

德韦克一直怀疑,表扬对孩子不一定有好作用,但这个实验的结果,还是大大出乎她的意料。她解释说:"鼓励,即夸奖孩子努力用功,会给孩子一个可以自己掌控的感觉。孩子会认为,成功与否掌握在他们自己手中。反之,表扬,即夸奖孩子聪明,就等于告诉他们成功不在自己的掌握之中。这样,当他们面对失败时,往往束手无策。"

(资料来源:http://learning.sohu.com/20150318/n409951472.shtml.)

人的心理活动和行为,无论是个体心理和行为、群体心理和行为,还是组织心理和行为,都是非常复杂的现象。如何描述、解释、预测,甚至控制人的心理是一项十分困难的任务。为此,需要运用科学的研究方法,对人的心理、学校管理情境下的心理现象进行研究探索,方能为学校管理问题提供有效的解决方案。

学习导航

一、学校管理心理学的研究原则

任何科学研究的方法都应遵循一定的基本原则,学校管理心理学研究也不例外。掌握研究的基本原则使研究更加科学、严谨,保证研究成果的有效性和可靠性。学校管理心理学的研究要想达到科学研究的标准,必须遵循以下的研究原则。

(一)客观性原则

客观性原则实际上就是实事求是的原则,客观地研究人的心理和行为应该具备下列条件:①所研究的心理或行为应该是可观察的。这是指所研究的心理或行为应该是有目共睹的。其他的人在大体相同的条件下也可以观察到,即所研究的心理或行为应该是可以得到证实的。②所研究的心理或行为应该是可测量的。所谓测量是指心理或行为可以被科学地观察和记录。在学校管理心理学研究中,研究者要以客观的态度,运用客观的手段对所研究的内容进行客观的分析,从而保证得出客观的研究结果。对学校管理活动进行分析研究不能靠猜测,而应当尊重事实,并善于透过现象看本质,挖掘行为结果的真正的心理原因。

(二)发展性原则

辩证唯物主义认为,客观事物是不断运动、变化和发展的。那么,作为对客观事物反映的心理也是发展变化的。学校管理心理研究既要注意人的心理活动现状与发展,又要考虑学校管理活动的历史与发展变化。研究者遵循发展性原则,就是将学校管理活动看作是一个变化发展的过程,在发展中研究个体、群体、组织在不同时期的心理发展特点。要充分考虑在学校情境下各方面影响因素,从不同层次、不同角度来系统分析变量之间的关系。

(三)系统性原则

对心理现象的研究必须在各个因素的前后联系、相互作用的关系中去分析认识。根据系统性原则,必须研究各个心理过程,心理特征之间的相互联系、相互制约的关系,而不能把心理现象看成是孤立存在的内容去研究。一个组织是一个大系统,无论是组织系统,还是群体系统,都对人的行为和心理活动有影响。学校组织是一个开放的社会心理与社会技术系统,而学校管理中的个体与群体也是具有多种需要、受多变量因素影响的极其复杂的系统。研究者要把组织中人的行为和心理活动放在一定的系统中进行研究,也就是说研究人的行为心理活动要坚持事物普遍联系的观点。系统性原则要求研究者要善于对人的行为心理活动进行综合考察,把几个不同的系统对人的影响联系起来考察。即要把社会系统、组织系统、群体系统、个体系统对人的行为心理活动的影响联系起来进行考察研究,切不可将这些联系割裂开来,孤立地进行研究。因此,在学校管理心理学研究方法中,必须遵循系统性原则,要把社会系统、自然系统、学校组织系统及其子系统、个体系统等对人对心理活动及行为的影响联系起来进行考察与研究。

(四)理论联系实际的原则

理论联系实际的原则理论与实际相结合的过程是一个辩证的过程。遵循这一原则,首先是学习研究要有理论指导。这些理论经过验证是正确的理论,包括心理学、管理学、社会学、社会心理学以及学校管理心理学自身的理论等,以这些理论去指导实际研究和具体研究。其次,应用性是学校管理心理学的本质属性。学校管理心理学的研究方法与研究内容必须与我国中小学校组织管理的实际情况相结合,来源于学校管理的实践,探讨适合我国国情的现代学校管理心理发展的规律,并为推动与促进学校组织与管理体制的改革与发展、改善和提高学校管理的效能、培养合格的人才服务。最后,进行学校管理心理学研究要自觉地把某些具体研究成果上升到理论高度,不断丰富和完善学校管理心理学理论。其中也包括对以往的某些理论进行修正、补充。这一原则要求学习研究不能从理论到理论,不能生搬硬套国外的某些理论,也不能就事论事,只摆现象不究原因,而应当把理论同实际结合起来,把国外的学校管理心理学理论同中国的组织实际结合起来研究,以学校教育、教学与行政管理的实践来检验现有理论。

二、学校管理心理学的研究方法和技术

在研究方法方面,学校管理心理学的具体研究方法多种,主要是以心理学及社会学的研究方法,如观察法、调查法、测验法和实验法等方法为基础,结合学校管理的实际,根据不同的情况、不同的问题,采用适宜的方法,客观、科学地解决问题。

(一)观察法

在日常生活条件下,研究者通过感官或借助一些设备(如录像机、录音机、照相机等)有计划、有目的地观察人的外在行为,并把结果按时间次序做系统记录,进而推断内在心理活动的研究方法,称为观察法。有时,心理学家需要积极主动地在自然状态下进行行为观察。在自然观察中,不改变或干扰自然环境,研究者能观察到一些自然情况下发生的行为。例如,通过单向玻璃,研究者能观察儿童游戏。

在学校管理心理学研究中,研究者运用观察法能客观化地对现实发生的学校管理心理现象进行记录、考察。如在课堂管理行为的研究中,比较常见的观察研究方法是,观察者按照一定的研究设计,亲自到课堂或采用现代化设备从远距离对教室中的师生行为进行观察记录,并对所采集到的原始行为素材进行编码和整理,从中寻找规律。当研究需要观察教师与学生之间相互影响时,可在教室中隐蔽的地方放置一台摄像机,记录下整个课堂教学全部过程。随后,研究人员通过回放录制视频分析教师的行为,找到其中对学生管理有影响力的语言或行为进行编码,从中发现课堂管理的规律性。以下是一个观察研究的例子,研究者试图考察教师对学生各种行为的鼓励和压制,以及提问与回答问题后的反馈对学生学习成果的影响。观察记录前先将鼓励和压制细分为使用眼神、使用语言和使用动作。对提问与其他相关行为,也做了详细区分。接着将记录到的教师课堂管理行为进行编码、计时、统计,从而发现该教师的课堂管理行为的某些特点。最后,研究者将这些特点与学生的学习成果进行对比,找到该教师对学生管理的效能和教学成果之间的相互关系,进而对其课堂管理提出改进建议。

观察法可以在行为发生的当时和现场进行资料收集,具有很强的生态效度,也适用于被试不能直接报告(如聋哑人士)或报告可能失实的情境中。然而需要注意的是,观察法只能提供对行为的描述,要想解释这些观察结果,还需要通过其他研究方法分析所获得的信息。

(二)调查法

调查法是围绕一定的问题,为了达到一定的目的,制订某一计划全面或比较全面地了解研究对象的心理或行为上的状态,并做出分析、综合,得到某一结论的研究方法。它的目的可以是全面把握当前的状况,也可以是为了揭示存在的问题,弄清前因后果,为进一步的研究或决策提供观点和论据。调查的方式有多种,具体可根据不同的现实情况使用电话、访谈、问卷或互联网等进行调查研究。

学校管理心理学中常围绕一定问题对学校管理过程的相关人员运用访谈及问卷等调查形式开展研究。访谈调查法是通过和被调查者面对面地有目的地交流探究其心理状况,又

分为结构化访谈和非结构化访谈两种。结构化访谈的整个进程具有良好的结构,问题的提法和顺序根据研究的要求认真安排,不能中途更改或者因人而异。因此能比较集中地突出所要研究的现象,不被散乱的思路影响。非结构化访谈则是开放性的谈话,围绕重要的主题,可根据被访谈者的心情和思路进行有限发散。因此对确定心理现象的范围比较适用。如希望了解教师创造性的影响因素时,可以让校长、教师、教育专家围绕这个主题进行谈话,研究者在不同人的多次谈话中逐渐将主题确定下来;也可将访谈调查法作为编制问卷的最初步骤。这种方法的优点是比较直接,被试的反映丰富,信息回收率高,不足是对研究者的谈话技巧要求较高,且费时费力,被试容易产生防范心理。

问卷调查法是运用经过严格编制的问卷量表,让被试根据自己的情况作答,然后对其进行数据分析的方法。需要注意的是,问卷的编制要有科学性,信度、效度必须符合心理学测量的要求,并随机选取被试。例如俞国良等(2015)为了探索中小学校心理健康教育师资队伍建设情况,在大量阅读国内外心理健康相关文献的基础上,结合专家访谈与中小学校的实际,从专兼职教师和学校管理者两个角度,设计了"中小学校心理健康教育师资队伍基本情况调查问卷"。对山西省、河南省部分地区中小学进行调查后,发现中小学心理健康教育专兼职教师的构成较为复杂,大部分有教授过其他课程或从事学校其他工作的经历。同时,拥有心理学背景的教师较少,大部分专兼职教师从事与心理健康教育相关工作的时间也不长,这反映了全国大部分地区中小学心理健康教育师资队伍存在专业化水平不高的问题。这种方法的优点是可以在大范围内开展调查,不仅省时省力,节约开支,还便于量化分析;缺点是缺乏个性或针对性,对所获得的资料难以做质性分析,难以深入,不能把所得结论和被试的实际行为进行比较。

知识链接 1-4

心理健康教育:中小学专兼职教师和管理者的认知与评价(节选)

俞国良,王勍,李天然

心理健康是人全面发展的必然要求,更是人类幸福生活的基础。在中小学开展心理健康教育,不仅是社会发展的需要,也是促进学生全面发展,实施素质教育,全面提高学生素质的必然要求。中小学专兼职教师和管理者对心理健康教育的认知与评价,是影响心理健康教育工作质量的关键。基于此,本研究自主研发并编制了"中小学校心理健康教育师资队伍基本情况调查问卷",通过对专兼职教师和管理者这两个层面的调查,初步掌握了中小学心理健康教育师资队伍的现状、特点及存在的主要问题,并提出了相应的对策建议,为科学建构面向青少年的中小学心理健康教育服务体系提供了参考。

一、研究方法

(一)研究工具

本研究采用问卷调查法。在大量阅读国内外心理健康相关文献的基础上,结合专家访谈与中小学校的实际,从专兼职教师和学校管理者两个角度,设计了"中小学校心理健康教育师资队伍基本情况调查问卷"。问卷具有较好的信度、效度，符合中小学心理健康教育师资队伍建设的实际。问卷由45道题目组成，其中专兼职教师问卷22道题目，学校管理者问卷23道目。问卷从心理健康教育师资的构成、专业背景、职责范围、人事管理、课堂教学、培训需求等方面，分别调查了专兼职教师和学校管理者对中小学心理健康现状的认知与评价情况，试图从不同角度来了解中小学心理健康教育师资队伍的基本情况。研究中采用EXCEL 2013和SPSS 22.0统计软件，进行数据管理与分析。

（二）研究对象

本研究采取分层随机抽样的方法，选取了山西省某地级市、河南省某地级市两地学校发放问卷，共回收专兼职教师有效问卷584份，学校管理者有效问卷209份。回收的数据经过严格筛选、分类后，建立了"中小学心理健康教育师资队伍综合调查数据库"。

（资料来源：俞国良，王勍，李天然.心理健康教育：中小学专兼职教师和管理者的认知与评价[J].天津师范大学学报(基础教育版)，2015(3)：33-38.）

（三）测验法

测验法是采用一种标准化的测量工具(如测验量表)，在较短的时间内，对被试的某些或某方面的心理品质做出测定、鉴别和分析的一种方法。测验法的使用必须具备两个基本条件：测验量表的信度和效度。信度是指某心理测验或实验研究得到的数据具有一致性或可靠性。测验的可靠程度高，同一个人多次接受该测验时，可以得到相同或大致相同的成绩。效度是指一个测验有效地测量了所需要的心理品质，即一个测验对它所要测验的特性准确测验的程度。如果测验在很大程度上正确验证了测验的理论假设，即具有较高的构想效度；如果测验在很大程度上代表了所要测量的全部内容或行为，即具有良好的内容效度；如果测验得分能够很好地预测个体未来的活动即绩效，即有较好的预测效度。如能力测验用于度量智力水平，而不能用来度量人格，否则就是无效的。

在学校管理的研究中，国内常用的能力测验有中国比纳测验、韦克斯勒智力量表和瑞文测验；人格测验有明尼苏达多相人格量表、卡特尔16项人格因素量表、艾森克人格问卷、大五人格量表及迈尔斯布里格斯类型指标(MBTI，Myers-Briggs Type Indicator)。测验个人兴趣爱好的有爱德华个人偏好量表。测验心理健康的有症状自评量表SCL90、自测健康评定量表等。此外，还有成就测验、态度测验、人际关系测验等。

测验法的优点是测验的编制和使用十分严谨，信度、效度较高；常模已建立好，可以直接用于对比研究，经济实用，同时易于定量分析。缺点是结果并不属于定性分析，容易受到外界因素干扰而影响测验结果。

（四）实验法

实验法是指研究者有目的地操纵和控制一定的条件或创设一定的情境，以引起被试的某些心理产生变化,并对之进行分析研究的一种方法,主要有实验室实验法和自然实验法两种。

自然实验法是在现场自然的情况下,适当地控制某些条件、变更某些条件,结合经常性的业务工作进行心理研究的一种方法。如在教学条件下,研究如何分配复习时间对记忆有利,可以选定在数量上和程度上都相等的两组用同样的材料来进行,一组用集中复习的方式进行复习,另一组用分散复习的方式进行复习,经过一定的时间来比较两组的记忆成绩的差异。自然实验法是在被试的生活和工作环境中进行的,因此它具有实验法和观察法的优点,既主动地创造条件,又是在比较自然的状态下进行的。特别是把它与经常性的业务结合起来,所获得的结果更符合实际。这是一种环境控制比较困难,但场景非常真实的研究。

实验室实验法则是在实验室控制的条件下激发研究人的行为。为了防止实验中由于主试与被试的心理反应而出现的主观偏差现象,实验一般采用单盲设计或双盲设计的方式进行。前者是在只有被试不了解实验目的的情况下进行实验,后者则是在主试与被试均不了解实验目的的情况下进行实验。如考察不同奖赏结构和结果效价下的成就归因风格的差异,可采用2(奖赏结构:竞争和非竞争)×2(结果效价:成功和失败)×2(性别:男和女)的被试间设计。实验前先选出性别、年龄、学历、职称、工作年限、工作绩效匹配的被试分为竞争组与非竞争组,在两组中,根据两种奖赏结构又将被试进行两两匹配。实验首先进行成功—失败情境创设,按照竞争、非竞争条件要求被试完成实验任务,最后要求被试对实验结果进行归因。实验结果表明,奖赏结构对能力归因、结果效价对满意度评价均有显著影响。能力归因、自我奖赏评价及运气归因存在性别差异。

实验法的优点是可以有控制地分析、观察心理活动之间是否存在因果关系,以及相互影响程度。通过实验取得的数据比较客观,具有一定的可信度。当然,优点是相对的,实践中影响心理活动的因素很多,可能会由于不可控制的非实验因素,在一定程度上影响了实验效果,干扰了实验的客观性,因此实验设计难度也较大。

大数据背景下的心理学:中国心理学的学科体系重构及特征(节选)

喻丰,彭凯平,郑先隽

实验方法使得心理学思想成为心理学学科,并以此建构起了西化的科学心理学体系。而大数据时代的来临极大地影响了心理学科的研究方式,使得心理学面临又一次的变革。大数据方法的特性与中国文化和中国人的认识论特征不谋而合,这给予了中国心理学摆脱西化影响,并重构中国化心理学学科体系以机遇。我们认为,中国心理学的学科体系可以遵循天、地、人相互关联的构建原则。从研究文化与精神的心理表征,到社会生活情境的制约影响,再到个体的知、行、情、理、德的身心体验,真正达到孔德所描述的人类最后科学的境界,即"具有社会特性的生物个体在文化情境中的行为",这就是我们提倡的中国的心理学。而在这种新的理论体系之下,以大数据为根本研究范式的中国心理学将会超越传统心理学中样本—总体、个体—规律、情境—实验、数据—行为的二维争辩特性,创建新的心理学研究范式。

(资料来源:喻丰,彭凯平,郑先隽.大数据背景下的心理学:中国心理学的学科体系重构及特征[J].科学通报,2015,60(5):520-533.)

 心理训练

大数据处理流程

大数据时代处理数据的三大转变:要全体不要抽样,要效率不要绝对精确,要相关不要因果。据此,可总结出一个普遍适用的大数据四步处理流程,分别是采集、导入和预处理、统计和分析及数据挖掘。

大数据时代处理之一:采集

大数据的采集是指利用多个数据库来接收发自客户端的数据,并且用户可以通过这些数据库来进行简单的查询和处理工作。在大数据的采集过程中,其主要特点和挑战是并发数高,因为同时有可能会有成千上万的用户来进行访问和操作,比如火车票售票网站和淘宝网,它们并发的访问量在峰值时达到上百万,所以需要在采集端部署大量数据库才能支撑。并且如何在这些数据库之间进行负载均衡和分片的确是需要深入的思考和设计的。

大数据时代处理之二:导入/预处理

虽然采集端本身会有很多数据库,但是如果要对这些海量数据进行有效的分析,还是应该将这些来自前端的数据导入到一个集中的大型分布式数据库或分布式存储集群,并且可以在导入的基础上做一些简单的清洗和预处理工作。导入与预处理过程的特点和挑战主要是导入的数据量大,每秒钟的导入量经常会达到百兆,甚至千兆级别。

大数据时代处理之三:统计/分析

统计与分析主要利用分布式数据库,或者分布式计算集群来对存储于其内的海量数据进行普通的分析和分类汇总等,以满足大多数常见的分析需求。统计与分析这部分的主要特点和挑战是分析涉及的数据量大,其对系统资源会有极大的占用。

大数据时代处理之四:挖掘

与前面统计和分析过程不同的是,数据挖掘一般没有什么预先设定好的主题,主要是在现有数据上进行基于各种算法的计算,从而起到预测的效果,实现一些高级别数据分析的需求。该过程的特点和挑战主要是用于挖掘的算法很复杂,并且计算涉及的数据量和计算量都很大,常用数据挖掘算法都以单线程为主。

整个大数据处理的普遍流程至少应该满足这四个方面的步骤,才能算得上是一个比较完整的大数据处理。

(资料来源:http://bbs.pinggu.org/bigdata/.)

小 结

学校管理心理学是在管理科学与心理科学的基础上形成并发展起来的:管理科学为学

校管理心理学提供了管理理论基础;心理科学的发展为学校管理心理学提供了心理原则与依据。在改革开放的推动下,我国学校管理心理学发展日趋成熟,逐步成为一门兼具理论和实践指导意义的新兴综合性学科。

学校管理心理学是研究学校管理活动中的心理现象及其规律的科学。学校管理心理学与管理学和学校管理学、心理学和管理心理学、教育学和教育心理学既有联系,又有区别。其研究对象是学校领导者为实现预定目标、实施管理职能时与被领导者相互作用过程中的心理现象及其规律。它包含学校教职员工的个体心理、学生心理、学校群体心理、学校组织心理及领导心理等。学校管理心理学的总任务是研究学校管理活动中人的心理现象及其规律,从而指导学校管理实践,提高学校管理效能。

学校管理心理学的研究原则是客观性、发展性、系统性与理论联系实际等;研究方法有观察法、调查法、测验法及实验法等。

练习与思考

1. 请简述管理科学及心理科学对学校管理心理学形成和发展的影响。
2. 学校管理心理学与其他相邻学科的关系如何？
3. 请论述学校管理心理学的研究对象和主要研究任务。
4. 请举例说明如何使用实验法研究学校管理心理学。

综合案例

一、案例背景

××初中规模不算大,生源基础参差不齐,师资业务素质总体水平不高,教学质量始终上不去。L校长任校长一周后,召开了学校领导班子会议,他谈了对提高教学质量的初步设想,他说:"要提高质量,摘掉落后帽子,就必须加强教学管理,狠抓教学工作各个环节的检查,尤其是课堂教学的检查,因为这是提高教学质量的关键。我想通过经常性突击听课,促使教师钻研教材,改进教法,提高授课水平,向45分钟要质量。"

"过去,我们学校班子没有重视这项工作,致使少数责任心不强的教师混课甚至旷课,这是突出的薄弱环节。因此,我提议,从明天起,所有校长、主任按自己所学专业,分学科到班级随时听课,事先一律不与教师打招呼,希望大家不要走漏风声。"

会议后的第二天,校长、主任根据原定方案,自带凳子分头到班级进行不打招呼的听课。

第一次听课后,部分校长、主任肯定了这种做法,有的说:"这次不打招呼的听课,确实发现了不少问题,有的教师未备课,就是读读书,有的新教师根本就不会讲课。"有的说:"这次听课也发现了不少教师授课能力强,水平高,以后要重用。"还有的说:"这样的听课今后每过一段时间听一次,是很有好处的。"当然,也有一部分干部提出疑问,认为这种听课方式不够妥当,对教师不够尊重,易产生逆反心理。

虽说有不同意见,第二天仍按事先分工,继续进行这项未完的工作,不料情况与前一天截然不同。这位教师说:"我这节课主要是让学生做作业。"一句话,就是不愿让领导听不打招呼的课。可想而知,这次校长、主任真的坐冷板凳了。

这样的听课已无法进行下去了。教师的不满,明里暗里的软抵抗行动,L校长耳闻目睹。面对这意想不到的情况,他陷入了沉思。

二、思考题

请分析老师抵制听课的原因并结合学校管理心理学的研究任务和研究方法,提出改善教师授课能力的意见。

本章推荐阅读书目

[1] 郑安云,何飞.管理心理学[M].北京:北京大学出版社,2014.
[2] 莫雷,温忠麟,陈彩琦.心理学研究方法[M].广州:广东高等教育出版社,2007.
[3] 熊川武.管理心理学[M].广州:广东高等教育出版社,2006.
[4] 王重鸣.心理学研究方法[M].北京:人民教育出版社,1990.

第二章
学校管理心理学基本理论

本章结构

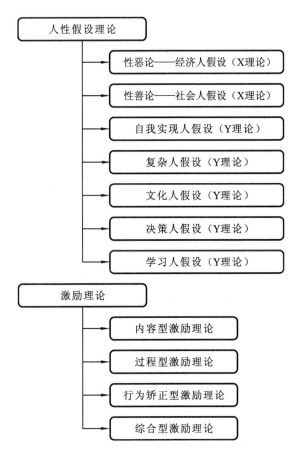

第一节 人性假设理论

在学校管理中,我们会常常发现这样的现象:严格的出勤打卡制度及扣分;校长不打招呼的推门听课和突击检查;教师聘任中末位淘汰;教学失误后对教师的经济惩罚;把教职工放在被动位置上的大抓特抓等。

学校管理为什么要采取这些办法来管理学校呢?关键还是在于学校管理者对教师分析和管理的出发点。他们认为如果对教师不严格管理,不进行经济处罚,不搞突然袭击,不用严厉的措施和办法管理他们,他们就不会按时到校上课,就不会尽心尽力,就有可能敷衍了事。"人是苦虫,不打不成"。因此,对教师的管理必须严格并适时给予处罚。所以,以上管理,几乎都是基于人性弱点和缺点假设而设计的管理制度和管理办法。可以说这样的管理就很难得到教职工的支持和拥护。

美国著名管理学家道格拉斯·麦格雷戈说过:"在每一个管理决策或每一项管理措施的背后,都必有某些关于人性本质及人性行为的假设。"他又说:"这种人性本质和人性行为的假设,在一定程度上决定了管理的出发点、过程和归宿。"

因此,在教育管理中,我们要重视研究对教职工人性的假设,只有这样才能充分调动教职工干好工作的积极性,搞好学校管理。

(资料来源:http://xl.39.net/baike/2011929/1817881.html.)

管理,归根到底是人的管理。纵观管理心理学史,其管理理论都以人性假设为基础,不同的人性假设在实践中体现为各种不同的管理理念和管理行为,学校管理心理学也不例外。人性假设是对影响人的工作积极性的最根本的人性方面的因素进行研究和探索所形成的理论成果,它不仅决定着管理理论的形成与发展,同时还制约着人类的管理实践活动。因此,对于人性的正确认识和理解之于管理效果好坏以及管理成败的意义就十分重要。我国古代有人性本善与人性本恶之争,在西方欧美国家也有各种不同看法。中西管理学中各种不同的人性假设中都蕴含着某种程度的合理或科学成分,它们在当代的管理实践中均有不同程度的体现。正因如此,我们有必要在推进现代管理的进程中对这些观点予以深入的分析,以吸取其合理内涵。

一、性恶论——经济人假设(X 理论)

1. 理论概述

性恶论由荀子明确提出,后经法家代表韩非子继承发展,在我国历史上有深远影响。荀子主张人性本恶,他把人性的本质特征归纳为以下几个方面:第一,他认为人都有"饥而欲食,寒而欲暖,劳而欲息,好利而恶害"的本性,"人性"就是"目好色,耳好声,口好味,心好利,骨体肤里好愉佚"。第二,他认为人之性恶还体现在自利方面,人人都是从自己的利益出发谋划自己的行为的,可以说,对利益的追求是人一切活动的唯一目的和动力源泉。而如果顺着"自利"的本性发展,就会产生争夺;放纵人的本性,必定会危害社会,致使天下大乱。第三,荀子又说,"故必将有师法之化,礼义之道,然后出于辞让,合于文理,而归于治"。可见,人性之善是通过人为教化而来的。人由恶变善,是后天努力积习的结果。

根据人性恶的假设,韩非子也认为,人生来就"好利避害",人与人之间总是"用计算之心以相待","利"乃人们行为的实际动力,"故赏罚可用"。他说,"故以法治国,举措而已矣。法不阿贵,绳不挠曲。法之所加,智者弗能辞,勇者弗能争。刑过不避大臣,赏善不遗匹夫"。可见,韩非子认为理想的国家管理方法必须提供必要的规章制度,以调节人们的欲望,以礼义教育人民,建立法制以治理国家,推行刑罚以限制百姓,使社会达到安定而有秩序。

无独有偶,西方的管理学理论也是建立在"性恶论"基础上的。现代"性恶论"是指美国管理心理学家麦格雷戈在《企业的人性面》(1957)一书中概括提出的"X理论",它是对西方传统人性假设——理性经济人的概括。"经济人"也称"实利人"或"唯利人",这种假设是从享乐主义哲学和利己主义思想出发,认为人一切行为的出发点和立足点都是为了最大限度地满足自己的私利。X理论假设主要包括以下几点:

(1) 多数人天性厌恶和回避工作。
(2) 一般人宁愿被领导,也不愿承担责任。
(3) 人的本质是被动的,所以对大多数人必须运用强制、控制、督促及惩罚的方法,才能驱使他们为组织目标的达成而努力。
(4) 人总是追求最大的经济利益,因此,只有金钱和地位才能驱使他们努力工作。
(5) 多数人缺乏理性,组织对此必须严加防范,设法控制个人非理性的情感。

2. 管理运用

(1) 管理工作只是少数人的事,与大多数人的工作无关。员工的主要任务是听从管理者的指挥。
(2) 管理重点。管理工作的重点应放在组织的绩效上,即提高生产率,完成生产任务,而员工的感情需要是次要的。
(3) 规章制度。人必须在强迫和控制之下才会工作,所以要用严格的规章制度来规范员工的行为,强化指导和控制,强化监督和管理,从而实现严格的管理和控制。
(4) 奖惩制度。利益是人行为的动力,所以任何管理都不可忽视利益机制,应充分利用奖惩在管理中的重要作用。一方面可以用金钱来刺激员工生产的积极性,另一方面对消极怠工的员工采用严厉的惩罚措施,也就是采取"胡萝卜加大棒"的政策。

3. 评价

性恶论——经济人假设及其管理原则具有一定的合理意义和现实指导性。它认识到奖惩措施在管理中所起的重要作用,强调要提高劳动生产率、建立工作责任制,制定并实行了严格的管理监督制度,这些措施对现代管理都具有重要的启发意义和参考价值。时至今日,这种管理方法依然在一些中小企业中普遍使用。

但是,这一人性假设的哲学基础是享乐主义,只看到了人的自然属性,而抹杀了人的本质属性——社会性。此外,它认为人是非理性的,用权力严密地控制员工,这就导致无法激发员工的献身精神和主人翁意识,员工在组织中始终处于消极被动的地位,而难以发挥其主动性和创造性。因而这种观点具有一定的缺陷,在此基础上形成的管理方法和措施也具有一定不合理性。

二、性善论——社会人假设

1. 理论概述

早在2000多年前,我国孟子提出"性善论"。他提出,"人性之善也,犹水之就下也。人无有不善,水无有不下"。(《孟子·告子上》)人之善性是与生俱来的,是人的本性使然。随后,孟子进一步提出"仁政"主张,他认为"仁政"就是要"以德服人",而不是"用理服人"。孟子的这种人性思想是我国儒家文化的一部分,在社会发展与人性教育过程中发挥了一定的作用,也对今天的管理具有重要的借鉴意义。

首先,性善论重视人的作用,强调把人作为管理的核心,运用道德的教化,提高人们的自律性,充分发挥每个人的潜能,使各方面和谐统一,达到管理的目的。

其次,性善论重视人际关系的和谐。"天时不如地利,地利不如人和"(《孟子·公孙丑下》),孟子认为,人际和谐是管理过程中取得成功的重要因素之一,是协调管理者与被管理者双方关系的一剂良方。

总之,基于性善论的相关管理措施,充分重视管理过程中人的作用以及人际关系的作用,提出的管理措施体现了以人为本的管理理念。

无独有偶,在经济人假设(X理论)基础上提出的"胡萝卜加大棒"管理方式,在西方风行一段时期后也遭到多方的批判。其中,以社会人假设为核心的理论即是反对X理论的代表。社会人假设是由社会心理学乔治·梅奥(George E. Mayo)在霍桑实验中提出来的,他认为,人作为复杂社会系统中的成员,不仅追求经济方面的满足,而且还需要友谊、安定和归属感。其中,人们在工作中得到的物质利益,对于调动工作积极性只有次要意义,人们最重视在工作中与周围人友好相处。因此,建立良好的人际关系,从社会和心理方面来激励人们的"士气"比单纯的经济刺激更为重要。据此,社会人假设的基本观点如下:

第一,影响员工工作积极性的因素除了物质条件外,还有社会因素,如员工在家庭和社会生活以及组织中人与人的关系。

第二,生产效率的提高除了受生产方法与工作条件的影响外,更取决于员工的士气。

第三,在组织中,除了正式群体外,还存在着非正式群体。而且非正式群体有某种特殊的规范,会影响到群体成员的行为。

第四,领导者要善于倾听员工的意见,加强与员工的沟通,重视员工的情绪和人际关系。

不难看出,性善论与社会人假设存在不少相似之处,它们都肯定人性的本质是善良美好的,并把管理工作寄望于人们的精神追求与满足。这一理论对于科学管理只重视物的管理而轻视人的管理是一次极大的补充,使得管理思想的发展进入到一个新的阶段,并给管理实践以新的启迪。

2. 管理运用

（1）在管理重点方面，任何组织的管理人员不应只重视生产任务，而应以人为中心，把管理的重点放在关心员工、满足员工的需要上，构建一种良好的团队精神，这样才能充分发挥员工的积极性和主动性，从而提高工作效率。

（2）在管理人员的职能方面，管理人员不应只重视指挥、监督、控制等，更应注意与员工之间的关系。一方面，要倾听员工的意见，了解他们的思想；另一方面，培养员工对组织的归属感和集体感，从而鼓励士气，激发他们热情工作的意愿和潜能。

（3）在管理制度和方式方面，与外在的强制管理相比，自律内化的管理方式更易为人接受，所以采用"参与管理"的新型管理方式，给予员工一定的自主权，让他们参与组织决策的实施，这样能更好地发挥员工的内在潜力和创造力。

3. 评价

较之于性恶论——经济人假设，性善论——社会人假设无疑是管理思想的一大进步，这种人性假设认为人性本善，并且进一步认识到人除了具有满足自然性的需要外，还有社交的需要、尊重的需要、归属的需要等一些社会性需要，这更接近对人的本质的科学认识。但是，我们也必须清楚地认识到，社会人假设中所说的"社会"指的是一定生产活动联系起来的自然人群，是把"社会"作为生物学上的概念提出来的，所以它所特别强调的社交需要、良好人际关系的需要，实质上是狭隘的心理需要，该理论还远不是全面揭示人的社会性的科学理论。

知识链接 2-1

某校三位青年教师同时进校任教，同住一间集体宿舍，业余时间关系密切，引起学校中一些人的议论。一次，学校定于晚上召开全校职工大会，三位青年教师为看一场难得的音乐会，分别请假。这件事使学校领导产生了不同意见。一种认为：学校要形成良好的教师集体，就要制止这种小团体的发展，严肃处理这次音乐会事件。另一种认为：他们的交往不算反常，不能扣"小团体"的帽子，应通过适当方式对他们进行帮助教育。

该校三位青年教师的交往不算反常，不能简单扣上"小团体"的帽子。他们借故不参加全校教职工大会，而去听音乐会的行动是不正确的，应予以帮助教育。根据社会人假设理论，正式群体之中应该允许非正式群体存在，其对协调人际关系、满足成员需要有积极作用；非正式群体有积极型、消极型等不同类型。所以，对本案例的三位青年教师不能简单扣为"小团体"或"小集团"帽子；对不同非正式群体应采取不同的指导方式，对积极型应支持鼓励，对消极型应引导转化。

（资料来源：http://wenku.baidu.com/view/d7f9177001f69e3142329405.html.）

三、自我实现人假设(Y理论)

1. 理论概述

"自我实现人"的概念是由美国人本主义心理学家亚伯拉罕·马斯洛(Abraham H. Maslow)提出的。马斯洛把人的需要分为五个层次:生理需要(最低级的基本需要)、安全需要、爱与归属的需要、自尊需要及最高层次的自我实现需要。他认为,人都需要发挥自己的潜力,表现自己的才能,如此人才会感到最大的满足,最理想的人就是"自我实现的人"。由此,麦格雷戈总结马斯洛等人的观点,并结合管理问题,提出了自我实现人假设(Y理论),该理论是与X理论根本对立的,其基本内容如下:

(1) 大多数人天生勤奋,如果环境条件有利,工作就如同休息或游戏一样自然。

(2) 人的动机是由多种层次的动机组成的一个系统,当人的一种层次需要满足后,就会倾向于更高层次需要的满足。

(3) 控制和惩罚不是实现组织目标的唯一方法,员工在执行任务中能够自我激励和自我控制。

(4) 自我实现和组织绩效的提升并没有与生俱来的矛盾。如果能给予适当的机会,员工们是会自愿把他们的个人目标和组织目标结合为一体的。

2. 管理运用

根据这些假设,Y理论的管理措施主要有以下几点:

(1) 在管理重点方面,自我实现人假设重视员工的工作环境,但与经济人假设的重视工作任务不同,它重点不是放在计划、组织、指导、监督、控制上,而是要创造一种适宜的工作环境和工作条件,使员工能在这种环境下充分挖掘自己的潜力,发挥自己的才能,最终达到充分地自我实现。

(2) 在管理人员的职能方面,自我实现人假设认为,管理者的主要职能既不是生产的指导者,也不是人际关系的调节者,而应是一个设计者。他们的主要任务在于如何减少和消除员工在自我实现过程中所遇到的障碍,为发挥员工的智力创造适宜的条件。

(3) 在奖励方式方面,麦格雷戈等人认为,对人的奖励可划分为两大类,一类是外在奖励,如工资、提升等;另一类是内在的奖励,如获得知识,增长才干,充分发挥潜力等。只有内在奖励才能满足员工的自尊和自我实现的需要,从而极大地调动起他们的积极性。正如麦格雷戈所说:"管理的任务只是在于创造一个适当的工作环境——一个可以允许和鼓励每一位职工都能从工作中得到'内在奖励'的环境。"

(4) 在管理制度方面,自我实现假设强调自治,提出应保证员工能充分地表露自己的才能,达到他们所希望的成就。

3. 评价

自我实现人假设产生的一些管理措施在如今依然有一定借鉴意义,例如:它提倡在可能的条件下为员工创造适合的工作环境和工作条件,以利于充分发挥个人才能;充分重视内在奖励的方式;相信员工的能力及他们的独立性和创造性,充分发挥他们的作用。

当然,自我实现假设也有自身的片面性和局限性。从辩证唯物主义的观点来看,人既不是天生懒惰的,也不是天生勤奋的,人不一定都把充分发挥自己的潜力作为最大的满足。实际上,人是很复杂的,他是否追求自我实现并不取决于马斯洛等人认为的自我实现的自然发展过程,而是取决于人后天所受到的社会环境的影响。可见,我们既要注意吸收自我实现假设中有借鉴意义的内容,也要注意剔除其非科学的部分。

知识链接 2-2

华东师大心理系俞文钊教授设计了《高等教师需要自我评价调查表》,根据量表进行调查发现:

1. 不同职称层次的教师和不同年龄层次的教师对"自我实现"的需要始终占据首位。随着职称的上升,对"金钱"和"尊重"的需要相对下降,对"归属和爱"与"安全"的需要则相对上升。

2. 职称因素和年龄因素对教师多项需求等级排列的影响中,"增加工资"与"改善住房"的需求始终处于前列。另外,青年教师对"出国进修"、中年教师对"晋升职称"、老年教师对"发放奖金"及"提高医疗待遇"为最强烈要求。

3. 由上述两项研究结果表明,高等教师在满足基本物质需求的前提下,有着强烈的自我实现的需求。但现实情况反映,关系高等教师切身利益的工资、住房、医疗保险等基本的物质需求仍存在很大的供需缺口。

四、复杂人假设(超 Y 理论)

1. 理论概述

复杂人假设是 20 世纪 60 年代末至 70 年代初由埃德加·沙因(Edgar H. Schein)提出的一种人性假设。"复杂人"的含义有以下两个方面:其一,就个体而言,人的需要和潜力会随着年龄的增长、知识的增加、地位的改变、环境的改变,以及人与人之间关系的改变而各不相同;其二,就群体而言,人与人是有差异的。因此,根据这一假设,提出了一种新的管理理论,叫超 Y 理论。这种理论认为最佳的管理方式必须根据组织内外环境自变量和管理思想及管理技术等因变量之间的函数关系,灵活地采取相应的管理措施,将工作、组织、个人三者做最佳的配合,其基本观点可概述如下:

第一,人类的需要是多种多样的,并且会随着人的发展阶段和整个生活处境的变化而变化。每个人的需要都各不相同,需要的层次也因人而异。

第二,人在同一时间内有各种需要和动机,它们之间会发生相互作用,并结合成统一整体,形成错综复杂的动机模式。

第三,人在单位中的工作环境和条件是不断变化的,因此也会不断产生新的需要和动机。也就是说,在人生活的某一特定时期,动机模式的形成是内部需要和外界环境相互作用的结果。

第四,人在不同的单位或同一单位的不同部门工作,会产生不同的需要。

第五,由于人的需要不同、能力各有差异,其对于不同的管理方式会有不同的反应。因此,不存在一套适合于任何时代、任何组织和任何个人的普遍的、行之有效的管理方法。

2. 管理运用

"复杂人"假设并不要求管理人员放弃上述三种人性假设为基础的管理理论,而主要是探讨"管理功能"与"环境因素"之间的关系,要求管理人员根据具体的不同情况,灵活地采取不同的管理措施:

(1) 采用不同的组织形式提高管理效率。

(2) 根据企业情况不同,采取弹性、应变的领导方式,以提高管理效率。若企业任务不明、工作混乱,应采取较严格控制的领导方式;若企业任务明确,则应采用民主的、授权的领导方式。创业阶段要有开拓奋斗型领导;成长阶段要有民主敬业与守业型领导;饱和阶段要有改革创新型领导。

(3) 善于发现员工在需要、动机、能力、个性方面的个别差异,因人、因时、因事、因地制宜地采取灵活多变的管理方式与奖励方式。

3. 评价

复杂人假设管理理论一反过去旧的管理模式,即依据某种人性假设理论提出一整套管理方式和方法去管理不同文化程度的员工,而是强调根据具体情况,针对不同的管理对象,采取不同的管理方式和方法。这对于管理思想发展和实际管理工作都具有积极意义。

与此同时,我们也应看到,复杂人假设只强调人的个体差异的一面,在某种程度上忽视了人的共性的一面。而共性和个性是辩证统一的,个性离不开共性,共性寓于个性之中。割裂共性和个性的统一关系,片面夸大个体差异,显然是不正确的。更重要的是,复杂人假设没有从"人"所处的生产关系出发去认识人的需要,认识人的生产积极性,因而它只看到了"人性的复杂"这个现象,却无法认识"复杂人性"的本质,所以它不能在根本上解决如何充分调动员工工作积极性的问题。

> **知识链接 2-3**
>
> 现在,一般学校都实行授权制,设有校长、副校长、主任等。这种设置的目的是使任务清楚、分工明确。如果这种管理分工合理,并兼顾了学校需要与个人的专长,那么就能够使校长、主任等充分发挥自己的才能,这样不但加强了管理,而且也提高了工作效率。当然,学校管理不仅仅是校长、主任的工作,也是全体教师的职责,要使每个教师都感到自己是学校的一员,有与职位相应的明确的责任。要做到这一点,学校应实行民主式管理,在组织和制度上保证每一个教师有参与管理的机会。为此,学校在管理中可实行建议制度,在意见发表会上,教师可以发表自己的意见,校长、主任等不应借权力来压制别人。在这方面,有些学校做得很不好,校长、主任独断专权,没能做到信任、尊重、支持、帮助教师员工,导致人际关系紧张,上下级之间以及平级之间互相猜疑、明争暗斗,使教师员工在学校团体中感觉不到温暖,从而导致学校秩序混乱,最终影响了教学质量。

在科技高速发展的今天,竞争在各个领域都显得非常激烈。就业问题越来越严峻,造成了许多人工作与自己所学专业不相符,再加上一些中、老教师员工思想比较僵化,造成了教师个人知识和技能方面的差异。面对这种情况,有些学校采取了一些补救的管理方法。补救方法之一,是对职工进行培训来提高职工的能力,并辅以适当的奖惩措施,以增强培训效果。同时,学校在这方面的管理工作中,也应该注意保持个人的心理平衡,使个人对自己与环境都有一个比较清楚的了解,以求得个人的更好发展,缩小职工的个人差异,提高教学质量。其次,实行目标管理。既让每个教师了解学校的总目标,又让教师员工掌握个人的分目标,在完成目标的过程中实行适当的奖惩制度,这样可以促使教师积极地去完成目标,提高工作效率,缩短个人之间的差异。

人在同一时期有各种需要和动机,它们相互作用,并结合成统一的整体。那么,学校管理在实现教育目标的同时,应使教师获得"合理程度"的满足,包括物质的和精神的满足。现在,许多学校都设有一定的奖金,如在联考中,所教班级学生的成绩优秀,该任课教师或班主任就会得到一定的奖金。这样,一方面可以使教师具有组织优越感和个人成就感;另一方面,使奖金成为一种激励因素,促使教师努力工作,提高教学质量。

五、文化人假设(Z理论)

1. 理论概述

文化人假设是 20 世纪 80 年代由美国加利福尼亚大学教授、日裔美籍管理学家威廉·大内(William Ouchi)提出来的。文化人假设的基本观点是:调动人的工作积极性,提高生产效率,实际需要的是一种真正的、全面的、人与人之间信任与平等的合作关系。具体来说,企业管理必须重视人与人之间的关系,组织内部必须具有共同的意识和责任,同时要建立亲密合作的人际关系。

2. 管理运用

(1) 在雇佣制方面,采取长期雇佣或终身雇佣制,使员工与单位同甘共苦,对员工的职业保证会使人更加积极地关心企业的利益和发展。

(2) 在评价和晋升方面,采取缓慢评价和晋升,对职工要经过较长时间的考验再作全面评价。

(3) 在决策方面,采取分散与集中决策。企业的重大决策,要先由生产或工作第一线的员工提出建议,再由中层管理人员把各种意见集中整理、统一后上报,最后由上一级领导经过调查研究后做出比较正确的决策。

(4) 在控制手段方面,运用统计报表、数字信息等明确的控制手段,同时注意对员工的积极性和协作精神进行引导。

(5) 在人际关系方面,管理人员与员工之间要建立起融洽平等的关系。管理者要处处关心员工生活,把对工作任务的要求同员工劳动生活质量结合起来,让员工多参与管理,让他们在工作中得到满足,心情舒畅。

(6) 在员工培训方面,提供更多方面的锻炼机会。不把员工局限在狭窄的工作范围内,既注意培养员工的专业知识能力,同时也要注意使员工获得多方面的工作经验。

3. 评价

Z理论是对X理论、Y理论和超Y理论的继承和发展。相较而言,文化人假设更符合东方传统文化的价值观,更富有人情味和人道主义精神。在破除了"人身依附观念"的现代管理中,由"契约"关系所形成的雇佣观念,还不足以充分调动人的积极性。而文化人假设所倡导的是一种真正的、全面的、人与人之间信任与平等的合作关系,这在调动员工的工作积极性、提高生产效率方面,具有现实而积极的意义。

> **知识链接 2-4**
>
> 21世纪是一个变革的时代,全球化、网络化、信息化的社会,知识经济对全球的教育提出了新的要求,教育一方面处于快速发展之中,另一方面,也处于不断地变革之中。与文化人假设相适应,我们认为未来的教育管理理念应该具备以下特征。
>
> (一) 优化关系
>
> 传统的西方实体式思维走向从关系思维。实体式思维预设了主体与客体的分离,预设了与主体及其实践绝对无涉的"事物本身"。科学管理属于典型的思维方式,将人"物化",忽视了人的主动性和自我发展性,未能充分开发人的潜能,甚至使人异化为技术的附庸,使人失去自我,失去生活的原本目标,使人沉沦为商业化的、贪图享受的,甚至最终被货币主宰的物的附庸。宇宙里没有孤立的事物,一事物之为此而非为彼正在此事物与宇宙间其他事物的互相关系上。即一事物的独特的存在性格乃是由它的相对相关性而决定的。也就是,任何存在者都不是自足的,它深深根植于其他要素之中,任何一潜在的要素只有与无数其他的潜在要素结合才能显现为现实。人不能脱离关系而存在,人就本质而言是一种关系性存在,人与人之间彼此交往、依赖、需要的关系是管理,其中教育管理也是必须加以考虑的。从关系思维出发,教育管理中我们要树立整体的观念,把人的因素、物的因素、相互的因素整合成一个系统的过程。构建教育管理者与教育环境、教育管理者与被管理者、教师与学生的和谐关系。管理方与被管理方是平等的、协作的、共同在创造着这个世界的人。过去我们所说的管理方与被管理方是一种主体与客体的关系,但是从现实的互主体性的人出发,他们是一种主体间性的关系,坚持现实的、互主体性的人的观念是当今乃至将来教育管理学理论的重要特点。表现在当今的民主与法制社会中,管理方在利益上、价值上、语言上、心理上等多方面、多维度与被管理方共存,是一种协作、对话、理解的关系。在人际关系处理上,"文化人"具有鲜明的人文特征,表现出灵活性和艺术性。

（二）引领创新

知识经济时代，"文化人"时代注重管理与领导的改革与创新。管理创新是管理发展的历史见证。教育组织作为一个有机体是处于不断进化和发展之中的，教育管理工作仅仅维持现状是不够的，它无法实现教育组织的可持续发展，教育管理的创新职能就是实现教育组织更好地适应社会经济的发展。首先，创新是教育组织发展的基础，教育事业在各国得到了极大的发展，发达国家已经普及高中阶段教育，高等教育大众化已经成为事实，发展中国家也在朝这个方向发展。教育管理创新成为教育事业发展的一大重要任务，也成为教育事业可持续发展的动力。其次，创新是教育组织谋取竞争优势的有力武器。20世纪80年代后，知识经济的发展和教育全球化、大众化和民主化赋予了教育领导与管理更多的创新和变革任务。20世纪80年代，教育管理学者突然发现，他们重新将焦点集中在学校教学的改进上，而且这又导致领导的角色在学校管理中凸显出来，教学领导、学校改善、学校效能、变革领导等论题在教育管理中的意义甚至被强调得有点过了头。世界各国均以改革教育体制为出发点，对教育制度、教育组织、教育管理方法、管理模式以及管理文化进行改革。教育领导通过率领和引导教师来实现教育目标，教育领域赋予了教育领导者更多的历史使命，要求他们引领学校变革。再次，创新是教育组织摆脱发展困境的途径，发展困境对于教育组织来说是周期性的，教育组织的每一步都有其工作重心的转移和新的发展障碍，普及九年义务教育期间主要是保持入学率和巩固率；普及高中阶段教育期间，则是提高教育效率和促进教育公平并重。这些都需要对教育管理进行创新。最后，整个教育组织的每个人都是创新者，教育组织需要为每一个人都创造适合他们发展的环境。

（三）重视文化

"文化人"时代需要建构适应教育组织发展的文化管理模式。教育管理活动受到教育组织中的群体的文化传统、价值观、伦理道德、行为准则、社会习俗的影响。一旦管理活动与不同的文化结合，就形成了不同的管理文化和管理风格。美国的教育管理强调法治、民主和公平竞争。日本形成了以儒家为内核，以欧美管理理论为外围的管理哲学，它也在很大程度上影响了日本教育管理风格。教育管理中注重以人为本和法律。在管理风格上，英国从多个层面体现出协商性，如中央和地方的协商、学校管理中的权力协商。这和英国历史上的光荣革命传统是一脉相承的，这种协商性是一种文化传统的体现，管理方与被管理方相互尊重对方、互相妥协、互相迁就的一种风格。中国式的教育管理注重人情伦理，人治化和人情化倾向较为盛行。因而，"文化人"时代的教育管理需要建构既有自身特色又要吸纳人类一切先进文化成果的管理文化模式。

（四）满足人性需要

"文化人"在人性方面也是一个多面人、变化中的人。如果我们把人性的社会性当作唯一的特征，那就没有全面揭示人的本性。所以说，人性有自利的一面，但它也有善的一面,人性是社会的,同时也有个体性一面。由于也具有独特的一面,不同的人在不同的时期会有不同的需求。马斯洛认为,管理的主体是人,管理的目标是激发人们的心灵、欲望及想象力。管理更多的是需要一种对生活中的人的人本看法,而不仅仅是对技术的掌握。良好的管理是建立在对员工和他们的动机、他们的担忧和恐惧、他们的希冀和渴望、他们的爱好和厌恶以及人性的丑陋面和美好面的理解能力的基础上的。管理活动是一种富于创造性的活动,是所有人类中最为丰富、最为费力的活动。成功的管理者在于发挥自己的创造性,满足下属的不同需求,调动他们的积极性。孔子的"修己以安人"中"安人"也很好地表达了这个思想。在教育管理中,管理者应该考虑每一位下属的需要,尤其是校长认真地调查每一位教师的需要,因势利导,安抚每一位教师。教师作为管理者,则关爱学生的生命,以人为本,以学生的发展为本,尊重学生身心发展规律,为每个学生提供合适的教育,促进学生基于个性发展的全面发展,让每个学生主动、生动活泼地发展。

(五)提升效能

学校教育和管理的最终目的是促进学校的管理效率的提升,提高学生的学业成绩。因而,学校效能是当代教育追求的一个重要目标,学校效能是学校教育对学生成就进步所起的作用或产生的贡献,在某种意义上,学校效能和学校质量的提升是同义语,或者说指学校对学生成就增长的贡献。正如莫蒂默认为,有效能的学校是"能够使得学生实际的学习进步大于根据其起点水平所预测的其应该获得学习进步的学校"。学校的效能提高了,学生得到全面发展,"文化人"得以养成。

提升学校效能的目的在于提高学校教育的质量和水平,提高国家的教育竞争力和市场竞争力。我们必须关注学生的发展,学生学习成绩的提高与学校的教育和教学方式、管理和领导风格等因素等密切相关,因而,我们要关注学生的成绩的影响因素,学校整体功能的优化,改变学校内部的各种因素,如学校的领导、教师的教学方式、对学生的期望、评价措施、学校气氛和文化等,学校达到有效地办学标准;关注教育公平等问题,不仅要为学生提供平等的教育机会,而且要追求相对公平的教育结果,使所有的学生掌握基本的基础知识和基本技能。

(资料来源:彭虹斌."文化人"假设与教育管理理念的变革[J].教育研究与实验,2012(2):6-10.)

六、决策人假设

1. 理论概述

决策人假设是切斯特·巴纳德(Chester Barnard)率先提出的,而后由认知心理学家、管理学家赫伯特·西蒙(Herbert A. Simon)加以完善而成。主要包括以下要点:

(1)每个人都是自主决策的行为主体,而决策本身是由前提推出结论的过程,决策前提包括价值要素和事实要素。

（2）决策前提的引入既与管理者（决策者）本身的素质有关，也与所处的环境有关。

（3）组织并不能代表个人做决策，但是组织可以通过提供相关的事实前提和价值前提来影响个人决策。

2. 管理运用

管理不仅在于尽力满足人的经济和社会的需要，激发人的工作动机，而且更重要的是要积极吸纳员工参与管理，充分发挥他们的主动性和创造性。

3. 评价

决策人假设标志着管理理论的一次重要转向，即由以提高工作效率为中心转变为以合理决策为中心。这种转向无论在实践上还是理论上都有着重要意义。与此同时，决策人假设过分强调组织应尽量、尽快地将环境影响、决策前提的变化程序化、规范化，强调组织的稳定有序，这就在事实上忽略了个人在工作中的创造性。员工的工作能动性是建立在被动接受信息基础上的，因而员工主观能动性的发挥受到了一定限制。

七、学习人假设

1. 理论概述

20世纪80年代，彼得·圣吉（Peter M. Senge）提出学习型组织理论以后，人性假设的理论有了新的发展，学习人假设随之产生。学习人假设的主要观点如下。

（1）21世纪，人的唯一持久的竞争优势就是具备比竞争对手更快的学习能力。

（2）个人要通过学习掌握全新的理念与独特的操作方法，不断了解科学的思维方式、心理品质，克服自身个性与能力的不足，以开放心态悦纳新想法。

（3）在学习型组织中的学习内容还包括微观心理层面的心理锻炼：建立共同愿景、自我超越、改善心智模式、团队学习和系统思考。

（4）经过学习—修炼—提升，在发展道路上做个终身学习者，这样才能达到自主管理、自我超越的目的。

2. 管理运用

学习人假设认为学习是人的天性，学习动机是与生俱来的，所以员工对未来前景的憧憬和追求必将激发其自我的不断学习。基于此，管理的重点是以人为本，创建人性化的学习型员工、学习型团队、学习型领导和学习型组织。具体包括三方面：首先，在学习型组织中通过五项修炼的学习与磨炼，使员工真正成为组织中的主人，让他们参与决策，使其更加积极主动和有创造性，继而使潜能得到最大程度的发挥。其次，让组织内全体员工彻底改变旧观念，接受新观念，适应日益变化的新形势。最后，强调组织内个体员工与领导要进行自主学习，团队要进行自我管理、自我服务。

3. 评价

学习人假设把员工看成不断学习成长的人，这种视角的转变是对人性的认识的一大进步。与此同时，我们应该认识到，学习型组织的缔造不应是最终目的，更重要的是通过迈向学习型组织的种种努力，引导一种不断创新、不断进步的新观念，从而使组织日新月异，不断创造更好的未来。

综上所述,管理心理学从人性假设出发主要有以上七大理论,介绍这些理论不仅能使我们了解管理心理学中关于人性观点的演变过程,更重要的是为我们在学校管理中如何看待人的本质,并以此来确定学校管理的原则提供方向。

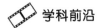

学习型组织理论

学习型组织理论是20世纪90年代以来,在西方企业管理理论与实践中发展起来的一种全新的被认为是新世纪管理模式的理念。这种理论不仅在我国企业中得到实践应用,也被逐步运用到我国教育管理领域,为现代学校的发展提供了强有力的支持。

彼得·圣吉(Peter M. Senge)在其专著《第五项修炼——学习型组织的艺术与实务》将学习型组织理论概括为一句话:"能够设法使各阶层人员全部投入并有能力不断学习的组织。"学习型组织中的学习不同于一般用语中的学习,一般所说的学习仅仅是指汲取知识或获得信息,而真正的学习,涉及"人之所以为人"这一人生意义的核心。为此,圣吉提出了构建学习型组织的五项修炼,并认为这是学习型组织"一生的学习与实践计划",即自我超越、改善心智模式、建立共同愿景、团队学习、系统思考。

将学习型组织理论应用于学校管理时,既要体现学习型组织的共同特征,又要考虑到学校教育的特殊规律性。具体来说,应该注意以下几个方面的问题:

第一,要转变思想观念,树立学习型组织理念。首先,学校管理者要进一步树立"以人为本"的理念,建立组织成员的新型关系。高度重视师生的参与意识和创造意识,使师生的才能得到充分发挥,人性得到最完善的发展。其次,校长要转变角色认知。在学习型组织中,校长是促进每一个人学习,实现管理最大功效的核心人物,既要做好发展愿景、价值观和最终目的设计,还要督促每位成员树立学习型组织理念,并积极帮助、改善组织成员的心智模式。

第二,要变"适应性学习"为"创造性学习",积极建立学校组织的共同愿景。要处理好共同愿景、团队愿景、个人愿景三者之间的关系。学校管理者要持续不断地鼓励成员发展自己的个人愿景,经过不断地交流并用心聆听,以找出能够超越与统和所有个人愿景的共同愿景,然后以清晰有力的方式把它表达出来,使共同愿景、团队愿景、个人愿景"我愿中有你,你愿中有我",为学校孕育无限的创造力。

第三,要注重构建支持的环境,营造良好的氛围。首先,要营造一个尊重人的学校环境,使人与人之间感情融洽,心情舒畅,相互发生积极的影响。其次,鼓励冒险。实行学习型组织理论的学校管理中,要促使个体积极地自我超越,就要允许他们从错误中学习,鼓励教师和学生敢于冒险,开发他们的独创性。

第四,要深刻领悟学习型组织的真谛。学习是一个组织走向学习型组织的根本。通过学习,我们重新创造自我,做到从未能够做到的事情,重新认识这个世界及我们与它的关系,以及扩展创造未来的能量。

（资料来源：张民松.论学习型组织理论在学校管理中的应用[J].科教文汇旬刊,2009(5):87.）

 心理训练

教师快速成长的十个要诀

1. 快速成长与定位——有动力。
2. 快速成长与定向——有目标。
3. 快速成长与效率——有方法。
4. 快速成长与观念——有思想。
5. 快速成长与深度——有研究。
6. 快速成长与提升——有反思。
7. 快速成长与风格——有个性。
8. 快速成长与情调——有爱好。
9. 快速成长与耐挫——有意志。
10. 快速成长与心态——有幸福。

（资料来源：http://wenku.baidu.com/link?url=n3LFQbVtIVVbWY8p9Pkc7g6WFeS4vfAHu1Ks5EhVT5XYi101fhPMFfCU6zEaXCzK2VkFUCYcTdlQUWHE7-inwaJegTard1zDJi62teQxiWy.）

第二节 激励理论

案例分享

某市一所重点中学的语文骨干教师的母亲肝癌晚期去上海做手术，这位老师请假一周陪护。返回的路上车出故障，超出请假时间半天。回校后，该老师即去校长室销假。

校长见之，板着面孔，只冷冷地说了一句话："你这次请假时间蛮长的嘛！"这位老师一下子愣住了，一出校长室眼泪禁不住在眼眶里打转。从此，这位语文老师工作热情大不如前，一位很有发展前途的教育界新秀，从此一蹶不振。

在这个案例中，我们姑且不论这位语文教师的行为是否正确，单从管理的角度来分析校长工作的得失。应该说，这位语文教师的母亲身患绝症，作为儿子尽点孝道是人之常情，由于无法抗拒的原因超假半天，忐忑不安之情可能已生。然而始料未及的是校长态度竟如此冷淡，他那本来因母病而伤感的心一下子变得冰冷，从此得过且过。试想一下，假如这位校长换一种方法，以真情来安慰这位老师，其效果一定不同。可以这样认为，这位校长不懂管理心理学理论，尤其不懂激励理论在学校管理中的运用。

学校就是一个小社会，它首先是人的集合体。学校的日常教育、教学活动需要教师来进行,学校活动的各种要素在教师的主动参与下才能发挥作用。学校的管理是对人的管理,而且是通过人的管理。因此,只有使参与学校教育教学工作的人始终保持旺盛的士气,高昂的热情,他们的主动性、积极性和创造性才能发挥出来,才能创造性地完成基础教育的任务,高标准地实施素质教育,培养出具有创新意识和创新能力的学生。很难想象,一个没有工作热情和创造热情的教师会培养出具有创造性的学生。管理心理学中的激励理论,它的功能就是研究如何根据人的行动规律来提高人的积极性。

(资料来源:徐伯钧.浅谈激励理论在学校管理中的应用——某案例引起的思考[J].教学与管理,2001(16):11-12.)

学习导航

自20世纪二三十年代以来,国内外许多管理学家、心理学家和社会学家们结合现代管理实践,从不同的角度研究了如何激励员工的问题,并提出了许多激励理论。有关激励的理论成果十分丰富,形成了各种类型体系,按其所研究的侧重点及其与行为的关系,主要可分为四大类:内容型激励理论、过程型激励理论、行为矫正型激励理论和综合型激励理论。

这些理论从不同的侧面研究了人的行为动因,但每一种理论都有其局限性,无法用一种理论去解释所有行为的激励问题。所以,要想有效地激励员工,就必须较全面地了解各种激励理论。

一、内容型激励理论

内容型激励理论又称需要理论,它着重研究员工的需要与行为动机的对应关系,目的是通过满足个体的需要来激发相应的行为动机,使其为组织的目标服务。即员工需要什么就满足什么,从而激起他们的动机。其代表理论主要有马斯洛(A. H. Maslow)的需要层次理论、奥德弗(C. Alderfer)的ERG(existence, relatedness, growth)理论、麦克利兰(D. C. McClelland)的成就需要与激励理论、赫兹伯格(F. Herzberg)的激励保健理论。

(一)马斯洛的需要层次理论

1. 理论概述

人本主义心理学家马斯洛于1943年在其《人类动机理论》一书中提出需要层次理论,认为人类有五个层次的需要(见图2-1),即生理需要、安全需要、爱与归属的需要、自尊需要及自我实现的需要。他认为这五种需要像阶梯一样从低到高,按层次逐级递升。当下一级需要获得基本满足以后,追求上一级的需要就成了驱动行为的动力。但这种需要层次逐渐上升并不是遵照"全"或"无"的规律,即一种需要100%的满足后,另一种需要才会出现。事实上,社会中的大多数人在正常情况下,他们的每种基本需要都是部分得到满足。

马斯洛指出这五种需要按从低到高的顺序排列为:生理和安全需要属于低层次需要,这些需要通过外部条件就可以满足;爱与归属的需要、自尊需要和自我实现需要则属于高层次需要,这些需要通过内部因素才能满足,而且个人对尊重和自我实现的需要是无止境的。总

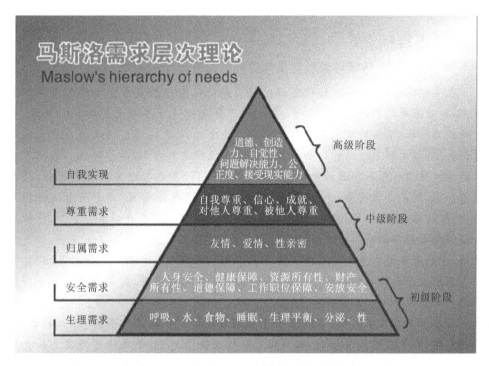

图 2-1 马斯洛需要层次（资料来源：百度图片）

体来说，高层次的需要比低层次需要更有价值，人的需要结构是动态的、发展变化的。因此，通过满足员工的高级需要来调动其工作积极性，具有更稳定、更持久的力量。

2. 管理运用

从管理工作的角度看马斯洛的需要层次理论，每种基本需要都有其相对应的激励措施。比如，生理需要是人类维持生存最基本的需要，在管理工作中，适宜的工资薪水、良好健康的工作环境和各种福利等都是满足这一需要的措施；安全需要则可通过劳动合同书、良好的退休金制度等来满足；社会需要主要体现的是人作为社会性动物的需要，可以通过各种形式的非正式社交活动以促进员工之间的交往，或者鼓励员工参加各种团队活动以培养其团队意识和认同感等；尊重需要则可以通过设置各类工作职位、头衔及合理的晋升机制，给予社会荣誉和奖励等一系列承认员工价值的形式来满足；自我实现需要的满足有赖于给予员工充分发挥其潜能的机会，提供能发展个人特长的组织环节，主动让其承担具有挑战性的工作，支持员工积极的设想，鼓励员工参与决策等，以尽力满足他们这方面的需要。

3. 评价

马斯洛的需要层次理论受到广泛认可，这得益于该理论在逻辑上能够被人直观地理解。然而，令人遗憾的是并没有普遍地证明其有效性。比如，缺乏证据来支持马斯洛所列的需要结构按层次排列，或者马斯洛预测的一个需要得到满足后，会导致下一个更高层次的需要。但是，不可否认的是，马斯洛从人的需要出发研究人的行为和探索人的激励机制，抓住了问题的关键；指出人的需要是由低级向高级不断发展的，这一趋势基本上是符合人的需要发展规律的。因此，需要层次理论对管理者如何有效地调动人的积极性还是有一定的启发作用。

> **知识链接 2-5**
>
> **马斯洛需要层次理论在教师管理中的应用**
>
> 在生理需要方面,学校组织可以通过关心每位教师的日常生活来对老师实施激励,按时为老师们提供基本工资,主动地了解他们关于生活上所关注的问题,肯定他们的要求,恰当地提问以了解大家普遍的想法,每天还可以与教师进行非正式讨论交流,以了解应该做什么去帮助他们。在住宿吃饭方面,学校可以为每位有需求的老师提供舒适幽雅的居住环境,提供伙食补贴,不定期地举行聚餐晚会,改善生活条件,提高生活质量,为全体老师营造大家庭的生活氛围,让每位老师住得开心,吃得放心,让老师处处感受到是在自己家里一样温暖;在办公条件方面,学校应该确保每位老师都有属于自己的单独的办公桌等设备,也尽可能安装空调、供暖系统等,帮助老师解决因天气原因所带来的问题。试问,在生理需要层次上,还有哪位老师能在如此优越的环境下工作不感到庆幸,不感到满足,又怎能不像春蚕蜡烛那样全心全意奉献在教育事业上呢?
>
> 在安全需要层次方面,学校组织可以相应提供安全的工作条件、公正的规则、工作保障、养老金和保险计划、加薪以及组织工会等措施,让教师获得稳定的生活和交往环境;也可以通过工会来组织教师积极地去跟兄弟院校进行各种各样正式交流和非正式交流,扩大教师的交际范围,让教师通过对比来感受到自己的优越性,从而能够放心地开展教学工作。还可以在医疗保障方面为教师提供便利,制定医疗费用部分报销制度,不定期组织教师进行免费体检。有一定规模的学校,也可以在学校规章制度范围内成立教研委员会来实施自我管理,充分相信老师有能力出色完成自己的教学工作,对教师在探究学术中出现违反校规或违背教育规律的现象要予以理解,肯定教师工作上的探究,对偶发的个别现象的处理,应该要懂得沟通的艺术,避免让教师感觉到学术研究缺乏安全性。
>
> 爱与归属的需要比生理上的需要更细致,它和人的生理特性、经历、教育、宗教信仰都有密切关系。学校组织应该建立以教师为中心的管理制度,创造团队协作的机会,让教师充分融合在学校大集体中,把自己的爱传播给每位老师和学生,树立"校荣我荣,校耻我耻"思想观念,就能产生"士为知己者死"的壮烈情怀,就会把自己的前途命运与学校的荣辱兴衰联系起来,心甘情愿、心情舒畅地为学校发展而出谋划策,为学校的兴旺而努力工作。
>
> 虽然在现实社会中,教师对物质的追求是必然的,也是无可非议的,但情感激励的作用,是物质激励无法替代和比拟的。工作中随时随地的表扬教师的成绩,肯定某些做法,讲述他们工作的效果,当教师感到他/她的付出领导在关注,并且了然在胸时,无论多苦多累,报酬多低,他/她都无怨无悔。当校长把每个人的优点、成就和进步,在教工会上一一讲出来时,在教师心里,领导就由人变成了无所不知的上帝,工作中他会时刻感觉到校长目光的存在,不容许自己有丝毫的松懈。而对于

青年教师来说,没有处理突发事件的经验,也无法得心应手地应付课堂问题,心理存在很大的压力在所难免,精神疲劳也会常常光顾,学校组织可以经常开展一些丰富多彩的文化休闲娱乐活动,陶冶和放松教师的身心;也可以充分发挥共青团、工会、学生会的作用,开展一些师生联谊文体活动,让青年教师走出校园,融入当地社会生活;还可以充分利用本地区的自然资源进行踏青、野炊、短途旅游,这既不用花费太多经费,又能达到放松身心、养精蓄锐,联络感情之目的,何乐而不为呢!

在尊重的需要层面,人人都希望自己有稳定的社会地位,要求个人的能力和成就得到社会的承认,得到社会的尊重。马斯洛认为,尊重需要得到满足,能使人对自己充满信心,对社会满腔热情,体验到自己活着的用处和价值。教育过程是一个艰苦、漫长的劳动过程,教师年复一年,日复一日地去面对几乎同样的对象和问题,工作热情很难长期维持在高水平上。根据马斯洛五大心理需求理论,注重培养教师的成就感,不断满足他们渴望尊重、希望成功的心理需求。学校经常开展各种竞赛活动,如优质课比赛、录像课比赛、说课比赛、优秀论文评选、优秀教案评选、优秀课件评选等,为教师提供展示教学艺术和个人才能的机会;在学校网站、校报上开辟"名师风采"专栏;利用一切机会向上级主管部门、向家长向社会推介教师,让他们真实感受到社会地位的提高和领导的关注;经常召开总结会,经验介绍会,引导教师回顾反思工作历程,关注自身的发展和进步,从而坚定信念,激发斗志;还可以通过升职和赋予组织成员有威望的工作头衔(如团队领导、计算机服务部主任或者高级研究员等)来强化教师的工作。

自我实现的需要。这是最高层次的需要,指实现个人理想、抱负,发挥个人的能力到最大程度,完成与自己的能力相称的一切事情的需要。也就是说,人必须干称职的工作,这样才会使他们感到最大的快乐。马斯洛提出,为满足自我实现需要所采取的途径是因人而异的。自我实现的需要是在努力实现自己的潜力,使自己越来越成为自己所期望的人物,越来越符合个人的气质,变成能成为的任何样子。例如,音乐家必须创作音乐让自己成为音乐家;画家就必须常常创作画来使自己成为画家;教师也必须优化自己的教学,让自己达到专家型教师要求。

知识分子是一个特殊的群体,具有强烈的自尊心和进取心,他们希望得到别人的尊重和信任,渴望实现自身的价值,是一个心理最容易得到满足的群体。当他们感到被人欣赏、被人信任、被人尊重时,工作热情就会像火山一样迸发出来。学校确立了"尊重、理解、信任、服务"的管理思想,把教师当朋友、当亲人,工作上帮助、扶持,生活上关心体谅,每学期都要和教师恳谈交心,使教师干得放心,干得称心,干得安心。使干群在奔向理想的过程中,结下战斗的友谊,不断提升凝聚力,让友情成为教师工作、奋斗的恒久动力。另外,也要创造条件让教师走出去开开眼界,把专家请进来开展校本培训,帮助教师不断地自我充电、自我更新、自我发展、自我完善;还应该想方设法为教师搭建各种各样的专业发展舞台,让青年教师时不时地上台亮亮相,展示一下各自的才能,扶着、拉着、推着他们一步一步走向成功。对于一些德才兼备的可用可造之才,应该及时地把他们提拔吸收到学校领导班子中来,让他们做学校的当家人,而不是局外人。明智的校长应该让"小池塘里"的"鲤鱼"也能"跳龙门",让小村庄里的"丑小鸭"也能变成"白天鹅",让山沟沟里飞出"金凤凰"。如果这样让他们充分挖掘自己的潜能,让他们处处感受到自己的主人翁地位,青年教师再苦再累也会觉得还有希望在前头,就能保持青年人旺盛的朝气和蓬勃的生机。

马斯洛的需求层次理论,在一定程度上反映了人类行为和心理活动的共同规律。马斯洛从人的需要出发探索和研究人的行为,抓住了问题的关键,指出了人的需要是由低级向高级不断发展的,这一趋势基本上符合需要发展规律的,但是,理论中提到人的需求满足是阶梯式的,是一个需要满足后再追求下一个需要的,可在日常生活中人的需求并未有着如此强烈的界限划分。生理需要和安全需要贯穿于人的一生中,但是并不一定要满足他们后,才能够向更高级发展,我们是完全可以逾越需求的界限去期待新的跨越。

(资料来源:丁兰芬.马斯洛需要层次理论在高校教师管理中的运用[J].继续教育研究,2003(2):107-109.)

(二)奥德弗的 ERG 理论

ERG 理论的全称是"生存(existence)、关系(relatedness)、成长(growth)",取生存、关系、成长三个单词的首字母排列,简称 ERG 理论(见图 2-2)。它是由耶鲁大学的奥德弗在重组马斯洛的需要层次理论,使之与实证研究更加一致的基础上提出的。

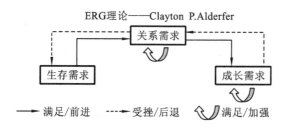

图 2-2　ERG 理论

(资料来源:百度图片)

1. 理论概述

奥德弗对工人进行大量调查,调查结果显示,一个人的基本需要不是五种而是三种,即生存需要、关系需要和成长需要。

第一类,生存需要。这类需要与人们基本的物质生存需要有关,包括衣食住行以及报酬、福利和安全条件等,相当于马斯洛提出的生理和安全需要。

第二类,关系需要。这类需要是指人际关系的需要,包括上下级之间、同事之间、个人与个人之间以及个人与组织之间的和谐关系等,它们与马斯洛的社会需要和自尊需要相对应。

第三类,成长需要。这类需要是指个体对于尊重和自我实现等方面的追求和需要,包括个人在事业、前途等方面的创造、发展与成长,与马斯洛的尊重需要的内在部分和自我实现需要相对应。

除了用三种需要替代了五种需要以外,与马斯洛的需要层次理论不同的是,奥德弗的ERG理论还表明:人在同一时间可能有不止一种需要起作用;如果较高层次需要的满足受到抑制的话,那么人们对较低层次的需要的渴望会变得更加强烈。

马斯洛的需要层次是一种刚性的阶梯式上升结构,即认为较低层次的需要必须在较高层次的需要满足之前得到充分的满足,二者具有不可逆性。而相反的是,"ERG"理论并不认为各类需要层次是刚性结构,例如,即使一个人的生存和关系需要尚未得到完全满足,他仍然可以为成长发展的需要工作,而且这三种需要可以同时起作用。

此外,马斯洛认为当一个人的某一层次需要尚未得到满足时,他可能会停留在这一需要层次上,直到获得满足为止。相反地,ERG理论对此提出了一种名叫"受挫—回归"的思想。该理论认为,当一个人在某一更高等级的需要层次受挫时,那么作为替代,他的某一较低层次的需要可能会有所增加。例如,如果一个人社会交往需要得不到满足,可能会增强他对得到更多金钱或更好的工作条件的愿望。与马斯洛需要层次理论相类似的是,ERG理论同样认为当个体较低层次的需要满足之后,会引发其对更高层次需要的愿望。因此,管理措施应该随着员工的需要结构的变化而做出相应的改变,并根据每个员工不同的需要制定出相应的管理策略。

2. 管理运用

奥德弗认为,作为管理者应该了解员工的真实需要。不同的需要会带来不同的结果。反过来,不同的结果可能会满足他们的需要,也可能无法满足他们的需要,管理者既要控制员工的工作表现或工作行为,同时也要控制工作结果。如果管理者无法控制那些影响员工需要的结果,他就不能影响员工的行为方式。

3. 评价

综合来看,奥德弗的ERG理论在需要的分类上并不比马斯洛的理论更完善,对需要的解释也并未超出马斯洛需要理论的范围。而且,一般认为马斯洛的需要层次理论是带有普遍意义的一般规律,而ERG理论则偏重于带有特殊性的个体差异,这主要表现在ERG理论对不同需要之间联系的限制较少。比如,ERG理论并不强调需要层次的顺序,认为某种需要在一定时间内对行为起作用,而当这种需要的得到满足后,可能去追求更高层次的需要,也可能没有这种上升趋势。所以,有人认为ERG理论很好地补充了马斯洛需要层次理论的不足,更全面地反映了社会现实。

(三)麦克利兰的成就需要与激励理论

成就需要与激励理论是20世纪50年代麦克利兰在一系列文章中提出来的。麦克利兰认为个体在工作情境中有三种重要的动机或需要,分别是成就需要、权力需要、亲和需要。他对这三种需要,特别是成就需要做了深入的研究。

1. 理论概述

第一种,成就需要。成就需要是指超越别人,在相关标准下取得成就及努力获得成功的驱动力。具有高成就需要的人渴望将事情做得更好,获得更大的成功,他们追求的是在争取成功的过程中克服困难、解决难题、努力奋斗的乐趣,以及成功之后的个人的成就感,他们并不看重成功所带来的物质奖励。

第二种,权力需要。权力需要是指影响和控制别人的一种愿望或驱动力。高权力需要者喜欢支配、影响他人,注重争取地位和影响力,而不是有效的业绩。他们喜欢具有竞争性和能体现较高地位的场合和情境,他们也会追求出色的成绩,但他们这样做并不像高成就需要的人那样是为了个人的成就感,而是为了获得地位和权力。

第三种,亲和需要。亲和需要是指建立友好亲密的人际关系的需要。高亲和需要的人力争获得友谊,他们喜欢合作的而不是竞争的环境,而且希望人与人之间有高度的相互理解。

麦克利兰认为,在生存需要基本得到满足的前提下,人最主要的需要有成就需要、权力需要、亲和需要三种。这三种需要在人们的需要结构中有主次之分,人们的主需求在满足之后往往会要求更多更大的满足,也就是说拥有权力者更追求权力、拥有亲情者更追求亲情、拥有成就者更追求成就。其中,由于麦克利兰认为成就需要的高低对人的成长和发展起到特别重要的作用,而且对于组织和国家而言,拥有高成就需要的人越多,那么组织和国家就会发展得越好,因此很多人就称其理论为成就需要理论。

2. 管理运用

管理者应采取措施提高员工的成就需要,以此帮助提高组织的绩效。具体做法如下:①对于成就需要较高的员工,可安排其承担具有挑战性和一定风险的工作任务,给予一定的自主权;同时,给其设定的目标应该是难度适中的,既不能太高,也不能过低;应及时反馈其工作业绩,用表扬、加薪、提职等方式来肯定其成就,以满足其成就需要,激发其工作热情。②对于成就需要较低者,可安排一些常规的任务。成就需要不是与生俱来的,管理者应采取措施,提供机会,以不断培养和提高员工的成就需要。

3. 评价

成就需要理论对于我们把握管理人员的高层次需要具有积极的参考意义。当然,麦克利兰的成就动机研究大部分属于相关研究,他既未回到也不可能回到过去的岁月甚至遥远的古代,去测量和操纵当时人们的动机,也不能明确地确定当时经济发展的原因。由此,他的研究也受到很多人的非议。所以,有关这方面的问题,值得我们认真思考和探讨。

(四) 赫兹伯格的激励保健理论

1. 理论概述

激励保健理论又称双因素理论,是美国行为科学家赫兹伯格提出来的。赫兹伯格等人在20世纪50年代后期曾采用"关键事件法"对200名工程师和会计师进行调查访问,访问主要围绕两个问题:在工作中,哪些事项是让他们感到满意的,并估计这种积极情绪持续多长时间;又有哪些事项是让他们感到不满意的,并估计这种消极情绪持续多长时间。通过调查发现,促使员工在工作中产生满意或良好感觉的因素与产生不满或厌恶感觉的因素是不同的。前者往往和工作内容本身联系在一起,后者则和工作环境和条件相联系。也就是说,满意因素和工作本身有关,不满意因素与工作环境有关。赫兹伯格还指出,产生工作不满意的因素与产生工作满意的因素是分开的、不同的。与传统观点不同,这两种因素不是互为正反的,满意的对立面不是不满意,也就是说,消除了工作中的不满意因素并不一定能让工作令人满意。赫兹伯格提出了二维连续体的存在:"满意"的对立面是"没有满意","不满意"的对立面是"没有不满足"。

据此,他把影响员工积极性的因素划分为两类,即激励因素和保健因素。保健因素的满足对职工产生的效果类似于卫生保健对身体健康所起的作用。保健从人的环境中消除有害于健康的事物,它不能直接提高健康水平,但有预防疾病的效果;它不是治疗性的,而是预防性的。也就是说,管理者若努力消除带来工作不满意的因素,可能会给组织带来安宁,而未必具有动机作用。这些因素只能安抚员工,不能激励员工。当保健因素得到充分改善时,只是消除了不满意,并不会导致积极的态度。如果要想在工作中激励员工,必须注重成就、认可、工作本身、责任和晋升等激励因素,这些内部因素才会增加员工的工作满意感。

2. 管理运用

激励保健理论最重要的启示在于它揭示出管理者必须充分注意工作本身对员工的价值和激励作用。双因素理论把传统激励方式注重奖金、工作条件等外在因素归为保健因素,强调管理者要从员工的工作本身出发,想办法对员工进行激励。特别是在现代社会,随着物质生活水平的提高,人们越来越注重工作本身对自己生活和生命的价值和意义。因此,管理者一定要充分了解员工的需要,尽量丰富工作的内容,增加工作的趣味性和挑战性,有针对性地进行激励。

3. 评价

激励保健理论对我们分析高层管理人员和生产力水平较发达国家或地区员工的需要,具有十分重要的参考价值。然而,在一些发展中国家,社会产品还不够富足,因此,对保健因素和激励因素的划分,就与西方发达国家有所不同;同时,赫兹伯格的研究样本只是针对工程师和会计师,显然不具有普遍性。某些保健因素不能对这些高级劳动者起到激励作用,但不等于对其他员工也如此,如果换一些样本,可能得出的保健因素和激励因素就会不一样。尽管如此,"双因素理论"自诞生以后还是有着广泛的影响力,即使在今天,它对当前工作设计的思想仍然有着相当的影响。

知识链接 2-6

某校新上任的校长认为:老师们的辛勤劳动和创造不能成为过眼烟云,教师的劳动不可能像工人那样量化计酬,也不能像农民那样个体承包,要克服干好干坏都一样的弊端,就必须把教师的功绩记录在案,业务档案具有权威性,可以为今后教师晋升、提工资、奖励提供翔实客观的依据,也是学校的财富。业务档案只记功不记过。建立业务档案后,出现了教师自发向上,大家比贡献的局面,老教师焕发了青春;想改行的年轻教师当年就发表了多篇论文。

上述案例中的校长很好地运用了"内容型激励理论"来开展管理工作。马斯洛需要层次理论中强调高层次的需要尤其是自我实现的需要,同时注意提供自我实现的途径。双因素理论中更多地着眼于满足激励因素来调动教师的积极性,包括工作本身、工作成就。麦克利兰的成就需要理论对人的成就需要非常重视,他认为一些人具有获得成功的强烈动机,他们追求个人成就而不是成功的报酬。在这些理论基础之上,该校长采取了"建立业务档案"的举措,说明他重视教师的工作成就,以教师的工作实效对教师进行评价。这就促使教师更加关注工作本身,增加了责任感。

（资料来源：http://www.docin.com/p-554538688.html.）

二、过程型激励理论

需要是动机形成的内在因素,而激励是一个过程,是一个由内在需要引发动机,动机推动行为,并指向一定目标的过程。过程型激励理论着重研究从动机的产生到采取行动的心理过程。典型的过程型激励理论包括弗洛姆（V. H. Vroom）的期望理论、亚当斯（J. S. Adams）和罗尔斯（J. Rarols）的公平理论、洛克（E. A. Locke）的目标设置理论、海德（F. Heider）的归因理论等。

（一）弗洛姆的期望理论

1. 理论概述

期望理论是由心理学家维克多·弗洛姆提出来的。该理论认为,人们之所以采取某种行为,是因为觉得这种行为可以有把握地达到某种结果,并且这种结果对他有足够的价值。也就是说,人们只有在预期的行为将会有助于实现某个具有吸引力的目标的情况下,才会被激励去做某些事情,以实现其个人目标。个人的行为,受到激励水平高低的影响。激励水平取决于期望值和效价两者的乘积。

当个体认为某一目标对自己无意义时,效价为零;当个体认为某一目标对自己很重要时,效价为正值;当个体认为某一目标对自己不利时,效价为负值。只有在效价为正值时,才能对人起激励作用,个体才会为达到该目标而努力。效价越高,对人的激励作用也就越大。期望值是指个人对自己通过努力达到的某种目标的可能性大小的估计,即由主观估计得到的一个概率值。如果个体肯定某种行为不会获得预期目标,则概率为0;如果个体肯定某种行为一定会获得预期目标,则概率为1。

弗洛姆辩证地提出了在进行激励时要处理好以下三方面的关系。

个人努力与个人绩效的关系：员工总是希望通过一定的努力达到预期的目标,如果个人认为达到目标的概率很高,就会有信心,并激发出很强的工作积极性;反之,如果他认为目标过高,通过努力也不会有很好的绩效时,就会失去内在动力,导致消极工作。

个人绩效与组织报酬的关系：员工总是希望取得成绩后能够得到报酬,这个报酬既包括物质上的,也包括精神上的。如果他认为取得绩效后能得到合理的报酬,就可能产生工作热情,否则就可能没有积极性。

组织报酬与满足个人需要的关系：员工总是希望自己所获得的报酬能满足自己某方面的需要。然而由于人们在年龄、性别、资历和社会地位等都存在着差异，所以他们对各种需要得到满足的程度也就不同。

2. 管理运用

(1) 管理者要调查了解不同员工的需要偏好，根据员工的需要设置报酬和奖励措施，也就是要提高效价。

(2) 管理者必须根据员工的能力和外部条件，给员工设置有一定难度又可以经过努力达到的目标。同时，要给员工创造一定的工作条件，增加他们对达到目标的信心。

(3) 管理者要建立有功必赏、奖惩分明的制度，改进绩效-报酬的关系。

3. 评价

弗洛姆的期望理论使组织中个人行为和动机得到更深刻、更全面的理解，也对人类行为的描述提供了新的有力工具。但是，该理论对决定员工积极性的因素考虑得不够全面。其实，员工的个性特征会影响个体对期望值的判断，个人的角色感知可能会影响个体对外在性奖励的效价评估；与此同时，当人的低层次需要得到满足后，在激励模式中应考虑员工对内在性奖酬的效价评估。

（二）公平理论

1. 亚当斯的公平理论

公平理论又称社会比较理论，是由美国心理学家亚当斯提出来的。该理论侧重于研究工资报酬分配的合理性、公平性对职工生产积极性和工作态度的影响。公平理论体现了社会要求利益分配合理化的倾向。

公平理论认为，每个人都有追求公平的权利，而是否公平则是从自己得到的报酬与自己所做的贡献进行比较得出的。如果有客观标准，则员工会以客观标准来比较。如果没有客观标准，则员工就会与类似的情况相比较，如与他人、与自己的过去相比较等。

公平理论还认为，人们的工作积极性不仅取决于其所得到的报酬的绝对值，而且取决于其所得到报酬的相对值。为了了解这个相对报酬，员工就会进行比较。如果比较的结果是自己的收支比与他人的收支比不相等，自己现在的收支与过去的收支不相等，那么人们就会产生心理的不平衡，从而产生追求公平的动机。

不公平感出现后，员工会试图采取行为来改变它。基于公平理论，员工可能会采取以下几种做法：改变自我认知，通过自我解释达到自我安慰，如曲解自己的付出或所得；改变对他人的看法，如曲解他人的付出或所得；采取某种行为改变自己的付出或所得；采取某种行为改变他人的付出或所得；选择另一个参照对象进行比较；辞去现在的工作。

2. 罗尔斯的公平理论

美国当代著名的哲学家、伦理学家和政治学家罗尔斯在其著作《正义论》一书中阐述了基于社会公平的正义原则，产生了巨大反响。

罗尔斯把他的公平(正义)观概括为两个原则，其中第一个原则为，每个人对与所有人所拥有的最广泛平等的基本自由体系相容的类似自由体系都应有一种平等的权利。这一原则也称自由平等原则，指的是每个人都平等地享有自由的权利。第二个原则为，社会和经济的不平等应这样安排,使它们:①在与正义原则一致的情况下,适合于最少受惠者的最大利益。②依系于在机会公平平等的条件下职务和地位向所有人开放。第二个原则可概括为机会的差别原则与公平原则。放在中国教育领域,第一个原则即无论公立或者私立教育对社会的贡献大小,都应当完全平等地享有基本权利,比如办学权;而按照第二原则,社会应当不平等的分配公立和私立教育的非基本权利,比如社会经济利益,因为公立和私立教育对社会的非基本贡献是不相同的。

相对于亚当斯的结果分配公平,罗尔斯更注重过程和制度的价值。虽然罗尔斯的正义自由平等原则认为社会应该平等的分配社会权力和利益,但实际上,这在绝大多数情况下是难以实现的。因为社会的差异性在很长时间内将会继续存在,在这种情况下,程序的公平正义将具有更重要的价值和意义。

3. 管理运用

(1)管理者要提高管理的透明度。管理活动的各项制度不论是在决策制定过程中,还是在执行过程中,都要注重提高组织成员的熟悉程度。

(2)运用量化管理。管理者要注意在管理过程中将员工的付出按质和量进行量化评估,然后将评估结果同收入直接挂钩,从而增强员工的公平感。

(3)注重民主管理。所谓民主管理,是指在组织的各种管理制度和政策的制定和实施中,充分听取员工的心声,让员工参与到组织管理中来,管理的民主化是使员工形成公平感的重要保障。

4. 评价

公平理论揭示了人们公平心态的激励功能,把一个客观存在却不大被人们注意的问题纳入了科学研究领域。罗尔斯的程序公平思想也为我们的组织管理提供了重要的启示。但是,这些理论还有待深入研究,主要原因是:第一,公平可以消除人们的不满,但它似乎难以激励人们。因为公平感本身是一种心理平衡感,平衡而无冲突,就失去了动力。这在一些实验中可找到证据。第二,公平的主观色彩甚浓,因此实际上很难操作,也就难以利用。第三,有利于自己的不公平感也是激励人们的力量。因此公平的激励价值也许存在于尽量减少人们损己的不公平感,而扩大人们利己的不公平感的策略之中。

(三)洛克的目标设置理论

1. 理论概述

目标设置理论是由美国心理学家洛克在德鲁克(P. F. Drucker)观点的基础上提出的,他认为目标本身就具有激励作用,目标能把人的需要转变为动机,使人们的行为朝着一定的方向努力,并将自己的行为结果与既定的目标相对照,及时进行调整和修正,从而能实现目标,目标是工作动力的主要源泉。

目标设定理论提出,目标是一个人试图完成的行动的目的。目标是引起行为的最直接的动机,设置合适的目标会使人产生想达到该目标的成就需要,因而对人具有强烈的激励作用。重视并尽可能设置合适的目标是激发动机的重要过程。

2. 管理运用

目标设置理论在组织管理中的应用主要是通过目标管理来实现的。在组织管理中,它

给予了我们如下启示:

(1) 管理者要善于制定目标。组织的战略管理层要制定战略目标,各级管理部门要制定策略性目标,每个员工也要制定自己的工作目标。各级目标之间要相互衔接、相互服务,下级目标要以上级目标为基础,使它们成为一个目标体系。

(2) 要给予员工一定的自主权。不管是在目标的制定过程中,还是在目标的实现过程中,管理者都要注意放权,给予员工适当的自主权。

(3) 目标制定、执行和评估尽量设有量化标准,从而为目标的执行和绩效的考评提供科学依据。

3. 评价

目标设置理论被发展并运用于组织管理的各个层面,成为一种员工参与组织管理的激励技术。这种管理方法和技术对西方组织管理的理论和实践产生了深远的影响。

(四) 归因理论

1. 理论概述

1958年,美国社会心理学家海德在他的著作《人际关系心理学》中,从通俗心理学的角度提出了归因理论。海德认为,人有两种需要:一是形成对周围环境一贯性理解的需要;二是控制环境的需要。而要满足这两种需求,人们必须有能力预测他人将如何行动。因此海德指出,每个人都试图解释别人的行为。

一般情况下,人们的行为归因有两种:一是环境归因(外部原因),如外界压力、天气、情境等;二是个人归因(内部原因),如情绪、态度、人格、能力等。换言之,行为结果是由个体和环境因素联合决定的。

海德还指出,在归因的时候,人们经常使用两个原则:一是共变原则,它是指某个特定的原因在许多不同的情境下和某个特定结果相联系,该原因不存在时,结果也不出现,我们就可以把结果归于该原因,这就是共变原则。比如一个人老是在考试前闹别扭、抱怨世界,其他时候却很愉快,我们就会把闹别扭和考试连在一起,把闹别扭归于考试而非人格。二是排除原则,它是指如果内外因某一方面的原因足以解释事件,我们就可以排除另一方面的归因。比如一个凶残的罪犯又杀了一个人,我们在对他的行为进行归因的时候就会排除外部归因,而归于他的本性等内在因素。

美国心理学家韦纳(B. M. Weiner)在剖析了传统动机理论的基础上提出了认知动机理论,对行为结果的归因进行了系统的因素分析。韦纳的成败归因理论认为,人们对自己的成功和失败主要归结于四个方面的因素:一是努力程度,二是能力大小,三是任务难度,四是运气和机会。这四种因素又可按照原因源、稳定性和可控性进一步分类:原因源包括行为的内因和外因;稳定性是指原因是否具有持久性;可控性是指行为原因是否为行为者所驾驭。从原因源方面来看,努力和能力属于内因,而任务难度和机遇则属于外因;从稳定性来看,能力和任务难度属于稳定因素,努力和机遇则属于不稳定因素;从可控性来看,努力是可以控制的因素,而任务难度和机遇则超出个人控制的范围。人们把成功和失败归因于何种因素,对以后的工作态度和积极性有很大影响。例如,把成功归因于内部原因,会使人感到满意和自豪,归因于外部原因,会使人感到幸运和感激;把失败归因于稳定因素,会降低以后工作的积极性,归因于不稳定因素,可能提高以后工作的积极性等。总之,运用归因理论来增强人们的积极性对取得成就行为有一定作用,特别是对科研人员的作用更明显。

2. 管理运用

行为的原因是多种多样的,不同的归因不仅会对过去的行为产生不同的认识和理解,而且还会影响人们对未来行为的预期,以及行为倾向和抱负水平。管理者要根据不同员工对于成败归因取向的不同,因人而异地做好员工的思想工作,帮助员工正确归因,这对于调动员工工作的积极性具有十分重要的作用。同时,管理者还应有目的、系统地对员工的工作行为进行归因,这对于量才录用、合理分工、人尽其才、才尽其用,提高管理绩效具有重要的作用。

3. 评价

对归因理论的某些批评认为,归因理论只不过是一些常识罢了,是我们共同的思维方式的一部分,这种思维方式是关于社会生活世界的,而不是关于科学知识的。尽管如此,归因理论的一个重要目标是要将所知道的常识系统化,并将其置于一个与各种社会现象相关联的概念框架中。一直以来,许多研究都支持归因机制,并且有效地预测了未来绩效。

知识链接 2-7

过程型激励理论在高校教师管理中的应用

(一)构建"以人为本"的高校教师激励机制

学校管理的实践证明,人只有在愉快和谐的气氛和精神状态良好的情况下才有可能充分发挥其才能,做出具有创造性的业绩。"以人为本"是指以人全面、自由的发展为核心,把该理念运用到现代管理之中,要求管理过程建立在组织成员的自我管理基础上,利用组织的共同目标作为牵引,引导组织成员学会驾驭自己和发展自己,进而实现个人与组织全面自由的共同成长和发展。过程型激励理论认为,人们的行为动机以及工作的积极性,与个体的心理需求融为一体,它不是单纯个体心理需要的反映,也不是单纯客观环境刺激的体现,而是两者交互作用产生的结果。高校教师作为知识分子中一个特殊的群体,他们不仅具有低层次的生理需要和安全需要,中层次的爱与归属的需要、尊重的需要和认知的需要,而且具有强烈的高层次自我实现的需要,希望个人才能得到充分发挥,渴望教育教学工作的成功,渴望获得人格尊严的尊重、良好的教学评价和较高的社会声誉。建立"以人为本"的高校教师激励机制,就是要形成长效的激励机制,一方面既要把外在激励与内在激励相结合,又要把精神激励与物质激励紧密结合,在关注高校教师现实生活状况和不断满足其物质生活需要的基础上,更加关注他们的精神向往和理想追求,设置有助于高校教师专业发展的目标和各种荣誉称号,提供其展示个人才华和获得升迁晋级的契机,从而最大限度地调动他们工作的积极性、主动性和创造性。

(二)设置科学合理的高校组织目标

获得事业的成功是高校教师共同的期望,高校教师总是从事业的不断成功中获得内心需要的巨大满足,因此高校要通过设置科学合理的组织目标,引导教师把个人的奋斗目标融入学校和国家的发展目标中去。

根据过程型激励理论,高校在设置组织目标时,第一,要考虑目标的设置应具体明确。具体明确的目标由于和高校教师个人利益较为接近,因而能使他们比较容易实现目标,并通过评价反馈及时获得成就体验,从而不断提高工作效能。第二,目标设置要具有一定的层次结构。既要注意设置一些"近景"现实目标,能让高校教师通过少许的努力就能达到;又要注意设置一些"远景"规划目标,能让高校教师通过一定程度的努力方能实现;同时,还要注意设置一些同高校教师专业发展理想相契合的"远景"规划目标,能让高校教师看到自己的奋斗目标,激发持续不断的工作动力。把高校长远发展规划与切近需要完成目标紧密结合,就一定能使高校教师分段逐步实现预期的组织目标。第三,目标设置要难易适度。如果目标设置过高,高校教师通过长期艰苦的努力也不能达到,就会对组织目标丧失追求的信心;而如果目标设置过低,高校教师不用努力也能达到,就不会有积极的激励效果。高校组织目标的设置可以借鉴苏联教育心理学家维果茨基提出的"最近发展区"理论,即通过中等强度和一段时间的努力就能使高校教师顺利达成学校组织目标。第四,要倡导高校教师积极参加学校组织目标的设置工作。在制定学校组织目标时,如果能让高校教师积极参与其中,不仅能增强他们对学校组织目标的认同感,而且能最大限度地激发他们实现学校组织目标的积极性。第五,目标设置要注重差异性和个性化。既要考虑学校发展的实际和统一的标准要求,同时又要充分考虑高校教师之间存在的学历、学科、知识、经验、能力以及个性等各方面的个体差异。只有使所设置的组织目标既有统一标准又能体现个性差异,这样才更有针对性和实效性,更有助于高校教师工作积极性的激发。

(三)健全高校教师激励型薪酬体系

薪酬激励是高校教师管理中运用较多的一种激励手段,科学合理地设计薪酬体系不仅能稳定高校教师队伍,而且能不断激励教师前进。激励型薪酬体系要充分体现高校教师的工作特点和劳动价值,秉持公平公正和效率优先的薪酬分配原则,善于从脑力劳动贡献与人力资本价值等多方面综合考量。高校教师由于入职前投入大,人力资源成本高,需要获得较高的回报才能维持自身的平衡,其基本薪酬必须和他的人力资本价值紧密结合,可设价值薪酬,相当于基本工资部分;同时,高校教师由于实际承担的岗位责任,做出的教学、科研业绩不同,其获得的报酬也要体现出差异性,可设为贡献薪酬。价值薪酬相对固定,而贡献薪酬则可留有足够的浮动空间。高校管理者要善于根据岗位差异、责任大小以及业绩高低等因素来科学确定薪酬多少,可以考虑把教师的科研成果奖励与教学课时费等纳入到贡献薪酬部分,这样就可以形成既考虑人力成本价值又兼顾绩效贡献价值的"二元结构"工资制度。高校激励型薪酬体系应逐步扩大"贡献薪酬"在教师工资中的结构比例,加强教学、科研及其他工作绩效考核与所获薪酬之间的内在联系,通过高校人事分配制度的不断变革,逐步完善高校教师岗位设置方案和绩效考核制度,建立健全与高校教师工作业绩相联系和鼓励人才创新的教师分配激励制度。高校在建立健全教师激励型薪酬体系时,应充分考虑以下两个方面:第一,高校教师薪酬标准的下限一定不能低于本地区当前人才市场平均水平,这样能使高校教师的薪酬标准与其他社会职业相比具有较高竞争力,有助于把社会上一些优秀人才吸引到高校教师工作岗位。第二,高校在制定教师薪酬标准时要力求做到在各种工作岗位上的教师即使学历和职称级别相当,但其薪酬所得也能反映出不同的工作绩效,使高校教师的工资薪酬具有公平性、公正性和竞争力,这样往往能激励年轻有为、业绩突出的高校教师脱颖而出。

(四)合理运用高校教师激励反馈机制

过程型激励理论告诉我们,当人们的成果被承认后得到积极反馈,能使其产生积极的情绪体验,从而激励其持续不断地以更高的热情进行工作;而如果不让人们意识到工作绩效与预期结果存在一定差距,其工作绩效就不能得到显著改善。因此,有效的高校教师管理必须注意采用能够促进教师积极教育教学行为产生的方式,准确地使教师获得有关的绩效反馈信息。如何有效打破高校教师在绩效反馈时的自我防卫心态,促使教师认真听取反馈意见,高校管理者需要注意以下一些基本操作要求:第一,绩效考核与绩效反馈应作为一个经常性的工作加以开展,这样高校教师就能在较短的时间内获得反馈信息,从而激发其工作积极性。第二,在绩效评价考核结果公布之前,学校要积极引导高校教师先对自己的工作进行自我绩效评价,这样一方面可以调动他们参与考核评价的积极性,另一方面也可以使他们降低对学校评价考核的期望值,对考核评价保持平和的心态。第三,对高校教师所取得的工作业绩,高校管理者要进行充分肯定,只有这样才能起到通过考核评价激励先进和形成"比、学、赶、帮"良好局面的作用。第四,高校管理者要努力探寻造成教师工作绩效不良的深层原因,并会同教师本人共同确定问题解决方式,使教师看到今后的努力方向和美好前景。第五,要把高校教师的绩效反馈集中在行为或结果上,这样可以避免对教师作为个体而存在的价值问题提出疑问,有助于教师恢复信心继续前进。第六,高校管理者要指导教师学会制定相应的绩效改善目标,确定检查目标改善进度的实践路线,使高校教师有序有效地实现专业成长。第七,高校管理者要鼓励教师积极参加到绩效评价反馈的全过程之中,而不是作为一个单纯的被考核者或无动于衷的看客,这样更能加深高校教师对自己的优势和不足以及对他人优势领域的认识。

(五)建立高校教师激励的制度保障

根据过程型激励理论特别是弗洛姆的期望理论,通过建立良好的制度保障,可以增加高校教师期望的概率与效价实现的可能性,使工作努力的教师能得到和期望值相匹配的激励,从而保障教师个体需要及个体目标的顺利实现。因此,要想获得最佳激励效果,高校管理者必须建立良好的制度保障,采取切实有效的激励措施,使高校教师清楚,只要付出努力,期望与效价就会有极大的实现可能性,进而深刻认识努力工作便会在绩效中得以体现,获得较好的绩效,就会得到学校的认可与奖励,而这由于反映了自己的期望和需要,就会激发他们的工作热情,产生工作的积极性和内驱力,从而产生更好的绩效。高校管理者必须高度重视激励制度建设,如在教师的选聘进修、访学交流、学术休假等方面建立科学有效的激励制度,使优秀教师通过制度留在能充分发挥其作用的岗位上,利用制度激励教师为学校发展积极建言献策,用制度保障教师的切身利益,使教师具有一种安全感、归属感、自豪感和荣誉感,从而激励教师不断努力和实现自我提升。

(六)营造公平合理的高校组织氛围

高校教师的公平感,在很大程度上会影响其工作的积极性。在教育教学工作中,高校教师经常会把自己的付出和所得与他人进行比较,如果认为不对等,就会产生不公平感,这是一种较为普遍的心理现象。为此,高校要贯彻效益优先、兼顾公平的原则,采取各种措施,营造一种公平合理的组织氛围,从而使教师经常保持一种公平感,避免其不满情绪的发生。如果高校管理者不管教师工作效果好坏和贡献大小,均给予相同的报酬;或者教师贡献相同,其他方面相同,而工资待遇却有高低差异的话,就会使教师产生强烈的不公平感,从而挫伤其工作积极性。一旦高校教师产生了不公平感,对工作就有可能采取某些消极行为,如推诿推脱、疲于应付、消极怠工,甚至会出现对抗破坏或一走了之等极端行为。这些行为一旦出现或成为学校的常态,就会不同程度地影响高校整体组织目标的顺利实现。因此,高校管理者无论是对教师工作任务的分配,还是对教师工资、奖金、晋升以及工作成绩的评估,都要力求做到公平合理,努力消除不合理和不公平现象的出现,最大限度地调动他们的工作积极性,使高校的工作效率和教育质量均得到有效提升。

(资料来源:张宁.过程型激励理论在高校教师管理中的应用[J].江苏师范大学学报(哲学社会科学版),2012,38(4):147-150.)

三、行为矫正型激励理论

行为矫正型激励理论又称改造型激励理论,该理论重点是研究如何改造和转化人的行为,如何使人的心理和行为由消极转变为积极,以有益于组织运作和发展。

1. 强化理论的概述

强化理论是美国心理学家和行为科学家斯金纳等人提出的一种理论,它建立在操作性条件反射基础之上,是行为矫正型激励理论中最具代表性的理论。强化理论是以学习的强化原则为基础的关于理解和修正人的行为的一种学说。所谓强化,指的是对一种行为的肯定或否定的结果(报酬或惩罚),它在一定程度上会决定这种行为在今后是否会重复发生。当这种行为的后果对他有利时,这种行为就会在以后重复出现;不利时,这种行为就会减少或消失。人们可以用这种正强化或负强化的办法来影响行为的后果,从而修正其行为。这就是强化理论,也叫作行为修正理论。

强化可分为正强化和负强化:正强化就是奖励那些组织上需要的行为,从而加强这种行为;负强化就是惩罚那些与组织不兼容的行为,从而削弱这种行为。正强化的方法包括发放奖金、对成绩的认可、表扬、改善工作条件和人际关系、晋升、安排担任挑战性的工作、给予学习和成长的机会等;负强化的方法包括批评、处分、降级等,有时不给予奖励或少给奖励也是一种负强化。

2. 强化理论的管理运用

强化理论认为,有效利用或改变组织内外环境诱因,对员工行为进行强化,是调动员工的工作热情,提高工作绩效的有效方法。在管理实践中,必须遵循一些基本原则:

(1) 应以正强化方式为主。在企业中设置鼓舞人心的安全生产目标,是一种正强化方法,强化应始终以有利于组织目标体系的行为的发生和目标的实现为宗旨。

(2) 采用负强化(尤其是惩罚)手段要慎重。在运用负强化时,应尊重事实,讲究方式、方法,处罚依据要准确公正,这样可尽量消除其副作用。

(3) 注意强化的时效性。在强化过程中,必须及时反馈,及时强化。

(4) 因人制宜,采用不同的强化方式。在运用强化手段时,应根据员工的个性特征及其需要层次,采取不同的有效强化方式。

3. 评价

通过强化,可以对员工的行为产生重大影响,因此作为一种激励方式,强化理论有着广泛的追随者。但强化理论建立在行为主义观点上,仅仅关注当人们采取某种行为时所产生的结果,忽视了人的内在精神状态。尽管如此,强化理论提供了一种如何控制行为的分析方法,它仍然是激励理论的一个重要分支。

> **知识链接 2-8**
>
> **完善高校教师激励机制的对策**
>
> (一) 以人为本,建立积极强化为主、消极强化为辅的激励机制
>
> 斯金纳认为积极强化比消极强化更有效,而且从以人为本的观点出发,积极强化的使用也更符合人力资源的管理方法。因此,应以积极强化为主、消极强化为辅进行激励,全面发挥强化理论的积极作用,最大限度地激发教师的劳动热情和工作动机,最大化地实现组织的预期目标。在实际工作中,努力做到奖功罚过、奖优罚劣、奖勤罚懒,使先进受到奖励,后进受到鞭策,形成人人争先的竞争局面。俗话说"小功不奖则大功不立,小过不戒则大过必生",讲的就是这个道理。
>
> (二) 分析需求,坚持物质强化和精神强化相结合
>
> 高校教师是典型的知识型员工,他们的需要层次高、成就需要强烈,这些特点决定了管理者要分析教师的需求、兴趣,注重对教师心理、行为的深入研究,在科学分析的基础上对症下药。目前,我国高校较多地采用物质奖励,建立在"经济人"假设基础上的物质激励使得高校的激励成本越来越高,而且激励的效果越来越不明

显。斯金纳认为,在物质强化激励的基础上渗透精神强化可以更有效地固化他们的积极行为。比如当教师取得优异成绩后,一方面给予物质奖励;另一方面通报表扬,进行事迹宣传,就会收到事半功倍的效果。根据马斯洛提出的需求层次理论,管理者要在兼顾一般的基础上,有针对性地选择适合教师各个层次需求的强化物予以强化。再比如青年教师要明确职业方向,中年教师要强调工作中的成就感和成果的积累,老年教师要重点发挥他们的传帮带作用。

(三)坚持"小步子"原则,引导教师实现可持续的专业发展

教师职业生涯规划是指教师结合学校组织的发展,在对个人职业生涯的主客观条件进行测定、分析、总结研究的基础上,确定其最佳的职业奋斗目标。由于高校扩招,教师工作量加大,很多教师为应付繁忙的日常教学和科研工作而疲惫不堪。为此,管理者要引导教师设立一个明确而又切实可行的目标,同时将目标进行分解。比如职称作为教师专业水平的物化表现,对教师的激励导向作用非常明显,晋升高一级职称可作为教师的远期目标,管理者就可以按照职称评审的要求设计年度科研、教学考核指标,督促教师把几年的任务分解到每一年来完成。这种小步子方法体现了长期激励和短期激励、内在强化和外在强化的统一。

此外,管理部门还要强化终身学习观念,因为教师职业生涯规划的过程就是终身教育的过程。对积极参加培训,提高学历、获得证书的教师,特别是把学到的知识积极应用于教学、科研、管理实践中的教师,要及时给予强化奖励,形成一种良性、自主的学习氛围。

(四)及时反馈,增加教师激励机制的时效性

根据斯金纳强化理论,行为出现后强化越及时效果越明显。例如,当教师努力工作并及时被评为优秀教师后就增加了其积极行为重复发生的可能性;当教师课题申报成功后就会更积极地进行申报等。教师在做出某种行为后,即使是领导者表示"已注意到这种行为",这样简单的反馈也能起到积极强化的作用;而如果领导者不注意,这种行为重复发生的可能性就会减小甚至消失。强化理论并不是对职工进行操纵,而是使职工有机会在各种明确规定的备择方案中进行选择。因而,强化理论已被广泛地应用于激励和人的行为改造上。

(资料来源:张丰.基于斯金纳强化理论的高校教师激励机制研究[J].教育与职业,2009(21):41-42.)

四、综合型激励理论

(一)勒温的场动力论

1. 理论概述

场动力理论是最早期的综合型激励理论。场论是德国社会心理学家勒温提出的一个著

名理论,"场"这个概念是勒温从物理学中借用过来的。这一理论认为,人们表现出来的一切行为,都是个人与环境两方面因素交互作用的结果。勒温的场动力论可以用以下的函数关系来表述:B＝f(P·E)。其中,B为个人行为的方向和向量,P为个人的内部动力,E为环境刺激。公式表明,个人行为的方向和向量取决于环境刺激与个人内部动力的相互作用。

勒温把外界环境的刺激比喻为一种导火线,而人的需要是一种内部的驱动力。人的行为方向决定于内部系统需要的强度与外界引线之间的相互关系。如果内部需要不强烈,那么再"强烈"的引线也没有多大意义。反之,内部需要很强烈,那微弱的导火线也会引起强烈的反响。

2. 管理运用

勒温场动力认为,激励分为内在激励和外在激励。内在激励主要关注精神层面,表现为:提供良好的工作环境、一份具有挑战性的工作、融洽的人际关系、工作的成就感、开放的沟通环境、完善的培训体系等;外在激励指的是物质激励,表现为工资、奖金、福利、旅游、各种补贴等。在现代知识经济背景下,时代在发展变化,组织需要建立并运用好内外激励机制来激发员工的工作积极性,从而促进企业的发展。

3. 评价

勒温的场动力论强调了员工与环境的关系和相互作用,突出了人的情感、意志和人格。由此,研究者所面对的必然是人的整体性,而不再单单是人的感、知觉或人的某种个别属性。所以,格式塔的整体原则便具有了更为广泛的意义。同时,勒温侧重于在行为发生的场或具体情景中来考察人的行为和心理事件,把这种场或人与环境的相互作用做了系统性的处理。这一理论对组织管理的理论和实践产生了深远的影响。

 知识链接 2-9

基于场论的高校教师激励机制探索

勒温所提出的生活空间的概念不是客观存在的,而是对人心理产生作用的主观环境。我们将场论和教师的动力场相结合,旨在探寻与教师心理互动的环境因素。只要正确分析高校教师环境场因素对教师心理场的积极作用,并有效地利用这种作用,就能建立起对教师工作产生积极效果的激励机制。

(一)加强高校教师心理场和环境场之间的双向信息交流

一些高校信息流通的主渠道常常是自上而下的流动,而自下而上的民主诉求和上下互动的反馈机制匮乏。这样便导致高校教师动力场的左半圆和右半圆信息无法正常流动,即环境场对高校教师产生影响后,高校教师不论满意与否,信息无法得到有效的反馈。事实上,只要高校管理者与教师能正常交流信息,很多问题初露端倪时就能被发现和解决,但往往因为缺乏这种双向的沟通,导致问题积少成多,影响教师工作的积极性。教师对于校方而言,是受聘者,但对教育事业的发展和成功而言,是一线劳动者,是主力军。高校管理者应充分重视教师的地位和作用,倾听教师的声音,关心教师的诉求。

如何架起高校教师心理场和环境场之间沟通的桥梁？有效的方式是将高校的工会、教代会和人事部门作为信息沟通的中介组织，进行高校教师意见与建议的收集和信息的沟通与反馈。高校领导与教师的沟通，应以教师的环境场为参照，了解教师的思想动态，对学校规划和工作的看法，对薪酬、奖惩和自己工作的看法；了解教师的情感动向，对学校领导的满意度，与同事和学生之间的融洽度等。对一些涉及个人隐私的问题，可以采用问卷调查等不记名的信息收集方式，利用学校网站或论坛等平台进行沟通和交流。领导要鼓励教师积极主动表达自己的意见，并及时耐心地解答和解决教师提出的问题。这种双向的信息交流机制的形成，可以破除学校领导与教师间的心理屏障，拉近彼此的心灵距离。

（二）目标设置合理化，建立"双赢"的教师职业生涯规划

勒温指出："只要需求未得到满足，一种与目标相连的力便存在，并引导着朝向目标的活动。"勒温的心理紧张系统有其确定的目标和引拒值，如何设置合理的目标？①合理的目标是对于教师有一定的要求，并可以经过努力达到的目标。这样的目标对于教师有着正的引拒值，是对教师有吸引力的目标；②目标设置过小，对教师要求不足，不会产生心理紧张感，引拒值便不存在了；③目标设置过大，教师压力加大，会使教师心理过于紧张，产生负的引拒值，是对教师有排拒力的目标。高校教师目标设置的合理化，要以在环境场中所收集的信息为基准，这也是高校教师目标合理化设置的基础。

合理化的目标设置包括短期、中期、长期的目标设置，教师通过对不同时期目标的追求，形成教师的职业生涯规划。职业生涯规划的激励机制不仅为教师个人架起了成长的阶梯，同时也为高校组织的发展提供了不竭的能量，成功的职业生涯规划是高校与教师实现"双赢"的过程。这同样是基于场论中的个人与环境相互作用的结果。学校应该对教师的个人品格、能力有所了解，使教师在学校的引导下，积极肯定自我，向着目标前进，保持职业忠诚度，达到教师职业规划和学校发展的"双赢"，即个人与所处环境的"双赢"。学校组织团队要帮助教师进行职业生涯规划，恰当地规划教师的个人目标，其中包括教学、科研和学历等，而教师目标的实现也必将促进学校总体目标的实现，也是"双赢"的。

（三）物质激励与精神激励相结合

从高校教师动力场中环境场的四个部分看，市场是与体现物质激励作用相关的因素，另外三个方面都是体现精神激励作用的因素。但物质激励和精神激励的作用是相辅相成的，正如柳青所说，物质利益激励是一个复杂的命题，建立精神激励机制不仅可以补偿物质激励的缺陷，而且其本身有巨大的威力。尽管精神激励方式有其积极意义，但物质需要长期得不到满足，精神激励的效果也会越发脆弱。可见，在高校教师的激励中物质激励和精神激励都起着举足轻重的作用，二者缺一不可，高校必须建立并形成一种物质激励与精神激励相结合的激励机制。

高校在对教师进行物质激励时，首先应坚持公平合理的原则。美国心理学家

亚当斯在进行大量调查的基础上，发现个体对他们所得的报酬是否满意不是只看其绝对值，而且要看相对值，通过比较，判断自己是否受到了公平对待，从而影响自己的情绪和工作态度。其次是动态地、有差别地对教师进行物质激励，教师作为个体，需求是不相同的，并且会随着年龄、知识和工作阅历的增加而发生变化。因此，高校在实行激励时，应充分考虑不同教师和教师发展不同阶段需求的差异性，有针对性地采取措施，建立起合理的薪酬分配体制与机制，最大限度地调动教师的工作积极性。

高校在对教师进行精神激励时，要充分考虑教师职业的特点。当今社会知识更新日益频繁，高校教师作为典型的知识型员工，寻求个人成长和发展的需要不断加强，学校要建立起健全的教师培训体系，满足高校教师对知识更新和职业发展的需要。高校领导应营造一个充满人文关怀的和谐向上、尊师重教的校园环境，让教师深切感受到学校良好氛围和自身存在的价值，从而保护和促进教师工作积极性的发挥。

（四）建立因师制宜的激励机制

每个教师都有着属于自己的动力场，每个教师动力场中的情况又不尽相同。因此，必须充分尊重教师的个性特点，有针对性地开展教师的激励活动。过于平均、无差异和缺乏弹性的激励活动等于无激励。

无论是哪种激励方式，在激励机制的创建中都要考虑到人的差异性，如男女教师之间的差异，理工学科教师和文科教师的差异，年长和年轻教师之间的差异，不同学历教师之间的差异等。高校要通过调查及时把握不同教师群体之间的差异，建立教师需求的动态发展档案，并据此形成因人而异的激励方案，从而创建一种动态发展和完整有效的教师激励机制，全面促进教师工作积极性的提高。

（资料来源：杨建春，李黛.基于勒温场论的高校教师激励机制探析[J].东北大学学报（社会科学版），2012，14（6）：544-548.）

（二）波特—劳勒综合激励理论

1. 理论概述

波特—劳勒综合激励理论是在期望理论和公平理论等理论的基础上形成的一种综合型激励理论（见图 2-3）。该理论认为，激励是外部刺激、个体内部条件、行为表现、行为结果相互作用的统一过程。具体地说，这一理论将激励分为内外两个部分。内激励的内容包括报酬、工作条件、企业政策等；外激励包括社会、心理等因素，如认可、人际关系等。

2. 管理运用

(1) 要充分了解员工的需要，从多种角度对员工实施激励；

(2) 要帮助员工认识到要通过自己的努力来取得工作绩效，获得奖励，同时也要认识到自身的能力和素质等；

(3) 可以通过强化满足感与工作绩效之间的联系来激励员工的积极性；

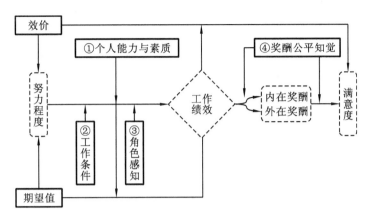

图 2-3　波特—劳勒综合激励理论

(4) 应经常注意是否出现满足感同工作绩效之间联系减弱的信号，同时增加新的刺激，并增强员工的期望与获得的刺激之间的关系。

3. 评价

波特—劳勒综合激励理论为管理者如何改进对员工的激励提供了一个清晰的、系统的、逻辑严密的思考路线，提出管理者要善于从多个不同的角度考虑激励的方式，查出问题的真正原因，要学会运用不同的理论，从不同的角度解决问题。但是，该理论分析的是一个"单向激励"过程，它忽视了一个有效的激励系统对管理人员自身的要求，韦伯就曾指出，要使激励制度有效，管理人员一定要信守诺言。

> **知识链接 2-10**
>
> ### 波特—劳勒综合激励模型在高校教师激励管理中的应用
>
> （一）营造努力程度与工作绩效高相关性的有利环境
>
> 由波特—劳勒综合激励模型可知，努力程度并不能完全决定工作绩效，工作绩效还要受到以下三个因素的影响：一是个人能力与素质，也就是说如果只有工作热情没有真才实学及必要的能力和素质，也难以实现预期的绩效水平；二是工作条件，即必要的人力、物力等环境要素对获得预期绩效也是不可或缺的；三是角色感知，即个体对组织的意图和对工作期望的领会和理解。要提高高校教师的工作绩效，就不能忽视其中的任何一个因素。
>
> 首先，高校应当为教师营造有利于提升其个人能力和素质的外部环境，构建规范、灵活的国内培训学习和海外访学交流平台，通过实施职业生涯规划与指导，给教师提供更多的成长机会和更大的发展空间；其次，高校应当进一步改善教师工作条件，包括办公、实验设施配备等外部条件和良好的同事及上下级关系等内部条件；最后，高校还应当指导教师正确认识自身的角色定位，以更加饱满的热情投入到教学和科研工作中。

(二)完善工作绩效与奖酬的公平关系

对高校教师的工作绩效进行有效的考核和管理,有利于为薪酬管理和人事决策提供硬指标,以促进师资队伍的良性发展。由于一个人的成绩,特别是非定量化的成绩往往难以精确衡量,而奖酬的取得也包含多种因素的考虑,不完全取决于工作绩效。也就是说,二者并非直接的、必然的因果关系,在两者中间,绩效考核制度起着关键性的作用。

对于绩效考核内容,应平衡教学与科研的比重,不能忽视"教学型"教师的工作业绩;对于绩效考核指标,应注重结果与过程的结合,不能忽略那些无法量化的工作所带来的正外部性;对于绩效考核过程,应秉持公平和透明原则,绩效考核的结果和依据的事实要及时予以公示,以达到互动的目的,并对其他教师形成影响,所谓"奖一人而励十人、罚一事而警十事",是激励的上策。

(三)引导奖酬与满意感的公平知觉

奖酬是个人取得工作绩效后的各种报酬,包括内在奖酬(如工作本身的乐趣、成就感、自我实现感等)和外在奖酬(如工资、职位和职称晋升等)。但是奖酬的多少并不能决定是否有满意感,这其间要经过"奖酬公平知觉"的调节,即奖酬是否会产生满意,取决于被激励者认为获得的奖酬是否公平。只有让高校教师对奖酬产生公平知觉,才能让其产生满意感。在外部竞争性方面,薪酬整体水平的控制除了要考虑当地的平均消费水平、生活质量和劳动力市场水平,还需要考虑不同专业学科的差别,有针对性地提高高校教师薪酬的外部竞争力;在内部一致性方面,高校奖励性薪酬制度的设计除了要体现对过往绩效的肯定,还应突出绩效优先、多劳多得、优绩优酬的思想,以平衡好各类型教师对奖励性薪酬的公平知觉。此外,发放奖励性薪酬要及时,在考核周期允许的情况下,对获得的成果及时进行奖励,使被奖励教师迅速产生积极的心理反应,对自己获奖行为记忆深刻,并在这种奖励的多次重复后产生积极的动力定型,也使周围的人比有差距,学有目标,赶有方向,及时调动其他教师的积极性,形成你追我赶的竞争局面。

(资料来源:朱正一.基于波特—劳勒综合激励模型的高校教师激励管理探究[J].中国农业教育,2015(5):38-43.)

构建教师专业发展的自我激励机制

(一)建立教师职业生涯规划系统

①辅助教师规划职业生涯,教师的职业生涯规划相当于为自己设定一项具体而明确的长期目标,这一目标能够调动教师的主动性、积极性,促进教师自我激励。②督促教师职业

生涯发展,学校定期对教师的职业生涯发展进行评估,并提供适当的帮助,督促、鼓励教师朝着既定的目标前进。

（二）建立教师学习系统

①完善教师培训制度,学校可以通过完善教师培训制度协助教师学习,提高教师的能力,激发教师的胜任感。②建立学习型组织。③树立学习榜样。

（三）构建责权利相统一的系统

学校通过构建责、权、利相统一的系统,能够有效地分配、检查以及追究责任,并通过赋予教师一定的权利,明确奖励的标准,使责权利体系成为一种激励手段,促进教师的专业发展。建立统一的责权利系统要做到：首先,构建责任文化。通过物质文化建设、精神文化建设以及制度文化建设营造良好的文化氛围,加强教师价值观建设,激发责任感,让教师意识到促进自身的专业发展是对自己、他人负责的一种表现。其次,明确教师岗位的职责及工作标准,使各位教师都能做到各司其职。再次,明确责任评估,建立责任追究制度,对教师专业发展程度进行评估。最后,根据责任评估结果对当事人进行相应的处罚,并加强宣传教育,使教师能够正确认识、合理应用责任评估制度。

（四）构建教师公开承诺系统

承诺是指个体为达到预期目标的决心。行为主体对预期目标的承诺程度决定了预期对个体的激励力度。一般而言,公开承诺比私下承诺的激励效果要强。公开承诺能够有效地满足教师的自我决定需要,提高教师的胜任力。建立教师公开承诺系统,要做到：首先,学校要公开对教师进行承诺,制定明确的奖惩制度,并严格按照制度标准执行,起到榜样示范的作用。其次,要求教师明确指出自己的任务、目标,并要求教师公开承诺能够完成任务。最后,定期检查教师的"公开承诺",促进教师不断努力。对实现承诺的教师进行奖励,对没有实现承诺的教师进行指导,促进其进行合理的归因。

（五）构建教师职业道德系统

教师职业道德是指教师在从事教育劳动时所应当遵循的行为规范和必备的品德总和,它是教师素质的核心。建构教师职业道德系统首先应制定内容具体、易于操作、切实可行、便于评价的道德行为规范。此外,可以通过营造良好的文化氛围,促进教师职业道德的发展。通过构建教师职业道德系统促进教师专业发展。

（六）构建良心制度

学校在构建教师自我激励机制时还要努力构建"良心制度",即把领导对部下的关心量化、指标化,并进行考核和管理。"良心制度"是一种情感激励方式,能够有效地满足教师归属和爱的需要,激发教师的主动性、积极性以及组织的凝聚力与向心力。

（资料来源：赵琳.论教师专业发展自我激励机制研究[J].继续教育研究,2015(3)：58-60.）

 心理训练

自我激励法可有效激发潜能

英国BBC实验室的安德鲁·雷尼教授和同事测试了有哪些心理方法能帮助人们在一

款游戏中提高分数。这份超4.4万人参与的实验表明,激励方法在激发潜能方面的确有作用。

这项复杂的研究测试了自我激励、意象及假定规划等激励方法是否对任何任务都有效。在任务的每个部分,那些利用自我激励方式告诉自己"下次我能做得更好"的人,表现要好于参照组。尤其在以下4个方面分数提高明显:结果激励(告诉自己,"我可以超越自己最好成绩"),过程激励(告诉自己,"这次我可以反应得更快"),结果意象(想象自己在游戏中正超越以前的最好成绩),以及过程意象(想象自己在游戏中反应速度比上次更快)。

他们还发现,励志短片可提高个人表现。测试参与者玩在线游戏之前观看了一个励志短片,片中教练不是别人,正是4次奥运会金牌得主,一个除了提倡体能训练之外,还强调加强心理防备的运动员迈克尔·约翰逊。

(资料来源:http://digitalpaper.stdaily.com/http_www.kjrb.com/kjrb/html/2016-07/08/content_343627.htm?div=-1.)

小 结

管理心理学的理论都以人性假设为基础,不同的人性假设在实践中体现为各种不同的管理观念和管理行为,学校管理心理学也不例外。从人性假设出发的管理理论主要有7个,包括:性恶论——经济人假设(又称X理论)、性善论——社会人假设、自我实现人假设(又称Y理论)、复杂人假设、文化人假设、决策人假设及学习人假设。这些理论不仅能使我们了解管理心理学中关于人性观点的演变过程,更重要的是为我们在学校管理中如何看待人的本质,并以此来确定学校管理的原则提供方向。

自20世纪二三十年代以来,国内外许多管理学家、心理学家和社会学家们结合现代管理实践,从不同的角度研究了如何激励员工的问题,并提出了许多激励理论,主要可分为四大类:内容型激励理论、过程型激励理论、行为矫正型激励理论和综合型激励理论。这些理论从不同的侧面研究了人的行为动因,但每一种理论都有其局限性,无法用一种理论去解释所有行为的激励问题。所以,要想有效地激励员工,就必须较全面地了解各种激励理论。

练习与思考

1. 根据奥德弗的ERG理论,员工的相互关系需要主要包括(   )。
2. X理论认为:(   )。
3. 过程型激励理论包括(   )。
4. 试分析有关人性假设的论述,研究它有何意义。
5. 请简述归因理论。

综合案例

一、案例背景

教育科研激励机制的新问题、新挑战与新困惑

"机制"是一个系统内各组成要素之间相互作用及其结果的综合体。此处主要指一个或多个组织机构依据特定的规章制度、优化整合相关资源和应用具体的方式方法来开展工作的过程及其效果。"教育科研激励机制"主要指教育科研评价、考核、奖励等方面的制度总和及其实施效果,包括教育科研管理机构、从事教育科研活动的主体(科研人员或中小学教师)、教育科研评价制度、教育科研奖励制度等要素。本文主要对基础教育阶段教育科研机构及普通中小学的教育科研激励机制进行论述。其中,教育科研机构主要指区域层面(市、区两个层面)的教育科研机构。

1. 教育科研现有评价激励机制的不足

基础教育阶段,现有的评价激励机制的不足主要体现在:第一,教育科研评价指标体系的单一化,缺乏针对性。例如,区域教育科研专业人员与中小学普通教师由于岗位性质、专业学科背景、工作特点的不同,在开展同一层次或级别教育科研项目研究活动的目标和效果评价与激励中没有采取差别化对待的方式,缺乏合理性和针对性。第二,教育科研成果评价过于重视论文发表和著作出版的数量和级别,忽视成果自身的质量和应用推广价值及实际效果。第三,教育科研评价考核周期多采用学期或学年度的时间段,催生了教育科研急功近利的思想和"快餐式"成果。第四,过于细化的评价激励指标和烦琐的程序尽管一定程度上体现了"兼顾公平"的原则,但也容易给教育科研的自主空间和创新发展戴上机械式的枷锁。

2. 绩效工资政策实施弱化科研激励动力

实施绩效工资政策前,基础教育科研机构与中小学校可以根据科研人员和教师开展或参加教育科研活动的情况(如承担科研项目的级别和数量、发表论文及出版著作的数量和级别、教育科研获奖成果数量和层次等)给予教师一定的科研奖励,包括颁发荣誉证书、发放物质(或津贴)奖励、评优晋职提干政策加分等,很大程度上激发了中小学教师从事教育科研的积极性。然而,近几年来事业单位绩效工资政策实施后,由于绩效工资制度本身设计的局限性,教育科研奖励的一些基本要求难以在教育科研机构以及中小学的绩效工资分配方案中体现,尤其是原有对教育科研工作及成果的物质(或津贴)奖励难以实施。教育科研工作对于科研机构专业人员而言是属于其自身工作的要求的,但对于中小学教师来说,目前还处于一个激励的发展阶段。尽管我们在科研奖励方面提倡以精神激励为主,但教育科研工作的辛苦付出得不到合理的回报,也会一定程度上挫伤教育科研专业人员和中小学教师开展教育科研工作的积极性。

3. 科研项目经费过度监管限制科研自由度

由于制度不健全、管理单位监管不力、科研人员行为道德不当等原因,教育科研经费在早些年确实存在被挪用或侵吞、支出杂乱无章、绩效较低等突出问题。近年来,各级财政部门和教育行政主管部门从多个层面和渠道着手开展对教育科研经费的监管和督查,但在具体实际操作中仍存在"科研经费是由课题负责人及课题组全权支配还是由单位统筹支配","科研经费支出是否可用于与项目研究相关的科研活动","科研经费是否可以有一定比例用于奖励科研人员和中小学教师","管理部门经费监管行为是否存在过度"等问题。这些问题在实践操作层面界定不清晰,给教育科研人员和一线教师带来了新的困惑,也影响了教育科研的创造性。

(资料来源:郑家裕.创新教育科研激励机制的思考[J].教学与管理,2015(18):42-44.)

二、案例讨论

1. 以上案例中体现的教师科研的激励措施有哪些?
2. 结合人性假设理论及激励理论,谈谈你对教师科研现状的看法及建议。

本章推荐阅读书目

[1] 朱永新.管理心理学[M].3版.北京:高等教育出版社,2014.
[2] 施俊琦,汪默.管理心理学:21世纪的新进展[M].北京:北京大学出版社,2013.

Chapter Three

第三章
个体及群体心理

 本章结构

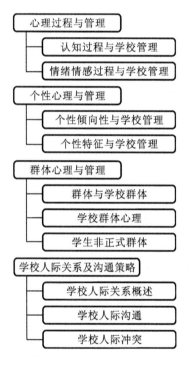

第一节 心理过程与管理

 案例分享

小学生情绪管理问题突出

婷婷是由中山市益群社会工作服务中心派驻到东区一所公办小学的驻校社工。入校后

不久,她和同事就发现一个问题:不少小学生易受情绪困扰,出现哭泣、发脾气、打人等行为。2013年的工作数据统计显示,60个相关咨询中,有40个与情绪管理、人际关系处理等有关;20个"问题学生"个案中,有13个可归类为情绪、人际类的问题。

2014年2月,婷婷开始在学校针对中低年级学生,开展情绪管理类、人际关系的专题活动和小组活动。虽然部分学生的情绪问题明显改善,但新增案例中关于情绪问题的依然不少。2014年统计数据显示,在104个咨询中,有80个情绪、人际关系问题的咨询,18个个案中,有14个个案为情绪、人际方面的问题。

"很多孩子不能接受批评,受到批评就大哭大闹或以消极方式对抗;遇到困难就逃避,甚至采取自杀、自残的偏激行为;不能合理表达情绪,遇到问题就发脾气甚至打人;心情不好时,拒绝上学或吃饭等。"婷婷和同事将上述问题统称为情绪管理能力低。为了帮助这些孩子,他们计划开展"EQ加油站——情商培养计划"。

学校管理的主要任务就是爱学生,而教师只有了解和熟悉学生的心理,才能更好地理解学生行为,更好地开展学生管理工作。人的心理是复杂的,但总体来说,可以分为两个方面:心理过程和个性心理特征。心理过程是心理活动的重要方面,是指在客观事物的作用下,在一定时间内,大脑反映客观现实的过程,即人的心理活动发生、发展的过程。心理过程包括认知过程、情绪情感过程,以及意志过程。本节主要讨论心理过程的内容,学生心理过程发展特点,以及如何利用学生心理过程的发展特点来开展学校管理工作。

一、认知过程与学校管理

人的认知过程是一个非常复杂的过程,是人在认识事物时,对信息进行加工处理的过程,是人由表及里、由现象到本质地反映客观事物特征与内在联系的心理活动。作为人对客观世界的认识和观察,认知过程包括感觉、知觉、注意、记忆、思维、语言等心理活动。人类认识世界是从感觉和知觉开始的。人们感知事物时需要以注意为前提,并从众多信息中将有用的信息筛选过滤,储存到记忆系统,继而形成表象和概念。人在认识事物时会联系和抽象这些事物的内外部规律,这种认识要靠思维过程来进行,所以人类的思维具有高度的概括性和间接性。人类在漫长的进化过程中发展出独特的语言功能,通过它来进行思想交流,思维亦借助语言来进行。

(一) 感知觉概述

感知觉是人认识世界的开端,是认知过程的初级阶段。只有在感知觉的基础上,个体才能进行更高级的认知活动。

1. 感觉

人对客观事物的认识是从感觉开始的,它是最简单的认识形式。感觉是指人脑对直接作用于感觉器官的事物的个别属性的反映。人生活在丰富多彩的环境之中,外部世界的各种事物都在不停变化着,人的感觉器官受到刺激后,人脑就会对客观事物的某一个别属性产生反映。例如,当苹果作用于我们的感觉器官时,我们通过视觉可以反映它的颜色,通过味觉可以反映它的味道,通过嗅觉可以反映它的清香气味,通过触觉可以反映它的表皮光滑程度。感觉不仅反映客观事物的个别属性,而且也可反映我们身体各部分的运动和状态。例如,我们可以感觉到双手举起、身体倾斜,以及肠胃的剧烈收缩等。

感觉虽然是一种简单的心理过程,可是它在我们的生活实践中具有重要的意义。有了感觉,我们就可以分辨外界各种事物的属性,因此才能分辨颜色、声音、软硬、粗细、重量、温度、味道、气味等,有了感觉,我们才能了解自身各部分的位置、运动、姿势、心跳,有了感觉,我们才能进行其他复杂的认识过程。因此,感觉是各种复杂的心理过程(如知觉、记忆、思维)的基础,是人关于世界一切知识的源泉。对于一个正常人来说,没有感觉的生活是不可忍受的。

2. 知觉

知觉是人脑对直接作用于感觉器官的事物整体属性的反映。例如,一个物体,我们通过视觉器官觉察到它有着圆圆的形状、红红的颜色,通过味觉品尝到它的酸甜味道,通过嗅觉器官感到它有着特殊香味,通过手的触摸感到它硬中带软。于是,我们把这个事物反映成苹果。这就是知觉。

感觉和知觉既有区别,又有联系。感觉和知觉是不同的心理过程,感觉反映的是事物的个别属性,知觉反映的是事物的整体;感觉仅依赖个别感觉器官的活动,而知觉依赖多种感觉器官的联合活动。可见,知觉比感觉复杂。同时,感觉和知觉又有相同的一面。首先,它们都是对直接作用于感觉器官的事物的反映,一旦事物在我们的感觉器官所及的范围内消失,那么我们对该事物的感觉和知觉也将停止。其次,感觉和知觉都是人类认识世界的初级形式,都是对事物的直接反映。

知觉是在感觉的基础上产生的,没有感觉,也就没有知觉。我们感觉到的事物的个别属性越多、越丰富,对事物的知觉也就越准确、越完整,但知觉并不是感觉的简单相加,因为在知觉过程中还有人的主观经验在起作用,人们要借助已有的经验去解释所获得的当前事物的感觉信息,从而对当前事物做出识别。知觉过程的心理规律,可以归纳为知觉的以下几种基本特征。

(1) 知觉的选择性。

客观事物是多种多样的,在特定时间内,人只能感受少数刺激,对其他事物只做模糊的反映。被选为知觉内容的事物称为对象,其他衬托对象的事物称为背景。某事物一旦被选为知觉对象,就好像立即从背景中突现出来,从而被认识得更鲜明、更清晰。一般情况下,面积小的比面积大的、被包围的比包围的、垂直或水平的比倾斜的、暖色的比冷色的,以及同周围明晰度差别大的东西都较容易被选为知觉对象。

知觉的对象与背景又是互相依存、互相转化的。例如,当我们从注视黑板上的文字转移到挂图时,挂图便成了清晰的对象,而黑板上的文字则成了知觉的背景。如图3-1所示,图中黑白相对两部分均有可能被视为对象或背景,如将白色部分视为对象,黑色为背景,该形象可知觉为烛台或花瓶;相反,则可知觉为两个人脸侧面的投影像。

影响知觉选择性的因素有刺激的变化、对比、位置、运动、大小、强度、反复等,同时也受观察者的经验、情绪、动机、兴趣、需要等主观因素影响。

(2) 知觉的整体性。

知觉的对象都是由不同的部分、不同的属性组成的,但我们并不把它感知为个别孤立的部分,而总是把它感知为一个有组织的整体,知觉的这一特性就是知觉的整体性或知觉的完整性。例如,一株绿树上开有红花,绿叶是一部分刺激,红花也是一部分刺激,我们将红花绿叶合起来,在心理上所得整体的美感知觉。

知觉的整体性纯粹是一种心理现象。有时即使引起知觉的刺激是零散的,但所得的知觉经验仍可能是整体的。如图 3-2 所示,从客观的物理现象看,这两个图形都不是完整的,是由一些不规则的线和面所堆积而成。可是,在知觉经验上却都是边缘清楚、轮廓明确的图形。此种图形刺激本身无轮廓,而在知觉经验上却显示"无中生有"的轮廓,称为主观轮廓。主观轮廓是在一定的感知信息的基础上,进行知觉假设的结果。

 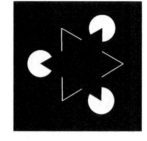 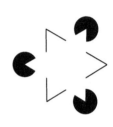

图 3-1　知觉的对象与背景的相互转化　　　　图 3-2　知觉的整体性

(3) 知觉的恒常性。

在不同角度、不同距离、不同明暗度的情境之下,个体在观察某一熟知物体时,虽然该物体的物理特征(如大小、形状、亮度、颜色等)因受环境影响而有所改变,但我们对物体特征所获得的知觉经验却倾向于保持其原样不变。像这种外在刺激因环境影响使其特征改变,但在知觉经验上却维持不变的心理倾向,即为知觉恒常性。

在视知觉中,知觉的恒常性表现得非常明显。如从不同距离看同一个人,由于距离的改变,投射到视网膜上的视像大小有差别,但我们总是认为大小没有改变,仍然依其实际大小来进行知觉,这就是大小恒常性。当一扇门从关闭到敞开,尽管这扇门在我们视网膜上的投射形状各不相同,但我们仍视其为长方形,这就是形状恒常性。又如,一张红纸,一半有阳光照射,一半没有阳光照射,颜色的明度、饱和度大不相同,但我们仍知觉为一张红纸,这就是颜色恒常性。正由于知觉具有恒常性,我们才能客观地、稳定地认识事物,从而更好地适应环境。

另外,当我们听到远处的雷声或火车的鸣笛声时,如只按生理的听觉信息判断,其音强未必高于近处的敲门声,可我们总觉得雷声或火车笛声更大,这就是声音的恒常性。又如身体的部位随时改变,有时将头倾斜,有时弯腰,有时伏卧,甚至有时倒立,身体部位改变时,与身体部位相对的外在环境中上下左右的关系也随之改变,但我们都有经验,身体部位的改变一般不会影响我们对方位的判断,此种现象就称为方向恒常性。

(4) 知觉的组织性。

在感觉转化为知觉的过程中,个体要对材料进行主观的选择处理,这种主观的选择处理过程是有组织的、系统的、合乎逻辑的。在心理学中,将这种由感觉转化为知觉的选择处理过程称为知觉组织,知觉组织主要有以下四种法则。

相似法则:当有多种刺激物同时存在时,各刺激物之间在某方面的特征(如大小、形状、颜色等)如有相似之处,在知觉上就倾向于将之归为一类。如图3-3所示,在方阵中,圆点与斜叉各自相似,因此可以把方阵看成是由斜叉组成的大方阵当中另有一个由圆点组成的小方阵。

接近法则:空间、时间上接近的刺激物易被知觉为一个整体。如图3-4所示,(a)图与(b)图同样是由20个圆点组成的方阵,但A图中两点之间的上下距离较左右间隔更为接近,故而看起来,20个点自动组成四个纵列。B图中两点之间的左右间隔较其上下距离更为接近,故而看起来是20个点自动组成四行。

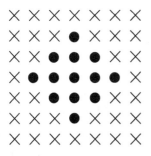

图3-3　知觉的相似法则

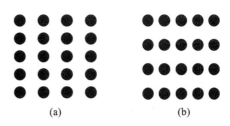

图3-4　知觉的接近法则

闭合法则:在感知一个熟悉或者连贯性物体时,如果其中某个部分没有或缺失,我们的知觉会自动进行补充,并以最简单和最好的形式感知它。如图3-5所示,我们倾向于将其知觉为1个正方体和8个圆形。

连续法则:具有连续性或相同运动方向等特点的物体,易被知觉为同一整体。如图3-6所示,我们不会把(a)图知觉为(b)图中两个组成部分,而是感知为一条直线和一条曲线的组合。

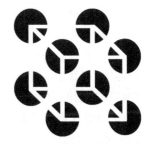

图3-5　知觉的闭合法则

(5) 知觉的理解性。

人在感知某一事物时,总是以自己过去的经验予以解释,这就是知觉的理解性。人的知觉是一个积极主动的过程,知觉的理解性正是这种积极主动的表现。人们的知识经验不同、需要不同、期望不同,因而对同一知觉对象的理解也就不同。一张检验报告,病人除了感知一系列的符号和数字之外,并不知道其他什么意思;而医生看到它,不仅了解这些符号和数字的意义,而且可以做出准确的判断。

知觉理解性的基本特征是用词语把事物标记出来。词语对人的知觉具有指导作用,可以帮助和加快理解。如图3-7所示,请问图上画的是什么?如果看不出来,给提示说:是画着一条狗。你可能就会看出它像一条生活在北极地带的狗。

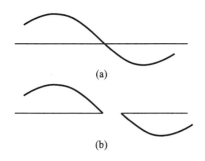

图 3-6　知觉的连续法则

图 3-7　知觉的理解性

3. 中小学生认知过程的发展

了解中小学生认知过程的发展，是有效开展学校管理的必要前提。人的认知发展有着以下 6 个关键期：①出生第一个月；②1 岁左右；③3 岁左右；④6 岁左右；⑤11、12 岁(女)或 13、14 岁(男)；⑥17、18 岁。由此可见，中小学生主要处于认知发展的第 5 个关键期。处于这一阶段的中小学生，其认知过程的发展特点主要表现在认知结构逐渐复杂化、合理化，认知结构各要素间的关系逐渐协调，认知结构与情意个性等心理因素相互促进与协调发展。

小学阶段，尤其是低年级学生，观察事物时常杂乱无章，缺乏系统性和目的性，观察事物时受兴趣和情绪的影响较大，注意力不能持续很长时间，常常偏离观察的主要目标，这和其认知过程的发展有着密切联系。低年级学生知识比较贫乏，观察事物时容易泛化，模糊不清，特别是对一些相类似的事物容易混淆。随着年龄的增长，小学生知识体系逐渐丰富，他们的观察才逐渐由泛化到分化，才能比较精确地分辨事物。小学生在知觉过程中的另一个特点是不能把主要事物和次要事物分开，往往抓住次要事物，而忽略主要事物。

中学阶段，学生认知结构的体系已经基本形成，认知结构的各要素迅速发展，认知能力不断提高，认知的核心成分——思维能力更加成熟。中学生的抽象逻辑思维逐渐占优势地位，辩证思维和创造思维有了很大发展。由于思维和自我意识的发展，中学生的观察力、有意识记能力、有意想象能力得到迅速发展，思维的目的性、方向性更加明确，认知系统的自我评价和自我控制能力明显增强。

4. 认知过程与学校管理

(1) 学校管理要适应学生的认知发展。

心理学家皮亚杰(J. Piaget)指出，智力是思维结构连续形成和改组的过程，在其发展的每一阶段，都有一种相对稳定的认知结构来决定学生的主要行为模式，教育和管理则要适合学生的这种认知结构或智力结构。例如，对于小学生，他们认识事物主要凭借具体实际经验。因此，小学阶段的学生管理应充分体现直观性原则，在学生管理上可将言语讲解、演示和有指导的发现结合起来。对于中学生，由于其抽象思维逐渐占优势。因此，对于中学生可以减少具体实际经验的使用，而是直接通过语言或其他符号进行教学和管理。

(2) 学校管理要促进学生的认知发展。

学校管理不仅要适应学生的认知发展，而且还应能够促进学生的认知发展。苏联心理学家维果茨基(Lev Vygotsky)认为，学生至少存在两种发展水平：第一种水平是学生现有的发展水平；第二种是在有指导的情况下，借助于成人的帮助所能达到的发展水平，这两种水平之间的差异(或中间状态)就是"最近发展区"。学校管理中,要不断识别和创造学生的"最近发展区",通过教学和管理,引导学生从现有发展水平不断向新的"最近发展区"靠近,从而实现学生认知上的发展。换言之,学校管理应当走在学生发展的前面。

(二) 社会知觉与学校管理

1. 社会知觉概述

作用于人的信息有两大类:一类是自然界中的机械、物理、化学和生物方面的信息;另一类是由人的实践所构成的社会现象的信息。后者也被称为社会性信息,对社会性信息的知觉便是社会知觉。具体而言,社会知觉就是指个体在社会环境中对他人(包括个人和群体)及自己的心理状态、行为动机和意向(社会特征和社会现象)做出感知、判断、推测和评价的过程。

社会知觉受情境、知觉对象等客观因素影响,同时也受个体的主观因素影响,其中影响社会知觉的主观因素主要有以下几点。

(1) 知觉者的经验。

即使面对同一知觉对象,由于知觉者的经验不同,也会产生不同的社会知觉结果。社会心理学家用"图式"的概念来解释这一现象。图式,是指人脑中已有知识经验的网络。人往往是经验主义的,过去的经验会对其未来认识事物的过程和结果产生影响。进行社会知觉时,个体的原有图式对新觉察到的信息起引导和解释作用,如果大脑中没有解释新信息的图式,则需要形成新的图式。

(2) 知觉者的动机与兴趣。

由于知觉者的动机和兴趣不同,其社会知觉也会产生差异。在社会知觉时,个体往往忽略他不感兴趣的事情,集中于他感兴趣的事情。同样,能满足知觉者需要,符合其动机和兴趣的事物往往成为其注意的中心与认知的对象。比如,一个对足球感兴趣的学生,会特别留意与足球相关的物品。

(3) 知觉者的情绪。

知觉者的情绪往往会使知觉对象带有某种主观情绪色彩,如处于积极情绪状态下的知觉者倾向于给他人赋予积极品质,用积极的"眼光"知觉他人;反之则用消极"眼光"去知觉他人。例如,在学校管理中,如果一个学生得到了老师的表扬,可能会忽然觉得周围的人都十分亲切。

2. 社会知觉的类型

(1) 对他人的知觉。

对他人的知觉是指与他人交往时通过对他人外部特征的观察,来判断他人的需要、动机、兴趣、情感和个性等心理活动的过程。人的外部特征很容易被观察到,但是他人的内心世界却很难在较短的时间内被真正了解,这就是"路遥知马力,日久见人心"。因此,在学校管理中,要形成对学生正确的知觉就需要进行长期、细致、全面的观察,要以发展的眼光看待学生。

(2) 人际知觉。

人际知觉是指对人与人之间相互关系的知觉,是知觉者和被知觉者情感交流的过程,它是社会知觉最核心的部分。校园人际关系的融洽与否,直接影响到学生的学习与生活。学生之间关系亲密,会产生一种协调和谐的心理氛围,否则就会出现紧张的气氛。因此,在学校管理中,管理者要善于处理与领导、同事、学生之间关系,同时也要帮助学生形成积极健康的人际知觉。

（3）角色知觉。

角色知觉是指个体根据自己、他人所表现出的各种行为(如言语、表情、姿态等)来认识自己或他人的社会地位、身份以及相应行为规范的知觉。在学校管理中,要引导学生通过自己与他人角色的相互关系来明确自己和他人的地位,进而采取适当的行为和反应方式。

（4）自我知觉。

自我知觉是指个体通过自己的言行举止、心理活动的观察来认识自己,并形成对自己的心理活动、心理状态和个性特征的知觉。个体不仅能够知觉客观事物、知觉他人,而且能够通过认识自己各方面的优缺点,形成对自我的认识,产生"自知之明"。自我知觉包括对生理自我、社会自我和心理自我三方面的认知。学校管理中,要引导学生形成正确的自我知觉,避免自高自大或自卑的心理。

3. 管理中的社会认知偏差

在学校管理中,管理者往往会受到主客观条件的限制而不能全面地看待问题,在看待他人时,容易形成社会知觉的偏差,对他人的行为做出错误的归因判断。因此,了解在社会知觉过程中产生的各种偏差偏见,对做好学校管理工作具有重要意义。

（1）首因效应。

首因效应,也称第一印象效应,指的是在社会认知过程中,最先的印象对人的认知具有非常重要的影响。第一印象往往是通过对他人外部特征的知觉,进而对其动机、感情、意图等方面进行认识,最终形成关于这个人的印象。这些外部特征包括人的面部表情、身体姿态、眼神、仪表等。例如,某个学生在刚入学时给教师留下了良好的印象,这种印象就会在很长一段时间内影响教师对他今后一系列心理与行为的解释。首因效应使得人们在知觉他人时,仅靠获取的少量信息,就力图对他人的另外一些特征进行推理、判断,以期形成有关他人的统一、一致的印象。

首因效应在学校管理中具有重要意义。一位新上任的班主任若给他的学生留下了良好的第一印象,就能为日后师生之间沟通交往、搞好师生关系,进行有效管理打下良好基础。良好的第一印象也有助于建立管理人员的威信,因此在学校管理中,管理者要特别重视第一印象的培养,从而为今后工作的顺利开展创造有利条件。

首因效应既有积极作用,也有消极作用。其消极作用主要表现在对他人形成正确印象上存在以下局限。

第一,首因效应的形成会不自觉地受到周围环境或事物的影响,人们很少会单纯地根据观察去对他人形成印象。例如,在教室里遇到一个学生,与在饭馆里遇到一个学生,这两种环境下形成的第一印象就会有所差别。

第二,首因效应是根据被观察对象的有限行为形成的,而没有全面考察被观察对象的个性、智力等因素,因而带有一定的片面性。这种首因效应造成的认知惰性,往往造成对他人不客观的固定看法。例如,如果教师对某个学生的第一印象非常好,那么就会一直认为该学生很好。反之,第一印象很坏,则会一直认为该学生不好。

第三,首因效应造成的"先入为主",往往会给管理者带来认识上的片面性。当这种"先入为主"是好的第一印象的时候,管理者往往就看不到他人的缺点。反之,第一印象是坏的时候,就看不到他人的优点。

作为一名学校管理者,要把握住首因效应的积极作用,同时努力克服首因效应的消极影响,全面、客观、发展地看待被知觉对象,最终获得对他人正确的社会知觉。

(2) 近因效应。

近因即最近的印象,近因效应是指最近的印象对人的认知具有重要的影响。比如,毕业多年的学生,在自己脑海中印象最深刻的,往往就是毕业时的情景。一个学生总是让你生气,可是谈起生气的原因,大概只能说上两三条,这都是近因效应的表现。

首因效应和近因效应是管理中常见的社会认知偏差,因此在管理中应该把首因效应和近因效应结合起来,从而对人、对事产生更为合理、全面的认知。首先,要预防两种效应的消极影响,既不能"先入为主",也不能"不看过去,只看现在",应该要以联系发展的观点来看待事物,把对人、对事的每一次感知,都当作认知过程中的一个阶段,避免以偏概全。其次,要在一定条件下,发挥两种效应的积极作用。在管理过程中,不管是讲话、办事、接触人,还是做具体工作,都要善始善终,不能使人感觉"无头无尾"、"虎头蛇尾"。

(3) 晕轮效应。

晕轮效应是一种"以偏概全"的评价倾向,即在社会认知时,人们常从他人所具有的某个特征而泛化到其他一系列的有关特征,也就是从所认知到的特征泛化推及未被认知的特征,从局部信息推广形成一个完整的印象。俗话说的"一白遮百丑"就是典型的晕轮效应。学生在评价教师时,这种效应也经常出现。学生们常常分离出教师某种具体的特征(如热情),并根据这种单一的特征对教师形成评价。比如,一名教师可能是安静、认真、知识渊博的,但如果他的教学风格不够热情,那么学生对这位教师的其他方面也往往不会给予很高的评价。在学校管理中,教师可能会选用一种品质作为基础来判断学生其他方面的表现。例如,如果某位学生全年无一次旷课、迟到行为,那么,很可能由此认为该学生的学习能力好,学习勤勉。

(4) 刻板印象。

刻板印象是指人们对某人形成一种概括固定的看法后,会将这种看法推而广之,认为这个人所在群体内所有其他人都具有该特征,而忽视个体差异。比如,中国人勤劳勇敢,美国人敢于冒险;山东人豪放,上海人精明;无商不奸等,这些都是刻板印象的例子。

刻板印象是我们在认识他人时经常出现的一种概括化现象,它简化了复杂世界,并承认人们之间的一致性,从而帮助人们迅速处理不计其数的刺激。但是,"人心不同,各如其面",刻板印象毕竟只是一种概括而笼统的看法,并不能代替活生生的个体,因而刻板印象经常会带来"以偏概全"的错误。

刻板印象一经形成,就很难改变。因此,在管理中一定要考虑到刻板印象的影响。在学校管理中,最常见的是针对不同性别学生的刻板印象。如教师常会认为在学习态度、学习习惯和学习兴趣方面,女生要好于男生,在教学管理上更倾向于信赖女生;而在教学期待上对男生抱有更大的期望,并对男生持有更高的学习评价。

(5) 投射效应。

古代一位喜欢吃芹菜的人,总以为别人也像他一样喜欢吃芹菜。于是一到公众场合就向别人热情推荐芹菜,成为一个众所周知的笑话,这种"以己度人"的现象,心理学上称之为投射效应。

投射效应是指个体将自己的特点归因到其他人身上的倾向。具体而言,是指个体在认知他人时,以为他人也具备与自己相似的特点,从而把自己的感情、意志、特性等投射到他人身上并强加于人。比如,一个心地善良的人会以为别人都是善良的;一个经常算计别人的人就会觉得别人也在算计他。

投射效应常使人们对他人的知觉产生失真现象。人们倾向于按照自己是什么样的人来知觉他人,而不是按照被观察者的真实情况进行知觉。在实际教学与管理中,要努力克服投射效应,教师只有辩证地、一分为二地去看待学生,才能克服投射效应的不良影响,要用心了解学生的真实想法,看到不同学生身上的优点和不足,给予合适的教育,而不是给学生贴标签,采取盲目教育。

知识链接 3-1

苏东坡与佛印的故事

宋代著名学者苏东坡和佛印和尚是好朋友。一天,苏东坡去拜访佛印,与佛印相对而坐。苏东坡对佛印开玩笑:"我看见你是一堆狗屎。"而佛印微笑着说:"我看你是一尊金佛。"苏东坡觉得自己占了便宜,很是得意。

回家以后,苏东坡得意地向妹妹提起这件事。苏小妹说:"哥哥,你错了。佛家说'佛心自观',你看别人是什么,就表示你自己是什么。"

这种"佛心自观"就是心理学上的投射效应。

(资料来源:刘玉梅.管理心理学——理论与实践[M].上海:复旦大学出版社,2009.)

(三) 归因与管理

1. 归因与归因理论

归因是指人们根据个体外部行为反映特征来推测其内在心理状态,并对其行为进行解释或推断的过程。归因使人们对事物或他人具有预见性,并从经验中总结形成一系列有关人的行为的观念与理论,它有助于人们预测、评价他人的行为,从而实现对环境和他人行为的理解和控制,更好地适应环境。

归因理论是关于人们如何进行因果关系解释的理论,是人们感知评估自己和他人行为的方法。归因理论认为我们对个体的不同判断取决于我们对给定行为归因于何种意义的解释。也就是说,当我们观察某一个体的行为时,总是试图判断它是由何种原因造成的,从而达到解释、控制和预测他人行为的目的。典型的归因理论有以下几种。

(1) 海德的归因理论。

归因理论最早由美国心理学家海德(F. Heider)于1958年提出,他认为每个人都会致力于寻找人们行为的因果性解释,他将自己的研究称为"朴素心理学"。海德的归因理论开创了归因研究的先河,他对行为原因所做的个人—环境的划分一直是归因的基础,影响深远。

海德认为个体行为的原因可分为内部原因和外部原因。内部原因是指存在于行为者本身的因素,如需要、情绪、性格、能力、动机等;外部原因是指行为者周围环境中的因素,如他人的期望、奖惩、工作的性质、运气等。当人们在归因时,总是有倾向性地进行内部归因或外部归因。例如,学生对自己取得的好成绩,往往倾向于进行内部归因,认为是自己的能力强、水平高、学习认真、聪明努力的结果;而对其他同学所取得的好成绩则往往归因为外部原因,认为是由于运气好、考试太简单、有他人帮助等。

(2) 凯利的归因理论。

1967年,美国社会心理学家凯利(H. Kelly)发表《社会心理学的归因理论》,对海德的归因理论进行扩充和发展,提出三维归因理论,也被称为立方体理论。凯利认为,人们对行为归因涉及三个方面的因素:客观刺激物、行动者、情境。而对其中任何一个因素的归因都取决于下列三种行为信息。

区别性:指行动者是否对同类其他刺激做出相同的反应,他是在众多场合下都表现出这种行为还是仅在某一特定情境下表现这一行为。例如,一位学生称赞他的老师。这是说明老师好(外部原因)还是说明这位学生喜欢讨老师欢心(内部原因)呢?如果这位学生见谁称赞谁,所有的老师他都称赞,这说明其称赞行为区别性差,应归因于内部;反之,则归因于外部。

一贯性:指行动者是否在任何情境和任何时候对同一刺激物都做出相同的反应,即行动者的行为是否稳定持久。例如,一名学生上课迟到了。那么他为什么迟到?是因为厌恶学习(内部原因),还是因为交通阻塞(外部原因)?如果这位学生很少迟到,是偶然的,那就倾向于归因为外部原因(如交通阻塞);但如果他经常迟到,则就倾向于归因为内部原因(如厌恶学习)。

一致性:指其他人对同一刺激物是否也做出与行动者相同的行为反应,当其他人也是这种行为时,人们就做外部归因;而当行动者的行为与众不同时,就做内部归因。例如,所有走相同路线的学生上课都迟到了,那么,这一迟到行为就表现出高度的一致性,应归因于外部原因;如果一致性差,即走相同路线的其他学生都能准时上学,只有一名学生迟到,那么该学生的迟到行为就归因于内部。

(3) 韦纳的归因理论。

韦纳(B. Weiner)在对失败与成功的归因模式进行研究后发现,人们在解释成功或失败时最常使用能力、努力、任务难度和运气这四种归因,并将这四种归因分成控制点、稳定性、可控性三个维度。在控制点维度,将归因分成内部和外部;在稳定性维度,将归因分为稳定和不稳定;在可控性维度,将归因分为可控和不可控。

个人将成功归因于能力和努力等内部因素时,就会感到自豪、满意、信心十足,而将成功归因于任务容易和运气好等外部原因时,产生的满意感则较少。相反,如果一个人将失败归因于缺乏能力或努力,会产生羞愧和内疚,而将失败归因于任务太难或运气不好时,产生的羞愧则较少。

2. 归因偏差

经典的归因理论将人看作是理性的、讲逻辑的，在对行为进行归因时，会客观地评价与利用各种信息。如果真的如此，那么可以预期，无论在何种情况下，人们做出的归因都将是符合实际的、无偏差的，而且不同的人对同一事件所做出的归因将会是一致的。但在实际中，人们的归因常是错误的、有偏差的。

(1) 基本归因偏差。

基本归因偏差是指对他人的行为进行归因时，人们往往高估内在因素而忽视情境影响。之所以会出现基本归因偏差，一种解释认为，由于个人的内在因素比情境因素更突出，更显眼，更易引起人们的注意，所以人们倾向于强调行为的个人因素而忽视情境因素。另一种解释认为，人们倾向于做出个人归因，是由于社会鼓励和赞许该种归因。人们成长和生活的社会是一个鼓励个人奋斗和成功的社会，它在给予个人充分自由或机会的同时，也要求个人对自己的行为负责。正是这种强调个人权利和义务，鼓励个人奋斗的社会标准或规范，使得人们倾向于做出个人归因而不是情境归因。

(2) 行为者与观察者的归因偏差。

行为者倾向于把自己的成功归因于自身原因，把失败归因于外部原因；观察者则倾向于把别人的成功归因于外部原因，把失败归因于其自身原因。例如，一个学生若考试成绩好，就倾向于将好成绩归因于内部因素，如自己的能力、努力等。但在其他学生看来，则倾向于认为该同学取得的好成绩是由于题目简单、打分不严。形成这种偏差的主要原因在于行为者与观察者所站的角度和出发点不同，旁观者往往站在一个理想的角度，从常规的逻辑出发。而实施行为的人则更多的是从具体情况出发，强调实际行为的特殊情境。

(3) 利己主义归因偏差。

利己主义归因偏差是指人们有一种居功自赏而避免对失败负责的倾向。人们一般将良好的行为或成功归因于自身原因，而将不良的行为或失败归因于外部情境或他人。例如，学生往往将自己受到的奖励归因于自身努力，而将受到的处罚归因于教师偏心，对自己不公正。利己主义归因偏差的产生原因主要是个人情感上的需要，是维护自尊和良好形象的需要。

(4) 低估一致性信息偏差。

在某些情况下，个体往往会忽视一致性信息，从而产生低估一致性信息偏差。例如，在对学生学业能力进行评估的过程中，如果某一学生未能达成目标，教师很可能首先考虑的是这个学生本身的问题，认为其学习能力差，或者学习不够努力。然而，这一结果很可能是由多种原因引起的，教师首先应该考虑的是，其他同等水平的学生是否能达成这一学业目标？如果大多数学生都不能按时完成这一学习任务，这就说明学业目标的制定存在问题，而不应该一味指责学生未达成目标。

3. 学校管理中的归因偏差

教师对学生行为的归因决定着教师对学生的态度和行为，从而潜移默化地影响学生。在学校管理中，除了上述归因偏差外，教师在对学生的行为进行归因时还容易出现以下两类归因偏差。

第一类归因偏差是教师在对学生的问题行为进行归因时，往往将问题的产生归因于学生的能力、性格或家庭,而很少认为这与教师态度和教学方法有关系。例如,一位中学数学教师所任课的班级学生成绩不好,他归因于这个班级的学生数学学习能力偏低。调换到新的班级后,新的班级学生数学学习成绩又明显下降,他又说是这个班的学生与他作对。这一类归因偏差的危害在于教师把问题的责任推给了学生,没有承担起教育者应负的责任。

第二类归因偏差是教师对优秀生和差生的归因不一样。当优秀生做了好事或取得好成绩时,教师往往归因为能力、品质等内部因素,而当差生同样做了好事或取得好成绩时,却往往被教师归因为任务简单、运气好等外部因素。相反,当优秀生出现问题时,教师往往归于外部因素;而差生出现问题时,却被归因于内部因素。比如,有一位中学生,英语成绩一直不太好,经过努力后他在一次考试中得了全班最高分,而英语老师却说他是抄了同桌的试卷。一气之下,这位学生再也不听英语课了。很显然,这一类归因偏差对于差生的发展是极为不利的,他们即使表现出一些好的行为,也难以得到教师的积极认可和准确评价,倘若表现不佳,则又被看作是不可救药。

二、情绪情感过程与学校管理

在生活中,人们随时随地都会出现喜怒哀惧等情绪,人的一切活动无不打上情绪的印迹。情绪像是染色剂,使人的生活染上各种各样的色彩。在学校管理中,了解学生的情绪、情感状态,开发学生的情绪智力,可以帮助教师更好地开展管理工作。

(一)情绪和情感

1. 情绪与情感的定义

情绪代表着感情性反映的过程。无论是动物还是人类,感情性反映的发生都是脑的活动过程,或个体需要的特定发生过程。从这个意义上说,情绪概念既可用于人类,也可用于动物。

情感通常被用来描述具有稳定而深刻社会含义的高级感情。它所代表的感情内容,包括有对祖国的尊严感、对事业的热爱、对美的欣赏等。情感所指的感情内容不是指其语义内涵,而是指这些事物的社会意义在感情上的体验。

情绪和情感统称为感情,是同一过程和同一现象。在同一的场合使用情绪和情感,两者指的是同一过程、同一现象所侧重的不同方面。心理学对感情性反映的研究,侧重在它们的发生、发展的过程和规律,因此较多使用情绪这一概念。

2. 情绪的功能

(1) 适应功能。

情绪是进化的产物,情绪的基本功能便在于服务个体的生存。无论是儿童或成人,通过快乐表示情况良好,通过痛苦表示亟须改善不良处境,通过悲伤和忧郁表示无奈和无助,通过愤怒表示将要进行反抗。总之,情绪每时每刻都在提醒着个体,去了解自身或他人的处境和状态,以求得良好适应。

(2) 动机功能。

情绪构成一个基本的动机系统,它能驱使有机体发生反应、从事活动。情绪的作用能够放大内驱力的信号,从而更强有力地激发行动。例如,人在缺水或缺氧的情况下,血液成分发生变化,产生补充水分或氧气的生理需要。但是这种生理驱力本身并没有足够的力量去驱使行动,这时产生的恐慌感和紧迫感则起着放大和增强内驱力信号的作用,并与之合并而成为驱使个体行动的强大动机。情绪的动机功能还体现在对认识活动的驱使上,认识的对象一般并不能驱使个体对活动产生驱使性,促使人去认识事物的是兴趣和好奇心。

(3) 组织功能。

情绪的组织功能是指情绪对活动的瓦解或促进功能。一般而言,积极情绪起协调、组织的作用;消极情绪起破坏、阻断的作用。在认知操作方面,情绪能影响认知操作的效果,其影响效果取决于情绪的性质及强度。一般而言,中等唤醒水平的愉快情绪为认知活动提供了最佳的情绪背景。在记忆方面,当人处在良好的情绪状态时,更容易回忆那些带有愉快情绪色彩的材料。在行为上,当人处在积极、乐观的情绪状态时,倾向于注意事物美好的一面,并勇承重担;消极情绪状态则使人产生悲观意识,失去希望与渴求,更易产生攻击性。

(4) 交流功能。

情绪是语言交际的重要补充。在许多情境中,表情能使言语交流所造成的不确定性和模棱两可的情况明确起来,成为人的态度、感受的最好注解;而在另一些场合,当人的思想或愿望不宜言传时,也能够通过表情来传递信息。表情信号的传递不仅服务于人际交往,而且能成为人们认识事物的媒介。这一现象在婴幼儿中表现得最为明显,在成人中也经常发生。例如,婴儿从一岁左右开始,当面对陌生的不确定情境时,往往从成人面孔上搜寻鼓励或阻止的表情,然后才采取趋近或退缩的行动。

3. 中小学生情绪情感发展特点

(1) 情绪的两极性。

中小学生情绪的两极性表现在取得某种成功或受到某种鼓励时,情绪高涨,干劲倍增;而一旦遇到挫折或失败,则马上陷入极端痛苦状态,情绪低落,无精打采。情绪两极性的快速变化反映出中小学生较弱的情绪控制能力。

(2) 情绪的易冲动性。

处在中小学阶段的学生,特别是中学生,正值精力旺盛时期。这个阶段的学生富有激情,一旦有了适宜的环境,激情便容易迸发出来,并且反应强烈。高兴时手舞足蹈,欣喜若狂;愤怒时则火冒三丈,暴跳如雷,甚至大动干戈。因此,人们往往用"心血来潮"、"血气方刚"来形容这个阶段的学生。

(3) 情绪的易感性。

中小学生在家庭和学校集体中生活,他们的情绪很容易受到家庭和学校集体的影响。例如,在一个班集体中,当与邻班比赛的胜利喜讯传来时,全班同学群情激昂,欢呼雀跃,并可能把这种情绪转化为学习的动力。如果班上某个同学受到外班同学的欺侮时,同班同学会义愤填膺,有的还要"为朋友两肋插刀"。这些情绪表现,既反映出青少年情绪具有明显的两极性,又反映出他们情绪具有显著的易感性。随着年龄的增长,知识和经验的不断丰富,这种情绪的易感性将逐渐趋于稳定。

> **知识链接 3-2**
>
> **调节情绪的 ABC 法**
>
> ABC 理论由埃利斯提出,该理论强调改变认知,从而产生情感和行为的改变。人的情绪不是由某一诱发事件本身引起的,而是由经历这一事件的人对这一事件的解释和评价引起的。这就是 ABC 理论的基本观点。
>
> 在 ABC 理论中,A 指诱发事件;B 指个体在遇到诱发事件后相应而生的信念及看法、解释、评价;C 指在特定的情景下,个体的情绪及行为结果。通常情况下,人们会认为由 A 引起 C,即人的情绪是由诱发事件引起。而 ABC 理论则认为,A 是间接原因,B 对诱发事件的信念、解释、看法才是引起 C 的直接原因。
>
> 当人们坚持某些不合理信念,长期处于不良情绪状态中,最终导致情绪问题的产生。不合理信念的特征包括①绝对化要求:"必须"、"应该",例如"别人必须对我好"。②过分概括化:认为自己一无是处等,以某件或几件事评价整个人。自罪、自责而产生焦虑抑郁情绪。对他人不合理评价,别人稍有差错就认为他坏,责备他人。③糟糕至极:认为一件不好的事发生将非常可怕,灾难的想法,导致焦虑悲观、抑郁。
>
> 关于不理性情绪的调节有一个小故事,有一个老婆婆大女儿是卖伞的,小女儿是卖盐的,老婆婆晴天哭,雨天哭,问她为什么这样,她说雨天想到小女儿的盐没法晒、卖不出去,晴天想到大女儿的伞卖不出去。有一个禅师教她认知纠正的方法,他说,你雨天应该想大女儿的伞会卖得很好,晴天应该想小女儿的盐卖得很好。从此后,这个老婆婆成天乐呵呵。
>
> (资料来源:http://blog.sina.com.cn/s/blog_7cb05e810100s52x.html.)

(二)情绪智力

1. 情绪智力的概念

情绪智力又称情感智力、情感智慧或情绪智能。情绪智力的概念最早由美国耶鲁大学的萨洛维(Salovey)和新罕布什尔大学的玛依尔(Mayer)提出,是指"个体监控自己及他人的情绪和情感,并识别、利用这些信息指导自己的思想和行为的能力"。换句话说,情绪智力就是识别和理解自己和他人的情绪状态,并利用这些信息来解决问题和调节行为的能力。

丹尼尔·戈尔曼(Daniel Goleman)对全世界 121 家公司与组织的 181 个职位的胜任特征模型进行分析后发现,67%的胜任特征与情绪智力相关。他认为,在当代商业环境中,情绪氛围的营造对企业成功的影响比想象中的更为重要,建立在情绪智力基础上的工作能力比其他的智力和技术因素在企业中扮演着更重要的作用。在对表现杰出的企业进行调查后,戈尔曼发现,企业能够在同行业中表现更为出色,三分之二的原因应归功于情绪智力,而只有三分之一归结为智力因素和专业技术水平。他特别指出,对企业领导者来说,情绪方面的因素更为重要,拥有高情绪智力的领导者在工作中能更胜人一筹。在企业高级管理层中,只有"情绪智力"而不是"理性智力",才能标志着谁是真正的领导者。戈尔曼宣称如果忽视了情绪智力因素的存在,对个体自身发展是不利的,而学生更应该在学校期间就开始接受情绪智力的教育。

2. 情绪智力的内涵

(1) 认识自身情绪的能力。

认识自身情绪,是指能认识自己的感觉、情绪、情感、动机、性格、欲望和基本的价值取向等,并以此作为行动的依据。

(2) 妥善管理自身情绪的能力。

妥善管理自身情绪,是指对自己的快乐、愤怒、恐惧、爱、惊讶、厌恶、悲伤、焦虑等体验能够自我认识、自我协调、自我安慰,主动摆脱负性情绪。

(3) 自我激励。

自我激励,是指个体在面对自己要实现的目标时,随时进行自我鞭策、自我说服,始终保持高度热忱、专注和自制,从而提高自己的办事效率。

(4) 认识他人的情绪。

认识他人的情绪,是指对他人的各种感受,能"设身处地"、快速地进行判断。了解他人的情绪、性格、动机、欲望等,并能做出适度的反应。

(5) 人际关系的管理。

一个具有良好人际管理能力的人,容易认识他人并且善解人意。在人际交往中,善于从他人的表情来判读其内心感受,体察其动机想法。具备这种能力,易使个体与他人相处愉悦、自在,这种人有能力担任集体感情的代言人,引导集体走向共同目标。

3. 情绪智力与学校管理

学校管理的主要任务之一,就是培养学生的健全人格和健康情感,而情绪智力是其中重要组成部分。在学校管理中,教育者可以从以下几个方面来培养学生的情绪智力。

(1) 关心、爱护学生,使学生获得愉悦的情感体验。

教师在教学和组织班级活动的过程中,应通过师生间的人际交往给予学生尽可能多的关爱和心理满足,即使是在严肃的教学活动中,也要表现出关心和爱护的一面,从而增强学生愉悦的情感体验。

(2) 使学生树立集体观念,感受集体生活的快乐。

教师可以通过设计游戏等来增强学生的集体观念,加强学生的团结意识。通过游戏,教师可以培养学生团结互助的集体主义精神。学生可以在参与游戏的过程中,不知不觉受到良好的情商教育。

(3) 创设生动有趣的教学情景,使学生形成乐学的心理。

中小学生爱说,爱动,注意力集中时间短,精力易分散。在教学中,教育者要尽量挖掘教材中知识的趣味性,通过运用各种教学手段,激发学生学习的积极性,让学生感觉到学习是轻松有趣的,并鼓励学生在学习中保持乐观、稳定、愉快的情绪,从而培养学生活泼开朗的性格,使学生在教学过程中受到良好的情商教育。

(4) 培养良好的习惯,使学生有一个稳定的健康心理。

中小学生,还处于教育的起步阶段,养成良好的习惯尤为重要。在这一阶段习惯的养成,关系到他们今后的学习和成长,甚至影响一生。在这个阶段,培养学生学习的积极性,使学生养成遵守纪律、专心听讲、认真学习的好习惯,努力保持良好健康的人际关系,与人为善,助人为乐,与人和睦相处,这些都是提高情绪智力的重要举措。

除此之外,中小学生在学习生活中接触最多的是教师,最依赖的是教师,最爱模仿的也是教师。无形之中,教师的一言一行都会对学生产生潜移默化的影响。因此,教师只有具备良好的情商修养,才能对学生起到引导示范作用。

(三)学校管理中的情绪情感

1. 情绪在学校管理中的作用

教师的感染力就是教师以自己的个性去影响学生时,所表现出的情绪力量。教师通过情绪的感染,使学生体验到愉快、振奋的情绪;利用表扬或批评,唤起学生相应的情绪体验,对行为起巩固、调整和校正的作用。当教师运用自己的感染力向学生提出要求,学生感受到亲切与善意时,就更容易接受教师的观点,进而改变自己的行为。在教学管理中,许多后进生的转变大多开始于教师的"动之以情",这正说明了教师感染力的重要性和必要性。

在学习过程中,特别是学习新知识的最初阶段,学生若是由于迷惑不解而感受到某种程度的紧张时,具有感染力的教师,不仅善于使学生在学习中产生必要的冲突与挫折,而且还会以自己的自信心、克服困难的乐观情绪去启发和感染学生,使他们增强解决问题的勇气和摆脱由挫折造成的消极情绪。

2. 学生情绪管理

由于中小学生情绪情感的发展具有隐蔽性,这就要求教师具有敏锐的观察力,能细致深刻地了解学生,走进学生的内心深处。

对于学生不同的情绪,教师所采用的沟通策略也要有所不同。对于那些获取成功而表露出喜悦、自信的学生,教师与学生的沟通既要能够与学生分享其成功的喜悦,又要能让学生理智地分析自己成功的原因,总结经验,确定新的奋斗目标。对于那些考试成绩不尽如人意,没有达到自己预期目标的学生,教师采用的沟通策略包括及时给予他们鼓励,帮助他们树立自信、查找原因、重新调整学习目标、重新制订新的学习计划等。

教师情绪调节的效能

情绪调节的效能是指个人有能力表达积极情绪和降低消极情绪的一种自信程度。调查发现,几乎所有被调查的教师都对"能给学生表达积极情绪(如热情)"非常自信,但是对自己课堂上会减少负面情绪(如愤怒或紧张)缺乏自信。对减少负面情绪缺乏自信的这些教师还认为,他们不但没有办法减少负面情绪,同时他们也不太相信可以有效地减少负面情绪。当然,对减少消极情绪更自信的这些教师是否真的较熟练地在这么做,还需要通过进一步观察来确定。

总之,有经验的教师认为,他们寻求表达并上调其积极情绪,下调自己的不良情绪,这样做会使其教学更有效。这些研究发现与早期研究结果一致,即高效能教师的一个标志是通过幽默和表达积极情绪来构建有效的学习环境,而不是让消极情绪占主导地位。然而,教师对他们表达正面情绪比降低其负面情绪更有信心。

(资料来源:吕青倩,罗增让.论教师的情绪调节和课堂管理[J].教师教育论坛,2016(1):72-75.)

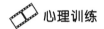心理训练

情商测试题

第1~9题:请从下面的问题中,选择一个和自己最切合的答案。

1. 我有能力克服各种困难:_____。
   A. 是的　　　　　　　B. 不一定　　　　　　C. 不是的
2. 如果我能到一个新的环境,我要把生活安排得:_____。
   A. 和从前相仿　　　　B. 不一定　　　　　　C. 和从前不一样
3. 一生中,我觉得自己能达到我所预想的目标:_____。
   A. 是的　　　　　　　B. 不一定　　　　　　C. 不是的
4. 不知为什么,有些人总是回避我或对我很冷淡:_____。
   A. 不是的　　　　　　B. 不一定　　　　　　C. 是的
5. 在大街上,我常常避开我不愿打招呼的人:_____。
   A. 从未如此　　　　　B. 偶尔如此　　　　　C. 有时如此
6. 当我集中精力工作时,假使有人在旁边高谈阔论:_____。
   A. 我仍能专心工作　　B. 介于A、C之间　　　C. 我不能专心且感到愤怒
7. 我不论到什么地方,都能清楚地辨别方向:_____。
   A. 是的　　　　　　　B. 不一定　　　　　　C. 不是的
8. 我热爱所学的专业和所从事的工作:_____。
   A. 是的　　　　　　　B. 不一定　　　　　　C. 不是的
9. 气候的变化不会影响我的情绪:_____。
   A. 是的　　　　　　　B. 介于A、C之间　　　C. 不是的

第10~16题:请如实选答下列问题,将答案填入右边横线处。

10. 我从不因流言蜚语而生气:_____。
    A. 是的　　　　　　　B. 介于A、C之间　　　C. 不是的
11. 我善于控制自己的面部表情:_____。
    A. 是的　　　　　　　B. 不太确定　　　　　C. 不是的
12. 在就寝时,我常常:_____。
    A. 极易入睡　　　　　B. 介于A、C之间　　　C. 不易入睡
13. 有人侵扰我时,我:_____。

A. 不露声色　　　　　B. 介于A、C之间　　　C. 大声抗议,以泄己愤

14. 在和人争辩或工作出现失误后,我常常感到焦虑,精疲力竭,而不能继续安心工作:_____。
   A. 不是的　　　　　B. 介于A、C之间　　　C. 是的

15. 我常常被一些无谓的小事困扰:_____。
   A. 不是的　　　　　B. 介于A、C之间　　　C. 是的

16. 我宁愿住在僻静的郊区,也不愿住在嘈杂的市区:_____。
   A. 不是的　　　　　B. 不太确定　　　　　C. 是的

第17～25题:在下面问题中,每一题请选择一个和自己最切合的答案。

17. 我被朋友、同事起过绰号、挖苦过:_____。
   A. 从来没有　　　　B. 偶尔有过　　　　　C. 这是常有的事

18. 有一种食物使我吃后呕吐:_____。
   A. 没有　　　　　　B. 记不清　　　　　　C. 有

19. 除去看见的世界外,我的心中没有另外的世界:_____。
   A. 没有　　　　　　B. 记不清　　　　　　C. 有

20. 我会想到若干年后有什么使自己极为不安的事:_____。
   A. 从来没有想过　　B. 偶尔想到过　　　　C. 经常想到

21. 我常常觉得自己的家庭对自己不好,但是我又确切地知道他们的确对我好:_____。
   A. 否　　　　　　　B. 说不清楚　　　　　C. 是

22. 每天我一回家就立刻把门关上:_____。
   A. 否　　　　　　　B. 不清楚　　　　　　C. 是

23. 我坐在小房间里把门关上,但我仍觉得心里不安:_____。
   A. 否　　　　　　　B. 偶尔是　　　　　　C. 是

24. 当一件事需要我做决定时,我常觉得很难:_____。
   A. 否　　　　　　　B. 偶尔是　　　　　　C. 是

25. 我常常用抛硬币、翻纸、抽签之类的游戏来预测凶吉:_____。
   A. 否　　　　　　　B. 偶尔是　　　　　　C. 是

第26～29题:下面各题,请按实际情况如实回答,仅需回答"是"或"否"即可,在你选择的答案后打"√"。

26. 为了学习我起早贪黑,早晨起床我常常感到疲惫不堪:
   是_____　否_____

27. 在某种心境下,我会因为困惑陷入空想,将学习搁置下来:
   是_____　否_____

28. 我的神经脆弱,稍有刺激就会使我战栗:
   是_____　否_____

29. 睡梦中,我常常被噩梦惊醒:
   是_____　否_____

第30～33题：本组测试共4题，每题有5种答案，请选择与自己最切合的答案，在你选择的答案下打"√"。

答案标准如下：

1. 从不　　2. 几乎不　　3. 一半时间　　4. 大多数时间　　5. 总是

30. 工作中我愿意挑战艰巨的任务。　　　　　　　　　　　　1　2　3　4　5
31. 我常发现别人好的意愿。　　　　　　　　　　　　　　　　1　2　3　4　5
32. 能听取不同的意见，包括对自己的批评。　　　　　　　　　1　2　3　4　5
33. 我时常勉励自己，对未来充满希望。　　　　　　　　　　　1　2　3　4　5

参考答案及计分评估：

计分时请按照记分标准，先算出各部分得分，最后将几部分得分相加，得到的分值即为你的最终得分。

第1～9题，每回答一个A得6分，回答一个B得3分，回答一个C得0分。计＿＿＿＿分。

第10～16题，每回答一个A得5分，回答一个B得2分，回答一个C得0分。计＿＿＿＿分。

第17～25题，每回答一个A得5分，回答一个B得2分，回答一个C得0分。计＿＿＿＿分。

第26～29题，每回答一个"是"得0分，回答一个"否"得5分。计＿＿＿＿分。

第30～33题，从左至右分数分别为1分、2分、3分、4分、5分。计＿＿＿＿分。

总计为＿＿＿＿分。

测试题总共有33个小题，1～9题测试情绪的认知、评估和表达能力。得分在27分以下，说明情绪的认知、评估和表达能力较低。27～44分说明情绪的认知、评估和表达能力一般。44～54分说明情绪的认知、评估和表达能力较高。

10～16题测试思维过程的情绪促进能力。得分在18分以下，说明思维过程的情绪促进能力较低。18～25分说明思维过程的情绪促进能力一般。25～35分说明思维过程的情绪促进能力较强。

17～25题测试理解与分析情绪、获得情绪知识的能力。得分在16分以下，说明理解与分析情绪、获得情绪知识的能力较低。16～30分说明理解与分析情绪、获得情绪知识的能力一般。30～40分说明理解与分析情绪、获得情绪知识的能力较强。

26～33题测试对情绪进行成熟调节的能力。得分在12分以下说明对情绪进行成熟调节的能力较差。12～30分说明对情绪进行成熟调节的能力一般。30～40分说明对情绪进行成熟调节的能力较强。

四项测试的总分在90分以下，说明你的EQ较低，你常常不能控制自己，你极易被自己的情绪所影响。很多时候，你容易被激怒、动火、发脾气，这是非常危险的信号——你的学业和事业可能会毁于你的急躁，对于此，最好的解决办法是能够给不好的东西一个好的解释，保持头脑冷静，使自己心情开朗。

如果你的得分在90～129分，说明你的EQ一般，对于一件事，你不同时候的表现可能不一，这与你的意识有关，你比前者更具有EQ意识，但这种意识不是常常都有，因此需要你多加注意、时时提醒。

如果你的得分在130~149分,说明你的EQ较高,你是一个快乐的人,不易恐惧担忧,对于工作你热情投入、敢于负责,你为人更是正义正直,富有同情心,这是你的优点,应该努力保持。

如果你的EQ在150分以上,那你就是个EQ高手,你的情绪智慧不但是你生活和学业的帮手,更是你成功的一个重要前提条件。

（资料来源：萨日娜.民族中学牧区高中生的情商现状调查及对策探究[D].呼和浩特：内蒙古师范大学,2008.）

第二节 个性心理与管理

专家：性格内向小学生不适合读寄宿制

中国青少年研究中心副主任、研究员孙云晓在渝出席全球通VIP大讲堂时建议,幼儿园尽量不送全托,小学生不送读寄宿制。

孙云晓认为,性格内向的孩子更不适合寄宿。如果因为各种原因不得不寄宿,家长一定要注意多与孩子沟通联系,周末要与孩子一起进行各种活动和游戏,不要在孩子的成长过程中缺席。

个性是指一个人比较稳定的个性倾向性和个性心理特征的总和,它反映了一个人独特的心理面貌。人的一般心理过程为人的共性,而人的个性心理则体现出个体间的差异。个性心理主要包含个性倾向性与个性特征两方面内容,但个性倾向性和个性心理特征之间并不是彼此孤立的,而是相互渗透、相互影响,错综复杂地交织在一起的。个性特征受个性倾向性的调节,个性特征的变化也会在一定程度上影响个性倾向性。在学校管理中,为提高管理效率,就必须采用"个性"的管理办法,了解学生间的个性差异,因材施教,因材施"管"。

一、个性倾向性与学校管理

个性倾向性是推动人进行活动的动力系统,是个性结构中最活跃的因素,是人们从事各种活动的基本动力,决定着人对认识活动对象的趋向和选择。个性倾向性主要是在后天的社会化过程中形成的。

个性倾向性主要包括需要、动机、兴趣、理想、信念和世界观。个性倾向性的各个成分并不是孤立的,而是相互联系、相互影响和相互制约的。其中,需要是个性倾向性的源泉,动机、兴趣和信念等都是需要的表现形式。世界观居于最高层次,制约着人的思想倾向和整个心理面貌,它是人的言论和行为的总动力和总动机。

（一）需要与管理

1. 需要概述

需要是有机体内部的某种缺乏或不平衡状态，是有机体生存和发展的重要条件，反映了有机体对内部环境或外部生活条件的稳定要求。人类个体需要的产生，受多种因素的影响，其中主要因素有个体产生需要时的生理状态、情境和认知因素。

（1）生理状态。

生理状态是指个体产生需要时的内部状况和生理因素，主要是有机体生理上某种东西的缺乏而产生的一种不平衡状态。如血液中血糖含量减少，有机体就会产生紧张感、饥饿感，于是产生进食的需要。同时，有机体需要产生的生理状况与神经系统、内分泌系统以及有关器官都有着密切关系。有机体是一个整体，不可孤立地来看待某种状态。

（2）情境。

需要产生的情境是指诱发或增强需要产生的外界刺激。在情境中，诱发需要产生的最强有力的因素是目标对象，即满足个体需要的对象。例如，精美食物的色、香、味促使人们产生进食的需要；新颖玩具的光、声等特征引发孩子买玩具的要求，以满足好奇心、兴趣的需要。需要产生的情境除了自然情境外还有社会情境，如企业家、科学家、民族英雄等形象，促使人们产生效仿的愿望。

（3）认知因素。

认知因素是需要产生的重要条件，是个体确立活动目标的基础。例如，高中时选择文科还是理科，需要学生认真地分析社会需求和个人特长，最后才能做出决定。在认知因素中，最能促进人们产生需要或促使人们进行活动的因素是期待、想象和幻想。期待促使人们为满足某种愿望而努力地进行活动，如高三学生期待着自己成为名牌大学的学生，这种期待促使他们不分昼夜地复习功课、迎接高考。个人想象自己置身于某种情境，就会加强人们在某一方面的欲望，如高三学生想象进入大学后的校园生活、未来前程，就会增强他们报考大学的欲望。

2. 马斯洛的需要层次理论

美国人本主义心理学家马斯洛（A. H. Maslow）按照从较低层次到较高层次将需要排列，把需要分成生理需要、安全需要、归属与爱的需要、尊重需要和自我实现需要。

（1）生理需要。

生理需要是维持人类生存的基本需要，是人类最原始、最基本的需要，包括衣、食、住、行、性、睡眠等需要。只有当生理需要得到满足或部分满足时，个体才可能去追求更高一层级的需要。在这个意义上说，生理需要是推动人们行动首要的动力。

（2）安全需要。

马斯洛认为，整个有机体是一个追求安全的机制，人有保护自己免受生理和心理伤害的需要。当个体缺乏安全感时，会感到自己受到威胁，觉得这世界是不公平或是危险的。因此在学校管理中，要满足学生的安全需要，就要做好校园的安保工作，保证学生的人身安全，保证学生不受欺凌，保证学校设施的安全等。

（3）归属与爱的需要。

每个人都希望得到关心和照顾,都有获得爱、归属、接纳和友谊的需要。缺乏归属与爱,个体便感受不到身边人的关怀,进而认为自己在这世界上没有价值。例如,一个没有受到教师关怀的学生,会认为自己在班级中没有价值,所以在交朋友时,往往为了让自己融入社交圈而甘愿做出很多不良行为,如吸烟、恶作剧等。因此,在学校管理中,教师要给予学生关爱,鼓励同学之间团结友爱,以此满足学生归属与爱的需要。

(4) 尊重需要。

尊重需要可分为内部尊重和外部尊重。内部尊重是指一个人希望在各种不同情境中有实力、能胜任、充满信心、能独立自主。外部尊重是指一个人希望有地位、有威信,受到别人的尊重、信赖和高度评价。在学校中,如果一个学生没有满足尊重的需要,就会变得很爱面子,或是很积极地用行动来让别人认同自己,也很容易被虚荣所吸引。因此,在学校管理中,建立平等公平、信任理解的氛围,可以帮助学生发展独立性和自主性,进而获得尊重和自信。

(5) 自我实现需要。

自我实现需要是最高层次的需要,是指个体实现个人理想、抱负,最大程度发挥个人能力的需要。达到自我实现的人,能够接受自己也接受他人,解决问题能力强,自觉性高,善于独立处事,能够完成与自己的能力相称的事情。缺乏自我实现需求的学生往往表现为,觉得自己的生活充满空虚感,而有自我实现需要的学生则表现为渴望自己能有所创造、有所建树,向社会、他人展示自己的存在。

3. 中小学生需要的发展与学校管理

中小学生的需要并不是单一的,而是多角度、多层次的统一体。在这些需要中,学习用品需要是中小学生的主要物质需要,寻求友爱、寻求尊重、渴望成就是中小学生主要的精神需要。中小学生的需要存在个体差异,其需要随社会变迁而不断发展,如当代城市独生子女大多有较强的亲和需要和帮助需要,而成就需要和谦卑需要较弱。另外,中小学生不同阶段的需要也是不同的。例如,重点学校高二学生强度最大的前五项需要分别是:追求丰富知识、多方面能力、优秀品质的需要;结交诚实正直的朋友的需要;升入理想学校或有个好工作的需要;尊重与自信心的需要;信任和理解的需要。

由于中小学生的需要是分层次的,因此对中小学生的管理也应该有层次性。在管理中,教师要因人制宜,承认并正确评价学生的需要,尽量满足其合理、可行的需要,而不可急于求成、拔苗助长。在当前的社会生活条件下,应注意将部分学生过高的物质要求引导到学习上来,要善于诱导学生将低层次的需要发展到高层次的需要;要引导学生抉择较高层次的主导需要,使他们将个人需要和社会需要结合起来,从而增添为祖国建设而努力学习的动力;另外,还要帮助学生选择满足需要的正当方式。

(二)动机与管理

1. 动机概述

动机是激发个体朝着一定目标活动,并维持这种活动的一种内在心理过程或内部动力。动机的产生基础是需要。动机可以按照不同维度进行分类,如根据动机的引发原因,分为内在动机和外在动机;根据动机在活动中所起的作用不同,分为主导性动机与辅助性动机;根据动机的起源,分为生理性动机和社会性动机;根据动机行为与目标远近的关系,分为近景动机和远景动机。

耶基斯-多德森定律(Yerkes-Dodson law)是一个反映动机水平与工作效率关系的定律(见图3-8)。该定律认为各种活动都存在一个最佳的动机水平,在一定限度内,随着动机水平的提高,工作效率也随之提高,超过这一限度,工作效率随之降低。最佳工作效率的动机水平为中等,但因工作复杂的程度而略有差异。在难度大的任务中,较低的动机水平反而容易完成任务。适度的动机水平,易于维持个人对工作的兴趣和警觉,同时减少焦虑对工作的不利影响。

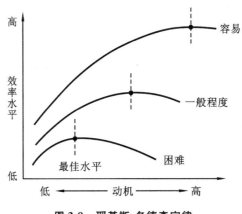

图3-8 耶基斯-多德森定律

2. 中小学生的动机发展

中小学生的动机主要表现在学习动机上。学习动机是指个体由一种学习目标或对象引导、激发和维持学习活动的内在心理过程或内部动力。奥苏贝尔(D. P. Ausubel)认为学习动机一般称为学校情境中的成就动机,至少应包括三方面的内驱力决定成分,即认知内驱力、自我提高内驱力以及附属内驱力。所谓认知内驱力,是指学生渴望认知、理解和掌握知识,以及陈述和解决问题的需要。附属内驱力是指学生为了赢得家长或教师的认可或赞许而努力学习,取得好成绩的需要。自我提高内驱力是一种通过自身努力,完成学习任务,取得一定的成就,从而赢得一定社会地位的需要。

中小学生的学习动机各驱力的发展存在变化趋势。就认知内驱力而言,其目标指向学习本身,往往随着学习内容的变化而发生变化。当学习的内容不能激发起学生的认知兴趣的时候,认知内驱力就要下降或转移方向。因此,随着年级的升高,学习内容的增加,学习难度的增大,对于大多数学生来说,认知内驱力很难起到持久的激励作用。所以,认知内驱力呈现下降的趋势。附属内驱力也有着比较明显的年龄特征,在小学阶段,附属内驱力是小学生学习动机的主要成分。随着学生年龄的增长和独立性的增强,附属内驱力不仅在强度上有所减弱,而且在附属对象上也从家长和教师转移到同伴身上。一般认为,从儿童入学开始,学生为赢得名次、等级、自尊而学习的需要愈显重要,因而自我提高内驱力通常是随着年龄的增长而增加的。

3. 动机与学校管理

动机是有效教学中最重要的因素之一。在学校管理中,学生是学习的主体,教师对学生的学习动机起重要作用。所有的学生都是有动机的,但问题在于究竟有什么样的动机,比如某些学生更愿意参加社会活动、玩游戏或看电视,而不太愿意学习。因而,学校管理的任务并不是增强动机本身,而是发现、激发并保持学生的学习动机,使学生从事有利于学习的活动。一旦学生有了学习动机,便会自觉运用高级的认知活动和策略,学习和记忆更多的内容。

(1) 激发兴趣。

教师应该让学生感受到所学内容的重要性和趣味性,要向学生展示所学内容的用处。在教学时,教师要善于列举与学生日常生活有关的例子,要采用不同方式不断激发、保持学生的好奇心。这样才能激起学生对学习内容的好奇,增强学生学习的内部动机。

(2) 帮助学生建立目标。

一个重要的动机规律是,学习目标是由个体自己设定而非别人强加时,个体通常会付出更多的努力。因此,在设定目标时,教师可以与学生讨论过去所设定目标的达成情况,为设定新的目标提供参考。在讨论过程中,教师要帮助学生设定一个既有挑战性但又现实的目标,这种目标建立的策略能够提高学生的学业成绩和自我效能感。

(3) 提供明确及时的反馈。

在学校管理中,反馈可以作为一种诱因,通过鼓励学生要努力而成为有效的激励因素。反馈不仅指学生接收的有关自己各种表现的信息,而且指教师获得的有关自己教学效果的信息。要使反馈成为一种有效的激励因素,它就必须是明确、具体且及时的。

二、个性特征与学校管理

个性特征是个体在社会活动中表现出来的比较稳定的成分,包括能力、气质和性格。个性特征在个性结构中并非孤立存在,它受到个性倾向性的制约。例如,能力和性格是在动机、需要等个性倾向性的推动作用下形成、稳定和发展的,同时也依赖于动机和需要等动力机制才能表现出来。个性特征与个性倾向性相互制约、相互作用,从而使个体表现出时间和情境的一贯性。

(一) 能力与管理

1. 能力概述

能力是人成功完成某项活动所必须具备的心理特征,能力要通过活动才能体现出来。需要注意的是,能力并不等同于知识和技能,知识是信息在头脑中的储存,技能是个人掌握的动作方式。解一道数学题时,所用的定义和公式属于知识,解题过程中的思维灵活性和严密性则属于能力。学会骑自行车是一种技能,而掌握该技能的过程中体现出的灵活性、身体平衡性则是一种能力。根据研究角度不同,能力有以下四种分类。

(1) 模仿能力和创造能力。

模仿能力是对既有行为模式模仿、复制的能力。创造能力是与发散思维有关的能力,是新的思维组织产生的能力。

(2) 流体能力和晶体能力。

流体能力是指在信息加工和问题解决过程中所表现出的能力,它较少依赖于文化和知识的内容,而取决于个人的禀赋。晶体能力是指获得语言、数学知识的能力,它决定了后天的学习,与社会文化有密切关系。晶体能力一生一直在发展,25岁之后发展速度趋缓。

(3) 一般能力和特殊能力。

一般能力是个体在普遍活动中表现出来的能力,如智力、记忆力等。特殊能力是个体在特殊情况下表现出的能力,如演讲能力、歌唱能力等。

(4) 认知能力、操作能力和社交能力。

认知能力是指与认知相关的能力,包括记忆、思维、想象等。操作能力是一个人控制肢体运动的能力。社交能力是指人在社会交往中运用的综合社会能力。

2. 中小学生能力发展与学校管理

中小学生在自身努力等内部因素和学校家庭等外部因素的共同作用下,各方面能力都得到迅速发展。但由于先天素质和教育条件的差异,中小学生的能力发展表现出个体差异,主要体现在以下三个方面。

(1) 能力类型的差异。

由于内外部条件的差异,中小学生在一般能力,如观察能力、记忆能力、思维能力等方面有着各自不同的发展特点。在观察能力方面,有的学生善于分析细节,但缺乏整体概括能力,而另一些学生虽然能概括地看待现象,却容易忽视细节;在记忆能力方面,有的学生善于视觉记忆,有的则长于听觉记忆;在思维能力方面,有的学生属于形象思维型,其思维和言语中有较强的形象性和情绪因素,而有的学生属于抽象逻辑思维型,其思维和言语中抽象的逻辑联系占据主导地位。中小学生在一般能力上的这些差异,使得他们在一些特殊能力上也表现出个体差异。例如,有的学生具有音乐、美术、运动、表演等特殊能力,而有的学生则在阅读、写作、数学、自然科学等学科上显露才能。

中小学阶段是学生能力发展的关键期,这就要求教师一方面要用发展的眼光看待学生的能力发展;另一方面要通过激发学生的积极性、主动性和独立性,来促进学生各方面能力的发展。

(2) 能力发展水平的差异。

中小学生在能力发展水平上存在不均衡现象。绝大多数学生的能力发展正常,但有少部分学生的能力发展高于常态,也有少部分学生的能力发展低于常态。这种能力发展水平符合统计学上的正态分布,其特点是,处在中间位置上即中等水平的人数居多,处在极高或者极低这两个极端水平上的人数较少。

在学校管理中,理解这样一种能力分布现象,有两方面意义。第一,要注意把教育的着眼点放在属于中间能力的大多数学生身上,根据他们的特点进行教育和管理。第二,要能有效地分辨出中小学生能力发展水平的高、中、低分布,因材施教,促使不同能力水平的学生都能得到充分发展。

(3) 能力表现的早晚差异。

人的能力表现有早晚的不同。有些人的能力早在童年时期就表现出来,例如,在我国历史上,曹植7岁能诗,王勃10岁能赋,国外的莫扎特3岁就发现了三度音程。但是,也有一些人的能力表现较晚,属于大器晚成。例如,爱因斯坦小时候被认为智力迟钝,但到23岁时却提出了相对论;爱迪生小时候被学校认为智力低下,但到 30 岁时却发明了留声机、电灯、电影等。对于中小学生而言,有些学生能力表现得较早,但也有些学生则表现得较晚,可能处于潜在状态,这就要求教师具有敏锐的目光,具有发掘和培养人才的热情,努力创造条件,使他们的潜能得以充分发挥。

(二)气质与管理

1. 气质概述

气质是表现在心理活动的强度、速度、灵活性与指向性等方面的一种稳定的心理特征。人的气质差异是先天形成的,受神经系统活动过程的特性所制约。孩子刚一出生,最先表现出来的差异就是气质差异,比如有的孩子爱哭好动,有的孩子平稳安静。

古希腊医生希波克拉底很早就观察到人有不同的气质,他认为人体内有四种体液:血液、黏液、黄胆汁和黑胆汁。希波克拉底根据人体内的这四种体液的不同配合比例,将人的气质划分为四种不同类型:多血质,体液中血液占优势;黏液质,体液中黏液占优势;胆汁质,体液中黄胆汁占优势;抑郁质,体液中黑胆汁占优势。虽然用体液解释气质类型缺乏科学根据,但人们在日常生活中确实能观察到这四种气质类型的典型代表。

多血质表现为灵活性高,易于适应环境变化,善于交际,在工作、学习中精力充沛而且效率高;对什么都感兴趣,但情感兴趣易于变化;有些投机取巧,易骄傲,受不了一成不变的生活。

胆汁质表现为精力旺盛,反应迅速,情感体验强烈,情绪发生快而强,易冲动但平息也快,直率爽快,开朗热情,外向,但急躁易怒,往往缺乏自制力,有顽强的拼劲和果敢性,但缺乏耐心。概括起来,以精力旺盛、表里如一、刚强、易感情用事为主要特征,整个心理活动充满着迅速而突变的色彩。

黏液质表现为安静、沉着,反应较慢,思维、言语及行动迟缓、不灵活,不易转移注意。心平气和、不易冲动、态度持重,自我控制能力和持久性较强。情绪不易外露,善于忍耐,具有内倾性。但易因循守旧,不易改变旧习惯去适应新环境。概括起来,以稳重但灵活不足,踏实但有些死板,沉着冷静但缺乏生气为主要特征。

抑郁质表现为高度的情绪易感性,主观上把很弱的刺激当作强刺激来感受,常为微不足道的原因而动感情;行动表现上较为迟缓;人际交往上有些孤僻;遇到困难时优柔寡断,面临危险时极度恐惧。

个体的气质类型可以是四种类型中的一类,也可以同时表现出混合型气质类型,如胆汁-多血质类型,抑郁-黏液质类型等。气质中大部分的稳定成分由遗传决定,而其中大部分的变化则由环境造成。

2. 气质与学校管理

尽管气质相对来说是稳定的,但在外界的影响下,也会有一定的改变。在学校管理中,教师应清楚了解学生的气质特点,认识到气质对学生的影响,进而对不同气质类型学生采用相适应的教育方式和态度,促使学生将气质的长处最大限度发挥,减少气质限制所带来的异常行为的发生。

(1)胆汁质。

对于胆汁质学生,由于其心理活动和行为方式具有迅速而突变的特点,因此,在教育管理中,教师首先要对这类学生充满耐心,态度上要平静而严格,防止他们养成急躁、不耐烦的性格。在班级工作中,可将要求细心、耐心完成的工作交给他们完成,帮助他们改正急躁、易情绪化等性格特点;适时提醒他们尽量理性地控制自己的情绪;当他们犯错时,不应当众严厉指责,而应等其冷静后以道理服之,给他们更多反思、自检的机会。同时,要经常对这类学生进行检查和鼓励,让他们在学习上更有动力,完成任务时更能坚持、更有毅力。

(2) 多血质。

多血质学生往往表现为感情发生迅速,但体验不深。在教学管理中,对待这类学生,可以以较为轻松愉悦的态度对待,师生之间以更友好的方式相处。但在具体任务安排时,应严格要求,以提高他们的耐心细致,如分配任务时,可要求他们从简单的事情做起,逐渐提高难度与工作时间,及时检查、给予反馈,帮助他们克服做事虎头蛇尾、华而不实的缺点。另外,可为他们提供更多需要集中思考和用心感受体会的机会,锻炼他们的钻研精神,让他们的注意力更集中,学会更好地控制和表达自己的情绪。在给予他们肯定的同时,不能让他们得意忘形,应让他们总结发现自己存在的问题与不足,努力改进。

(3) 黏液质。

黏液质学生以沉着冷静但缺乏生气为主要特征,这就要求在学校管理中,教师要尽量保持轻松、愉悦、幽默的课堂氛围,鼓励黏液质学生多发言、多与同学接触、多提出自己的新观点。同时,教师应有足够的热情与耐心,引导和鼓励这类学生积极参与到课堂课后的各项活动中。在活动中,多给予这类学生组织策划、与人交流、发言表演的机会,注意培养其敏锐的反应力、果断的办事作风及集体合作的能力。当这类学生犯错时,不应严厉斥责,应通过耐心细致的讲解进行教育。

(4) 抑郁质。

抑郁质的学生敏感内倾,行动缓慢。针对这类学生,学校管理中的应对措施有:教师态度亲切温和,多鼓励他们参与各项活动并给予帮助,增强他们的适应能力。在耐心启发这类学生思考的同时,也要让他们认识到自己不利的一面。鼓励他们与其他学生多相处交流,为他们提供表演或展示自我的机会,锻炼他们的勇气与信心。当他们犯了错误时,应尽量避免公开批评,而应在私下亲切而又耐心地说明其错误所在,鼓励改正。在批评教育时,不应流露出厌烦情绪,而是更多的给予支持与肯定。

 知识链接 3-3

气质类型量表

下面 60 道题,可以帮助你大致确定自己的气质类型。在回答这些问题时,你认为:

    很符合自己情况的, 记 2 分;
    比较符合的,   记 1 分;
    介于符合与不符合之间的, 记 0 分;

比较不符合的， 记—1分；
完全不符合的， 记—2分。

1. 做事力求稳妥,一般不做无把握的事。
2. 遇到可气的事就怒不可遏,想把心里话说出来才痛快。
3. 宁可一个人干事,不愿很多人在一起。
4. 到一个新环境很快就能适应。
5. 厌恶那些强烈的刺激,如尖叫、噪音、危险镜头等。
6. 和人争吵时,总是先发制人,喜欢挑衅。
7. 喜欢安静的环境。
8. 善于和人交往。
9. 羡慕那种善于克制自己感情的人。
10. 生活有规律,很少违反作息制度。
11. 在多数情况下情绪是乐观的。
12. 碰到陌生人觉得很拘束。
13. 遇到令人气愤的事,能很好地自我克制。
14. 做事总是有旺盛的精力。
15. 遇到问题总是举棋不定,优柔寡断。
16. 在人群中从不觉得过分拘束。
17. 情绪高昂时,觉得干什么都有趣,情绪低落时,又觉得什么都没意思。
18. 当注意力集中于一事物时,别的事很难使我分心。
19. 理解问题总比别人快。
20. 碰到危险情景,常有一种极度恐怖感。
21. 对学习、工作、事业情有很高的热情。
22. 能够长时间做枯燥、单调的工作。
23. 符合兴趣的事情,干起来劲头十足,否则就不想干。
24. 一点小事就能引起情绪波动。
25. 讨厌做那种需要耐心、细致的工作。
26. 与人交往不卑不亢。
27. 喜欢参加热烈的活动。
28. 爱看感情细腻、描写人物内心活动的文学作品。
29. 工作学习时间长了,常感到厌倦。
30. 不喜欢长时间谈论一个问题,愿意实际动手干。
31. 宁愿侃侃而谈,不愿窃窃私语。
32. 别人总是说我闷闷不乐。
33. 理解问题常比别人慢些。
34. 疲倦时只要短暂的休息就能精神抖擞,重新投入工作。

35. 心里有话宁愿自己想，不愿说出来。
36. 认准一个目标就希望尽快实现，不达目的，誓不罢休。
37. 学习、工作同样一段时间后，常比别人更疲倦。
38. 做事有些莽撞，常常不考虑后果。
39. 老师讲授知识时，总希望他讲得慢些，多重复几遍。
40. 能够很快地忘记那些不愉快的事情。
41. 做作业或完成一件工作总比别人花时间多。
42. 喜欢运动量大的剧烈体育运动或参加各种文艺活动。
43. 不能很快地把注意力从一件事转移到另一件事上去。
44. 接受一个任务后，就希望把它迅速解决。
45. 认为墨守成规比冒风险强些。
46. 能够同时注意几件事物。
47. 当我烦闷的时候，别人很难使我高兴起来。
48. 爱看情节起伏跌宕、激动人心的小说。
49. 对工作持认真严谨、始终一贯的态度。
50. 和周围人的关系总是相处不好。
51. 喜欢复习学过的知识，重复做能熟练做的工作。
52. 希望做变化大、花样多的工作。
53. 小时候会背的诗歌，我似乎比别人记得清楚。
54. 别人说我"出语伤人"，可我并不觉得这样。
55. 在体育活动中，常因反应慢而落后。
56. 反应敏捷、头脑机智。
57. 喜欢有条理而不甚麻烦的工作。
58. 兴奋的事常使我失眠。
59. 老师讲新概念，常常听不懂，弄懂了以后也很难记住。
60. 假如工作枯燥无味，马上就会情绪低落。

气质类型的自我鉴定

1. 将每题得分填入下表相对"得分"栏内。气质测验得分：

胆汁质

题号 2;6;9;14;17;21;27;31;36;38;42;48;50;54;58

多血质

题号 4;8;11;16;19;23;25;29;34;40;44;46;52;56;60

黏液质

题号 1;7;10;13;18;22;26;30;33;39;43;45;49;55;57

抑郁质

题号 3;5;12;15;20;24;28;32;35;37;41;47;51;53;59

2. 计算代数和,得出每种气质类型的总得分数。

3. 气质类型的确定:

(1) 如果某类气质得分明显示高出其他三种,均高出四分以上,则可定为该类气质。此外,如果该类气质得分超过20分,则为典型气质;如果该气质得分在10～20分,则为一般气质。

(2) 两种气质得分接近,其差异低于3分,而又明显高于其他两种气质,高出4分以上,则可定为这两种气质的混合型。

(3) 三种气质得分均高于第四种,而且接近,则为三种气质的混合型,如多血-胆汁-黏液质混合型或黏液-多血-抑郁质混合型。

(资料来源:汪向东,王希林,马弘.心理卫生评定量表手册(增订版)[M].北京:中国心理卫生杂志社,1999.)

(三)性格与管理

1. 性格概述

性格是指表现在人对现实的态度和相应的行为方式中比较稳定的、具有核心意义的个性心理特征,它是一种与社会最密切相关的人格特征,包含有许多社会道德含义。性格反映了人们对现实和周围世界的态度,并通过行为举止表现出来。

性格与气质是两个不同的概念,但二者存在一定的相互性。首先,它们都受到神经类型的影响,但对气质来说,神经类型是其直接的生理基础,而对性格来说,神经类型只是它的生物基础,性格的养成主要受到后天环境的影响。其次,具有类似气质的个体由于后天环境的变化,可以形成不同的性格。所以,气质具有相对稳定性,而性格却可能发生很大的变化。

性格与气质的主要区别体现在两个方面。第一,气质反映的是天生的行为方式,其本身并没有好坏之分;而性格则是个体在后天环境中形成,具有社会性,因而有好坏之分。第二,气质由于具有先天性,因而难以改变,但是性格却可以在个体后天的社会经验中不断进行调整和改变。

2. 中小学生性格发展特点

在小学阶段,学生已经逐渐形成了自己的性格特征,但还不够稳定,易受到环境影响而发生改变。一般而言,低年级学生会表现出明显的性格不稳定性,到了高年级,随着自我意识的发展,部分学生对自我言行统一性要求增强,逐步形成稳定的性格特征。总体而言,小学生的性格发展趋势是:性格发展水平随着年级升高而逐渐提高;二年级到四年级发展较慢,表现出发展的相对稳定性;四年级到六年级发展较快,表现出发展的迅速增长性。

进入中学阶段,学生逐渐成为独立的社会成员,性格也因此发展成熟。青少年的性格特征在初二至高一阶段发展迅速,这个时期青少年能从多个方面来考虑问题,能灵活选择解决问题的方法,情绪体验更为深刻,性格稳定性进一步加强。另外,进入青春期后,生理上的一系列变化也引起中学生性格上的变化,但由于这一时期意志力的发展,他们往往会控制住而不表现出来,表现出封闭式的特点。另一方面,随着自尊心和自信心的增强,中学生对于别

人的评价十分敏感、好斗好胜,但思维的片面性较大,容易偏激、容易摇摆,性格尚未定型。总之,中学阶段的学生性格特点还很不稳定,可塑性大,这个时期是个人成长发展中的"多事之秋"。

3. 性格与学校管理

影响学生性格形成和发展的因素十分复杂,其中学校教育管理在学生性格的形成发展中起着重要作用。学校是系统传授知识的场所,也是学生形成正确世界观、养成良好性格的重要场所。其中,校园文化和学校教师对学生良好性格的养成有着重要影响。

(1) 校园文化与学生性格。

校园文化由精神层面,行为层面和物质层面三方面组成,其中精神层面是核心。如果校园文化在精神层面只单纯强调应试教育,只以分数为导向,学生势必会出现高分低能现象,性格上出现不善交往、不会沟通等现象。相反,如果校园文化在精神建设方面可以为学生提供更多发现自己、完善自己和发展自己的机会,那么将有利于学生形成坚强、自信、积极、乐观等诸多良好性格特征。

行为层面则包括教师的品德风范,学生的素质和日常行为表现。"学高为师,身正为范",教师的行为品德将成为学生学习模仿的典范,进而影响学生性格的发展。这种影响对年龄越小的学生影响会越大,小学生甚至会模仿老师的言谈举止,穿着打扮。对于中学生来说,这种影响的方式将会更加内化,如教师的价值取向,处理问题时的情绪表现等,都会对学生性格的形成产生潜移默化的影响。

物质层面主要指学校的硬件设施环境。良好的环境、完善的设施会对学生的心理产生积极影响,有利于学生养成良好的行为习惯,从而促进学生性格的良性发展。校园里的一尊雕塑、一幅壁画、一株花草,只要放置合理,就可以起到艺术熏陶的效果,在思想观念、心理素质、行为方式、价值取向等各方面影响学生,从而塑造学生的良好性格。

(2) 教师与学生性格。

在学校里,教师是学生最亲近、最尊重的人,教师往往成为学生模仿的榜样,教师的性格也会不知不觉影响到学生性格的形成。作为一名教师,要有崇高的敬业精神,要热爱本职、忠于职守。这样才能用愉快的心情进行教学,才能让学生愉快地参与学习。

首先,教师要为学生树立可仿效的良好榜样,在平时的教育教学中,用积极乐观的态度对待问题可以帮助学生养成乐观的性格;相反,事事埋怨、消极悲观的教师会使学生习得不恰当的处理问题的方式,甚至形成悲观性格。

其次,对个别个性突出的学生,教师要积极进行单独指导。当发现学生犯错时,要深入了解其犯错误的原因及思想动态,注意尊重学生的人格,消除学生恐惧心理及对立情绪,关心、相信学生,循循善诱,动之以情,晓之以理,使之乐于接受教育。另外,还要交给学生解决问题的正确方法,积极引导他们学会寻找问题解决的途径。

最后,创设良好的班集体环境。班级是进行教育、教学的单位,只有营造一种活泼、和谐的班级氛围,尊重学生的主体地位,才能充分调动学生的积极参与意识,培养学生的创新精神,塑造学生的良好性格。

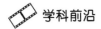

内向孩子的潜在优势

十岁的马修有时看上去判若两人。他是个恋家的孩子,喜欢他的狗狗们,还对许多东西感兴趣,尤其是与大自然和动物有关的东西。在熟悉的环境中,马修精力充沛,非常健谈。但到了其他地方,他就会变得比较安静,一动不动,只有仔细观察之后才会有所行动。

马修性格内向。他喜欢对事物进行深入思考,因为这样能激励并充实自己。他也乐意与他人分享自己的想法和感受,但太多的外部活动还是让他疲惫不堪。

奥斯汀也是十岁,他是个藏不住事的孩子。放学后,一上车他就开始滔滔不绝地说起这一整天他都做了些什么,在路上还向车窗外的小伙伴们大喊着打招呼。他不仅健谈,善于表达,而且不用费力劝说就能主动尝试新事物。

奥斯汀性格外向。他扫描外部环境寻找刺激,被熙熙攘攘的喧闹吸引,这让他感觉浑身是劲。独处太久反而会让他萎靡不振。

一般认为,聚会上一直待在阴暗角落里的是内向人;凡事都试图成为焦点的就是外向人。其实不然,马修和奥斯汀都聪明伶俐、惹人喜爱,随着环境的变化,他们都有可能表现出活泼开朗的一面和安静忧郁的一面。

实际上,内向是与生俱来的气质,它是由基因构成所决定。内向的人通常喜欢可掌控的事情,外向的人大量寻求惊险刺激的活动。内向的人会深入地研究某些问题,外向的人倾向于广泛地尝试各种不同的事物。内向的人做出正确反应前需要时间来调整情绪,而外向的人可能立即做出反应。人的气质无法随意改变,但了解孩子的气质可以帮助家长更好地培养他的长处,并尽量减少他在成长过程中的烦恼。

(资料来源:马蒂·兰妮.内向孩子的潜在优势[M].赵曦,刘洋,译.长春:北方妇女儿童出版社,2011.)

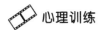

内外向性格类型问卷

以下有30道是非题,请按你的直觉进行"是"或"否"的选择,选择结束后统计你获得的"是"的数量,能够测得你的性格是内向还是外向。

1. 当我需要休息时,我宁愿独自一人或只是与一两位关系亲密的朋友在一起,而不愿意与太多的人在一起。

2. 当我在做一件事情时,我喜欢有较长的不受干扰的时间段,而不喜欢较短的时间段。

3. 在讲话之前,有时候我需要先复述一遍。我偶尔还会为自己写张便条,以免遗忘。

4. 通常我更喜欢倾听而不喜欢谈论。

5. 人们有时认为我是安静的、神秘的、疏远的或平静的。
6. 我喜欢与一个或少数几个关系亲密的朋友一起分享特别的事情,而不愿意去开一个庆祝会。
7. 我通常需要在经过思考之后再做出反应或讲话。
8. 我常常注意到许多人不能注意到的细节。
9. 如果有两个人刚打完架,我感到气氛非常紧张。
10. 如果我说我将做某件事,我总是会去做。
11. 在完成一件事情时,如果有截止日期或有压力,我会感到焦虑。
12. 如果事情太多,我会变得昏头昏脑。
13. 在决定加入某个活动之前,我喜欢先观察一会儿。
14. 我与朋友保持长久的关系。
15. 我不喜欢打扰别人,也不喜欢被别人打扰。
16. 当我获得较多的信息之后,我需要用一些时间来整理一下。
17. 我不喜欢太刺激的环境。我不理解人们为什么想去看恐怖电影或是去游乐场玩过山车。
18. 我有时对气味、味道、食物、天气、噪声等有强烈的反应。
19. 我是富于创造性或富于想象的人。
20. 即便我玩得很开心,在社交活动之后我也会觉得精疲力竭。
21. 我宁愿由别人介绍我,而不愿由我去介绍别人。
22. 如果我在人群或活动中待的时间太长,我会变得不高兴,容易发牢骚。
23. 在新环境,我常常感到不舒服。
24. 我喜欢人们到我家里来玩,但我不喜欢他们待的时间过长。
25. 我经常害怕回电话。
26. 当我意外遇见某人或意外地被要求发表意见时,我发现我的大脑有时候会变得一片空白。
27. 我语速很慢或不时停顿,特别是在我感到疲倦或是试图在思考的同时就马上讲话。
28. 我不会将偶然认识的人视为朋友。
29. 我感到我似乎难以向其他人展示我的工作或我的想法,除非他们已经完全弄明白。
30. 其他人可能让我吃惊地发现他们所认为的我比我自己认为的我更聪明。

答案:

1~10个"是":你是性格外向的人。你根据其他人的价值和现实来判断你自己。在条件允许的情况下,你力求带来变化。当你人到中年,身体渐渐地反应迟缓,你会惊讶地发现自己居然想从社交活动中退出以便休息一会儿,或感到需要给自己留出一些时间但却不知道可以做点什么。你可以找到一些办法帮助自己弄清楚:当你需要独处时,什么是最值得做的。要做到这一点,你得通过学习更多的内省技能来平衡你对外活动的技能。

11~20个"是":你处于外向与内向之间。就像双手都可以灵活使用的人一样,你是性格既内向又外向的人。你可能在需要独处与想要外出之间进行痛苦的抉择,所以你注意一下自己在什么时间及什么样的情况下能保持充沛的精力是非常有益的。你通过自己的思想、感觉以及其他人的标准来判断你自己。这使你视野开阔,但有时候你可能为了兼顾问题的两个方面而左右为难。重要的是,要学会评价自己的个性,以便能使你的精力保持充沛且平衡。

21～30个"是":你是性格非常内向的人。对你来说,非常重要的事情是了解如何保持充沛的精力,以及了解你的大脑是如何加工信息的。你通过你的思想、印象、希望和价值观与生活相联系。你并不完全任凭外部环境的摆布。

(资料来源:马蒂·兰妮.内向者优势[M].杨秀君,译.上海:华东师范大学出版社,2008.)

第三节 群体心理与管理

案例分享

2014年中国网游用户最多的群体为小学生,占比高达70.9%

随着互联网的普及,上网已成为大部分人日常生活中不可或缺的一部分,而现在我们发现上网人群低龄化或者幼龄化的现象非常严重。在2015年的儿童节,中国互联网络信息中心发布了《2014年中国青少年上网行为研究报告》,报告结果令人咋舌。

偏重网络娱乐类应用是青少年网民最重要的特点。青少年网民使用网络音乐、网络游戏、网络视频和网络文学这四类应用的比例均高于网民平均水平,其中网络游戏高出7.9个百分点,小学生网络游戏使用率最高,比例达到70.9%。不同年龄段青少年,在网络游戏类型的偏好上存在明显差异。小学生更偏重休闲、轻松,且具有一定社交性的游戏。但随着年龄的增长,用户对游戏的画面感、游戏难度、操作复杂程度、挑战性,以及游戏的竞技乐趣等一系列要素提出了更高的要求,大型客户端游戏对于中学生、大学生和非学生群体更具吸引力,使用率较高。

(资料来源:http://www.cac.gov.cn/2015-06/04/c_1115506033.htm.)

"物以类聚,人以群分",人总是在群体中生活和工作的。读书时归属于某个学校和班级,工作时则归属于某个企业或单位,可以说群体生活是人类最基本的生活方式。群体一旦形成,就有了共同目标,并要遵守相同的群体规范,这时在彼此相互作用的过程中所产生的心理状态、心理特点和心理倾向就构成了群体心理。和其他群体一样,学校群体具有一般群体的心理特征,但又由于学校群体对象的特殊性,因而学校群体也体现出其特有的特点,有着与其他群体不一样的功能。在学校管理中,了解学校群体的特征,掌握群体的心理特点,对有效地进行学校管理、教育学生具有重要作用。

一、群体与学校群体

群体由个体组成,但群体并非个体的简单相加,它是个体的有机组合,具有独特的结构、功能与特点,有着自己形成和发展的规律。对于中小学生而言,学校群体是其最为常见并参与其中的群体,在这个群体中,学生获得友谊和支持,克服孤独和寂寞。

(一)群体及其分类

1. 群体的概念

群体是为了实现某个特定的目标,由两个或两个以上的相互依赖、相互影响的个体,按照一定的方式结合在一起的结合体。群体有以下两个重要特点。

(1) 群体成员间具有共同的目标。拥有共同的行为目标是维系群体生存的必要条件,为了实现这一目标,群体内部会制定出一系列的行为规范,长期存在的群体往往还形成和发展自己独特的亚文化、价值观、态度倾向和行为方式等。

(2) 相互依赖,相互影响。群体成员在心理上有依存感和共同感,并产生相互作用和相互影响。群体成员之间不仅能在生活、学习、工作等方面相互帮助,而且在思想、感情、观念上也趋于一致,个体会对群体产生责任感、荣誉感、自豪感等情感体验。

2. 群体的分类

(1) 正式群体和非正式群体。

正式群体是指具有正式社会结构,成员有明确地位与社会角色,并有相应权利与义务的群体,如学校的班级,机关的处室等。

非正式群体这一概念,首先由乔治·梅奥在其著名的霍桑实验中提出。非正式群体是指那些自发产生的,没有明确社会角色分化和权利义务规定的群体,往往以共同的利益、观点为基础,以情感联系为纽带,有较强的凝聚力和较高的行为一致性,如同乡会、班级中的朋友群等。人们对非正式群体的选择和参与主要基于个人情感上的喜恶。

(2) 初级群体和次级群体。

初级群体是指个人直接生活在其中,由面对面互动所形成的、具有亲密人际关系的群体,如家庭、邻居、同伴群体等。初级群体不仅能满足人们的情感需求,而且对个体的社会化起着重要作用。

次级群体是指有目的、有组织,有明确社会结构,并按照一定规范建立起来的群体,最常见的是社会组织,如学校、工厂、政府机构等。

(3) 隶属群体和参照群体。

隶属群体又叫成员群体,是个体实际参加或隶属的群体。

参照群体是指个人作为行动标准和指南,加以模仿和效仿的群体。参照群体往往是个人心目中想要加入或理想中的群体,这一群体的价值和规范常常是个人的目标或标准。

（二）学校群体

1. 学校群体的概念

学校群体是由许多小群体、机构或部门组成的大群体。学生的社会化主要通过学生参与的各种群体活动来实现，如班集体活动、学生社团活动，以及学校举行的各种有益于学生社会化和学习发展的活动等。

2. 学校群体的功能

（1）教育功能。

学校群体与社会中其他群体最显著的区别在于，它具有教育的特定功能。学校群体作为一种教育群体，它所具有的培养和塑造下一代的教育功能是社会中其他任何群体都无法比拟和替代的。在学校这一特定群体中，学生获得了正规、系统的教育，整体素质得以提高。

（2）归属功能。

归属功能是指学校群体带给学生情感上的依靠，使群体内各成员在发生相互作用时，行为上表现出协调一致性，彼此体会到大家同属某一群体的情感体验。归属感在一般情况下不一定表现得很强烈，只有当群体受到表扬或奖励、惩罚或攻击时，表现才会增强。通常一个学生会同时隶属于许多不同的群体，如班集体、少先队、足球队、科学兴趣小组等，虽然他会接受这些群体的影响，并会产生一定的归属感，但对其中最主要群体的归属感最为强烈。

（3）认同功能。

认同功能是指学校群体能为学生提供知识和信息，使学生对一些事件的看法同学校群体保持一致。学生对学校群体的认同，是其自愿接受群体影响并与之融为一体的心理基础，也是使学校这一群体保持内在整体性的心理基础。群体成员间的认同感还会相互影响，尤其当群体成员对外界情况不明、情绪焦虑不安、判断能力不足时，更容易认同其他成员的观点。

（4）支持功能。

当学生的思想、观点、情感和行为方式符合学校群体的规范、期望和利益时，群体就会给予他赞许和鼓励，并支持其行为，从而使他的行为得到强化。群体对其成员的支持作用及程度，取决于两个方面：一是群体对成员有一定的吸引力，成员对自己所隶属的群体持肯定的态度，即热爱自己的群体；二是个体认为自己所属的群体在社会中有一定的影响、地位和威信，个体希望通过群体来获得支持和肯定。缺乏这两个条件，即使群体要去支持成员的行为，也起不了太大的强化作用。没有一个学生不希望从学校群体中获得肯定、鼓励和支持，而对于学习困难的学生，则更渴望从学校、班级和同学中获得理解和支持，以摆脱困境。

二、学校群体心理

学校群体由教职工和学生集结而成。要管理好一个学校，就要了解学校群体心理，懂得如何运用群体心理中的积极效应去调动群体成员的积极性，进而实现群体目标，同时要注意避免群体心理中消极效应的影响。

(一) 社会助长与社会抑制

社会助长是指个体活动效率因群体中其他成员的影响而出现提高的现象。社会助长包括两种情况，一种是在同他人共同活动时，个体活动效率得到提高，这种现象称为共同活动效应；另一种是当他人在场旁观时，个体活动效率得到提高，这种现象被称为观众效应。例如，在学校运动会上，运动员在比赛时，如果有很多观众为他加油助威，他往往能够顺利甚至超水平完成比赛。

社会抑制是指个体活动效率因为群体中其他成员的影响而受到抑制减弱的现象。例如，在考试时，有些考生特别害怕监考老师走到他们面前，甚至在老师站在旁边时，一个字也写不出来。

社会助长和社会抑制是相对立的两种心理现象。那么，个体何时出现社会助长，何时又出现社会抑制呢？这取决于活动的性质和个体技能熟练的程度。一般而言，在复杂的脑力劳动中，群体情境容易对个人有社会抑制作用；在简单的机械活动中，群体情境则对个人有社会助长作用。另外，当一项任务个体掌握得不是很好时，其他人在场往往会降低其成绩，出现社会抑制现象；反之，如果个体已经熟练掌握，则容易出现社会助长效应。

(二) 从众与服从

从众是指个体在真实或想象的群体影响和压力下，在知觉、判断、信仰及行为上，表现出与群体中大多数人一致的现象。通常所说的"随大流"、"人云亦云"，即是从众现象。产生从众的主要原因在于群体压力对个体产生的影响，具体而言，群体的风气、规范等能够形成一种压力，这种压力对个体产生影响，继而使个体出现从众行为。当一个群体成员发现自己的意见与群体中大多数人的意见不一致时，便会感受到压力，并促使他改变个体行为而表现出从众行为。影响从众行为的因素主要包括情境因素和个人因素，当情境中的群体是个体参照群体时，个体就容易在群体压力下产生从众行为；从个人因素来看，如果一个人的智力较差、情绪不稳定或自信心不足时，便更容易表现出从众行为。

服从是指个人按照社会要求、群体规范或他人命令而做出的行为，这种行为是在外界明确要求下而发生的。服从行为一般在以下两种情况下发生，一种是在有一定组织的群体规范下的服从，如遵纪守法、维护社会秩序等；另一种是对权威人物命令的服从，如下级服从上级、一切行动听指挥等。影响服从的因素主要有两个方面：一方面来自命令发出者，如发出者的权威性、有无监督等。命令发出者越权威，并且在场监督，则越容易导致服从行为的发生；另一方面来自命令执行者，如执行者的道德水平、人格特征、文化背景等。

从众和服从的区别在于，从众不是对群体规章制度的服从，而是对社会舆论或群体众人执行规范所形成的压力的随从。服从则是被动的、无条件的，无论个体是否理解都得服从。

(三) 群体极化与去个性化

群体极化，是指个体参与群体讨论时，由于受到群体气氛的影响，出现支持极端化决策的心理倾向。群体极化具有双重意义，从积极的一面来看，它能促进群体意见一致，增强群体凝聚力和群体行为。从消极的一面来看,它会使错误的判断和决定更趋极端。

去个性化,是指个人在群体压力和群体意识影响下,感到自己被淹没在群体之中,丧失了个人身份和责任感,从而产生一些个人单独活动时不会出现的行为。例如,在不良群体气氛的影响下,有些学生可能出现打群架的现象,而这种斗殴行为在个体单独行动时,往往并不会出现。

三、学生非正式群体

在学校中,学生非正式群体大量存在,了解学生非正式群体的特点和功能,利用其优势,规避其不足,这在学校管理中具有重要意义。

(一)学生非正式群体的特点

学生非正式群体大多自愿组合、人数较少、成员性情相近、志趣相投,有共同的需要。群体由较有威信与能力的学生领导,有着无形的群体规范和较强的群体约束。群体内部信息传递具有畅通性和随意性,大多数活动由群体成员商量决定,信息传递速度快,成员对信息的反应灵敏,成员之间交往频繁、有活力。

一般而言,学生非正式群体稳定性较差,可塑性强。在学校管理中,如果处理得好,可以弥补正式群体的不足。但如果处理不当,则会成为一种具有破坏力的消极因素。

学生非正式群体能使学生获得心理上、精神上的满足,增强学生的群体意识,有助于学校中正式群体的形成和巩固。学生非正式群体可以为学生提供及时的物质和精神帮助,有利于学生之间相互学习、相互提高,从而促使学生个性得到和谐发展,人格更加完善。

但是,由于学生非正式群体具有较高凝聚力,群体核心人物有着较高权威性,这可能会削弱正式群体的功能,使正式群体处于松散状态,造成群体心理与行为的整体偏离,甚至使得学生非正式群体与正式群体间发生冲突和"内耗"。另外,学生非正式群体信息交流的畅通性、随意性等特点,往往使之成为小道消息和谣言的制造者和传播者。

(二)学生非正式群体的管理

1. 正确认识学生非正式群体

作为学校管理者,教师要尊重和正视学生非正式群体的存在,看到其形成的必然性,把非正式群体看作是学生正式群体的有效补充。充分利用非正式群体中的积极因素,满足学生多种心理需要,协调同学关系,调动学生的积极性。与此同时,也要客观地处理非正式群体中的消极因素,对于非正式群体中滋生的小团体主义和不良风气,要及时给予制止,避免其阻碍班集体的正常发展。

2. 促成有益的学生非正式群体

学生非正式群体虽然大多自发形成,但是学校管理者可以组织这一群体开展舞蹈、篮球、足球、美术、科技等各种活动,给非正式群体成员适当的机会重新组合和开展活动。与此同时,学校管理者还要积极参与到这些活动中,通过活动,了解和掌握学生的兴趣、爱好、愿望等,为班集体的决策和开展活动提供依据。

3. 防范不良的学生非正式群体

并非所有学生非正式群体都是积极向上的,对于不遵守班级纪律、不思改正的不良学生非正式群体,在动之以情、晓之以理的基础上,学校管理者要采取有效措施调节,控制其活动,促使他们淡化关系,逐步变得松散。对于打架斗殴、恶意破坏学校纪律的恶性非正式群体,学校管理者要有步骤、讲策略地开展工作,坚决予以解散。

4. 重视学生非正式群体中核心人物的作用

非正式群体核心人物在群体中往往威信高、影响大,能激发群体中其他成员完成任务的积极性。因此,班主任要授予非正式群体中有威信、有能力的学生一定权力,让他们担任一定的职务。对于不良非正式群体中的"核心人物",学校管理者要多做细致的转化工作,逐步引导他们成为班集体建设的积极分子,起到"转变一个,教育一批"的作用。

总之,在学校管理中,要对学生非正式群体进行深入分析、弄清类型,把握其性质和影响,区别对待,鼓励支持积极型学生非正式群体,防范改造消极型学生非正式群体,从而使学生正式群体与非正式群体关系融洽,目标一致。

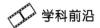

网络游戏对中小学生群体的危害

西方传播学先驱拉扎斯菲尔德(P. Lazarsfeld)和默顿(R. K. Merton)认为,现代大众媒介具有明显的负面功能。它将现代人淹没在表层信息和通俗娱乐的滔滔洪水当中,人们每天在接触媒介上花费大量的时间和精力,降低了积极参与社会实践的热情:他们在读、在听、在看、在思考,但是他们却把这些活动当作行动的代替物。他们有知识、有兴趣,也有关于今后的各种打算,但是当他们吃完晚饭、听完广播、读完晚报之后,也就到了睡觉的时间了。拉扎斯菲尔德和默顿把这种现象称为大众传播的"精神麻醉作用",认为大众媒介以低廉的代价占用,剥夺了人们的自由时间,让人们沉溺于媒介提供的表层信息和通俗娱乐中,沉醉在虚幻的满足之中,不知不觉地失去社会行动能力,而满足于"被动的知识积累",从而使人们完全失去辨别力、顺从现状,导致审美鉴赏力退化,文化水平下降。

"精神麻醉",这一媒介的负面功能观恰当地说明了网络游戏对中小学生的影响。中小学生长时间沉溺于网络游戏对其生理和心理上的负面影响很大,除了头脑发育受到影响,还会导致神经紊乱,体内激素水平失衡,使免疫功能降低,引发紧张性头疼、焦虑,甚至可能导致死亡。更让人担心的是,网络游戏已成为中小学生违法犯罪的直接或间接原因。

(资料来源:燕道成.中小学生网络游戏成瘾的心理成因与教育应对[J].中国教育学刊,2014.)

> 心理训练

青少年病理性互联网使用量表

(Adolescent Pathological Internet Use Scale, APIUS) 雷雳等编制

完全不符合—1　基本不符合—2　不确定—3　基本符合—4　完全符合—5

1. 一旦上网,我就不会再去想其他的事情了。
2. 上网对我的身体健康造成了负面影响。
3. 上网时,我几乎是全身心地投入其中。
4. 不能上网时,我十分想知道网上正在发生什么事情。
5. 为了上网,我有时候会逃课。
6. 为了能够持续上网,我宁可强忍住大小便。
7. 因为上网,我的学习遇到了麻烦。
8. 从上学期以来,我平均每周的上网时间比以前增加了许多。
9. 因为上网的关系,我和朋友的交流减少了。
10. 比起以前,我必须花更多的时间上网才能感到满足。
11. 因为上网的关系,我和家人的交流减少了。
12. 在网上与他人交流,我更有安全感。
13. 如果一段时间不能上网,我满脑子都是有关网络的内容。
14. 在网上与他人交流时,我感觉更自信。
15. 如果不能上网,我会很想念上网的时光。
16. 在网上与他人交流时,我感觉更舒适。
17. 当我遇到烦心事时,上网可以使我的心情愉快一些。
18. 在网上我能得到更多的尊重。
19. 如果不能上网,我会感到很失落。
20. 当我情绪低落时,上网可以让我感觉好一点。
21. 如果不能上网,我的心情会十分不好。
22. 当我上网时,我几乎忘记了其他所有的事情。
23. 当我不开心时,上网可以让我开心起来。
24. 当我感到孤独时,上网可以减轻甚至消除我的孤独感。
25. 网上的朋友对我更好一些。
26. 网络可以让我从不愉快的情绪中摆脱出来。
27. 网络断线或接不上时,我觉得自己坐立不安。
28. 我不能控制自己上网的冲动。
29. 我发现自己上网的时间越来越长。
30. 我只要有一段时间没有上网,就会觉得心里不舒服。
31. 我曾因为上网而没有按时进食。

32. 我只要有一段时间没有上网,就会觉得自己好像错过了什么。
33. 我只要有一段时间没有上网,就会情绪低落。
34. 我曾不止一次因为上网的关系而睡不到四小时。
35. 我曾向别人隐瞒过自己的上网时间。
36. 我曾因为熬夜上网而导致白天精神不济。
37. 我感觉在网上与他人交流要更安全一些。
38. 没有网络,我的生活就毫无乐趣可言。

维度项目:

突显性:1、3、22。

耐受性:6、8、10、29、35。

强迫性上网/戒断症状:4、13、15、19、21、27、28、30、32、33、38。

心境改变:17、20、23、24、26。

社交抚慰:12、14、16、18、25、37。

消极后果:2、5、7、9、11、31、34、36。

说明:将APIUS的项目平均得分大于等于3.15分者界定为"PIU群体",也即"网络成瘾群体"。此外,为了使APIUS更具警示和预防功效,我们将APIUS的项目平均得分大于或等于3分小于3.15分者界定为"PIU边缘群体",将APIUS的项目平均得分小于3分者界定为"PIU正常群体"。需要注意的是,考虑到自陈量表本身所具有的局限,在做临床诊断时,还需要了解受测者在PIU各项症状上的真实表现。

(资料来源:雷雳,杨洋.青少年病理性互联网使用量表的编制与验证[J].心理学报,2007,39(4):688-696.)

第四节 学校人际关系及沟通策略

人际关系引发的苦恼,是中小学生的第二大苦恼

《知心姐姐》杂志曾刊登了一篇测试题:《测测你的交往能力》。没过几天,河北唐山市南范各庄矿业公司小学的一名学生就寄来了"读者评刊表",她在"读者评刊表"上写道:"《知心姐姐》好像知道我的心似的,比如发表的那篇《测测你的交往能力》,我正需要测试一下我的交往能力,因为我在班里很不受欢迎。"这名同学的话代表了许多少年朋友的心声:他们因为处理不好人际关系而苦恼着。

《知心姐姐》杂志社在北京、上海、吉林、辽宁、河北、河南、四川、贵州、福建、广东、湖北、山东、安徽、浙江、重庆、黑龙江、陕西、江苏、云南等19个省、市、自治区进行的针对中小学生及其父母最关注的一些问题调查,收到有关人际关系的有效答卷共5782份。以"我的苦恼"

为主题的调查结果显示:人际关系处理不好,已经成为孩子第二大苦恼。以"心理健康问题"为主题的调查结果显示:辅导孩子处理人际关系,也成了爸爸妈妈们在对孩子进行心理辅导时,排在第二位的重要内容。

(资料来源:http://blog.sina.com.cn/s/blog_4b6364f30100ag5d.html.)

中小学生的绝大部分时间是与教师、同学一起度过的,师生关系、同学关系对他们有极其重要的意义。在学校中,同学之间、教师之间、师生之间都会建立各种各样的关系,从一定意义上说,这些关系都属于人际关系。处理好这些人际关系,学会使用恰当的沟通策略,不仅有利于群体行为的管理,而且可以提高群体凝聚力。所以,在学校管理中,管理者要关注群体中良好关系的建立和发展,懂得在群体中如何进行恰当的沟通与交流。

一、学校人际关系概述

从一定意义上讲,学生的社会化就是人际交往的结果。人际关系的好坏直接影响中小学生的自我发展、学业成绩、身心健康,因此对于中小学生而言,人际交往和学习同等重要,是这个时期青少年儿童的主要大事之一。

(一) 人际关系

1. 人际关系的概念

人际关系,从广义上说,是指人与人之间的关系,包括社会中所有的人与人之间的关系以及人们之间关系的一切方面;从狭义上讲,则是指通过人与人之间的交往与相互作用而形成的可觉察到的直接而稳定的心理上的关系。

人际关系是人际交往的结果,它反映了个人或群体寻求满足其社会需要的心理状态,表明了人们在相互交往的过程中关系的深度、亲密性、融洽性和协调性等方面的程度。人际关系的本质是一种情感的相互交换,人际关系一经建立,就会对人的行为产生各种不同的影响,影响的性质与大小取决于这种人际关系自身的特点及对个人的意义。

2. 人际关系的原则

(1) 交互原则。

交互原则是指在人际交往中,人们往往喜欢那些喜欢自己的人。人际关系的基础是人与人之间的相互重视与相互支持,正如孟子所言"爱人者,人恒爱之"。但是人际交往中的喜欢与厌恶、接近与疏远是相互的,任何人都有保护自己心理平衡稳定的倾向,都要求自身同他人的关系保持某种适当性和合理性。当这个距离过于接近,超过了人们心理可接受的距离时,人际交往的效果反而容易适得其反,出现人际交往中的"刺猬法则"。

> **知识链接 3-4**
>
> **人际交往中的"刺猬法则"**
>
> 两只困倦的刺猬,由于寒冷而挤在一起,可各自身上的刺,却刺得对方怎么也睡不着。它们分开,又冷得受不了,于是又凑在一起。几经折腾,两只刺猬终于找到了一个合适的距离,既能互相获得对方的体温又不至于被扎。刺猬法则就是人际交往中的"心理距离效应"。做合群的人,必须处理好人际交往中的心理距离,慢慢去适应,才能找到最适合你的位置,也只有这样,你才能获得成功。
>
> (资料来源:熊勇清.组织行为学[M].长沙:湖南人民出版社,2006.)

(2) 交换原则。

社会心理学家认为,人际交往的本质是一个社会交换过程,人们的一切交往行动及一切人际关系的建立与维持,都是人们根据一定的价值观进行选择的结果。一个人想要被别人接纳,与别人建立良好的人际关系,就必须了解人们在人际关系方面的价值倾向,并在与人们的交往当中尽量保持交换价值对等,这样的人际关系才能够建立、维持和发展。

(3) 自我价值保护原则。

自我价值保护,是指个体为了保持自我价值,其心理活动的各个方面都有一种防止自我价值遭到否定的自我支持倾向。心理学家兰伯特(W. E. Lambert)发现,我们总是对支持自己观点的信息记得多,忘得慢;而对反对自己观点的信息记得少,忘得快。阿伦森(E. Aronson)和林德(Linde)的实验结果则表明,在人际交往中,人们对别人的喜欢不仅取决于别人喜欢自己的量,而且还取决于别人喜欢自己的变化与性质,在人际交往中,人们最喜欢的是"对自己的喜欢水平不断增加的人",而最厌恶的是"对自己的喜欢水平不断减少的人"。

(二) 学校人际关系

1. 学校人际关系的概念

学校人际关系是指学校管理者和师生员工在学校教育活动过程中,彼此通过交往而形成的心理上的亲近或疏远关系。学校人际关系是学校各个组织部门之间、领导者之间、领导者与被领导者之间、教师之间、学生之间、师生之间等社会关系在心理上的反映。如果学校的各种人际关系是和谐、亲密、友好、合作的,就会使师生员工更加团结,提升教育效能和教学效果,顺利实现学校教育工作的目标。反之,则会产生心理冲突,导致分裂,相互攻击,从而降低教育活动的效能,使学校的教育工作目标难以达到预期的效果,甚至使学校的日常工作难以顺利开展。

2. 学校人际关系的特点

(1) 教育性。

学校人际关系的特点,首先体现在其具有教育性,这种教育性既体现在教育内容上,也体现在教育手段上。就教育内容而言,学校人际关系要让学生学习和掌握必要的人际关系知识和技能,增强认识和判断人际关系的能力,学会处事做人。就教育手段而言,良好的学校人际关系不仅能激励教师努力工作、学生努力学习,而且能促使师生接受意见,改正错误。例如,在课堂教学中,良好的师生人际关系会产生和谐的课堂心理氛围,促使学生注意力集中,提高教学效果。又如,师生彼此信任、关系融洽,学生就更容易听取教师的批评意见,纠正错误。

(2) 单纯性。

学校人际关系与社会其他领域的人际关系相比较,具有相对的单纯性,这主要原因在于中小学教育和管理的对象是青少年儿童。处于这一阶段的学生,其心理正处于从不成熟向成熟过渡的关键时期。中小学生认知、情感、意志以及个性的发展,主要是通过在学校里与师生的交往,特别是通过与教师的交往而实现的。

(3) 丰富性。

在学校组织中,所有成员之间都能进行直接的、频繁的、丰富多彩的交往。不论是同事之间,还是师生之间,交往活动都十分活跃。此外,学校人际关系的丰富性还表现在多样化方面,具有多系统、多层次和多方位等特点,各种关系纵横交错,形成网络。

3. 学校师生关系类型

(1) 紧张型师生关系。

这种类型的师生关系表现为教师以自我为中心,对待学生简单粗暴,主要依靠强制力量来影响学生,喜欢训斥、批评学生,对差生讽刺、挖苦,伤害学生的自尊与人格。学生对教师心中不满,行为多抗拒或不合作。师生情感对立,人际关系紧张,教学气氛压抑沉闷,学生厌学。

(2) 冷漠型师生关系。

这种类型的师生关系表现为教师无视建立良好师生关系的重要性,教学缺乏热情,对学生不冷不热,不闻不问,教学管理松弛,师生之间实际交往时间少,双方互不了解、互不信任、互不亲近,彼此漠不关心。课堂气氛平淡无奇、缺乏生气,学生对教师敬而远之,师生之间缺乏吸引力。

(3) 庸俗型师生关系。

这种类型的师生关系表现为师生间交往和关系的实用性、功利性、商业性的色彩浓厚,教师对学生过分迁就、该严不严、该管不管,甚至只顾吃吃喝喝,意在迎合学生,满足学生不正当的要求。而学生对教师则曲意奉迎、刻意讨好、请客送礼,原本纯洁的师生关系沦为庸俗的物质利益关系、商品交易关系和金钱关系。

(4) 亲密型师生关系。

这种类型的师生关系表现为教师对待学生亲切友好,学生尊敬热爱教师。师生交往密切频繁、相互理解、相互信任、相互尊重、教学气氛生动活泼、师生配合默契、教学相长,师生人际关系融洽和谐。

4. 学校同学关系类型

(1) 友好型同学关系。

友好型同学关系的特点表现为双方接近、融洽、信任、亲密。同学之间心理上彼此相容,相互吸引。友好关系本身又有性质和程度上的区别,有健康、积极的良好关系,也有不健康、消极的友好关系;有感情深厚的友好关系,也有感情一般的友好关系。

(2) 对立型同学关系。

对立型同学关系的特点表现为彼此互不融洽、相互排斥、冲突、厌恶、嫉妒、嫌弃,甚至争斗,同学之间心理上不相容、行为上不合作。对立型的关系也有性质和程度上的区别,在性质上可分为原则性的对立和非原则性的对立;在程度上有公开激烈的对立、非公开的一般性摩擦、互相排斥等。

(3) 疏远型同学关系。

疏远型同学关系的特点表现为互不关心、互不往来、互不信任、互不吸引,同学之间在心理上相互忽视,彼此之间的交往和关系若有若无,同学之间情感淡漠,交往很少。

(三) 学校人际关系建立的途径

1. 塑造良好的个人形象

良好的个人形象在学校人际关系建立的过程中扮演着非常重要的角色。在学校管理中,教师塑造良好个人形象的具体策略主要有:首先,应注意仪表美。教师要衣着整洁大方,举止自然得体,这样会给学生一种亲近感。其次,待人要真诚热情。在学校管理中,学生往往是先接受教师这个人,然后才会接受其讲授的内容。因此,教师在对学生讲话时,态度要诚恳热情,这会给学生一种信赖感和亲近感,有利于师生人际关系的深入发展。最后,要做一个好的倾听者,多去倾听学生所言,鼓励学生多谈论自己,这都有利于良好的学校人际关系的建立。

2. 主动交往

有些学生之所以不能同他人建立良好的人际关系,主要原因之一在于他们在人际交往中总是采取消极、被动、退缩的方式,总是期待友情从天而降。但是,现实中别人是很难无缘无故就对陌生人感兴趣的。因此,要想与他人建立良好的人际关系,就必须成为交往的主动者。

3. 从他人的角度看问题

人际关系从本质上说是人与人之间在感情上的联系。这种感情联系越紧密,与他人共有的心理世界的范围就越广,人际关系也就越亲密。因此在人际交往中,我们要站在别人的立场上设身处地地为他人着想,用他人的眼睛来看世界,用他人的心来理解这个世界。正所谓思人所思,想人所想。在人际交往中,只有做到这样,才能给他人多一些宽容和体谅,才能比较容易与他人建立良好的人际关系。

4. 善于表扬

表扬能释放一个人身上的能量,使得他人更愿意进行人际交往。正所谓"表扬能使羸弱的身体变得强壮,能给恐惧的内心以平静与依赖,能让受伤的神经得到休息和力量,能给身处逆境的人以务求成功的决心"。在人际交往中,真心真意、适时适度地表达你对别人的赞美,对良好人际关系的建立是非常必要的。同时,表扬既要对人也要对事,具体的表扬更能增进彼此的人际吸引力。

二、学校人际沟通

学校中存在各种各样的群体,这些群体并不是静止和孤立的,而是处在不断的相互作用过程中。沟通在学校管理中扮演着十分重要的角色。在学校中,信息的传递、人际关系的交往、工作的开展等,都离不开有效的沟通,沟通效率的高低会直接影响师生关系和教学质量。而不当的沟通方式不仅不利于人际关系的培养,甚至可能会导致人际冲突的发生。

(一)沟通的概念

沟通是指两个或多个信息传递主体之间传达思想和交流信息的过程。从这个定义可以看出:第一,沟通是一种由不同环节所构成的过程性活动;第二,沟通具有目的性,它是为了实现沟通活动发起者所设定的目标而把思想、信息或观念等在个体或群体间进行传递,从而实现意义上的理解。

(二)沟通的类型

1. 正式沟通与非正式沟通

按照沟通的组织系统,可以把沟通划分为正式沟通与非正式沟通。所谓正式沟通是指通过组织中正式的沟通渠道进行信息传递和交流的方式,它一般只进行与工作相关的信息沟通,如工作任务的分配、教学任务的实施、上级命令的发布等。正式沟通具有严肃性、程序性、稳定性、可靠性等特点。非正式沟通是指在正式沟通渠道之外所进行的信息传递和交流,如师生课下的交流、同学之间的私下交流、小道消息的传播等。

2. 语言沟通与非语言沟通

按沟通的方式或工具可以把沟通划分为语言沟通和非言语沟通。语言沟通是指借助语言文字符号系统进行的沟通。它是人类使用最广、最为普遍的沟通形式,根据媒介不同又可分为口头沟通和书面沟通。非语言沟通则是指通过语言文字之外的符号系统所进行的沟通,这些非语言沟通符号包括眼神、眼色、表情动作、体态变化等身体语言,也包括重音、笑声、沉默等辅助语言,每种非语言沟通的符号都有其特定含义。

3. 单向沟通与双向沟通

从信息沟通的传递方向,可以把沟通分为单向沟通和双向沟通。单向沟通是指信息的发送者和接收者的位置不变的沟通方式,在单向沟通中,发送者始终是在发送信息,接收者始终在接收信息。例如,下达命令、做演讲、上课等都属于单向沟通。而双向沟通是指信息的发送者和接收者的位置不断进行转换的沟通方式。在双向沟通中,发送者把信息发送给接收者,接收者要给发送者以反馈。例如,讨论、会谈等都属于双向沟通。

(三)学校人际沟通策略

1. 恰当地表达

要想获得有效沟通,首先要说出自己的态度与观点。把该说的说出来,获得对方的理解与认同。另外,还要说得恰当,要注意语言表达上的技巧。比如,一位同学好心想夸奖另一位同学,"你今天穿的衣服真漂亮",对方心情肯定不错,如果这位同学再多加一句"昨天那条裙子太难看了",看起来像是在好意夸奖别人,其实结果适得其反,别人理解的重点就会联想自己昨天穿的裙子,从而猜疑你别有用心。

2. 积极倾听

西方有句谚语:上帝给了我们两只眼睛、两个耳朵,但只有一张嘴巴,就是要我们多听、多看、少说。事实上,在有效沟通中,听有时确实比说重要。倾听,是敲开心灵之门的钥匙。通过积极倾听,我们才能明白对方的愿望与需要,领悟对方的态度与立场,感受对方的内心世界。有效的倾听是积极主动的,而单纯地听则是被动的。俗话说"听话听声,锣鼓听音"、"话里有话,画外有音",如果不积极地倾听,就不可能真正理解说话者的意图。

知识链接 3-5

积极倾听的 4 项基本要求

专注:积极倾听者要精力非常集中地听人发言。具体地讲,应该打消分散注意力的念头,积极地概括和综合所听到的信息,并留意需反馈的信息内容。

移情:积极的倾听者要把自己置于说话者的位置,努力理解说话者想表达的含义,要从说话者的角度调整自己的所见所闻,使自己对信息的认知符合说话者本意。

接收:积极的倾听者要客观地、耐心地倾听说话者所说的内容,而不应即刻做出判断。积极的倾听者应该做到豁达大度、兼收并蓄。

对完整性负责的意愿:积极的倾听者要千方百计地从沟通中获得说话者所要表达的信息。这就要求在倾听内容的同时要倾听情感,力求从对方的表情、语调等方面了解说话者的真实意图。

(资料来源:刘玉梅.管理心理学——理论与实践[M].上海:复旦大学出版社,2009.)

3. 有效反馈

很多时候,沟通不畅都是由于误解或信息不准确造成的,而在沟通过程中有效运用反馈则会减少这些问题的发生。反馈的方式是多样的,可以用语言的方式,也可以用非语言的方式;可以是积极的,也可以是消极的。一般来说,人们对积极反馈的感知比对消极反馈更快、更准,积极反馈比消极反馈更容易被接受。不过,当消极反馈来自可靠的信息源或比较客观时,也是容易被接受的。

4. 注意非言语信息

有效的沟通者应十分注意自己的非言语信息,以便能够强化传递出去的信息。从接收信息的角度看,沟通的双方必须懂得辨别对方非言语信息的意义,时刻注意交谈的细节问题,不要忽视对方的想法和感受。非言语往往比言语能表达更多的信息,因此,理解他人的非言语信息也是理解他人的一个重要途径。

三、学校人际冲突

学校管理中经常会出现人际冲突现象,有些人际冲突具有积极意义,它使得大家更加开诚布公地沟通交流,从而增进理解;但是也有一些冲突会给师生带来压力,影响教学效果,给组织利益带来损失。当冲突双方立场走向极端时,甚至会导致整个组织的分崩离析。因此,在学校管理中,要正确认识冲突的意义和作用,尽量发挥冲突的积极作用,尽力回避冲突带来的消极作用。

(一)冲突概述

冲突是指由于目标的互不相容或相互排斥而在群体或个人心理上形成的矛盾状态。冲突是群体中普遍存在的现象,可以分为三类:个人心理冲突、群体内成员冲突和群体间冲突。个人心理冲突是指个人面临不相容目标时所产生的左右为难的心理体验。群体内成员间冲突又称人际冲突,主要表现为群体中两个或几个人因个性特点、角色差异或因利益问题而产生的矛盾状态。群体间冲突表现为群体之间因群体利益而产生的矛盾状态。

(二)学校人际冲突管理

1. 态度冲突,"软化"话语利沟通

在师生交往中,教师通常存在两种截然不同的态度:一种是民主的态度,教师对学生关怀备至、和蔼可亲,双方沟通融洽;另一种是专制的态度,学生常遭到教师瞪眼睛、板脸孔、大声呵斥,甚至任意体罚。后者容易导致师生沟通发生冲突,因此在与学生沟通时,教师应把"粗暴"的话语磨去些"棱角",语气变得柔和一些,使学生在听话时仍感到自己是被人尊重、被人信任的。"软化"话语,有利于消除学生的防卫心理,营造宽松、和谐的合作交流氛围。

2. 认知冲突,"同理心"感化利沟通

我国学者陈枚对师生交往中的相互认同问题曾做过较全面的概括,他认为师生相互认同,通常需要在头脑中形成"四个形象"的认识:①双方各自客观存在的本来形象;②双方通过自省形成的自我形象;③对方在自己头脑中的形象;④自己在对方头脑中的形象。一般来说,如果这"四个形象"的认知比较统一,师生沟通就顺畅、愉悦,否则会影响师生亲密关系的建立,甚至导致师生沟通发生冲突。在正常的情况下,师生的互相认识或多或少存在脱节。当师生之间出现认识冲突时,教师要更多地寻找与学生的共同点,与学生进一步拉近距离。

3. 规范冲突,设心理信箱利沟通

师生交往中发生的规范冲突,有些来自学生方面。学生生活在特定的家庭和社区同龄人群体中,这些家庭成员和社区群体的规范会影响学生接受教师行为规范的教育。例如,有的学生在家庭长期受到不公正对待,常因一些小事被家长打骂。打骂损害和侮辱了孩子的人格,使孩子心理上产生反感。学生很有可能把这种反感转移到教师身上,认为"大人没一个是好人",不愿与老师谈心。设置心理信箱可让学生以书面的形式把心里话讲出来,情况会好转。同理,对于那些不善交际、性格内向的学生,更要创设条件让他们把师生沟通中冲突的成因——"当面不好说"或"说不清"的信息传送出去,才能更快地解开"心结",治愈"心病"。

4. 目标冲突,树立榜样利沟通

教学过程是师生双向活动的过程。在这一过程中,不论是教师还是学生,在追求教和学的目标方面都可能出现三种情形:一是老师与学生所追求的目标都很高,而且特别有责任心和义务感;二是老师与学生所追求的目标都很低,他们都得过且过、浑浑噩噩;三是老师与学生追求的目标不一致,呈一高一低状态。一般来说,追求高目标的教师和追求低目标的学生之间发生的冲突会特别强烈。尽管教师出于好意,但教师对学生的期望和压力超过学生的承受力时,往往容易引起学生对教师的反感,甚至是造反。师生在教学目标上的这些差异,必然导致师生交往的冲突。遇到这种情况,可运用榜样激励法,激起学生"别人行,我也行"的积极尝试成功的欲望,进而使他们产生模仿心理,通过努力达到目标,获得成功的喜悦。久而久之,这份喜悦就会变成一种自信和内部动力,推动着学生不断向更高的目标迈进,真正做到"不负众望"。

5. 角色冲突,融洽关系利沟通

"角色"一词原指在特定的社会条件下,个体在群体中的地位和身份。有经验的教师遇到调皮捣蛋的学生,通常不会以"清洁工"的角色出现,将学生排除在自己的视线和关怀之外;而是扮演"开发者",不断挖掘并强化学生的闪光点,并对学生的不良行为多谅解、少指责,适当降低要求。教师也可能会扮演"合作者"的角色,通过师生、生生互补与互动,给予学生更多的关爱和信任,思想上不歧视他们,感情上不厌恶他们,态度不粗暴,了解并分析他们存在问题的原因,对症下药,长善救失。

知识链接 3-6

TKI 冲突处理模式量表及测试

作为在组织日常生活中无法避免的现象,冲突之于团队及其成员的影响作用存在极大的不确定性,这不仅取决于冲突的内容和强度,更重要的是如何应对。冲突处理模式的选择不仅直接影响到个人与其他团队成员的关系,也在一定程度上决定了个人与团队的绩效和产出。冲突处理模式是一个多维度的概念,主流的二维模型将常见的冲突应对方式分为竞争、协作、妥协、回避和顺从五类。

Thomas 认为,冲突本身不是问题的关键,如何处理冲突才至关重要;冲突处理模式的选择会影响冲突的演进和结果,进而影响冲突双方的绩效表现。自 Blake 和 Mouton 提出冲突处理模式的概念之后,学术界便掀起了冲突处理研究的热潮,研究的着眼点日益宽泛,研究内容日趋深入和全面。以下是 Thomas 和 Kilmann 的 TKI 冲突处理模式量表。

说明:以下 30 组句子分别描述了人们不同的行为反应,选出你认为最符合自身行为特征的描述,圈出句子前面的字母。也许两种描述和你的行为都不是十分相似,但是,请你从中选择一个和你的行为比较接近的描述。

1. A. 有时,我会让别人来承担解决问题的责任。
   C. 在协商时,我强调共同点,而不是针对不同点。
2. D. 我努力寻求折中的解决方案。
   E. 我试图考虑到别人和自己关切的全部事情。
3. B. 我总是坚定地追求自己的目标。
   C. 我也许会为了维护关系而尽量安抚别人的情绪。
4. D. 我努力寻求折中的解决方案。
   C. 有时,为了满足他人的意愿,我会牺牲自己的意愿。
5. E. 为了解决问题,我不断寻求别人的协助。
   A. 我尽量避免产生无端的紧张气氛。
6. A. 我尽量避免给自己带来不愉快。
   B. 我努力使别人接受我的立场。
7. A. 我尽量把问题延后,直到自己有时间对此进行仔细的考虑。
   D. 我会放弃自己的一些观点,来换取别人放弃他们的一些观点。
8. B. 我总是坚定地追求我的目标。
   E. 我尽量把所有的忧虑和问题公开化。
9. A. 我觉得差异并不总是值得担忧的。
   B. 我努力按照自己的方式做事。
10. B. 我总是坚定地追求我自己的目标。
    D. 我努力寻求折中的解决方案。
11. E. 我尽量把所有的忧虑和问题公开化。
    C. 我也许会为了维护关系而尽量安抚别人的情绪。
12. A. 有时,我不会坚持自己的立场,以避免不必要的争论。
    D. 如果别人接受我的部分观点,那么我也会接受他们的部分观点。
13. D. 我选择保持中庸之道。
    B. 我竭力坚持自己的观点。
14. E. 我告诉别人我的观点,并询问他们的观点。
    B. 我努力让别人看到我的观点的逻辑性和好处。
15. C. 我也许会为了维护关系而尽量安抚别人的情绪。
    A. 我会做一切的努力以避免紧张气氛。
16. C. 我尽量不伤害他人的感情。
    B. 我努力阐述我的观点的好处,以此说服别人。

17. B. 我总是坚定地追求自己的目标。
    A. 我尽量避免产生无意义的紧张气氛。
18. C. 我也许会允许别人保留他们的看法,如果这样做可以让他们感到愉快。
    D. 如果别人接受我的部分观点,那么我也会接受他们的部分观点。
19. E. 我尽量把所有的忧虑和问题公开化。
    A. 我尽量把问题延后,直到自己有时间对此进行仔细的考虑。
20. E. 我试图立刻解决我们之间的差异。
    D. 我努力寻求双方的得失平衡。
21. C. 在进行协商的时候,我尽量考虑别人的意愿。
    E. 我总是倾向于直接讨论问题。
22. D. 我试图在自己的观点和别人的观点之间寻求折中。
    B. 我坚持自己的意愿。
23. E. 我总是希望能够满足所有人的意愿。
    A. 有时,我会让其他人来承担解决问题的责任。
24. C. 如果别人的想法对他来说很重要,那么我会尽量满足他。
    D. 我尽量让别人接受大家都让一步。
25. B. 我努力让别人看到我的观点的逻辑性和好处。
    C. 在进行协商时,我尽量考虑别人的意愿。
26. D. 我选择保持中庸之道。
    E. 我总是希望能够满足所有人的意愿。
27. A. 有时,我不会坚持自己的立场,以避免不必要的争论。
    C. 我也许会允许别人保留他们的看法,如果这样做可以让他们感到愉快。
28. B. 我总是坚定地追求我的目标。
    E. 为了解决问题,我通常向别人寻求协助。
29. D. 我选择保持中庸之道。
    A. 我觉得差异并不总是值得担忧的。
30. C. 我尽量不伤害别人的感情。
    E. 我总是和别人共同探讨,共同解决问题。

请数一数各个字母被圈的次数,应该总和是30。
  A:(   )
  B:(   )
  C:(   )
  D:(   )

E：(　　)

将统计出的数字以小圆点的形式分别标在下图中,并将这些小圆点连接起来。

12					
11					
10					
9					
8					
7					
6					
5					
4					
3					
2					
1					
0					

　　A 回避型　　B 竞争型　　C 迁就型　　D 妥协型　　E 协作型

说明：曲线比较多的形状是勾状、W 型、V 型。

每个人对事情重要性和人际关系的重要性都会有自己原则和判断,然后采取相应的处理方式。比较好的方式是：

人际关系重要性高(H)	C 迁就		E 协作
人际关系重要性一般(M)		D 妥协	
人际关系重要性低(L)	A 回避		B 竞争

　　事情重要性　　低(L)　　一般(M)　　高(H)

(资料来源：http://www.apesk.com/conflictmanagement/.)

从语言开始,杜绝暴力沟通

非暴力沟通是美国马歇尔·卢森堡博士提出的一种沟通方式。他认为,要建立一个和平的世界就需要消除那些责备、羞辱、批评和苛求的语言。这类语言往往以惯性思维为基础,妨碍人们爱心的流露,容易导致暴力。杜绝暴力的沟通方式,意味着让爱和尊重融入生活。

非暴力沟通主要有以下四个要素。

留意观察。我们此刻观察到什么,不管是否喜欢,只是说出人们所做的事情。要点是清楚地表达观察结果,不做判断或评估。因为我们所观察到的内容一旦加入评价、判断或者辩解都可能会引起其他人的防御心理。

表达感受。可以用五个字来表达我们的感受,如"我感到愤怒"、"我感到温暖"、"我感到难过",等等。感受与人的需要相关联,当需要得到满足时,我们就会有愉悦的感受,如高兴、激动、兴致盎然、内心平静等。当需要得不到满足时,我们会有痛苦的感受,如烦心、伤心、害怕或者沮丧。感受没有对错,只是说出自己的感受,而非指责或抱怨他人。

厘清需要,说出哪些需要导致那样的感受。感受与需要联系起来表达,可以用"我感到难过,是因为我很在意……",如果我们借由感受识别并表达出自己的需要,就更容易找到满足这些需要的方法。如果我们像关心自己的需要一样去关心别人的需要,人际沟通中就能有更多的理解和关爱。

提出请求。明确告知他人,我们期待他采取何种行动来满足我们,建设性地解决问题。当请求被拒绝时,我们需要寻找其他有效的解决问题的方法,而非抱怨、指责或是内疚。"我观察到……我感觉……是因为……我请求……",借助这四个要素诚实地表达自己,是非暴力沟通的一个方面。非暴力沟通的另一方面是关切地倾听。非暴力沟通提醒我们专注于彼此的观察、感受、需要和请求。鼓励倾听,培育尊重与爱,使我们情意相通,乐于互助。

(资料来源:白云阁.非暴力沟通:让校园充满爱意[J].人民教育,2016(2).)

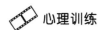 心理训练

沟通,从倾听开始

——中学生人际交往技能团体心理辅导

【设计意图】初中生处于青春发育期,在这一特殊时期良好的同伴关系对其健康成长起着重要作用。人际交往技能的缺乏是阻碍初中生形成良好同伴关系的一个重要因素,而倾听又是一项最基本的人际交往技能。因此,此次团体辅导旨在协助初中生掌握正确的倾听技巧,形成良好的同伴关系,从而促进其健康成长。

【活动重点】在各种活动中使学生认识到倾听在人际交往中的重要作用,并初步掌握倾听的言语与非言语技巧。

【活动难点】引导学生将活动中学到的倾听技巧熟练地运用于日常生活。

【活动准备】简单线条图片若干;纸每人两张,笔每人一支;小纸箱一个;抄写好沟通练习的大白纸一张。

【活动过程】

一、"我说你画"热身游戏,引出话题

学生自由组合,形成若干个两人小组,教师给每组中的一名成员出示简单线条图片,并确保另一名成员无法看到。然后请前者向后者描述图片内容,后者根据前者的描述画出该

图片。描述过程只能通过言语表达,不能用手比画。比比哪一组画得又快又准确。之后组员交换角色,领导者出示不同的简单线条图片,重复上述游戏。(活动意图:让学生在你说我画的相互交流过程中体会到人际交往的双向性,要想又快又准地画出对方所表达的图画需要双方准确的沟通,单靠一方的表达或理解是不够的。)

师:(活动结束后,让各组自由发表感言)你们觉得画得又快又准的关键要素是什么?为什么你们花费了大量时间却还是失败了?

师:从刚才的游戏中,我们明确地感受到人与人之间的交往是一个双向过程,有时候你所表达的别人不一定能理解,你所听到的也未必就是别人想表达的。要想达到沟通的最佳效果需要双方不断地对对方的行为做出反应,并适时地调整沟通方式。倾听是相互沟通中必不可少的环节,下面我们就来探讨如何倾听。

二、头脑风暴,展示倾听技巧

通过报数将全班学生分为四个小组,各小组选出一名组长和一名记录员,围坐在一起讨论"可以运用哪些言语和非言语技巧(如手势、体态、表情等)来表示你在认真听他人讲话",然后请各小组代表发言。(活动意图:激发学生挖掘倾听技巧,巩固正确的倾听技巧,纠正错误的倾听行为。)

师:在日常生活中,我相信每个人都不可避免地要听他人讲话,比如认真听老师上课,听家长叮嘱,听朋友诉说等。那么,我们的哪些话语以及哪些动作表现了我们在认真听对方讲话呢?(在PPT上展示以上列举的三组认真倾听的画面,之后展现话题"可以运用哪些言语和非言语技巧来表示你在认真听他人讲话"。)

板书学生们提出的各种技巧。

师:现在我们大家一起对各小组所提出的倾听技巧进行总结、纠正和补充。

板书总结成果,并让学生演示正确的倾听技巧(重点为非言语技巧)。

(1)倾听的言语技巧:避免沉默不语;变换回答方式,不要总是回答"嗯、嗯、嗯"、"对、对、对"等;适当地插入提问,或要求对方进一步补充说明,这样可以体现出对对方所说内容的兴趣;指出共同的经历和感受;用自己的话简要复述对方所说的内容,表明对所说内容的理解等。

(2)倾听的非言语技巧:身体面向对方,并适当前倾,使对方感觉你在洗耳恭听;保持目光接触,表示对对方所说内容感兴趣(指出不能一直都直视对方眼睛,目光应在对方脸上适时转移);停下手中正在做的事;利用积极的面部表情和头部运动,如微笑、点头、扬眉等;避免双手交叉在胸前,保持开放的姿势,表达对对方话题的接纳态度等。

师:在平时的生活中,我相信有些同学肯定能很好地展现出黑板上所列举的这些倾听技巧,那么接下来我们就一起来整理一下。

三、"秘密红账",强化倾听技巧

学生将其他同学平时所表现出的良好倾听行为写在纸条上,放入小纸箱内。要求:①只允许记好的行为,不记不好的表现;②写清楚被表扬者的姓名;③允许记录多个同学的良好倾听行为,只要认为某个同学在倾听的某个方面做得好就可以把它写下来。(活动意图:教师当众宣读纸条的内容,以激励每位学生在今后的生活中自觉练习倾听技巧。)

师:看来我们班有好多同学都表现出了良好的倾听行为,值得大家学习。在前面我们已经学习了那么多有关倾听的言语和非言语技巧,下面我们一起来检验一下大家是否真正掌握了这些技巧。

四、沟通练习,检验倾听技巧

在PPT上展示以下问题,请每位学生谈谈,当你的朋友向你倾诉他的烦恼时,一般而言你会选择哪种反应,并简要地说明理由。

(1)朋友向你倾诉:"期末考试成绩出来了,我又没考好。面对父母期待的眼神,我不知如何开口告诉他们这个令人失望的消息,真的好难受。每天早晨起来,我都鼓励自己要努力学习,但是感觉力不从心,要考上重点高中好难呀!"你会如何回答?

A. 你要想开一点,面包和牛奶都会有的,只要努力我相信你一定能考上的。

B. 不用太悲观,这次又不是只有你一个人没考好。

C. 你应该告诉你的父母,他们也许能帮你,和你一起想办法。

D. 你不敢把这件事情告诉父母,怕他们担心你,可是你的压力也非常大,不知道自己该怎么应对,是吗?

(2)朋友向你倾诉:"我最近倒霉透了,亲密无间的好友竟然说我不可靠,不愿意再和我来往了,最好的朋友都这么对我,我真是个十足的失败者!"你会如何回答?

A. 你怎么这么想,一次交友失败就成这个样子,也太没出息了。

B. 哎,是挺倒霉的。你再想想有没有什么跟他(她)和好的办法?

C. 不用这么难过,朋友到处都是,再结识个就好啦。

D. 最好的朋友不愿再和你来往了,你一下子接受不了这个事实,对自己的交友能力失望透了,对吗?

(活动意图:设置学生经常遇到的情境并要求选出相应的应对方式,可使学生将自己的处理方法与最佳答案做比较,从中体会自己处理方法的不足,从而更为深刻理解和掌握倾听技巧。)

师:(在PPT中显示最佳答案)人际沟通的关键在于让你的朋友感觉到,你在认真地听他说话,而且理解了他的意思,体会到了他的心情。以上两个案例,只有最后一个反应最为恰当。用自己的话把别人所述内容简要地翻译一遍,这种沟通方法被称为"简述语意技术"。

(板书"简述语意技术")这在前面倾听的言语技巧中已呈现。很多人都有好为人师的倾向,误以为朋友向自己倾诉就是需要自己帮他出主意,因此在沟通中急于用自己的感受代替别人的感受,急于表达自己的意见或提出劝告。事实上只有倾诉者才最清楚自己需要什么,才能为自己做选择。他通过倾诉,希望寻求的是关心、理解和心理支持。而简述语意技术恰好可以满足对方的这种心理需求。因此,把对方所说的意思简要地反馈给对方,就是最简单但又十分有效的人际沟通小窍门。

五、教师小结

有效的倾听对人际交往的重要性不言而喻。这次活动中我们提出了很多倾听的言语及非言语技巧,但想要使技巧真正地为我们所用,提高我们的人际交往能力,还要求我们在日常生活中有意识地运用这些技巧,使技巧逐渐转化为习惯。另外还要注意一点,现实生活中人与人之间的沟通是多变的,没有固定的程序,所以这些技巧不是万能的,我们应该视情况调整。

（资料来源：刘琳慧，刘佳佳.沟通，从倾听开始——人际交往技能团体辅导[J].中小学心理健康教育，2012(4)：20-21.）

小　结

人的心理包括心理过程和个性心理特征两个方面。心理过程是指人的心理活动发生、发展的过程，包括认知过程、情绪情感过程和意志过程。认知过程包括感觉、知觉、注意、记忆、思维、语言等。中小学生的认知过程的发展特点主要表现在认知结构逐渐复杂化、合理化，认知结构各要素间的关系逐渐协调，认知结构与情意个性等心理因素相互促进与协调发展。学校管理要适应学生的认知发展，促进学生的认知发展。社会知觉就是指个体在社会环境中对他人(包括个人和群体)及自己的心理状态、行为动机和意向(社会特征和社会现象)做出感知、判断、推测和评价的过程。在学校管理中，管理者要注意避免首因效应、近因效应、晕轮效应、刻板印象、投射效应等影响，力图全面评价学生。归因是指人们根据个体外部行为反映特征来推测其内在心理状态，并对其行为进行解释或推断的过程。在学校管理中，要注意避免归因偏差。中小学生情绪情感发展具有两极性、易冲动性、易感性等特点，在学校管理中，教师除了要帮助学生识别和调节情绪外，还要关注中小学生情绪智力的发展。

个性是指一个人比较稳定的个性倾向性和个性心理特征的总和，包含个性倾向性与个性特征两方面内容。个性倾向性主要包括需要、动机、兴趣、理想、信念和世界观。需要是有机体内部的某种缺乏或不平衡状态，是有机体生存和发展的重要条件。中小学生的需要是多角度、多层次的统一体，因此对中小学生的管理也应该有层次性。动机是激发个体朝着一定目标活动，并维持这种活动的一种内在心理过程或内部动力。中小学生的动机主要表现在学习动机上。学校管理的任务并不是增强动机本身，而是发现、激发并保持学生的学习动机，使学生从事有利于学习的活动。个性特征是个体在社会活动中表现出来的比较稳定的成分，包括能力、气质和性格。在学校管理中，要针对不同能力、气质和性格的学生，因材施教。

学校群体是由许多小群体、机构或部门组成的大群体，具有教育、归属、认同、支持等功能。在学校管理中，要注意社会助长与社会抑制、从众与服从、群体极化与去个性化等群体心理，注意避免群体心理中消极效应的影响。在学校中，学生非正式群体大量存在，具有积极的一面，也有消极的一面。在学校管理中，要正确认识学生非正式群体，促成有益的学生非正式群体，防范不良的学生非正式群体，重视学生非正式群体中核心人物的作用等。

中小学生的绝大部分时间是与教师、同学一起度过的，师生关系、同学关系对他们有极其重要的意义。对于中小学生而言，人际交往和学习同等重要。学校人际关系是指学校管理者和师生员工在学校教育活动过程中，彼此通过交往而形成的在心理上亲近或疏远的关系。学校人际关系具有教育性、单纯性、丰富性等特点；学校师生关系类型有紧张型、冷漠型、庸俗型和亲密型；学校同学关系类型有友好型、对立型和疏远型。学校人际关系建立的途径有：塑造良好的个人形象、主动交往、从他人角度看问题、善于表扬。沟通效率的高低会直接影响师生关系和教学质量，学校人际沟通策略有：恰当地表达、积极倾听、有效反馈、注意非言语信息。学校管理中经常会出现人际冲突现象，有些人际冲突具有积极意义，但是也有一些冲突会给师生带来压力，影响教学效果，给组织利益带来损失。学校人际冲突管理的方法有:态度冲突,"软化"话语利沟通;认知冲突,"同理心"感化利沟通;规范冲突,设心理信箱利沟通;目标冲突,树立榜样利沟通;角色冲突,融洽关系利沟通。

练习与思考

1. 心理过程包括哪些方面？中小学生心理过程发展有哪些特点？
2. 在学校管理中,常见的社会知觉效应有哪些？请简要陈述。
3. 常见的归因理论,如何避免归因偏差？
4. 中小学生情绪发展有哪些特点？如何提高中小学生的情绪智力？
5. 个性包括哪些方面？请简要陈述。
6. 如何激发中小学生的学习动机？
7. 什么是学生非正式群体？如何有效管理学生非正式群体？
8. 学校人际关系的类型有哪些？
9. 在学校管理中,如何进行有效的人际沟通？
10. 学校管理中,常见的人际冲突类型有哪些？如何应对这些冲突？

一、案例背景

澳大利亚呼吁学校培养中小学生情绪恢复能力

据澳大利亚半岛网 2014 年 3 月 22 日报道,高中生精神健康报告显示,澳大利亚高中 1/3 的女生和 1/4 的男生存在情绪低落的情况,许多人以暴力或酗酒等行为来应对。最近对 4500 名 7 至 12 岁学生的调查也显示,34%的女生和 30%的男生感觉存在无法克服的压力。因此,澳大利亚青年恢复机构呼吁联邦政府在国家课程中开设情绪恢复课程。

心理学家和教育家认为,许多年轻人缺乏基本的控制冲动、解决冲突和建立人际关系等能够帮助他们应对人生挑战的能力。澳大利亚青年恢复机构主任安德鲁·福勒说:"我们应该在国家层面上培养我们的孩子,给予他们这些能力。那些酗酒和诉诸暴力的少年儿童通常不知道如何建立人际关系,他们会对社会产生恐惧,并认为暴力是解决问题的方式。学校的作用并非狭隘地专注识字和算术,而应该全方位培养学生成为合格的社会人。澳大利亚的每一个孩子都应该获得这种教育。"

澳大利亚《费尔法克斯报》(Fairfax)指出,已经有越来越多的学校开始设置课程培养学生情绪智力,部分原因是为了应对年轻人自杀、暴力和精神健康问题。研究表明,教会少年儿童如何管理情绪不仅有助于减轻压力和焦虑,还可以提升学术表现。

(资料来源:陶媛.澳大利亚呼吁学校培养中小学生情绪恢复能力[J].世界教育信息,2014(7).)

二、案例讨论

1. 在本案例中,中小学生常见的情绪问题有哪些？
2. 如何理解"学校的作用并非狭隘地专注识字和算术,而应该全方位培养学生成为合格的社会人"？这句话对学生管理有何启发？

3. 培养学生情绪智力的方法有哪些?
4. 你觉得在学校管理中,可以通过哪些途径来培养学生的情绪恢复能力?

本章推荐阅读书目

[1] 刘儒德.教育中的心理效应[M].2版.上海:华东师范大学出版社,2013.

[2] 迟毓凯.学生管理的心理学智慧[M].上海:华东师范大学出版社,2012.

[3] 海姆·吉诺特.老师怎样和学生说话[M].冯杨,周呈奇,译.海口:海南出版社,2005.

[4] 杨敏毅,谢晓敏.怎样读懂学生——心理特级教师的建议[M].北京:中国人民大学出版社,2014.

Chapter Four

第四章

学生管理心理

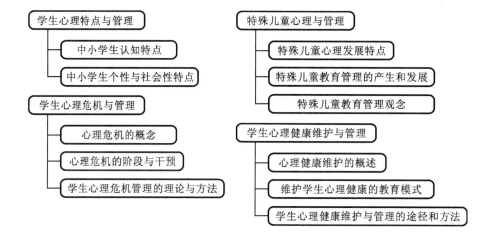

第一节 学生心理特点与管理

男女生分开就餐 学校称避免谈恋爱

据新华社电 2014年1月,有关内蒙古自治区呼和浩特曙光学校在学校食堂实施"男女生分区域就餐"的消息引发网络关注。

1月2日,记者来到呼和浩特曙光学校。该校校长高景宏介绍说,该校对初中部、高中部的男生女生实施分区域就餐,避免学生打闹、聊天,还可避免男女生互相喂饭,"因为个别同学利用这块监管不到位,有谈恋爱的。"

记者在校园采访了多名学生,他们均表示男女生分区就餐制度仍在执行中。

学生：对校规看法不一。

记者当日中午来到了该校食堂一楼，在大厅里记者看到，位于中间位置的承重柱上一侧贴着"男生就餐区"，另一侧贴着"女生就餐区"的字样，打好饭菜的学生都在各自区域用餐。

两名初一的男生告诉记者，他们觉得这个措施很好，可以减少部分男女生吃饭的亲密行为，"以前总会在食堂见到，感觉很不好。"

反对男女生分区域就餐的同学大多觉得学校的措施过于生硬。有学生表示，分区域就餐阻止不了男生和女生谈恋爱，而且男女生之间也有纯粹的友谊。"其实，男女生坐一起吃饭很正常，但是这个措施一出台，就把原本很正常的关系搞得不正常了。"

校方：讨论后进行调整。

对于学校的这一措施产生的争议，高景宏表示，当时的理念是对学校管理好，也没想那么多。他说："这一措施的提出有些突然，没有提前把思想理念向学生传达下去，这是我们工作做得不到位的地方，因此下一周我们将以主题班会的形式就这一问题展开讨论。"

高景宏表示，目前该措施还在执行中，如果最后全校师生的主流意见认为该措施有待商榷，校方将进行相应的调整。

■ 观点

中学生恋爱应疏堵结合

对于呼和浩特曙光学校这一做法，内蒙古师范大学教育学博士王利说，类似的情况也发生过，学校的初衷是避免学生早恋，但是如此管理过于简单粗暴，初高中的学生处于恋爱懵懂期，学校更应引导，而不是一味扼杀，就像治理洪水一样，应该疏堵结合。学校完全可以从加强就餐管理的细节入手，加强宣传教育，用更加人性化的措施改善就餐秩序。学校管理者应加强对教育规律、心理规律的研究，不能想当然。

（资料来源：http://news.sina.com.cn/o/2014-01-04/021929154543.shtml.）

学生管理是学校管理工作中的重要部分，当前的学生管理多以规范性、统一性为特点，注重学生的秩序和服从，容易忽视学生个性的多样性，使得学生管理成为束缚学生个性化发展的工具，这种忽视学生本身的管理方式容易引起学生的逆反情绪，甚至导致各种不良心理问题。那么在学生管理的过程中如何以学生为中心，体现育人为本的理念，尊重学生的个性化发展，建立良好和谐的师生关系与校园环境显得尤为重要。本章将从学生的心理特点、特殊学生心理、学生危机心理及学生心理健康维护与管理四个方面进行介绍。

学习导航

中小学是人身心发展急剧变化的时刻，随着生理年龄的变化逐步进入青春发育期，是儿童心理发展的一个重要转折时期。

从进入小学起，儿童便开始进行正规的、系统的学习活动，而低年级的学生一般意志比较薄弱，主动性、独立性比较差，需要学校和家长的管理和约束才能较好地完成学习任务，随着意志的逐步发展，到了高年级学生已经能自觉主动地完成学习任务。中学阶段的学生正处于青春期阶段，也就是"心理断乳期"，是各种心理冲突和行为、情绪问题发生的高危阶段。

生理的迅速变化使中学生产生成人感,带来心理上的成人感与半成熟现状之间的矛盾,并产生许多青春期心理问题。

对中小学生的管理要结合其心理发展的特点才能有效进行,因此下文从中小学认知特点、个性和社会特点来分析与讨论。

一、中小学生认知特点

(一) 中小学生注意特点

1. 注意的分类

注意(attention)是心理活动对一定对象的指向和集中。它的产生及其范围和持续时间取决于外部刺激的特点和人的主观因素。根据产生和保持注意时有无目的以及抑制努力程度的不同,注意可分为:无意注意、有意注意和有意后注意三种。

无意注意是一种简单的生理反射,事先没有预定目标,也不需要意志的努力。有意注意是一种比较高级的注意形态,指事先有预定目标,需要意志力努力的一种注意。有意后注意也叫随意后注意,是指有自觉的目的,但不需要意志努力的注意。例如:在刚开始学习的时候,往往需要一定的努力才能把自己的注意保持在这个任务上,但是在对学习任务发生了兴趣以后,就可以不需要意志努力而继续保持注意了,而这种注意仍是自觉的和有目的的。

有研究表明,小学低年级的学生在认识事物的过程中无意注意仍占主导地位,具体表现在他们很容易被外界突然变化的、新鲜的事物所吸引,任何新奇的刺激都容易分散他们的注意力。随着年级的升高,有意注意较低年级有了长足的发展,有意注意取代无意注意,占据主导地位。教师也可以有意识地培养学生的有意后注意。

2. 注意的品质

注意的广度指在同一时间内能清楚地把握对象的数量,它与知觉对象的特点、个体的经验以及活动任务有关。研究表明,小学生注意的广度一般较低,到了中学阶段,注意广度发展到较高水平。注意广度的发展对中小学生的学习有重要意义。

注意的稳定性是指注意能较长时间地保持在某种事物上的一种品质。刘景全(1993)的研究表明:小学二年级学生与五年级学生的注意稳定性差异非常显著,五年级学生的注意稳定性明显高于二年级学生。李洪曾(1987)的研究指出:与小学五年级相比,初一学生的注意稳定性有显著提高,可以认为小学中年级至初中阶段,学生的注意稳定性处于快速发展时期。杨广兴(1994)对中学生的注意品质研究发现,中学生注意稳定性随着年龄的增长而增长。

注意的分配是指在同一时间内把注意分配到不同的对象上。杨广兴(1994)对注意分配的研究表明,在中学阶段,注意分配能力发展十分缓慢,基本处于同一水平。初中二年级学生的注意分配的平均成绩与小学五年级学生及小学二年级的平均成绩相比,差别都不大。所以,尽管在小学至中学阶段,学生的注意分配能力的平均成绩在逐渐增加,但进展十分缓慢。儿童的注意分配能力可能在幼儿至小学阶段已有长足发展,而后则进入缓慢的发展时期。

注意的转移是指一个人根据新任务,主动地把注意从一个对象转移到另一个新对象上。早期研究表明,学生注意转移的速度在小学二年级至小学五年级阶段,发展很迅速;在小学五年级至初中二年级阶段,发展较迅速;在初中二年级至高中二年级阶段,发展缓慢。这就是说,在中小学阶段,注意转移的速度随年龄的增长而发展越来越慢。

知识链接 4-1

注意规律在教学中的应用

1. 扩大注意的广度

注意范围的扩大,可提高学习和工作效率。所谓"一目十行",就是指在同样的时间内输入大脑的信息更多。训练扩大学生的注意范围,能够促使他们较多、较快地获取知识。

教学中,教师注意广度的扩大也有利于师生之间的互动。一般来说,学生往往希望能够得到教师对自己的注意。所以教师如果能及时关注学生,那么既将有利于师生之间的情感互动,能够激发学生积极向上的愿望,成为鼓舞学生努力学习的力量,同时还有利于教师及时从学生中获得对教学的反馈信息。

2. 利用注意的起伏

在集中注意感知某一事物时,很难长时间地保持不变。如把一只手表,放在离被试一定距离处,使其刚刚能够听到表的嘀嗒声。被试即使是十分专心地听,也会感到时而听到时而听不到,或者感到表的声音时强时弱。这就是注意的起伏现象,反映了注意的周期性变化。研究表明,在1~5秒内,注意起伏不会影响复杂而有趣的活动的完成,但经过10~20分钟,注意起伏便会导致注意的分散。因此,教师在课程设计中,要注意预设每10~15分钟一次的活动转换,这将有助于学生保持稳定的注意。

3. 无意注意的规律

根据无意注意主要是由客观刺激物的特点所引起的这一规律,我们可以尝试在教学环境、教学内容、教学方法以及教学语言等方面利用积极因素,组织课堂教学。

(1) 在教学环境方面。

不良的教学环境会分散学生的注意力。如教室内的布置要适当,避免过多的张贴和装饰;教师的穿着打扮要大众化;要妥善地安排好学生的座次,特别是妥善安排好那些视力、听觉有缺陷及平时课堂纪律差的学生的座次;注意直观教具的呈现时间等。

(2) 在教学内容方面。

教学内容要尽量考虑学生的需要。一般而言,丰富、新颖并具有高度思想性、科学性、系统性和实践性的内容,容易使学生感兴趣,从而保持注意;相反,内容平淡、混乱、理论脱离实际,学生往往不感兴趣,注意力容易分散。

(3) 在教学方法方面。

心理学研究证实,长时间的单调刺激使大脑皮层产生抑制,使人容易疲劳,难以注意稳定。因此,教师的教学方法应注意生动、活泼、多元。例如,讲解教学重点时可以加强语气、适当重复、适当板书;教学中把教师的讲述、提问、演示与学生看书、回答、做练习、做实验等各种教学手段有机地结合起来。

(4) 在教学语言方面。

注意的规律表明,那些符合兴趣、满足需要的事物容易引起无意注意。因此,教师教学语言必须注意既要有思想性,又要有趣味性;既要形象生动、简洁流畅,又要抑扬顿挫、声音大小、节奏快慢适中;要防止那种平铺直叙、单调呆板、含糊不清、枯燥无味的讲述。

4. 有意注意的规律

(1) 明确学习目的和任务。

有意注意的规律表明:注意的目的越明确、任务越清楚,学习的意志就越坚定,抗干扰能力越强。如教师可以在讲授每一门学科、每一章节时,强调并明确学习的意义或目的,以激发学生的有意注意;讲授教学难点时,可以预先说明问题的复杂性和重要性,以引起学生对该问题的关注。

(2) 培养学生间接兴趣。

兴趣与注意密切相关。在教学中,可以考虑把学生对学习的直接兴趣、间接兴趣和求知欲进行整合。

(3) 合理组织课堂教学。

在教学过程中,教师要注意全面组织学生的活动,使每个学生都能成为教学活动的积极参加者,并尽可能地使学生的智力活动和实际操作相结合。例如,在课堂上,可以要求学生边专心听课边进行适当的笔记记录等。又如,课堂提问可以把小组讨论、个别发言等方式有机结合。

(4) 培养学生克服困难的意志力。

在教学中,教师可以不断地向学生提出新问题、新任务、新要求,这些要求必须是具体而明确的,是他们力所能及的,是学生通过努力可以完成的,在完成任务过程中提高意志力。

(资料来源:许思安,莫清瑶.小学心理健康教育实务[M].北京:清华大学出版社,2013.)

(二) 中小学生记忆特点

小学生的记忆特点是一个由无意记忆逐步向有意记忆过渡的过程。小学低年级的学生还是以无意记忆为主,随着年级的升高和思维的发展,小学生的记忆逐步由无意记忆向有意记忆转化,他们可以根据所学内容的意义来记忆,这样记忆才比较深刻,对学习内容理解也更加深入。小学时期学生对自己记忆过程的理解、认识和监控方面发展很快,但水平有限。

所以老师应该在教学的过程中注意引导小学生的有意记忆,帮助小学生从无意记忆逐渐转移到有意记忆,这样才能加深学生对所学内容的理解。

中学时期学生正处于记忆发展的全盛时期,记忆发展的总体趋势是随年龄增长记忆力不断提高,到16岁趋于成熟。心理学家研究发现:高中1~2年级学生记住的学习材料的数量比小学1~2年级几乎多四倍,比初中1~2年级多一倍,达到了记忆的高峰。从16~18岁,记忆成绩基本上没什么变化,也就是说高中生处于记忆发展的"黄金"时代。这一阶段,学生有意记忆和无意记忆效果随着年龄的增长而不断增强,有意记忆占主导地位。他们逐渐学会根据不同教材内容主动选择良好的记忆方法。

知识链接 4-2

遗忘曲线

遗忘曲线由德国心理学家艾宾浩斯(H. Ebbinghaus)研究发现,描述了人类大脑对新事物遗忘的规律。人体大脑对新事物遗忘的直观描述,人们可以从遗忘曲线中掌握遗忘规律并加以利用,从而提升自我记忆能力。该曲线对人类记忆认知研究产生了重大影响。

一般规律

德国心理学家艾宾浩斯研究发现,遗忘在学习之后立即开始,而且遗忘的进程并不是均匀的。最初遗忘速度很快,以后逐渐变慢。他认为"保持和遗忘是时间的函数",他用无意义音节(由若干音节字母组成、能够读出,但无内容意义,即不是词的音节)作记忆材料,用节省法计算保持和遗忘的数量。根据他的实验结果绘成描述遗忘进程的曲线,即著名的艾宾浩斯记忆遗忘曲线(见表4-1和图4-1)。

表 4-1 艾宾浩斯实验数据

时间间隔	记忆量
刚记完	100%
20 分钟后	58.2%
1 小时后	44.2%
8~9 小时后	35.8%
1 天后	33.7%
2 天后	27.8%
6 天后	25.4%

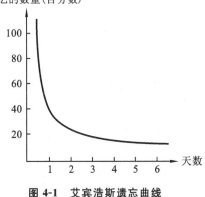

图 4-1 艾宾浩斯遗忘曲线

这条曲线告诉人们,在学习中的遗忘是有规律的,遗忘的进程很快,并且先快后慢。观察曲线,可以发现,学得的知识在一天后,如不抓紧复习,就只剩下原来的25%。随着时间的推移,遗忘的速度减慢,遗忘的数量也就减少。有人做过一个实验,两组学生学习一段课文,甲组在学习后不复习,一天后记忆率36%,一周后只剩13%。乙组按艾宾浩斯记忆规律复习,一天后保持记忆率98%,一周后保持86%,乙组的记忆率明显高于甲组。

(资料来源:http://baike.haosou.com/doc/6683446-6897346.html.)

(三)中小学生思维特点

皮亚杰把儿童的认知发展分成四个阶段,小学生思维阶段属于皮亚杰的具体运算阶段,由表象图式演化为运算图式,思维逐步过渡到以逻辑思维为主要形式,但仍含有很强的具体性。低年级儿童所掌握的概念大部分是具体的、可以直接感知的,要求他们指出概念中最主要的、本质的东西常常是比较困难的。只有在中高年级,儿童才逐步学会分出本质的东西和非本质的东西、主要的东西和次要的东西,学会掌握初步的科学定义,学会独立进行逻辑论证。虽然小学儿童的思维主要属于初步逻辑思维,但杨建军(1991)对1~6年级的小学生辩证思维能力的实验研究发现:大多数小学生已初步具备辩证思维能力,它随着年级的升高而增长,不同年级之间的辩证思维发展存在着显著差异,但六年级学生中能达到高水平辩证思维能力的仅为9.3%。所以小学阶段是知识辩证思维能力发展的初始阶段。

中学阶段思维处于形式运算阶段,抽象逻辑思维逐渐处于优势地位,到高中阶段逻辑思维发展进入成熟期。中学阶段的思维品质呈矛盾表现,独立性和批判性获得显著发展,但他们看问题还常常是只顾部分、忽略整体,只顾现象、忽视本质,容易片面化和表面化。这使得他们开始对事情不分大小都进行质疑,如抗议严格的校规限制自己,质疑政府的政策,甚至会导致学生对学校、父母乃至国家产生怒气。

知识链接 4-3

认知发展理论

皮亚杰把认知发展视为认知结构的发展过程,以认知结构为依据区分心理发展阶段。他把认知发展分为四个阶段。

1. 感知运动阶段(sensorimotor stage)(0~2岁左右) 这一阶段,儿童的主要认知结构是感知运动图式,儿童借助这种图式可以协调感知输入和动作反应,从而依靠动作去适应环境。通过这一阶段,儿童从一个仅仅具有反射行为的个体逐渐发展成为对其日常生活环境有初步了解的问题解决者。

2. 前运算阶段(preoperational stage)(2~6、7岁) 儿童将感知动作内化为表象,建立了符号功能,可凭借心理符号(主要是表象)进行思维,从而使思维有了质的飞跃。其特点:

(1)泛灵论。儿童无法区别有生命和无生命的事物,常把人的意识动机、意向推广到无生命的事物上。

(2) 自我中心主义。儿童缺乏观点采择能力,只从自己的观点看待世界,难以认识他人的观点。

(3) 不能理顺整体和部分的关系。通过要求儿童考察整体和部分的关系的研究发现,儿童能把握整体,也能分辨两个不同的类别。但是,当要求他们同时考虑整体和整体的两个组成部分的关系时,儿童多半给出错误的答案。这说明他们的思维受眼前的显著知觉特征的局限,而意识不到整体和部分的关系,皮亚杰称之为缺乏层级类概念(类包含关系)。

(4) 思维的不可逆性。思维的可逆性是指在头脑中进行的思维运算活动,有两种情况:一种是反演可逆性,认识到改变了的形状。另一种是互反可逆性,即两个运算互为逆运算,如 A=B,则反运算为 B=A;A>B,则反算为 B<A。幼儿难以完成这种运算,他们尚缺乏对这种事物之间变化关系的可逆运算能力。

(5) 缺乏守恒。守恒是指掌握概念的本质特征,所掌握的概念并不因某些非本质特征的改变而改变。前运算阶段的儿童认识不到在事物的表面特征发生某些改变时,其本质特征并不发生变化。不能守恒是前运算阶段儿童的重要特征。

3. 具体运算阶段(concrete operations stage)(6、7 岁~11、12 岁) 在本阶段内,儿童的认知结构由前运算阶段的表象图式演化为运算图式。具体运算思维的特点:具有守恒性、脱自我中心性和可逆性。皮亚杰认为,该时期的心理操作着眼于抽象概念,属于运算性(逻辑性)的,但思维活动需要具体内容的支持。

4. 形式运算阶段(formal operations stage)(11、12 岁及以后) 这一时期,儿童思维发展到抽象逻辑推理水平。思维特点如下:

(1) 思维形式摆脱思维内容。形式运算阶段的儿童能够摆脱现实的影响,关注假设的命题,可以对假言命题做出逻辑的和富有创造性的反应。

(2) 进行假设—演绎推理。假设—演绎推理是先提出各种解决问题的可能性,再系统地评价和判断正确答案的推理方式。假设—演绎的方法分为两步,首先提出假设,提出各种可能性;然后进行演绎,寻求可能性中的现实性,寻找正确答案。

(资料来源:http://baike.baidu.com/view/1170608.htm.)

二、中小学生个性与社会性特点

(一) 中小学生自我意识特点

自我意识的发展过程是个体不断社会化的过程,也是个性特征形成的过程。自我意识的成熟往往标志着个性的基本形成。我国心理学家早期通过问卷调查发现,我国中小学生自我意识发展趋势呈曲线形,即小学一年级到小学三年级发展速度较快,三年级以后发展速度逐渐减慢。在自我意识总的发展趋势中,呈现出三个上升期和两个平稳期,即小学一年级到三年级、小学五年级到初一、初三到高二是三个上升期;小学三年级到五年级、初一到初三为两个平稳期。

韩进之等人(1985)认为,自我意识具有认知的、情感的、意志的三种基本表现形式。在认知方面应着重考察自我评价发展水平,在情感方面应着重考察自我体验发展水平,在意志方面应着重考察自我控制发展水平。

自我评价是自我意识的主要成分和主要标志,它的发展水平是自我意识发展的主要指标。研究发现,在中小学阶段,自我评价的独立性随年级升高而增长,但到了初三以后发展缓慢。独立的自我评价是青少年有"主见"的表现,由具体评价向抽象性评价发展,且后者占优势。自我评价的稳定性随年级升高而越来越好。

自我体验主要是自我意识中的情感问题,包括自己所产生的各种情绪情感体验。研究指出,在小学阶段,自我体验与自我评价发展具有很高的一致性。儿童自我体验的一个表现形式就是自尊心,自尊心强的儿童往往对自己的评价比较积极。在中学生的自我体验的发展中,成人感、自尊感、闭锁感和自卑感都具有现实意义,初中生的自我控制能力是初步的,而开始较稳定、持久地控制自己是高中生自我意识的一个重要特点。

 知识链接 4-4

用积极语言催开自律之花
—— 如何提高学生自我控制能力

新闻时间,同学们都在收看新闻。学生小波拿着手机,戴着耳机,趴在桌子上,班主任(大叫):"同学们都在看新闻,你趴那干吗?坐没坐相。"

小波:"我胃痛。"

班主任:"教室不准使用手机,你不知道吗?"

小波(习惯地晃一下头):"我又没打电话,我听的是轻音乐,这有助于提高记忆力。"

班主任:"新闻时间听音乐谁批准了,看你说话那德行,摇头晃脑的,还狡辩。"(恼火地走到该学生的座位旁,将手机没收)

小波:"为什么没收我手机,别人干别的您就不管,为什么偏跟我过不去?"

班主任:"先管好你自己再说。"

新闻播完后,小波跟着班主任来到办公室。

小波:"老师我胃痛,您能签个假条吗,我要去医务室。"

班主任:"别在我这装,晚课还有考试,先回去考试。你不就是想要回手机吗?"

小波:"我是真的胃疼……"

小波找到年级组长,经批准,到医务室开了假条,未参加晚课考试。

(第二天)班主任:"回去写份检查给我,别以为现在不当班长了,就可以这么放纵自己,你这是故意影响考试秩序。"

一、培养目标自律

1. 在某些场合,即使是学生想说某些话,学生还是可以控制自己不说。

2. 学生想要某件东西或想做某件事,但是现在不允许做,学生可以等恰当时机再做。

【情景分析】

皮格马利翁效应

美国心理学家罗森塔尔发现了"皮格马利翁效应"(又称"教师期望效应"),即如果教师对学生抱有良好的期望,一段时间后,学生真会如期望的那样发展。这说明教师的态度在很大程度上影响着青少年的学习效果和心理发展。在教育教学过程中,教师应对学生抱有良好的期待和愿望,希望他们成功、按照社会要求行事。

高中生随着独立意识与自尊心的进一步增强,师生之间常常会发生冲突。面对这种情境,如果老师的语言艺术些,这种矛盾可能在短时间内消失;如果语言使用不当,矛盾可能愈加严重,引发学生逆反情绪,出现对立、顶撞、僵持的局面。

该情境中,老师处理问题时的负性语言和行为造成了师生冲突。

"同学都在收看新闻,你趴那干吗?坐没坐相。"班主任大叫这种做法,使学生对老师的行为极为反感。

原因:教师是想提醒学生应该注意纪律,但教师的一句话,会使其他同学聚焦于该同学身上,没有考虑到学生是否事出有因,使当事学生感到没面子。

"教室不准使用手机,你不知道吗?""新闻时间听音乐谁批准了,看你说话那德行,摇头晃脑的,还狡辩。"这些语言让学生觉得老师不尊重人,于是想顶撞老师。

"先管好你自己再说。"让学生感到老师办事不公平,成心和自己过不去。这样会导致学生不愿意再听老师的,老师越要求做什么,学生越不做什么,学生产生强烈的逆反心理。

"别在我这儿装。"让学生觉得自尊心受到伤害,怨恨老师,该情境中此学生就选择了去找年级组长解决问题。

"回去写份检查交给我,别以为你现在不当班长了,就可以这么放纵自己,你这是故意影响考试秩序。"学生的感受:就会拿写检查威胁人。我想法儿离开这个受侮辱的环境,结果不参加晚课考试。

二、HAPPY语言模式的应用

H:预想、期望。

1. 学生是有能力自觉控制欲望和行为的。
2. 学生是能够控制和调节自己的情绪的。
3. 学生是守纪律和遵守规则的。

A:行动。

教师通过积极的语言让学生主动并自觉地遵守课堂规范,让学生有"想做好"的愿望。

针对上述情境,教师将积极心理学的理论运用到与学生的对话中,使其语言和行为更有亲和力和说服力。

走到学生旁边,轻声问:"怎么趴在这?是身体不舒服吗?"或者只是轻轻拍一下学生,这种维护学生面子的语言及亲切的肢体语言能体现出对学生的尊重、保护。

"新闻时间,手机先放一放哈。"向学生轻轻点一下头,用眼睛示意一下即可,让学生觉得老师是在提醒自己应该遵守课堂秩序,而不是和自己过不去,不会引起情绪上的冲动。学生会主动收起手机,还会冲老师笑笑,表示"抱歉"。

"一会儿晚考,祝你好运。"再次轻拍学生的肩膀,"期望你加把劲,再次成为我们的班长。"满足了学生"被尊重"的需要。学生的反应:对自己有信心,严格要求自己,非常佩服和喜欢老师。

P:过程。

改变一个行为或形成一个行为,老师或家长需要有足够的耐心和策略,给予学生具体的启发和指导。

1. 轻声跟学生讲话,能体现出对学生的尊重、保护。若大声训斥,会让学生处于尴尬处境,即使学生想放弃不恰当的行为,也没台阶可下。所以,教师越训斥,学生越会坚持自己的行为。

2. 沉稳的语调能使学生倾听教师的谈话,至少可以防止教师出现高声、恶语的情况,从而使双方都处于冷静自制的状态,为双方沟通创造条件。

3. 无论什么人,受激励而改过,是很容易的;受责骂而改过,相比较是不大容易的。青少年更是如此。当负性的语言或行为严重挫伤学生的自尊心时,师生间的冲突就发生了。学生是有生命力的个体,他们渴望得到感情的尊重和交流,此时充满爱心和期待的积极语言会使学生获得自省的动力,使问题迎刃而解。

简而言之,老师需要经常向学生传递这样的信息:你们在长大,在进步;你们是有用的、被需要的、被喜爱的;你们是有能力的,会做越来越多的事情。这样,学生就会更有可能产生良好的自我实现预言效应,进步会更快。

P:关键点。

教师的目的是制止学生听耳机,所以只针对这一行为进行教育比较好,不必说那些发泄不满情绪的"情绪话",尽量在师生都愉快的环境下去解决问题。

Y:产品、收益。

1. 学生总是能按规定做到自己该做的事情。
2. 不该做的事情可以等到适当的、被允许的时候再做。
3. 愿意自觉规范自己的感觉和行为。

(资料来源:陈虹.给教师的101条积极心理学建议——积极语言HAPPY[M].南京:南京师范大学出版社,2012.)

(二)中小学生人际交往特点

小学生在同伴交往上最初的关系往往是建立在外部条件或偶然因素上,如住在同一个小区、同桌、父母相熟等。随着年龄的增长,他们的选择标准会逐渐倾向于与有共同的爱好、习惯、性格、经历相似的人交往,或者能力得到社会赞赏的人做朋友,如成绩优异的或者能力比自己强的。另外,在性别上,小学生选择同伴时也会随着年龄的变化而变化,青春期之前的学生更倾向于选择同性同伴。

董莉(2005)采用问卷法研究发现,小学3~6年级学生与陌生人的交往水平呈上升趋势,而与父母和教师的交往水平呈下降趋势。她认为由于目前许多儿童都是独生子父母的过度保护和溺爱与儿童逐渐长大渴望独立产生了冲突,使亲子关系水平逐渐下降。在师生关系上,在刚开始上小学时,学生都对老师充满了敬畏和崇拜,教师的话甚至比家长更有权威。但从三年级开始,学生的道德判断进入可逆阶段,学生不再无条件地服从、信任教师了,从而导致与教师交往水平下降。但总体而言,亲子关系和师生关系在小学生的心理发展中均起着重要作用。

知识链接 4-5

早恋交往原则与注意事项

1. 异性同学交往的原则

(1) 坦诚相待:双方的看法、感受、态度尽量坦诚相告,争取相互充分地了解。

(2) 共进互助:交往双方应将友谊看成是共同成长、一起进步的动力。

(3) 自然大方:在与异性交往过程中的表情动作、言谈举止都要力求自然真实,懂礼节,有礼貌,不可夸张做作、忸怩作态,这是建立正常异性关系的重要前提。

(4) 往来适度:注意把握好异性交往的广度与深度,选择适宜的交往方式,以被大多数人所接受作为衡量交往是否适宜的尺度。

2. 异性同学交往的注意事项

(1) 提倡广泛交往:不要只与某个特定的异性同学交往,这容易使友谊"变质"。争取同多个异性同学发展友谊,才能全面促进自身的发展。

(2) 避免单独行动:节假日最好不要与异性朋友单独出游,单独相处时要注意选择环境和场所,尽量不在偏僻昏暗处长谈。

(3) 态度亲切友善:对待异性同学与同性同学有许多不同,注意把握谈话内容和玩笑尺度,注意尊重对方,态度友好。

(4) 避免产生误解:言语、动作、表情、态度明确适当,不要令对方产生误解。如果发现误解的苗头,要及时澄清。

(三) 中小学生情绪特点

一般认为,情绪是以个体的愿望和需要为中介的一种心理活动。当客观事物或情境符合主体的愿望和需要时,就能引起积极的、肯定的情绪,反之则会产生消极的、否定的情绪。

小学生的情绪大都与学习活动、与学校生活相联系,学习的成败、同伴关系等都会使小学生体验到各种情绪。在这一阶段,学生情绪体验不断加深,逐渐地与人生观、价值观、行为规范、道德标准等联系起来。小学高年级的学生能逐渐意识到自己的情绪将会带来的后果,控制情绪的能力也进一步加强。

中学生的情绪具有两极性、矛盾性和冲动性,不稳定,易产生波动。这一时期,中学生体验孤独与寂寞、忧虑与不安,容易多愁善感、狂喜或者暴怒,情绪来得快去得也快;他们喜欢感情用事,遇事容易激动,要求参加成人的活动,但是由于经验不足,没有稳定的世界观做指导,所以他们的热情往往不能持久,遇到困难时容易泄气。

情绪影响个人身心健康、人际交往、行为表现与人格发展。而中学生处于身心急速变化的时期,各种压力接踵而来,易产生不稳定情绪,进而引发个人社会生活问题、团体生活问题等。

 学科前沿

ABCDE 认知疗法——从习得无助、习得乐观到积极心理学

Seligman 先生开创了习得无助和习得乐观的研究领域,20 世纪末他树立了积极心理学的标杆,将心理学引向探索和促进人类性格力量发展和美德完善的轨道,从习得无助转向习得乐观的研究。

乐观可以使免疫系统更强,可以维持良好、健康的状态,减少不良事件发生的概率,可以获得更多的社会支持等。Seligman 认为一个人选择乐观还是悲观,取决于其解决问题与面对挫折的方式是采取乐观还是悲观的归因方式。

我们对不同的情景已经形成了自动化的反应,完美需要有意识地培养自动化反应的意识,从而形成新的、更有效的方法去解释事件。他将归因风格理论融入 ABCDE 认知疗法中,A(adversity)代表不好的事,B(belief)代表当事情发生时自动浮现的念头,C(consequence)代表这个想法所产生的后果,D(disputation)代表反驳,通过强有力的、准确的证据,与先前产生的不良后果、引发抑郁的信念进行抗争;E(energization)代表成功进行反驳后所受到的激发。通过该模式,在面对不幸、困难的情境时,能学会修正自己的悲观解释,变得更乐观。

用 ABCDE 能针对性地改变悲观的思想,并且通过管理自我对话,控制自己的态度转向乐观。

(资料来源:曹新美,刘翔平.从习得无助、习得乐观到积极心理学——Seligman 对心理学发展的贡献[J].心理科学进展,2008,16(4):562-566.)

 心理训练

逆反心理是青少年成长过程中出现的一种正常现象,是天性的自然流露,教师大可不必惊慌。它既有消极作用,也包含许多积极作用,反映了能求异、能创新,教师应辩证地看待,适当引导,使其能够在现代社会发挥积极作用。教师在指导之前,不妨对青少年进行以下测验,了解和把握他们是否存在逆反心理以及逆反程度。

逆反心理测试

你是不是经常与父母、老师对着干?你是不是老觉得大人们很烦,管你太严?事实上,似乎人人都有点逆反心理。做做下面的题目,看看你的逆反心理大致处于何种程度。

对下列题目,做出"是"或"否"的回答。

1. 你喜欢按照别人说的去做吗?
2. 你是否认为绝大多数规章制度都是不合理的,应该废除?
3. 如果父母再次叮嘱同一件事,你就感到厌倦吗?
4. 你佩服与老师对着干的同学吗?
5. 你经常考虑事情的反面吗?
6. 你是否对班干部的指手画脚感到很讨厌,而故意不按他的要求去做?
7. 老师和父母越是要你用功学习,你越是不想学吗?
8. 你觉得老师的话很多都是有漏洞、有问题的吗?
9. 你喜欢与众不同吗?
10. 违反学校里的一些规定使你感到一种快乐吗?
11. 别人的批评常常引起你的反感和愤怒吗?
12. 你觉得父母是你很讨厌的人吗?
13. 你认为老师有很多缺点和错误吗?
14. 你喜欢搞一些使被捉弄者痛苦或愤怒的恶作剧吗?
15. 你觉得父母和老师不应该为一些事大惊小怪、小题大做吗?
16. 你藐视权威吗?
17. 对批评你的人,你感到厌烦吗?
18. 你认为冒险是一种极大的快乐吗?
19. 你总是不像大多数人那样去做事吗?
20. 对自己感到没有意思的事,别人怎么说你也不会好好去干吗?
21. 你特别爱做令人大吃一惊的事吗?
22. 人们对你很不重视吗?
23. 你一旦决定干某事,不管别人怎样阻止你,你也不会改变主意吗?
24. 你总是对老师表扬的同学感到反感,不想理会那个同学吗?
25. 你喜欢干一些能引起很多同学注意的事吗?
26. 当你被别人说得火冒三丈时,你就会偏不按照他说的去做吗?
27. 你讨厌那些当班干部的同学吗?
28. 你认为上课时出现一些老师没有意料到的情况令人开心吗?
29. 对伤了你自尊心的人,你一定要给他添一些麻烦,让他感到你是不好惹的吗?
30. 越是禁止的东西,你越想方设法得到吗?

分数

各题答"是"得1分,答"否"得0分。将得分相加,统计总分。

0~9分:你的逆反心理很弱。这使你只做并且只喜欢做该做的事,而不去做不该做的事。

10~20分:你存在一定的逆反心理。你激动时可能会失去理智,意气用事,做一些不该做的事。

21~30分:你有相当严重的逆反心理。你所想的和所干的与众不同,与习俗和规定不符。如果你不能清醒地意识到这一问题,不努力加以克服,你可能会变成是一个不受大家欢迎的独行者。

(资料来源:刘在花.青春期问题与教育方案[M].北京:中国轻工业出版社,2009.)

第二节 特殊学生心理与管理

葛兰汀生于波士顿,在两岁时被诊断出自闭症,直到四岁才开始说话。之后被送往结构化的幼儿园,并遇上了她认为相当好的教师。在20世纪60年代,她住进了新罕布什尔州的寄宿学校,毕业后进入富兰克林皮尔斯就读,获取心理学学士。并于1975年修得了亚利桑那州立大学的动物学硕士,1989年得到伊利诺伊大学动物学博士。她成为一名家畜管理设备的专业设计师,成立了自己的公司,还在一所一流的大学执教,发表了200多篇有关专业设计方面的论文,成为世界著名的畜牧业专家。她致力于普及自闭症的相关知识、并发明了拥抱机器给过度敏感的人,并根据自己的亲身经历写出了《自闭症之大脑》一书。她对自闭症谱系障碍的见解也让人们对自闭症的认识发生了巨大的变化。

(资料来源:http://baike.baidu.com/link?url=XtX-rb4kxUNm303Vh4u62ojLZAjnYKamk1lFPPLlGkO6yOMucjNlxiTQn2p94KU477PrwwFQ2LeQdJXsMsSccK.)

张大奎,河南省焦作市博爱县人,"站起来"的脑瘫博士。曾经的他因为脑瘫而无法站立和行走,如今的他却早已在精神上成为行走的巨人。他在两岁那年被诊断患有核黄疸后遗症,也就是俗称的小脑瘫痪。九岁那年才学会自己拄着双拐蹒跚走路,开始上学。在2002年高考时,大奎选择了计算机专业。2006年,他顺利考入河南理工大学计算机学院,并在那里读完了研究生课程。2011年,硕士毕业的张大奎决定考博,最终通过自己的不断努力考上了北京理工大学计算机学院的博士研究生,他说,他还想做很多事。

(资料来源:http://edu.cyol.com/content/2013-09/06/content_9006408.htm.)

然而在现实社会中,非常多的自闭症等特殊类儿童上学困难重重,缺乏科学引导的教育方式,让他们困在家中,无法发挥应有的价值,甚至出现自闭症儿童在康复机构死亡等事件,引发了社会的强烈关注。

这只是特殊儿童教育管理的一个缩影,社会公平需要教育公平,这也要求教师给予特殊儿童更多的关注,应重视对特殊儿童品格、情感、个性等心理素质的全面疏导和培育,对于特殊儿童教育教学的专业队伍建设应当加强。

> **学习导航**

就心理教育层面而言,特殊儿童是指那些更容易受到生理、心理或社会文化的特点影响的儿童。生理的影响包括听觉障碍、视觉障碍、躯体障碍等;心理的影响通常包括智力超常、智障、情绪行为障碍、学习障碍、多动症、自闭症等;社会文化的影响通常包括单亲或者重组家庭、流浪儿童等弱势群体,即处于社会不利的地位。

对于这些儿童,学校应该及时给予心理健康帮助和科学规范的管理,使其尽可能多地享有正常儿童的学习环境,积累知识和经验,具备一定的心理素质,本节通过学习特殊儿童基本心理状况,了解国内外对特殊教育儿童管理的思想与方法,学习部分专业训练方式,对特殊儿童的心理与管理有更清晰的认识。

一、特殊儿童心理发展特点

目前,国内外大多数特殊教育学者认为特殊儿童与普通儿童的心理发展既有共性,又有差异,而且共性远大于差异。

(一)特殊儿童心理发展的共性

特殊儿童首先是儿童,其次才是有特殊需要的儿童。因此,不论特殊儿童还是普通儿童,在生理上和心理上都存在很多共性。

1. 生理组织结构相似

他们在生理组织结构上非常相似,在青春期,特殊儿童的身心也会发生急剧的变化,性特征逐渐明显。

2. 发展历程模式相似

随着年龄的增长,身高体重体型结构等机能都在自然的生长变化,他们同样经历乳儿期、婴儿期、幼儿期、儿童期、少年期、青年期等重要的发展阶段。

3. 在心理发展规律相似

特殊儿童同样遵循儿童心理发展的规律。

1)由简单到复杂的发展顺序

特殊儿童的心理发展也遵循由低级到高级、由简单到复杂的顺序。例如,儿童思维发展首先经历感知运动阶段,然后至前运算阶段、具体运算阶段,最后才达到形式运算阶段。

2)遗传、环境和教育的共同作用

特殊儿童因为遗传因素,可能终身都会带有某种病症所有的某些特征,遗传也是心理发展的基础,而环境和教育为特殊儿童心理发展提供了支持。例如,超常儿童的遗传素质非常优异,但如果教师和家长不提供适合他们发展的教育和环境,其潜能可能不会成为现实。

4. 社会适应内容相似

特殊儿童的需要有物质方面的也有精神方面的,是在既定心理水平上产生的。社会环境对他们提出了较高要求,因此产生了心理矛盾,然而这种矛盾也很难转化成他们内心的动力。因此,对特殊儿童的教育要从实际需求出发,否则很难取得成效。

(二) 特殊儿童心理发展的特殊性

特殊儿童与普通儿童之间的差异是客观存在的,主要表现在以下3个方面。

1. 特殊儿童的身心缺陷多于普通儿童

大部分特殊儿童都有生理和心理的缺陷,这些缺陷妨碍了他们以正常的方式适应生活和学习,其心理发展也会产生较多的问题,甚至引发第二性缺陷——心理障碍。例如,盲童不得不利用听觉、触觉等来感知外界事物,由于盲童失去了视觉通道,他们对一些事物的认识往往不够全面。聋童由于听觉器官有缺陷,对其语言学习会产生不利的影响,因此又会妨碍其抽象思维的发展。智障儿童因为智力的缺陷,使得他们学习知识和掌握技能比普通儿童晚,起点低,速度慢。

2. 特殊儿童的学习和生活适应性明显差于普通儿童

特殊儿童往往难以适应学校的教育教学要求,在人际交往和社会生活方面也面临较多困难,需要接受特殊教育和特别的辅导。社会环境也使特殊儿童的学习和生活面临更大的挑战,容易造成适应不良。因此,对待特殊儿童的心理健康教育同样也需要采用特殊的方法。

3. 特殊儿童的个体间差异和个体内差异都明显大于普通儿童

特殊儿童个体之间的差异非常大,个体间差异不仅包括不同类型的特殊儿童之间的差异,还包括同一类型的特殊儿童之间的差异。例如,超常儿童与智障儿童有较大差异,分别代表了智力水平较高和较低的两类儿童,即属于同一类型的特殊儿童因造成其心理发展异常的原因不同,特殊儿童的个体特征也不尽相同。有些聋童虽然听不见声音,但手眼协调能力却非常好。正是因为特殊儿童个体之间存在着较大的差异,所以在对其实施教育之前,应该进行归类,据其个体特点进行具体分析。

 知识链接 4-6

公众对自闭症的七大认知误区

1. 自闭症不是单纯的"性格孤僻、不爱说话",拉着你滔滔不绝也可以是自闭症的表现之一。因为患上自闭症的孩子会存在三个核心问题:言语和非言语障碍、兴趣狭窄、刻板行为。沉默与话痨即出自他们不知道该如何跟人沟通,在你看来发起一场合乎常理的简单交流,他们却需要经过多次科学的引导训练才能完成。当他在合适的情景下发起了合理的沟通时,请大声鼓励他。

2. 自闭症孩子并不都是天才,也许你在电影里看到很多自闭症天才的故事,但科学研究表明,在现实的自闭症群体里,50%的孩子患有智力障碍,能力好的高功能孩子只是一部分,拥有数学、记忆力、音乐、美术等方面天赋的孩子就更是少数了。

3. 自闭症目前大部分都是无法治愈的,症状会伴随终身,能在目前条件下进入主流教育系统的都是少部分能力相当好的孩子,能考上大学的人,凤毛麟角。

4. 自闭症不是后天形成的心理疾病，当然更不是父母后天教养不当造成的。如今越来越多的科研证据都指向：自闭症有很强的遗传背景，是一种先天性疾病。自闭症是一种先天性的发育异常，它与脑瘫、智障一起被列为神经系统的三大残疾。

在20世纪50年代，美国风行的"冰箱母亲理论"，让不少自闭症孩子的母亲因无法承受这种双重打击选择了自杀，那个年代被称为自闭症家庭的"黑暗中世纪"。到了70年代，这种理论被科学研究彻底否定，而它的创立者贝特尔海姆也在80岁时自杀了。

5. 美国最新的自闭症诊断标准已不使用"广泛性发育障碍"这个名称了，而是统一用"自闭症谱系障碍"。它是一组疾病的总称，自闭症谱系障碍除了程度高低不同，还分为"经典性自闭症"和"症候群性自闭症"，后者包含脆性X染色体综合征、结节性硬化、天使综合征、普威综合征等，加起来至少有数十种，而它们中的大多数都属于罕见病，被查出有明确的基因缺陷。

6. 世界公认的自闭症发病率为1‰～1.5‰。对一个普通人来说，如果没有特意去了解自闭症群体，接触和意识到自闭症群体的机会不多，因为自闭症患者有沟通交流能力比较差，行为和情绪问题，一些父母也很少选择把孩子带出门。很多成年后的自闭症孩子，因为无法融入社会，只能终日待在家里。

7. 自闭症目前还不能通过药物治疗"康复"，到目前为止，还没有科学研究表明，对自闭症存在能有效治疗的药物。对待自闭症的正确态度是：重视早期诊断，用科学的方法进行早期干预。如果不训练，孩子除了社交障碍，还会出现智力落后、严重情绪问题、生活自理能力差等。但如果进行了科学训练，这些孩子症状会得到减轻，可以慢慢试着融入社会，过上接近常人的生活。（这种情况多数发生在低年龄确诊并得到科学干预的孩子身上。）

自闭症群体需要社会什么样的帮助？

接纳、理解、包容、支持、政策保障。

如前所说，自闭症的孩子不善交流或沟通方式不当，他们与周围格格不入，并非是对世界心怀恶意，而是不知道该怎么跟人打开沟通的局面。

我们社会应该做的，除了公众多一些的理解和包容，媒体在报道时不盲目使用"自闭症"一词，对自闭症多一些了解，多一份努力，相信终有一天，这些"星星的孩子"能和我们所有人一起，平等而普通地生活在这颗星球上。

（资料来源：http://mp.weixin.qq.com/s?__biz=MjM5NzUyODI4OQ==&mid=2649682087&idx=1&sn=7fcfd7ab844a1ce5c4627c9b36c4fa93&scene=1&srcid=0517WNitiOzp3hfnmp3gHSrf#wechat_redirect.）

（三）特殊儿童一般发展和特殊发展的关系

儿童身心的发展有其自身固有的规律，如身体、动作、语言的发展等。无论他们的生理发展还是心理发展都是从简单到复杂的过程,这就是一般规律,它是一切发展的基础。

但大多数特殊儿童在身体、情绪、智力、感官、行为、言语和沟通能力上与正常儿童有明显的差异。有些特殊儿童的生理缺陷可能无法改变,但就其生长发育过程、心理要求及愿望,与普通儿童并无不同,只是发展速度慢一点,困难多一些。另外,某些特殊方面的发展需求则依赖于相应的训练和教育,否则其发展潜能无法开发和利用。

对于普通儿童所进行的某些发展教育对特殊儿童同样适用,但是需要根据每个特殊儿童的特点进行指导和训练,才能发挥其潜能。

因此,特殊儿童的发展是一般发展和特殊发展的有机结合,一般发展提供一切发展的基础,同时特殊儿童需要在此基础上开展相应的特殊发展训练。

> **知识链接 4-7**
> **特殊儿童心理健康教育生态化支持系统的建构**
>
> 国家、政府作为维护平等权利的一个公共服务部门,一般通过法律、政策、道德来约束成人的行为,确保特殊儿童平等权利的实现。如教育部《中小学心理健康教育指导纲要》中明确提出,心理健康教育要坚持面向全体学生与关注个别差异相结合,尊重、理解与真诚相结合,预防、矫治与发展相结合,助人与自主相结合。立足教育,重在指导,遵循学生身心发展规律,保证心理健康教育的实践性和实效性。这说明了国家、政府对特殊儿童健康成长负有责任,其支持作用表现在:
>
> (1) 逐步形成特殊儿童心理健康教育的法律政策制定机制,为其提供有力的法律支持。法律政策制定机制是特殊儿童心理健康教育工作开展的根本保证。它可以为特殊儿童心理健康教育工作的多个方面提供法律依据和政策引导。当前,加强心理健康教育已成为国家和各级教育主管部门的重大教育决策,教育部等有关部门已经下发了几个有关学校心理健康教育的通知,但具体的全国性法律政策有待出台。
>
> (2) 完善特殊儿童心理健康教育的资金注入与管理机制。由于特殊儿童心理健康教育工作规模大、周期长,因此需要相对稳定、强大的资金注入,需要国家通过税收、财政补贴等经济手段,为其提供强大的财政支持。也可以实行双轨制,在政府专项资金的基础上引入市场机制,以广泛调动社会力量。政府需要制定政策对引入的社会力量进行引导,以保证特殊儿童心理健康教育非营利性的特点。在资金分配方面,要给予教育落后地区以更大的投入。
>
> (3) 规范专职人员培养和资格认证机制。这是教育需要解决的一个十分迫切的问题。学校是特殊儿童心理健康教育的主要场所,特殊儿童心理健康教育基本理念要得到真正的实现,就离不开学校采取相应的措施,为学生心理健康教育活动的开展提供支持服务。通过综合运用心理治疗技术,使学生尽快适应学校环境,教师应对每一个学生给予恰当的关注。满足所有特殊儿童的心理健康教育需要,促进结果平等。所谓结果平等,指的是每一个特殊儿童在班级中,在起点和过程平等

的基础上,都能在原有的基础上得到最大限度的进步和发展,使潜能得到最大限度的发挥。

(资料来源:王金元,何侃.特殊儿童心理健康教育生态化支持系统的建构[J].南京特教学院学报,2008(3):40-44.)

二、特殊儿童心理管理的产生和发展

教育思想领域逐渐推崇"平等"思想,这类思想的产生和发展给特殊儿童创造宽松和谐的教育和心理环境。

1. 北欧的正常化思潮

北欧诸国思想领域中盛行的"平等"思潮,源于第二次世界大战结束后。其内容主要为:①让儿童过上尽可能正常的生活,能和普通孩子融为一体。②在普通学校和特殊学校接受教育是为了达到上述目标,因此,教育关键是使不同类型的儿童得到合适的教育。③不论是在普通学校还是特殊学校,残疾儿童都要接受平等的教育。

2. "一体化"——西欧的融合思想

融合思想,是指创造条件让障碍人士从专门的机构转到社区生活,从特殊学校转到普通的公立学校,从特殊班级转到普通班级。英国的传统思想洛克的"白板说"、斯宾塞的《教育论》、人文主义思想等与北欧的正常化思想是构成"一体化"的直接基础。

知识链接 4-8

融 合 教 育

融合教育(inclusion),指的是一种让大多数残障儿童进入普通班,并在普通班学习的一种方式。它通过合并普通及特教系统,建立统一的系统以管理教育资源,让有特殊需要的学生(包括肢体伤残、视觉受损、听觉受损、智力障碍、自闭症、学习困难、语言障碍、长期病患者等)跟同龄学生一起在常规学校接受教育,使他们适应主流学校的校园生活,发挥潜能,更使其身心均能得到全面的发展。通过"融合"培植互相关怀的校园文化,促进家庭与学校合作,共同把常规学校发展为兼容及进取的群体,为不同能力的学生提供优质教学。

台湾的融合教育是有阶段性的。20世纪80年代,孤独症这个词在台湾出现,20世纪90年代,融合教育思潮进入台湾,开始强调教育不能隔离,目前台湾所有的小学都至少有两位特教老师。早期台湾设立的启明、启聪等特殊教育学校,后在融合教育思潮冲击下,逐渐萎缩,学生逐渐回归普通学校。

在台湾强调教育不能隔离。孤独症孩子上学有三种安排,一部分放在普通班和其他孩子一起上课,有特殊教育需要就在课堂外额外进行;一部分放在一般学校的特殊班;重症孩子才放在特殊学校内。但所有这些安排都要征求家长的意见。

如果小孩有暴力倾向,干扰课堂秩序,台湾的学校或教育主管部门会派特教助理帮助处理。普通班的老师如果不知怎么带特殊类儿童,或者家长有不同声音,除了及时干预和处理外,教育主管部门会利用寒暑假,对普通班老师和家长进行培训,且随时给学校和家长提供帮助,其费用由教育主管部门承担。

(资料来源:http://baike.baidu.com/link? url=qyM4hZSFFQPznKcheMRTFoO37RMY5dxmWGKP81V8YYwlghYbhHo1coeMAgBqdZj5nnN8pxJqrpLpEP8y3Or-4q.)

3. 美国的"回归主流"思想

美国特殊教育界出现了"回归主流"运动,它提倡平等、提倡人权,让特殊儿童享受到普通儿童的权利。"回归主流"的思想不仅要求在社会活动中,而且在具体的教学活动上,普通儿童和特殊儿童都要尽量融合,特殊教育教师与普通教育教师,以及教师与学生之间都要尽量融合。

 知识链接 4-9

资源教室方案

资源教室方案(resource room program,RRP)随着"回归主流"运动和融合教育的思潮应运而生。它代表着特殊教育与普通教育由先前的独立到融合,从几乎不相关到密不可分。

2016年1月20日,教育部办公厅印发《普通学校特殊教育资源教室建设指南》。要求在普通学校(含幼儿园、普通中小学、中等职业学校,以下同),招收数量5人以上残疾学生的普通学校,一般应设立资源教室。不足5人的,由所在区域教育行政部门统筹规划资源教室的布局,辐射片区所有随班就读学生,实现共享发展。

1913年,Robert Irwin将视觉障碍学生部分时间安置在特殊班级中,按个别需要设计一套教学方法给予个别指导,他被视为提出RRP的第一人,这种教育方式后来也被应用于安置听障学生,主要是受当时反对对感官障碍者进行隔离的思想的影响。此后,一些普通学校也开始设计不同的教学方法来协助在语文、说话及数学等课业上有困难的儿童,让他们在规定的时间到一定的地点去接受个别辅导,这就是资源教室的雏形。

最早关于资源教室经营模式的报告是由 Roger Reger 于 1969—1970 学年度发表的,这个教育服务合作计划《Board of Cooperative Educational Service》共 11 个资源教室方案施行于美国纽约水牛城郊外的五个学区。此方案中,Reger 明确指出资源教师必须教导残障学生,也必须与普通教师一起协作来帮助残障学生学习。美国特殊教育期刊在 1972 年的第 6 期即以资源教室经营作为该期的核心议题,共有 6 篇响应的文章,这足以证明资源教室方案的实施是经过许多专业的理论探索和实务结合,才创建出的最佳经营模式。

后来许多调查研究证明,资源教室确实可以有效协助残障,儿童在普通班的学科学习与问题行为的改善。

(资料来源:刘慧丽.融合教育理念下资源教师角色的指导模式研究[D].武汉:华中师范大学,2013.)

4."全纳教育"思潮

20 世纪 90 年代以来,"全纳教育"渐显端倪。全纳教育,是指不管他们有何种困难和差异,尽可能地要求不同类型的儿童,即全部的儿童都在一起学习。从政策法规上,切实维护特殊儿童的教育合法权益。

目前,我国教育部门一般采取三种方式进行特殊儿童就学管理:轻度残疾的孩子在普通学校随班就读;中度残疾的孩子在特殊教育学校接受专门教育;特别严重、无法走进学校学习的残疾儿童,则采用送教上门的形式。

知识链接 4-10

促进随班就读学生学校适应性的班级管理措施

我国为保障残疾人受教育的权利,以随班就读和特教班为主体,"推动随班就读的普及性,完善残疾儿童少年随班就读支持保障体系",怎样提高特殊儿童随班就读质量将特殊儿童与普通儿童融合在一个班里学习、生活呢?下面提供促进一年级随班就读学生学校适应性的有效措施。

1. 尊重学生

在班级管理中,教师起着主导作用,平等对待随班就读学生,还要考虑到他们的心理特点。首先老师要对他们的缺陷有正确的认识,特殊儿童无论其残疾的程度如何,其身心发展规律与普通学生基本是一致的。例如,一些智力发展迟缓的学生在一些问题的理解上会比较慢,他们也没有办法很好地表达自己的观点。这就需要教师在班级管理的过程中,尽量使用直白的语言,促进教师和学生的交流,优化班级的管理。多动症儿童上课经常破坏纪律,认识到其生理上的不足,不是一味处罚,而是耐心教育。

表扬随班就读学生的优点,这一点通用于随班就读学生的班级管理,可以提高他们的自我效能感,从而提高他们征服困难的勇气。一方面,教师要了解每一个随班就读的学生,另一方面,要给以表现的机会,如可以举办一些发挥他们长处的活动。

2. 激励学生

充分考虑随班就读学生的实际情况,通过控制任务的难度,避免让他们完成太难的事务而丧失信心。

奖励表现良好的随班就读学生,以发挥榜样作用,发挥学生模仿学习的能力。方式有物质奖励和精神奖励结合,除了物质奖励,有时候精神奖励更重要,小朋友喜欢得到人们的称赞。例如,在上课准确回答问题时,当着全班同学的面对其进行表扬。

3. 提倡正常儿童关心随班就读学生

一些儿童并不很关心随班就读学生,有的甚至嘲笑他们的缺陷,因此,教师要提倡周围学生关心随班就读儿童。首先消除歧视,可以开展"同一片蓝天下"之类的主题班会,正确认识随班儿童生理上的一些不足。对于欺负随班就读儿童的学生要给予批评等惩罚。

充分发挥班干部的模范作用,推行"一帮一"活动等,主动帮助随班就读儿童,提升他们的幸福感,营造良好互助氛围。

4. 对随班就读学生进行个性化教育

为了对他们进行有效的班级管理,教师要首先承认并认识到他们的差异,根据学生特点,开展针对性教育。例如,教师可以利用儿童适应行为量表和儿童功能独立检查表对随班儿童情况进行调查。

5. 在班级管理中加强随班就读学生的行为训练

对随班就读儿童进行适当的行为训练,提高他们的社会技能。

重视行为训练理论的学习,行为主义中不少理论可以作为教师进行学生行为训练的实践依据。例如,强化理论认为可以通过奖励和惩罚使人获得好的行为以及消除不良行为。

在班级管理中实施行为训练。例如,教师可以利用系统脱敏法,对学生进行行为训练,教师可以将其注意力不集中的学习作为靶行为。一开始,要求他在一天内上课集中注意力进行学习,如果他符合这个要求则对他进行奖励。等他能够容易完成这个任务后,可以把天数改为一个星期。在其完成任务后,可以把时间延长到两个星期。最终消除其上课扰乱课堂纪律的行为。

6. 提高随班就读儿童心理健康水平

消除随班就读儿童孤独感。这种孤独感一方面因为需要面对新的学习和生活环境,另一方面,一些正常儿童不愿意同他们交朋友。所以教师不仅需要给予他们更多的帮助,还应该鼓励正常儿童多跟他们进行交往。

提高随班就读学生的意志力,帮助他们树立自己的目标,鼓励克服困难,完成任务。

7. 增加随班就读儿童班级管理参与度

教师可以通过重视随班就读儿童对班级管理的意见以及让他们担任班干部为班集体服务来实现这一教育目的。

(资料来源:张雯.促进小学一年级随班就读学生学校适应性的班级管理探究[D].重庆:重庆师范大学,2012.)

三、特殊儿童教育管理观念

(一) 特殊儿童教育管理基本观念——平等观

教育应为每个儿童提供平等的机会,也就是说每个儿童都需要拥有接受符合其身心发展所需要的教育。只有这种教育,才具有适应性发展的意义。如何做到教育平等,可以从以下几个方面讨论。

1. 教育起点平等,有教无类

把学生分类的教育是一种变相歧视的教育,它实质上剥夺了人的平等发展权。

2. 教育过程实质平等,因材施教

如果仅仅为了体现有教无类,而把全体受教育者简单组合在一起,无视他们的不同需求和差异特性,则是以形式上的平等掩盖了实质上的不平等。

3. 教育终点平等,人尽其才

特殊教育是全民教育的组成部分,人才教育既是特殊教育的宗旨,也是全民教育的体现。

因此,对待特殊儿童要从平等原则出发,实现特殊儿童与普通儿童教育机会平等,教育过程平等,学习机会平等。特殊儿童教育应该着眼于受教育者整体素质的现代化,所有具有特殊需要的儿童都应该接受符合自己身心发展水平的教育。总之,人的可持续发展追求的是人自身的不断完善和自由全面的发展,特殊教育应该为特殊儿童的发展提供可持续发展的条件。

(二) 特殊儿童教育管理基本观念——特殊性

1. 教育对象的特殊性

特殊教育的主要特点是教育对象的特殊性。与普通儿童相比,特殊儿童有几个特点,由于特殊儿童类型的不同,在表现上差异很大。对于智力异常的儿童,其特殊性主要表现在智力比普通儿童更好或更差,这就构成了与智力有关的各种活动的差异,普通教育可能满足不了他们的教育需求。

2. 教育环境的独特性

对特殊儿童而言,由于其生理、心理上的特殊性,他们在适应根据正常儿童所创设的环境时,自然会出现适应困难或障碍。例如,对于智力超常儿童而言,一般的学习环境和学习目标满足不了其需要,必须加深学习层次和加快学习速度。

由于上述特点的存在,很难用常规的方法教育特殊儿童,更不要说通过这种教育使特殊儿童获得发展。由于特殊儿童发展对环境的特殊要求,使得教育者应该首先创设易于适应的小环境,培养他们的基础技能,然后再使这些技能适应常态的环境。

3. 教育任务的特殊性

任何教育都需要增进受教育者的知识和技能,塑造受教育者的综合素质。但某些特殊儿童因为获取信息的渠道并不通畅,在教育他们时首先考虑到如何使这些渠道通畅。例如,教盲童用手摸读盲文,教聋童靠视觉读懂他人的语言等。

 知识链接 4-11

部分特殊儿童的身心特点

由于各类特殊儿童在体格、智力及社会适应能力等方面存在着不同的缺陷,同时,他们又有着不同的身心发展潜力,因此,为了促进特殊儿童的健康,提高特殊教育的效果,我们必须首先了解特殊儿童的身心特点。

1. 盲童

盲童视觉受损,感知能力差,日后其想象力、逻辑思维能力的发展严重受阻。同时,由于盲童的活动受到很大的限制,故骨骼肌肉发育差,体质弱,患病率高。但如果盲童在听觉、触觉、嗅觉等方面的潜力能得以发挥,他们也能较为顺利地度过生长发育的各个阶段。盲童往往表现出自卑、孤僻、沉溺于幻想等心理问题。

2. 聋哑儿童

真正耳聋口哑的儿童是少数,临床上发现大多数聋哑儿童的发音器官是正常的,他们往往是因为耳聋而导致发音障碍,不少先天性聋儿还伴有其他体格缺陷,如斜颈、胸廓畸形等。聋哑儿童由于无法与常人进行必要的言语交流,故内心十分压抑,同时又非常固执任性,往往以敌对的态度对待他人,反社会行为的发生率较高。因此,尽可能地恢复和发展聋哑儿童的言语能力十分必要。

3. 肢体残障儿童

这类儿童由于体格方面的缺陷导致活动范围的局限,故体格发育迟缓,生理功能水平较低,体质较弱。体格方面的缺陷亦使儿童的正常学习变得困难,许多人不能完成学业。肢体残障儿童往往暴露出自卑、消极、任性、自我中心等性格弱点。

(资料来源:http://rj.5ykj.com/HTML/5462.htm.)

4. 教育措施的特殊性

就教育对象而言,特殊类儿童不能像普通儿童那样获取知识和技能,这就决定特殊教育在具体的教育措施、方式、方法上应有相对应的措施。例如,教盲童学会定向和行走,应采用能够发挥其残存视力的教学方法和手段,包括使用大字课本、眼镜、盲用计算机软件等。

(三) 特殊儿童教育管理新观念——潜能观

1. 多元智能理论对特殊儿童的全新解读

多元智能理论认为个体的智能是多元互补的,而非单一的,共包括8个方面:言语/语言智能、逻辑/数理智能、视觉/空间智能、音乐/节奏智能、身体/运动智能、人际交往智能、自我反省智能、自然观察者智能。每种智能在人类认识和改造世界的过程中都发挥着巨大的作用,具有同等的重要性。教育对这些智能的开发和培育具有非常重要的作用。

用多元智能理论的观点来看待残疾人,有助于他们树立自信心与积极向上的人生观,因为教育的目的不在于一个人在某项智能上有多聪明,这种理论认为每一位儿童都各具有潜能,不存在所谓的"特殊儿童",通过教育可以得到多方面、不同程度的发展。多元智能理论以多维度、全方位、动态发展的视角考察特殊教育问题,评价在学校教育中处于弱势的"特殊儿童",这是特殊教育理念上的飞跃。

2. 杰出历史人物取得成就的现象透视

回顾历史上的许多伟人,他们因其杰出的成就而为我们所熟知,殊不知他们还有各种缺陷或障碍:海伦·凯勒、爱迪生、贝多芬、爱因斯坦、罗丹、达·芬奇等曾有不同程度的学习困难障碍,亚里士多德、丘吉尔、法拉第被认为有人际交往障碍,达尔文、尼采、孟德尔均被诊断有情绪障碍或行为失调,可见他们的残疾障碍与成就相比显得并不重要。事实上这样一类人,他们本身的确存在某一方面的缺陷或障碍,但同时他们也在其他方面有着过人的天赋。

3. 特殊教育理念的更新

(1) 关注智能强项。多元智能理论开辟了一条根本不同的道路:对特殊儿童进行评估更加倾向于其智能强项的确认,了解儿童的能力强项和获取方式,采用个性化的教育措施,并且强调特殊儿童的智能强项,使儿童的自我认同感以及自制力增强,有利于帮助他们获得成功。

(2) 开辟替代通道。在某些情况下,特殊儿童可以学习使用一套替代性的、未受损伤的智能领域中的符号系统,某项智能缺陷可通过其他智能作为旁路而加以补救。教师需要做的是将儿童难以学会的"智能语言"翻译成他们可以理解的"智能语言",形成促进性策略。这种策略既可以是一种替代性的技术和特殊学习工具,也可以是人。对于那些肢体或知觉有问题的儿童而言,促进性策略可以视为指导师;对那些有特殊学习困难的儿童而言,促进性策略就是一位教师。

4. 挖掘儿童潜能

教育者不能被特殊儿童的标签所干扰,应摒弃世俗的眼光和传统的观念,关注的不仅是特殊儿童不能干什么,而是他能够干什么,多了解他们的优点与潜力。教育者首先应将特殊儿童看作是"能够学习者",然后致力于寻找能够学到什么。换言之,对特殊儿童的教育与训练,与其着眼于补偿缺陷,不如着眼于发挥优势和潜能,将"扬长"和"补短"相结合。教育关注点不局限于矫正受教育者的缺点,更需要发挥受教育者的长处和优势,这才是教育的本质所在。

知识链接 4-12

近年游戏治疗的研究进展

儿童的天性决定了游戏是他们必不可少的一部分。此外,游戏对儿童身心发展具有重要的意义。在游戏治疗的过程中,儿童会逐渐表现出正向行为,而不良症状也就逐渐消失。

游戏治疗的历史发展反映出发展中的心理学的研究取向,在游戏治疗发展的最近二十年,出现了整合倾向的多元理论构架和治疗策略的游戏治疗。这些取向包括生态系统游戏治疗、主题游戏治疗、家族游戏治疗和动态游戏治疗。

一、生态系统游戏治疗

2000年,生态系统游戏治疗由欧康纳(O'Conner)所创,他认为游戏治疗师需要考虑各个系统对儿童所造成的影响。这些系统包括家庭、学校和同伴群体,只有将每个系统对儿童所造成的影响考虑在内,治疗时才能真正了解其内在冲突。

生态系统取向的游戏治疗师运用数种评估工具诊断儿童各方面的发展水平,包括认知、身体、社会和生命发展历程等,再依据诊断结果形成治疗计划,由治疗师主导,通过团体或个别治疗的形式进行矫正。

二、主题游戏治疗

主题游戏治疗以客体关系和认知疗法理论为基础,对帮助治疗有依恋问题的儿童很有效果。治疗师与儿童先建立信任关系,在游戏中让儿童体验与过去完全不同的经验,进而调整儿童对内外在世界及其关系的看法。

三、家庭游戏治疗

根据家庭治疗理论,家庭游戏治疗师必须将症状转化为系统问题,而非特定的个人问题。因此,不只是求助者需要帮助,整个家庭都需要帮助。家庭游戏治疗师结合各种游戏治疗技术以及家庭治疗的策略,以教育者、游戏的促进者、示范者、指导者的角色,帮助父母和儿童改变他们对自己和家人的看法,促进彼此的良性互动。

四、动态游戏治疗

哈维(Harvey,1993,1994)在整合了包括艺术治疗、舞蹈治疗和戏剧治疗在内的表达性艺术治疗和游戏治疗的基础上,发展出动态游戏治疗。它实际上是家庭游戏治疗的一种特殊形式,包括运动、戏剧表演、绘画等表达媒介,利用对主题隐喻的了解,进而使家庭成员练习使用更适当的方法互动和解决冲突。

另外,由于社会生活节奏的加快,从经济等各方面考虑,目前心理治疗强调在短时间内解决问题,游戏治疗也在向短期、限时的方向发展。

同时,游戏治疗师们也认为依靠单一理论学派来开展游戏治疗的观念需要改进,应根据求助者所出现的问题、其人格特质、生长环境、教育背景等,选择合适的理论和技术,游戏治疗将会更有效。折中游戏治疗取向的治疗师需要具备更全面的训练和更丰富的经验,才能提供更好的服务。

(资料来源:毛颖梅.特殊儿童游戏治疗[M].北京:学苑出版社,2010.)

孤独症经典错误信念任务试验

"心理理论"是指对自己和他人心理状态(如需要、信念、意图、感知、情绪等)的认识,并由此对相应行为做出因果性的预测和解释。当我们拥有了心理理论,我们就能够认识到:他人的知识是不同于我们自己的知识的;我们可以通过改变他人的信念来改变他人的行为。

在 Premack 和 Woodruff 提出心理理论之后不久,错误信念任务(false-belief task)就成了确认儿童是否拥有心理理论的主要标志。后来的诸多研究表明,错误信念的理解与许多社会化的相关领域存在着很大的联系,所以错误信念任务就成为儿童心理理论的起源性研究内容,也成为其最重要的研究角度之一,当前关于心理理论最活跃的工作也是对儿童错误信念理解的研究。研究者设计出多种实验范式来考察儿童根据错误信念预测和理解行为的能力,主要存在以下两个标准的实验范式。

一、意外地点任务

意外地点任务(unexpected location task)是由 Wimmer 和 Perner(1983)设计的,被视为是目前最经典的错误信念任务。他们让被试观察用玩偶演示的故事:男孩 Maxi 将巧克力放在厨房的一个蓝色橱柜里,然后离开,他不在时,母亲把巧克力移到另一个绿色橱柜里。这里涉及3个实验问题:①知识性问题。Maxi 知不知道母亲把巧克力转移了位置?(因为 Maxi 不在现场,他不知道巧克力已被转移。)②信念问题。Maxi 认为巧克力在哪里?(蓝色橱柜里。)③Maxi 回厨房拿巧克力时,将在何处寻找?(蓝色橱柜里。)括号里的答案为通过答案。通常采用 0~1 记分法,通过记为 1 分,通不过记为 0 分。

研究发现,小于 4 岁的儿童常常做出错误判断,也就是说 4 岁以下儿童认为 Maxi 将会在巧克力现在所处的位置(绿色橱柜里)去寻找,4 岁以上儿童一般都能做出正确的回答,认为 Maxi 将会在原来的位置(蓝色橱柜里)去寻找他的巧克力。所以,他们认为 4 岁是儿童获得心理理论的一个分水岭。

二、意外内容任务

Perner、Leekam 和 Wimmer(1987)又设计了另一种错误信念任务,称为意外内容任务(unexpected contents task)。实验者向被试呈现一个盒子(如糖果盒),从盒子外观看会认为盒子里面装的是糖果。然后问被试(儿童):盒子里面装的是什么?在被试回答为"糖果"之后,实验者打开盒子,表明里面装的不是糖果,而是铅笔,然后再问被试"其他儿童在打开盒子之前,将认为盒子里装的是什么?"

结果发现小于 4 岁的儿童常常做出错误判断——"铅笔"。说明小于 4 岁的儿童还不能够区别信念与现实,容易犯现实主义的错误。这个实验中只涉及一个信念问题,即其他儿童在打开盒子之前,认为盒子里装的是什么?

现在,儿童心理理论领域的研究较为一致地把儿童能否通过"错误信念任务"作为儿童是否拥有心理理论的主要标志,以后诸多关于儿童心理理论的研究方法基本上是这两种方法的变式。

研究结果发现,80%的孤独症被试不能完成简单的错误信念任务,而大部分心理年龄较低的唐氏综合征(Down Syndrome)个体和正常发展中的学前儿童都能够通过这种测验任务。

后天手语聋童在一系列的儿童心理理论任务中的成绩并不比高功能性孤独症儿童好,明显低于相对年龄较小的健听儿童。后天手语聋童的心理理论问题似乎也是具有领域特殊性的。使用口语交流的聋童的平均成绩与孤独症儿童和后天手语者聋童的成绩相近,说明他们的心理理论发展同样缓慢。

先天患有视觉障碍的儿童在发展语言和人际交流方面明显缓慢。相应地,他们参与家庭中关于信念、情感和其他无形的心理状态的交流就进一步减少,即盲童心理理论的发展与后天手语聋童和孤独症儿童一样迟缓。

(资料来源:http://blog.sina.com.cn/s/blog_12ba1e41d0101gen9.html.)

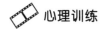 心理训练

注意缺陷多动障碍(ADHD)诊断标准

1或2任选一即可。

1. 有以下6种或更多(17岁以上者有以下5种或更多)的注意力不集中症状,且至少持续6个月并达到与发育水平不相称的程度:

(1) 学习、做作业或参与其他活动时,常无法注意细节或因粗心而出错;

(2) 完成任务或做游戏时注意力难以集中;

(3) 与其谈话时常表现为似乎没在听;

(4) 常不能遵照指导或不能完成作业、手工或工作场所的任务(不属于违抗行为或对指导未理解);

(5) 常难以有条理地完成任务和活动;

(6) 常回避、厌烦或勉强做需要持续用心做的任务(学校作业或家庭作业);

(7) 常将完成任务或活动所需物品丢失(如玩具、学校作业、铅笔、书、用具);

(8) 外来刺激常使其分心;

(9) 日常活动常健忘。

2. 有以下6种或更多(17岁以上者有以下5种或更多)的多动—冲动行为,且至少持续6个月并达到与发育水平不相称的程度:

多动行为

(1) 常在座位上表现为手脚躁动不安或扭来扭去;

(2) 常在教室或其他需坐在座位场合离开座位；
(3) 常在不恰当场合乱跑或乱爬；
(4) 难以静下心来完成或从事休闲活动；
(5) 常常忙个不停或动个不停；
(6) 常说个不停。

冲动行为

(1) 问题未提完脱口说出答案；
(2) 难以等着按次序；
(3) 常常中断或突然闯入他人(如谈话突然插话,游戏中突然闯入)。

自闭症谱系障碍诊断标准

自闭症谱系障碍必须满足以下 A、B、C、D 四项标准。

A. 在社会性交往方面存在缺陷,这些缺陷具有一定的持续性,且并非由于普遍发展障碍所致,症状表现同时包括以下 3 项内容。

(1) 缺乏社会性情感互动能力,具体症状表现从轻到重包括:缺乏恰当的社交技能,无法运用对话交流来分享兴趣、情绪及情感,对社会性互动缺乏回应,以及无法进行自发性的社会活动。

(2) 缺乏运用非言语交际行为进行社会性交往的能力,具体症状表现从轻到重包括:无法融会贯通地使用语言交流与非语言交流技能,表现出异常的目光接触以及肢体语言,对非言语交流的理解与运用存在障碍,以及缺乏面部表情或非言语姿势。

(3) 无法开始或维持一段符合其年龄发展水平的社会关系,具体症状表现从轻到重包括:无法根据社会性情景的需求来调节自己的行为,无法进行想象性游戏,无法发展同伴关系,以及对人缺乏兴趣。

B. 表现出局限的、重复性的行为、兴趣以及活动,症状表现至少包括以下 2 项内容。

(1) 刻板及重复的行为或语言;反复摆弄某些物件(如单一刻板的肢体行为、模仿性语言、重复使用某物体、存在异常的语言)。

(2) 刻板地遵守某些习惯、仪式化的语言或非言语行为,或是无法接受改变(如仪式化行为、刻板习惯、反复提问、容易因为细微改变而引发强烈的负面情绪)。

(3) 明显僵化及狭隘的兴趣爱好,表现出异乎寻常的专注强度及专注程度(如沉迷特殊物体、过分局限或固执的兴趣爱好)。

(4) 对感知觉刺激表现过于敏感或过于迟钝,或是对环境中的感知觉刺激存在异常的兴趣(如无法辨别冷热痛觉、对特殊的声音或材质反应异常、过度嗅或触摸某些物体、沉迷于光线或是旋转的物体)。

C. 症状必须出现于童年早期(但也可能由于个体的社会性需求尚未达到权限水平,而使症状无法全部表现)。

D. 症状导致个体日常功能受限或损伤。

第三节 学生危机心理与管理

要牵手才能入睡

2008年初夏,汶川大地震的发生,让整个中国为之震动。尤其是地震中的中小学校园校舍的倒塌,使得几千名无辜学生丧生,让成千上万个家庭从此陷入梦魇。直到现在,危机管理还在进行中。廖波是一个从地震废墟中被救出来的中学生,他被救以后,住在医院里。母亲说,儿子经历的生死是外人根本无法体会的,他现在心理很脆弱,如果父母不牵着他的手,他就睡不着。他总担心什么,半睁着眼睛瞧瞧周围,如果父母在他便继续闭眼睡觉,如果不在他就会着急。于是,这么多天以来,夫妇俩晚上都会轮流牵着儿子的手睡觉,让他安稳点。那么,为什么廖波睡不安稳呢?真正的原因是,虽然自己被救出,但当他想起在废墟中的20多个小时,想起和同学之间的承诺,他就着急。原来,在废墟中被压着的时候,廖波和同学们互相鼓励,还立下承诺:谁能活着出去,就一定帮忙照顾死去同学的父母。

让廖波牵挂的有一个叫郑海洋(音)的同学。当时在废墟中,同学们说好要坚持住,一起出去。当时廖波在他上面,比郑海洋先一步救出。临被救出时,郑海洋拉着廖波的脚还依依不舍。最终廖波活下来了,而郑海洋却永远离开了,因此廖波被送到医院抢救之后,一直觉得内疚,内疚他没能等同学一起出来。

(资料来源:http://news.sina.com.cn/s/2008-05-25/040915614099.shtml.)

从以上案例可以看到危机事件下,当事人内疚、羞耻和负罪感等负面情绪的出现,产生了心理危机。虽然这种心理危机仅表现出情绪情感上的障碍,但是它可能蕴含着病理方面的变化。这类事情不仅发生在特殊背景下(流行病、自然灾害等),在中小学日常生活中,也发生着许多危机事件,进而出现中小学生的心理危机。因此,本节我们会从中小学心理危机概念、心理危机阶段、心理危机管理与干预理论方法这几个方面介绍中小学心理危机管理策略,更好地对学生进行心理辅导。

一、心理危机的概念

很多中小学的管理者认为,校园公共危机并不会带来心理危机。可事实是如此吗?这需要从心理危机的概念开始讲起。

(一)心理危机的概念

心理危机是当人们知道自己的重要生活目标受到阻碍时所产生的一种心理上的认知状

态。这里的阻碍，是指在一定时间内，多次使用常规的解决方法却无法解决的问题。因此，心理危机表现为一段时间里认知上的混乱。

从行为上看，危机是一种解体状态。所谓解体状态，是指人们出现对自身或环境感到疏远或陌生的不愉快体验为特征的状态。例如，当人们遭受重大生活挫折，或应对刺激的方式受到严重的破坏时，你为此感到十分痛苦，你的精神中好像有另一个人在看着，表现出无能为力。因此，心理危机常常伴随着个人正常生活的破坏所产生的害怕、焦虑、震惊、悲伤等负性感受。

从时间上看，心理危机的发展有四个不同的时期：

(1) 出现关键性的境遇或事件，事件的发展随时考验着人们的应对机制是否能够满足这一境遇的需求。

(2) 随着事件发展，事件带来的紧张和混乱程度增加，逐渐超越了个人的应对能力。

(3) 需要额外的资源(如咨询)来帮助解决问题。

(4) 出现可能需要专业人士才能解决的主要人格解体问题。

简单地说，心理危机是指人们在生活中发生了一些事情，没有办法正视和解决，因而体验到痛苦和混乱。

(二) 心理危机的特点

心理危机有其自身的特点，了解心理危机的特点有助于我们正确认识和管理这种危机。一般来说，心理危机具有以下特点。

1. 心理危机具有境遇性

心理危机的发生一定是环境引起的，这种环境可能是个人心理内部的环境，可能是家庭内部的环境，也可能是学校环境等。无论是哪一种环境，导致的结果都是一种心理上的冲击和解体的状态。

尽管不同环境导致的心理危机的状况和表现相差不远，但是了解心理危机的境遇性，更好地认识心理危机的诱因，有助于心理危机的干预和康复。

2. 心理危机具有可评价性

心理危机的产生并不是环境变化就必然产生的。它是指个人因已有的应对方法无法帮助个体恢复到正常的生活中去而产生的一种解体状态。因此，心理危机的产生取决于个体的内心评价体系，这种评价可能是有意识的，也可能是无意识的。所谓心理危机的可评价性，是指是否产生危机取决于当事人的评价结果。这也就说明人们面临同样的环境变化，然而却产生了不同的心理影响，因为面临同样的情境时，不同人的评价性的不同，自然其反应也不相同，产生心理危机的后果也不同。

3. 心理危机具有隐蔽性

心理危机具有隐蔽性，它是心理活动产生后的状态，是人们认知评价后的结果，因此心理危机发生的过程也是隐蔽的。产生心理危机后，当事人的情绪、行为、社会交往等都可能会表现异常，这种外在行为的改变是心理危机的结果，而不是心理危机的过程，因此心理危机具有隐蔽性。心理危机的隐蔽性也会给心理危机的防范和干预带来困难。

> **知识链接 4-13**
>
> 汶川大地震亲历者、幸存者，原北川县禹里乡党委书记、北川县农业局局长，现北川县委农办主任董玉飞，2008年7月1日被人力资源和社会保障部和农业部评为全国农业系统抗震救灾英雄。然而这位抗震救灾英雄却在当年10月3日自杀身亡。
>
> 在大地震发生时，董玉飞身上多处受伤，他不顾自身伤口的疼痛，马上寻找本单位幸存的职工并投入到救人行动中。在救人中，董玉飞得知自己心爱的独生子被垮塌的教学楼掩埋、妻子受伤，以及弟媳、侄儿也掩埋于垮塌的房屋下。救灾期间，身心疲惫的董玉飞无数次差点倒下，但他总是告诫自己："我是农业局的领头人，一定不能倒下，一定要带着农业局的职工，打赢这场战争。"
>
> 凡接触过的心理学学者，无一例外都说，灾区在进行灾后重建的同时，更要加强对幸存者的心理干预，进行心理疏导，不然将会发生可怕后果。从唐山大地震、伊朗大地震等数次大地震中，世界心理学界总结出一个铁律：地震发生，受灾幸存者焦虑之后是抑郁，严重抑郁的结果是漠视生命。半年之后，将是灾区自杀行为高发时节……董玉飞悲剧，证实了科学的预言。
>
> 董玉飞在面临巨大的痛苦时，仍然坚持在救灾现场，说明心理危机具有一定的隐蔽性。因此，危机事件后需加强对幸存者的心理干预。
>
> （http://blog.sina.com.cn/s/blog_54f513f90100axsy.html.）

4. 心理危机具有个体差异性

对于中小学学生来说，学生的个性特征、以往的生活经历、对家长的依恋程度、家庭氛围等都可能会影响心理危机的产生、发展以及表现方式，因此心理危机的产生具有个体差异性。

正是因为心理危机的境遇性、评价性、隐蔽性以及个体差异性，所以在心理危机的干预以及管理过程中，一定要按照科学的程序和合理的方式来进行，提供个性化和建设性的心理干预是中小学学生心理危机管理的重要内容。

二、心理危机的阶段

国内外学者对危机管理阶段的划分如下。

（一）国外学者划分的阶段

诺曼·R.奥古斯丁(1995)将突发事件的危机管理做了阶段性划分。他认为危机管理包括以下六个阶段。

第一阶段：危机的防范，力求尽量减少可能发生的危机，设法避免那些本可以避免的危机。第二阶段：危机的预备，是指在突发事件出现之前就做好各项预防工作，制订紧急应对的预案。第三阶段：危机的确认，是指对是否出现了危机、出现了什么性质的危机做出判断，以做出正确的决策。第四阶段:危机的控制,根据危机发生的情况采取各种必要的紧急应对措施,将危机控制在一定范围内。第五阶段:危机的解决,是指采取各种行动主动化解危机。第六阶段:从危机中得到好处,是指抓住能够弥补部分损失的机会,同时吸取教训,力求避免更多类似的错误。

(二) 我国学者划分的阶段

国内很多学者的观点认为危机管理的阶段可以分为以下五个阶段。

第一阶段:危机的预防阶段。即未雨绸缪,防患于未然,将危机的发生扼杀在摇篮中。学校通常应该做好以下事情:组建危机处理小组,明确小组的职责和任务,并将小组成员的角色和责任写入学校危机管理计划之中。小组成员应该可以迅速联系到,而且他们拥有在危机情境下如何行动的知识和技能。

第二阶段:危机的预警阶段。校园危机发生后,没有危机管理小组对危机进行应对前的准备和评估阶段,它是学校管理人员干预危机前的缓冲阶段。在该阶段中,危机管理人员要获得大量一手信息,并对现场进行封锁和勘探,对当事人进行访谈和调查,评估危机的性质和风险度,并联系相关机构,共同应对危机。

第三阶段:危机的应对阶段。即调动所有相关人员对危机进行干预和处理。危机应对阶段是危机管理最关键的环节,在该环节中,各个机构相互合作应对危机,如学校领导、危机管理小组、心理咨询中心、派出所、医疗卫生机构等。各个机构之间要坦诚相待,公开透明,在处理危机事件时,以受害人的权益为出发点,尽量保护学生的隐私,保护学生的身心健康。

第四阶段:危机的恢复阶段。在遭遇到重大的危机事件后,学校和学校中的个体必定会有一定程度的损伤,要恢复到原有的状态,或者使当事人或学校转危为机。在恢复阶段,依旧要对危机事件进行跟踪和干预,对受到影响的学生进行心理咨询和心理治疗,必要时对家长和相关人员一起进行心理培训。为了让危机的危害程度降到最低,危机恢复阶段一定不能掉以轻心,要坚持以人为本。

第五阶段:危机的评估阶段。危机事件后,校领导人和学校危机管理小组要对危机事件进行评估,危机对学校和学生造成伤害的程度,学校危机管理小组在管理过程中遇到了哪些阻碍,管理有哪些缺陷,学校管理存在哪些漏洞,危机事件为什么会发生,如何避免类似的危机事件再次发生,发生危机事件后如何更高效高质量处理,如何完善等问题是在评估阶段要完成的。在危机评估阶段,还要将危机事件处理的相关环节拟写成书面材料,上交存档等。

知识链接 4-14

心理危机干预六步法干预模型

国外的干预模式中,干预过程划分为不同的阶段,根据不同阶段的特点,采取不同的措施与策略。下面介绍由 Burl E. Gilliland 和 Richard K. James 提出的六步法干预模型。

心理危机干预六步法依次是:确定问题,保证求助者安全,给予支持,提出可变通的应对方式,制订计划和得到承诺(此时,重要的是采取积极的应对方式,以动作和行为作为工作重点)。

第一步:确定问题。

确定和理解求助者存在的问题。危机干预工作者应该使用倾听技巧(同情、理解、真诚、接纳以及尊重),确定求助者存在的问题。

第二步:保证求助者安全。

在危机干预过程中,对当事人出现破坏性行为的可能性、危机事件的急迫性、当事人能动性丧失的程度及危险的严重性等做出评估。危机干预工作者要将保证求助者安全作为首要目标。也就是说,对自我和他人的生理和心理危险性降低到最小。

第三步:给予支持。

强调与求助者沟通与交流,让求助者知道,危机干预工作者是能够给予关心帮助的人。不要去评价求助者的经历与感受,而应该提供这样一种机会,让求助者相信:"这里有一个人确实很关心我!"

第四步:提出并验证可变通的应对方式。

因为多数情况下,求助者处于思维不灵活的状态,不能恰当地判断什么是最佳的选择,有些求助者甚至认为无路可走了。危机干预工作者有效的工作能让求助者认识到,有许多可以变通的应对方式可供选择。客观地评价各种可以变通的应对方式,就能够给感到绝望和走投无路的求助者以极大的支持。

应从多种不同途径思考变通的方式:

(1) 环境支持,这是提供帮助的最佳资源,求助者知道有哪些人现在或过去能关心自己。

(2) 应对机制,即求助者可以用来战胜目前危机的行动、行为或环境资源。

(3) 积极的、建设性的思维方式,可改变自己对问题的看法并减轻应激与焦虑水平。

但只需与求助者讨论其中的几种。因为处于危机之中的求助者不需要太多的选择,他们需要的是现实可行地处理其境遇的适当选择。

第五步:制订计划。

危机干预工作者要与求助者共同制定行动步骤来矫正其情绪的失衡状态。计划应该包括:

(1) 确定有另外的个人、组织团体和有关机构能够提供及时的支持。

(2) 提供应对机制——求助者现在能够采用的、积极的应对机制。确定求助者能够理解和把握的行动步骤。

根据求助者的应对能力,计划应注重切实可行地帮助求助者解决问题,包括求助者与危机干预工作者的共同配合——如使用放松技术。

计划的制订应该与求助者合作,让其感到这是他自己的计划,这一点很重要。制订计划的关键在于让求助者感到没有剥夺他们的权利、独立性和自尊。这些求助者往往过分关注自己的危机而忽略自己的能力。计划制订过程中的主要问题是求助者的控制性和自主性,让求助者将计划付诸实施的目的是恢复他们的自制能力和保证他们不依赖于支持者,如危机干预工作者。

第六步:得到承诺。

控制性和自主性问题也存在于得到恰当的承诺这一过程中。如果制订计划完成得较好的话,则得到承诺这一步就比较容易。多数情况下,得到承诺比较简单,让求助者复述一下计划:"现在我们已经商讨了你的计划,请跟我讲一下你将采取哪些行动,以保证你不会大发脾气,失去理智,避免危机的升级。"危机干预工作者要明确,在实施计划时是否达成同意合作的协议。

在结束危机干预前,危机干预工作者应该从求助者那里得到诚实、直接和适当的承诺。

(资料来源:http://wenku.baidu.com/link?url=ohvEK3sS8KN7qAVYOYXK_ez5N8Pcsay4sPfwjyB6kEg_ElGXueUiLDExVmPV-8rtPCz6iUHe33ydAKo4wJKGunQduhnjm-n2z-9-XVpGvhu.)

三、心理危机管理的理论与方法

正确的道路是这样的:借鉴你的前辈所做的一切,然后再往前走。所以在探讨心理危机干预的方法时,首先深入了解与其相关的经典理论,在已有的理论基础上,再发展应用起来。这里分别介绍心理危机干预的精神分析治疗、行为主义治疗、人本主义心理治疗、认知心理治疗等方法。

(一)精神分析治疗

精神分析治疗创始人弗洛伊德认为症状是被压抑创伤的表达,精神分析试图发现这些压抑,以对现实原则的适应代替它们。心理治疗的目的首先是改变此类人格障碍中与当前紧迫问题相关的那些部分。与此同时,通过处理不良心理体验,使当事人正确认识自己,重建有效的人际关系。

精神分析学派的干预技术包括:强调分析师的中立性,促进移情,识别防御机制,可以揭示引发当事人目前症状和过去未解决的、潜意识的内部心理冲突。干预技术是获得一种退行性移情,利用治疗关系解决冲突。精神分析的方法主要是通过自由联想和梦的解析等技术,目的是发现和分析被压抑的感受、情绪或冲突。

> **知识链接 4-15**
>
> **汶川地震后抗逆力的个案研究**
> ——来自精神分析的视角
>
> 当事人信息：13岁，初一，在地震中并没有亲友伤亡，只是房屋有些受损。在享受了国家补贴之后，居住条件实际上比地震之前要好。
>
> 症状表现：地震发生之后父母从外地打工返回，一段时间之后，和父母的冲突不断升级，尤其在情况稳定下来父母要再度外出之时更是如此，导致震后情绪一直非常不稳定，到后来逐渐开始变得冷漠和疏离。在父母离开之后，开始经常做噩梦，梦中经常出现两个重复的主题：一是被人追杀，无论多努力都逃脱不了，但是一旦不努力就会有被追上的感觉。二是经常会梦见从高空坠落，好像永远都落不了地，但又好像下一秒就会落地，伴随着巨大的恐惧。该生成绩在小学的时候还比较优秀，上初中之后开始下滑，尤其是连续的噩梦严重影响了其睡眠和精神状态，每次公布成绩的时候，只要考得不好就会伴随着剧烈的头痛，但是去医院又检查不出任何原因，只能吃止痛药暂时缓解，久而久之越来越惧怕考试，绝望的时候会有用头撞墙这一类近乎自残的表现。
>
> 人格特质和人际关系表现：与父母重逢后交流十分不畅，感觉父母像是外来人，完全没有久别重逢的依恋和不舍，表现出叛逆、在心里和语言上贬低和攻击父母，认为父母一无是处。在学校表现出人际关系疏离，似乎所有同学都不喜欢自己，老师也觉得自己很头疼。平时整个人显得很茫然，同学的评价是"经常灵魂出窍"，"多怪兮兮（很古怪）的一个人，你看我们全班没得哪个（没有谁）愿意跟她耍"。
>
> 资料记录显示案例中生命早期的心理成长环境是很不让人满意的。父母在她很小的时候就外出打工，长期缺失父母关爱，没有一个稳定的照料者，四处寄居的漂泊让她的生活支离破碎，唯一的有利因素就是祖母作为一种精神象征的长期存在，阻止了其向更糟糕的方向发展，但其强烈的不安全感是显而易见的。地震中诸多人员的死亡，特别是青少年儿童所面临的父母及其他亲人的逝去，似乎唤起其内心深处的恐惧，对父母出外打工所表现出的强烈反应，是担心父母真的离开她的恐惧表现。在她的成长过程中，并没有一个"足够好的母亲"能够提供"抱持性环境"，她缺乏安全稳定的养育环境，因此也没有能够发展出"健康的自恋"和"共情性反应"的能力，在人际关系和社会功能方面表现极差，不能获得必要的心理资源满足自己的需要。即使有祖母在，因为其年龄和经历、见闻的限制，与快速变迁的社会的脱节，导致了她在很多具体事务上无能为力，仅仅是作为一个象征性的存在提供些许精神上的慰藉。
>
> 从干预的进程和效果来看，此案例共持续了30次，频率为一周4次，一次50分钟。在治疗中，治疗师的理念始终贯穿于为当事人提供"抱持性的环境"让其早

> 年被埋没的自我得到成长的土壤,而不是仅仅聚焦于表面的症状,治疗师要暂时充当当事人缺失的"足够好的母亲",培养出当事人"健康的自恋"和"共情性反应的能力"。在治疗临近结束的那几次,当事人对治疗师说:"我现在好像感觉自己更正常一点了,就像是阴霾的天空开始放晴,我最喜欢看那时的天空……"治疗结束之后,她已经开始主动参加班级活动,考试成绩虽然没有太大起色,但身体上的症状开始明显减轻。
>
> (资料来源:孙瑞琛,刘文婧,贾晓明."5·12"汶川地震后抗逆力的个案研究——来自精神分析视角[J].北京理工大学学报(社会科学版),2010(5).)

基于精神分析学派取向的心理干预技术的目的是,更加有效地探索当事人的生活状态及其复杂性,在固有的成长模式里发现问题的根源,通过改变当事人的思考方式来达到解决问题的目的。

(二)行为主义治疗

行为主义治疗的方法源自经典的动物学习实验。巴甫洛夫通过将铃声与食物刺激结合起来使狗听到铃声就会分泌唾液,这被称为早期行为主义治疗的基础。随后可以看到,通过正强化有助于一种期望的行为经常出现,同样地,通过负强化或不给予强化使不期望的行为较少出现,直到这种行为消退。行为主义治疗是以学习理论为基础的,因此行为矫正的目标是消除旧的适应不良行为,或引发新的行为取代它们。

下面具体介绍行为主义学派治疗的一些核心技术:放松训练、系统脱敏疗法、满灌疗法。

放松训练,可以用于应对恐惧、焦虑和紧张。目前最流行的是渐进式肌肉放松或系统式放松,它的做法是通过全身主要肌肉收缩——放松的反复交替训练,使人体验到紧张和放松的不同感觉,从而更好地认识紧张反应,并对此进行主动地放松,最终达到身心放松的目的。在这种放松训练最基本的动作是:①紧张你的肌肉,注意这种紧张的感觉。②保持这种紧张感3~5秒钟,然后放松10~15秒钟。③体验放松时肌肉的感觉。从手部开始,依次是上肢、肩部、头部、颈部、胸部、腹部、臀部、下肢,直至双脚,依次对各组肌肉群进行先紧张后放松的练习,最终达到全身放松的目的。

系统脱敏疗法,是由美国学者沃尔普创立的。他认为,肌肉放松状态与焦虑状态处于一种对抗过程中,一种状态的出现必然会对另一种状态起交互抑制作用。系统脱敏疗法常用于治疗焦虑症、恐惧症,亦可用于创伤后应激障碍的治疗,根据交互抑制原理和消退原理设计。消退原理,是指机体对某种刺激的过敏性反应可以通过给予由小到大、由远及近的刺激,结合放松训练过程而逐渐递减直至消除。

满灌疗法,又称暴露疗法,它是让当事人直接接触引起其恐惧的各种刺激性情境,使之逐步忍受和适应,进而达到消除焦虑的目的。

 知识链接 4-16

小阿尔波特和皮特

华生和雷纳(1920)训练小阿尔波特,使其害怕一个他最初喜欢的小白鼠,他们将小白鼠的出现与一个令人讨厌的刺激——用锤子在小阿尔波特身后敲击一个大钢条所发出的巨大噪声匹配在一起。对这一有害的无条件惊吓反应和悲伤的情绪是小阿尔波特学会对小白鼠的出现产生恐惧反应的基础。仅经过7次实验,小阿尔波特的恐惧就形成了。当小阿尔波特学会逃避恐惧刺激时,情绪条件作用便扩展到了行为条件作用。婴儿小阿尔波特的恐惧后来泛化到了其他有毛的东西上了,如小兔子、小狗,甚至圣诞老人面具!(众所周知,在儿童身上进行恐惧形成的条件反射实验是违背道德精神的,像华生和雷纳这样的实验在今天是不可能发生的。)

现在我们知道,条件性恐惧是非常难消退的。随着时间的流逝,个体可能会忘记最初引起他恐惧的刺激和环境,但后来却会莫名其妙地感到恐惧,涉及强烈恐惧时,条件作用在中性刺激和无条件刺激中,仅仅匹配一次就能见效。

单一的创伤性事件可以使你形成强烈的生理、情绪和认知上的条件反应——它们也许相伴终生。

琼斯(1924)描述的关于皮特的治疗也是一个里程碑式的研究。皮特将近三岁,他对于皮毛的东西有恐惧感。琼斯的治疗一开始是将皮特放在小白兔出现的环境中,且让他和那些喜欢小白兔、将小白兔当宠物的孩子待在一起。这个治疗好像是起作用了,但是因为他中途病了两个月所以被打断了。所以他重返这个治疗之时,他还是害怕大型犬,因为皮特的恐惧水平已经回到了初始水平。于是,琼斯决定用对抗条件反射作用的程序去治疗皮特,这一程序包括让皮特去吃一些他最喜欢的食物,同时让动物渐渐地向他靠近。用这种方式,恐惧刺激与快乐联系起来。这在治疗皮特的恐惧方面取得了明显的成功,皮特最终可以自己抱起小动物。尽管这个研究有方法论上的弱点,但是它对基于经典条件反射心理性紊乱者的治疗发展起了促进作用。

(资料来源:纳尔逊,伊斯雷尔.特殊儿童及青少年心理学[M].7版.南京:江苏教育出版社,2012.)

 知识链接 4-17

灾时应急心理救助技术与方法(节选)

1976年7月28日唐山大地震时,指挥部在安排好救灾工作以后,把工作重点放到了最为险恶、最为繁重的掩埋尸体这项特殊的工作上。当时救灾的条件极其艰苦,所有的埋尸部队都处于无防护状态。士兵们冒着扑鼻的尸臭,赤手露臂挖掘尸体。尸体腐烂，皮肤脱落，挥发出来的刺激性较强的有毒硫化氢、氨、甲烷气体混合而成的气味使人眩晕。更有甚者，有的救援战士钻进废墟中，递出来一条胳膊，又递出来一条腿……

这一幕幕刺激人们心灵的场面，使有些救援队员或救灾志愿者产生了恐惧心理，他们不敢用手触摸尸体，出现面色苍白、恶心、呕吐等躯体反应。这是一种灾害心理现象，如不及时进行心理救助，就会影响救灾的进度，还给心理需要救助的人带来极大的病苦。

经常调解邻里关系的某居委会王主任，在地震发生的当天，从废墟中爬出来，与其他人一起进行救助。其中有几人因害怕不敢摸死尸，王主任就对他们说："你们好好思考一下，你们的亲人、好友正在危难之中，想一想他们平时对你们的恩情！这死尸有什么？"几个人马上回想起过去在一起时那些美好的时光，并且彼此互相照顾，恐惧的情绪逐渐消减了很多。他们又看到王主任用手抚摸着死尸的脸和手脚，什么事情也没有。于是，几个人上前闭着眼睛用手轻轻碰了一下尸体的手，没有事情发生。王主任说："不要闭眼睛，再摸一下。"说完，王主任举起死尸的手摸自己的脸。看到这个动作，几个害怕尸体的人，勇敢地上前抓住了尸体的手。上面这种情况，救援志愿者以情志相克技术和满灌疗法相结合救助不敢用手触摸尸体的救灾人员。

王主任前面的叙说就是利用了"思胜恐"的思疗技术，后面的行为动作就是使用了"满灌疗法"的技术。这两项技术相结合的方法快速救助了因恐惧而不敢摸死尸的心理问题。

（资料来源：龚瑞昆，王绍玉，顾建华，张世奇.灾时应急心理救助技术与方法（2）——情志相克技术[J].城市与减灾，2003(4).)

（三）人本主义心理治疗

人本主义学派以情感或感受的觉知和表达为目标，他们认为全人类有一种向积极方向自然成长和发展的倾向。之所以引发问题，是因为这个过程受阻或者缺乏觉知。

来访者中心疗法以人本主义心理学为理论基础，在于创造能进行有意义的自我探索的情境，使当事人更加自由、积极和主动地认识自己，自我成长。其主要技术包括共情技术、倾听技术和积极关注技术。

知识链接 4-18
应急管理中的心理危机干预

遭遇危机后的当事人往往会出现自卑和自我否定，罗杰斯认为，患者中心疗法在医患之间所建立的良好关系和无条件的接纳可以促进一个人自我关注的发展。而要建立良好的治疗关系必须做到以下几点：① 当事人与干预者有心理上的真正接触。②干预者是一位表里如一、真诚一致的健康人。③干预者给当事人提供无条件的尊重、接纳和正面的、积极的关怀。干预者只需要"点头"而已,表达出无条件的接纳和尊重。④干预者能了解当事人的内心世界,并能及时将自己的体验告知当事人。⑤干预者的共情、移情与关注能为当事人所感受到。共情是指干预者要对当事人的感受、体验、想法和行为做设身处地的理解,并循循善诱,帮助当事人厘清在满足自我实现的需求与从别人那里获得积极关注的需求的过程中发生冲突的原因或不一致性问题。另外,干预者还需要让当事人知道努力的方向,同时鼓励当事人向"健康人"的方向努力探索。

(资料来源:曹蓉,张小宁.应急管理中的心理危机干预[M].北京:北京大学出版社,2013.)

(四)认知心理治疗

1. 认知疗法

认知疗法于20世纪60至70年代在美国出现,是根据人的认知过程,影响其情绪和行为的理论假设。通过认知和行为技术来改变求治者的不良认知,从而矫正适应不良行为的心理治疗方法。认知疗法的基本观点是:认知过程及其导致的错误观念是行为和情感的中介,适应不良行为和情感与适应不良认知有关。认知疗法常采用认知重建、心理应对、问题解决等技术进行心理辅导和治疗,主要的治疗方法是理性情绪疗法,治疗目标是使当事人看到不合理的信念,帮助他们采用更合理信念。

2. 基本治疗过程

1)建立求助动机

在此过程中,要认识适应不良的认知-情感-行为类型。来访者和咨询师对其问题达成认知解释上意见的统一;对不良表现给予解释并且估计矫正所能达到的预期结果。例如,可让来访者自我监测认知、情感和行为,咨询师给予指导、说明和认知示范等。

2)适应认知矫正

在此过程中,要使来访者发展新的认知和行为来替代适应不良的认知和行为。例如,咨询师指导来访者广泛应用新的认知和行为。

3)处理日常问题

培养观念的竞争,用新的认知对抗原有的认知。在此过程中,要让来访者练习将新的认知模式用到社会情境之中,取代原有的认知模式。例如,可使来访者先用想象的方式来练习处理问题,或模拟一定的情境或在一定条件下,让来访者以实际经历进行训练。

4)改变自我认知

在此过程中,作为新认知和训练的结果,要求来访者重新评价自我效能以及自我在处理认识和情境中的作用。例如,在练习过程中,让来访者自我监察行为和认知。

3. 具体疗法

1) 识别自动化思维

由于引发心理障碍的思维方式是自动出现的,已构成来访者思维习惯的一部分,多数来访者不能意识到在不良情绪反应以前会存在着这些思想。因此在治疗过程中,咨询师首先要帮助来访者学会发现和识别这些自动化的思维过程。咨询师可以采用提问、自我演示或模仿等方法,找出导致不良情绪反应的思想。

2) 识别认知性错误

所谓认知性错误,即来访者在概念和抽象上常犯的错误。这些错误相对于自动化思维更难识别,因此咨询师应听取并记录来访者的自动化思维,然后帮助来访者归纳出它们的一般规律。

3) 真实性检验

真实性检验就是把来访者的自动思维和错误观念作为一种假设,鼓励他在严格设计的行为模式或情境中对假设进行检验,使之认识到原有观念中不符合实际的地方,并自觉纠正,这是认知疗法的核心。

4) 去中心化

去中心化就是让来访者意识到自己并非别人注意的中心。很多来访者总感到自己是别人注意的中心,自己的一言一行都会受到他人的评价。为此,他常常感到自己是无力的,脆弱的。如果来访者认为自己的行为举止稍有改变就会引起周围人的注意和非难,那么咨询师可以让他不像以前那样去和人交往,即在行为举止上稍有改变,然后要求他记录别人不良反应的次数,结果他发现很少有人注意他言行的变化,他自然会认识到自己以往观念中不合理的成分。

5) 焦虑水平监控

多数来访者都认为他们的抑郁或焦虑情绪会一成不变地持续下去,而实际上,这些情绪常常有一个开始、高峰和消退的过程,而不会永远持续。让接受咨询的来访者体验这种情绪涨落变化,并相信可以通过自我监控,掌握不良情绪的波动,从而增强改变的决心。

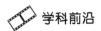

学科前沿

自杀后干预

自杀后干预可以提供帮助预防自杀的信息,使幸存者理解为什么会发生自杀,也能帮助幸存者减少内疚感。

自杀后干预主要包括以下的步骤:

1. 了解原因

危机工作者帮助回忆死者自杀的暗示、线索等,使自杀变得可以理解。建议大家把死者的特别突出和特别值得回忆的特征和成就列一个表。

2. 告别

每一个小组成员轮流向死者所坐的"空位子"说告别词,包括气恼和爱。这对每一个人来说是一场非常深刻的感情经历。

3. 转向放松

根据前两个步骤的材料,引导他们采用集体研讨法制作另外一张表,收集死者点点滴滴的情况,有助于将来预防自杀。

4. 解除内疚感

危机干预工作者承诺写一张心理学尸检表并分发给每一个人。最后,危机干预工作者做出声明:①对他们的参与表示感谢;②让他们相信他们对于死者的死没有任何责任;③诉诸他们结束这个急性、悲痛的阶段,进入长期的悲痛期,以死者为鉴懂得珍惜生活的每一天。

(资料来源:叶泽权.双困生心理危机干预的对策[J].吉林工程技术师范学院学报,2014(6);詹姆斯,吉利兰.危机干预策略[M].5版.北京:高等教育出版社,2009.)

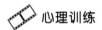 心理训练

系统脱敏疗法案例分析

采用系统脱敏疗法进行治疗应包括三个步骤:①建立恐怖或焦虑的等级层次,这是进行系统脱敏疗法的依据和主攻方向;②进行放松训练;③要求求治者在放松的情况下,按某一恐怖或焦虑的等级层次进行脱敏治疗。

1. 建立恐怖或焦虑的等级层次。这一步包含两项内容:

(1) 找出所有使求治者感到恐怖或焦虑的事件,并报告出他对每一事件感到恐怖或焦虑的主观程度,这种主观程度可用主观感觉尺度来度量。这种尺度为 0~100,一般分为 10 个等级,单位为 sud,如图 4-2 所示。

```
0      25      50      75      100
心情平静  轻度恐惧  中度恐惧  高度恐惧  极度恐惧
```

图 4-2 恐惧的主观度量尺度

(2) 将求治者报告出的恐怖或焦虑事件按等级程度由小到大的顺序排列。表 4-2 是一位害怕考试的学生的主观等级的最后排列示例。

表 4-2 一个害怕考试的学生害怕的等级层次

序 列	事 件	sud
1	考前一周想到考试时	20
2	考前一个晚上想到考试时	35
3	走在去考场的路上时	50
4	在考场外等候时	65
5	进入考场	80

续表

序　列	事　件	sud
6	第一遍看考试卷子时	90
7	和其他人一起坐在考场中想着不能不进行考试时	100

2. 放松训练。一般需要6～10次练习,每次历时半小时,每天1至2次,以达到全身肌肉能够迅速进入松弛状态为合格。

3. 分级脱敏练习。在完成以上两项工作之后,即进入系统脱敏练习。系统脱敏在求治者完全放松的状态下进行,这一过程分为三个步骤进行:①放松。具体放松方法与技术参见本章"放松疗法"。②想象脱敏训练。由施治者做口头描述,并要求对方在能清楚地想象此事时,便伸出一个手指头来表示。然后,让求治者保持这一想象中的场景30秒钟左右。想象训练一般在安静的环境中进行,想象要求生动逼真,像演员一样进入角色,不允许有回避停止行为产生,一般忍耐1小时左右视为有效。实在无法忍耐而出现严重恐惧时,采用放松疗法对抗,直到达到最高级的恐怖事件的情景也不出现惊恐反应或反应轻微而能忍耐为止。一次想象训练不超过4个等级,如果在某一级训练中仍出现较强的情绪反应,则应降级重新训练,直至完全适度。③实地适应训练。这是治疗的关键步骤,也是从最低级到最高级,逐级训练,以达到心理适应。一般均重复多次,直到情绪反应完全消除,方进入下一等级。每周治疗1至2次,每次30分钟左右。例如,对一个过分害怕猫的人,在治疗中,先让她看猫的照片,谈猫的事情;等到看惯了,不害怕了,再让她接触形象逼真的玩具猫,再让她靠近笼子里的猫,接着慢慢伸手去摸,最后去抱猫,逐渐消除怕猫的情感反应。

（资料来源:http://wenku.baidu.com/link? url＝Y1Uxqw8zQYXQVWH6xlKvRf2LUCTqgQ9QskxJJvb5MduPvkS64iCvs2blMl5VH9bGebUuTCQTYxZzhgmjJXzOkKE-4BgtSDL9bTYaJDbgaFO.）

第四节　学生心理健康教育与管理

案例分享

一、旷课遭老师批评后,深圳一名中学生套塑料袋自杀

2016年1月6日,一场悲剧在深圳市龙岗区平湖街道发生,一名初三学生在家自杀。该男生凌新(化名)今年15岁,比较内向,在兴文学校读初三。1月5日,凌新没有去学校上课,被老师批评并被要求写检讨。6日,凌新没有将检讨带给老师,当日上午老师就检讨一事与凌新谈话,但没有进行过于严苛的批评。6日下午2时许,当凌新妈妈回到家中,发现孩子把自己反锁房间内,头上套着塑料袋,已经窒息,后被证实死亡。

二、因考试不理想,佛山一中学生跳楼自杀

一名上初二的女孩从5楼的家中阳台跳楼自杀。据了解,女孩跳楼原因或与考试成绩不理想,回到家后仍继续玩手机而被其父训斥几句有关。目前,女孩已被送往医院救治,仍

未脱离生命危险。

（资料来源：http://city.ytfygv.cn/city/20160107/297807_2.shtml；http://zhongkao.tl100.com/201406/242794.shtml.）

中小学生正处在身心发展的重要时期,个体由儿童发展为青少年时期的特殊阶段,发展心理学用"暴风骤雨"来描述这个时期个体心理的跌宕起伏、矛盾与冲突等特点。随着生理、心理和思维方式的变化,他们在学习、生活、自我意识、情绪调适、人际交往等方面,遇到各种各样的心理困扰或问题。

处于青春期的孩子心理矛盾现象有：心理上的成人感与半成熟现状之间的矛盾；心理断乳与希望在精神上得到父母的支持和保护的矛盾；心理封闭性与需要理解、交流的矛盾；要求独立自主与依赖之间的矛盾；自以为是与常常出现自卑感之间的矛盾等。如果这些问题不能顺利解决,或者较长时间承受困扰,就可能在情绪情感、性格特征、行为表现等方面出现种种问题,甚至容易出现某些身心症状。

心理健康是人的一切活动的基本要素,是学生身心健康成长的需要,是全面推进素质教育的必然要求。因此,学校对于学生心理健康的维护和管理也显得十分重要,维护中小学生心理健康,争取多方面的资源,开展心理健康教育,开展心理咨询,进行心理治疗或转介等。本节将围绕学生心理健康维护与管理的概况、维护学生心理健康的教育模式、学生心理健康维护与管理的内容和方法进行阐述。

一、心理健康维护的概述

1. 学生心理健康维护的概念

学生心理健康维护是面向全体学生,提高学生基本素质的教育内容。《心理学百科全书》(1995)对心理健康的定义是：心理健康又称心理卫生,它有两方面的含义,第一个方面是心理健康状态,个体处于这种状态时,不仅自我情况良好,而且与社会契合和谐；第二个方面是维持心理健康、减少行为问题和精神疾病的原则和措施。

心理健康维护基于心理学相关理论,采用维护学生心理健康的几种途径,集心理教育、心理咨询与辅导、心理治疗为一体,广泛普及心理健康知识,系统全面地向学生提供心理资源,培育和谐心理,打造和谐校园（见表 4-3）。

表 4-3 学校学生心理健康教育维护

途 径	对 象	方 式	理 论
心理教育	所有正常学生	集体、团体	教育学、心理学、发展心理学等
心理咨询与辅导	有适应困扰的学生	团体、个体	咨询心理学等
心理治疗	极少数障碍学生	个别	临床心理学

知识链接 4-19

有三个"打鱼人",聚在一个河潭边钓鱼时他们发现有人在上游被冲进水潭挣扎着求救。于是,其中一个打鱼人便跳入水中把落水者救了上来,并用人工呼吸等方法予以抢救。但在这时他们又见到另一个被冲下来的落水者,另一个打鱼人又跳入水中把他救了上来……可是,他们同时又发现了第三个、第四个、第五个落水者,这三个打鱼人已经是手忙脚乱,显得难以兼顾和应付了。

此时,一个打鱼人似乎是想到了什么,他离开现场去了上游,想去做一项性质不同但目的一致的工作,想去劝说人们不要在这里游泳,并且想在人们的入水处插上一块木排以示警告。他这样做了,可是仍有无视警告者被冲进水潭。

三个打鱼人身处其中,仍然要忙于从水中救人的工作。后来,其中一个打鱼人最终似乎醒悟了,他说这样仍然不能从根本上解决问题,他要去做另一项工作——去教人们游泳。

这似乎是问题的关键,因为有了好的水性,像他们三个打鱼人一样,那么即使被冲下深水或激流中,也能够独立应对,不至于深陷危机甚至于献出生命了。

这个故事给我们很大的启发,如果以此来比喻心理学,那么第一步跳入水中抢救落水者的工作就好比是"心理治疗",是一项艰巨的工作。心理治疗往往要花费相当多的时间和精力,求助者也往往感受着深刻的痛苦和不安。

第二步有一个打鱼者去上游对人们进行劝说,这就好比是"心理咨询与辅导",也是一项充满意义的工作。但一般来说,它也只是对"求助者"才能够发生作用和影响。

那么第三步,那位最终醒悟了的打鱼人,那位立志要去教人们"水性"的打鱼人所做的工作,就好比是"心理教育"了。他找到了"落水者"需要被抢救的根本原因——水性不好,并着眼和致力于从教会人们水性这一根本原因上来解决问题。

(资料来源:申荷永,高岚.心理教育[M].广州:暨南大学出版社,1996.)

2. 对学生心理健康的管理概述

学生心理健康的管理仅仅是教育管理体系中一个很小的范畴,但是它存在着非常重要的意义和价值。它在学校心理健康教育制度提供的框架和范围内,规范教育行政部门、学校、教师与学生的行为,促使这些群体和个人按照学校心理健康教育制度规定的权利和义务去完成学生心理健康的相关教育活动,促使学生心理健康教育的顺利开展。

维护学生心理健康的管理规定了参与学生心理健康教育的权利与义务,规范了学生心理健康教育所必须包含的目标、任务与内容,途径、原则与方法,课程实施与评价,学生心理测评及心理档案建立,相关心理健康教育活动的组织与管理。

早在 1995 年 10 月,中国心理卫生协会青少年心理卫生专业委员会发出呼吁:全社会都来关心青少年的心理健康。我国政府也颁布了一系列的相关政策,保障了对学生心理健康的维护,指导和监督学校开展实施,如教育部发布的《中小学心理健康教育指导纲要(2012

年修订)》《教育部关于加强中小学心理健康教育的若干意见》,广东省教育部发布的《广东省中小学校心理健康教育工作规范(试行)》《广东省中小学心理健康教育活动课指南(试行)》《广东省中小学专职心理教师工作职责规范(试行)》等。

学校在政策文件的指引下,应建立健全学校学生心理健康教育制度,组织师资力量开展学校心理健康教学。将其作为学校常规管理活动中的一个重要组成部分,保障学校心理健康教育在实施过程中受到监督和管理。

知识链接 4-20

广东省中小学心理健康教育发展"十二五"规划(节选)

(一) 教育理念

"十二五"期间,我省中小学校(中职学校)心理健康教育针对社会转型期广东经济社会发展的变化和中小学生(中职学生)心理发展的特点,坚持"育人先育心、教育从心开始"的育人理念,坚持培养学生"积极心理、阳光心灵"的教育理念,立足教育,重在引导,将培养每个学生积极的心理品质作为学校心理健康教育的工作目标和主要内容,全面提升中小学心理健康教育水平。

(二) 基本原则

"十二五"期间,我省中小学校(中职学校)心理健康教育要把握心理健康教育发展性特征,坚持"以积极发展为主,以心理咨询为辅"的原则,坚持"面向全体学生与关注个别差异相结合"的原则,坚持"分类指导、促进均衡"的原则,面向全体学生培养良好的心理素质和健全人格,有效减少由于学生心理失衡导致的伤害事件发生,创新工作机制,完善教育体系,推进学校心理健康教育普及化、制度化、科学化和全员化。

(三) 目标任务

"十二五"期间,我省中小学校(中职学校)心理健康教育以创建"和谐心理、和谐班级、和谐校园"为主题,以有效培养全体学生积极心理品质、有效干预学生心理危机为主要任务,以实现全省中小学校(中职学校)心理健康教育的均衡发展、规范发展和提升发展目标。

(四) 发展思路

我省中小学校心理健康教育工作要着力实现"三个转换"。即实现由主要面向少数学生的心理咨询转换为主要面向全体学生的普及型教育模式,由以补救和矫治型为主的咨询和危机干预模式转换为以发展性、预防性为主的发展性教育模式,由心理健康教育咨询的专业人员的单兵作战转换成心理专业人员和工作网络与学生思想教育工作队伍全面整合的全员性教育模式。

1. 坚持科研引领,促进中小学心理健康教育的科学性发展

"十二五"期间,我省中小学心理健康教育要坚持科研引领,加强科研课题的研究和实验。完善专家指导和学校实验相结合的科研工作机制,组织专家团队和省、

市心理健康教育示范学校、实验学校形成合力课题攻关。要深入研究社会转型期我省经济社会发展的特点和中小学生的心理发展特点，深入研究"发展性心理健康教育"的科学内涵和实施的有效途径及教育的方式、方法，积极探索"发展性心理健康教育"的广东模式。

2. 重在内涵发展，有效培养学生良好的心理素质和健全人格

"十二五"期间，我省中小学心理健康教育要重在内涵发展。进一步加强教师的专业能力建设，实施名师培养工程，培养心理健康教育的骨干教师和专业带头人。加强心理健康教育活动课的教学研究，建设优质的心理健康教育活动课程。建立课程指导和评价机制，引导广大教师改进教学的方式和方法，提高教学的科学性和有效性，增强教学的感染力和吸引力，有效培养全体学生良好心理素质和健全人格，有效防止和减少校园心理危机事件的发生。

3. 加强分类指导、督促检查，促进全省中小学心理健康教育均衡发展

"十二五"期间，我省中小学心理健康教育要加强分类指导，建立和完善督促检查促发展的工作机制。指导和督促粤北山区和粤东、粤西经济欠发达地区教育局和学校，采取有效措施，积极开展心理健康教育；指导和引领珠江三角洲地区总结经验、提高教育的实效性；指导和引领省、市心理健康教育示范学校发挥带动和引领作用。加快实现全省各地区心理健康教育的均衡发展和学校间心理健康教育的均衡发展。

知识链接 4-21

××学校心理健康教育制度

良好的心理素质是人的全面素质中的重要组成部分。心理健康教育是随着中小学生生理、心理的发育和发展，社会阅历的扩展及思维方式的变化而变化，特别是面对社会竞争的压力，他们在学习、生活、人际交往、升学就业和自我意识等方面，会遇到各种各样的心理困惑或问题。因此，在中小学开展心理健康教育，是学生健康成长的需要，是推进素质教育的必然要求。结合本校实际，特制定相关制度如下。

一、开展中小学心理健康教育，要立足教育，重在指导，遵循学生身心发展规律，保证心理健康教育的实践性与实效性。为此，必须坚持以下基本原则：

1. 根据学生心理发展特点理素质的教育，是实施素质教育的重要内容。中小学生正处在身心发展的重要时期，要根据身心发展规律，有针对性地实施教育。

2. 面向全体学生，通过普遍开展教育活动，使学生对心理健康教育有积极的认识，使心理素质逐步得到提高；关注个别差异，根据不同学生的不同需要开展多种形式的教育和辅导，提高他们的心理健康水平。

3. 尊重学生,以学生为主体,充分启发和调动学生的积极性。做到心理健康教育的科学性与针对性相结合,面向全体学生与关注个别差异相结合。

4. 尊重、理解与真诚同感相结合;预防、矫治和发展相结合;教师的科学辅导与学生的主动参与相结合;助人与自助相结合。

二、开设心理健康选修课、活动课或专题讲座。普及心理健康科学常识,帮助学生掌握一般的心理保健知识,培养良好的心理素质。

三、个别咨询与辅导。开设心理咨询室或心理辅导室进行个别辅导,对学生在学习和生活中出现的问题给予直接的指导,排解心理困扰,并对有关的心理行为问题进行诊断、矫治。

四、加强师资队伍建设。逐步建立在校长领导下,以班主任和专兼职心理辅导教师为骨干,全体教师共同参与的心理健康教育工作体制。

五、辅导员明确职责和要求,严格遵守对学生的心理问题保密工作。

(资料来源:http://www.ksis.org.cn/ksisnew/zhkp/c3/9.htm.)

二、维护学生心理健康的运作模式

目前,在我国学校教育中实施的心理健康教育模式有心理健康教育专题讲座模式,心理健康咨询与辅导模式,定期心理健康咨询、治疗模式,学科教学、班主任工作、德育渗透模式,校园文化活动的教育模式。归纳总结为以下五点。

1. 心理教育模式

1)授课模式

心理健康教育模式由过去的医学取向向现在的教育学取向转变,由只针对少数有问题的学生向现在的面向全体,兼顾个别转变课堂教学模式,针对不同阶段学生所面临的状况进行系统授课的模式。

 知识链接 4-22

学校心理健康教育的课堂教学模式与策略

学校心理健康教育的课堂教学模式主要不是知识的课堂教学模式,而是建构性的文本模式。文本模式也被称为活动模式,是一种专注于自主生成,构建教学活动。其基本特点是教师和学生的参与、沟通、协作,它可以用感情和道理说服所要教育的人,可以创造出理想的教育效果。文本模式本质上与科学类的教学模式不同,它不是以"教"为轴心,不提供现有的结论,不是以学习知识为主要目标,但它围绕着学生的心理发展,为学生创造一定的心理环境,从具体情境与氛围中来引导他们去感受、领悟、思考、分析、比较,让其在体验心理过程中产生心灵的震撼和理解,从而改变理念,促进心理的发展,最后达到改变行为的目的。

> 从方法上看，主要有认知类策略，如启发思考、专题讨论、小组讨论、认知矫正、辩论、评价法等；情感类策略，如反思体验、移情体验、换位体验、情境感受等；行为类策略，如行为训练、行为改变、角色扮演、行为示范、行为强化等。各种策略在心理健康教育中也许都有一定的教育效果，但如何将各种心理健康教育策略整合，充分地尊重、理解、信任学生，真正做到师生人格平等，以宽容、开放的心态对待学生，以发展的眼光看待学生，用心体验学生的内心感受和情绪反应，提高心理健康教育的有效性。
>
> 小学阶段的心理健康教育策略力求简单明了，生动有趣，重在习惯养成；初中阶段心理健康教育策略力求简明扼要，生动活泼，重在方法掌握；高中阶段心理健康教育策略力求言简意赅，富有启发，重在内化体验和品质形成。
>
> （资料来源：陈旭，张大均.心理健康教育的整合模式探析[J].教育研究，2002(1).）

2）讲座模式

根据学生们和家长们的实际需求，选定恰当的主题。选定的主题应该是学生感兴趣并且深有感触的，关于家庭教育方法的话题，展开主题讲座，帮助家长树立正确的育儿观念，帮助学生解决一些心理上的茫然和不知所措，真正将心理健康教育的理性导向作用发挥出其应有的价值。

2. 心理咨询与辅导模式

在各个学校的心理健康教育中，定期心理健康咨询与辅导是最常被使用的一种模式。辅导者为学生们建立心理档案，排查心理疾病，通过访谈咨询、游戏法、沙盘法、团体辅导等方法进行心理咨询与辅导，帮助学生解决一般的心理问题。

将学生们的身心素质、能力、性格、知识背景和社会经验等因素进行综合评价，为学生未来的发展道路提供具有前瞻性的指导。

3. 定期心理健康咨询、治疗模式

这种模式是指治疗者从医学等角度出发，针对心理上存在的问题和行为异常的学生进行细致的心理检测和长期的心理辅导，对于那些具有心理障碍或精神障碍的学生，建议他们及时到精神病院接受治疗。在治疗过程中，关注学生的能动性，减轻学生的心理负担和压力，使他们的心理功能得到恢复和协调。治疗模式的理论来源非常广泛，主要受精神分析、行为主义和人本主义心理学的影响。

4. 学科教学、班主任工作、德育渗透模式

在日常学科教学，主持班级工作与德育工作的同时，可以有方向、有计划地培养学生良好的心理素质，开发学生的潜能，提高学生的心理健康水平。渗透模式可以说是学校心理健康教育的普遍模式。

要真正做好渗透模式，需要对教师提出更高的要求。教师不仅要具备一定的教育学、心理学知识，还可以将心理健康教育和日常教学进行有机结合，真诚地关心学生的心理健康和心理素质教育，使学生潜移默化地提高自身的心理素质。

5. 校园文化活动的教育模式

在校园文化活动中进行心理健康是一种非常有效的途径。开展丰富多彩的校园文化活动,如心理社团活动、朋辈心理辅导活动、维护心理健康活动周等,确定好活动的主题、原则和方向,指导和监督则由学校的管理者和教师们共同完成。

创造良好的学校心理环境,不单单对发展学生的实践能力具有重要的作用,还对学生的非智力因素也有重要的作用,进而影响周边的家庭环境乃至社会环境,综合发挥效果。

三、学生心理健康维护与管理的内容和方法

世界卫生组织指出:学校是促进学生心理健康最适宜的场所,学校可以教给学生一些解决问题的技巧,并通过特殊问题的干预与心理咨询,转变学生的行为。要对学生进行心理健康教育需要从以下几方面做起。

1. 建立学生心理档案,进行个别辅导与开展团体辅导相结合

即将学生的心理问题历史或现状记录下来,存入档案中,以便及时有效地对学生进行个别心理健康教育,同时应将特殊的案例整理出来,以便对全体学生进行个案教育。

定期组织学生开展团体辅导。可通过主题班会、演讲、手抄报、宣传栏、校内广播电视等形式,向学生普及心理健康知识;还可以通过文体活动、郊游、社会实践等形式,调节学生的紧张情绪,促进学生身心健康。

2. 重视教师的心理健康状况

第一,要对全体教师进行心理健康知识讲座,普及心理健康知识,转变教育观念,规范教学行为,渗透心理健康理念,既可以提高教师自身心理健康,也可以使教师主动关心学生心理健康,为学生成长创设良好的氛围。第二,学校要配备专职心理健康教育教师,可以聘请一定数量的兼职教师或心理咨询人员,也可以组织从事心理健康教育教师的专业培训。第三,教师本人也要有意识地、不断调适自己的心理,运用科学知识调整自己的心态,使自己始终处于一种积极、乐观、平和的状态,既要教书,又要育人,还要育心。

3. 在班级管理中结合心理健康教育

班主任是学生的"心理健康师"。他们的人格对学生起着潜移默化的作用。在班主任工作中,充分运用心理健康教育的方式和手段,做到"关心爱护班内每一位学生"、"多与学生平等交流,在交流中注意引导"、"多给学生鼓励和表扬"等。在组织班级活动和个别教育学生时,注意运用心理健康教育的基本原则,如"尊重"、"倾听"、"同感"、"耐心"、"助人自助"等。班主任要充分利用好班会,上"心理导向"活动课,以帮助班主任和学生构建一种民主、平等的关系等。

4. 重视家校沟通,形成家校之间心理健康教育的合力

学生心理问题的产生和发展,家庭教育是不可忽视的因素。学校教育与家庭教育的积极配合,将会使心理健康教育工作事半功倍。

因此,学校要通过学生家庭档案、家庭联系卡,密切教师和家长之间的联系。成立家长学校,定期召开家长会或不定期的家长小组会,使学生家长掌握一些基本的心理健康教育知识。引导和帮助家长树立正确的教育观,改善家庭环境,以正确的方式、和谐的气氛去影响

和教育子女。

总之，影响中学生心理健康的因素是错综复杂的，要努力创建一个轻松、开放、自主的学习、生活氛围，形成家庭—学校—社会—学生自身四位一体的心理健康教育网络，充分利用家庭、学校、社会各种资源和渠道，开展扎实有效的心理健康教育活动，从而给学生创设充满尊重、理解、信任、赏识的心理支持氛围，培养学生的良好心理品质，增强学生的适应能力与耐挫能力，提高心理健康水平。

知识链接 4-23

学生心理健康维护与管理的主要内容

心理健康教育的主要内容包括：普及心理健康知识，树立心理健康意识，了解心理调节方法，认识心理异常现象，掌握心理保健常识和技能。其重点是认识自我、学会学习、人际交往、情绪调适、升学择业以及生活和社会适应等方面的内容。

心理健康教育应从不同地区的实际和不同年龄阶段学生的身心发展特点出发，做到循序渐进，设置分阶段的具体教育内容。

小学低年级主要包括：帮助学生认识班级、学校、日常学习生活环境和基本规则；初步感受学习知识的乐趣，重点是学习习惯的培养与训练；培养学生礼貌友好的交往品质，乐于与老师、同学交往，在谦让、友善的交往中感受友情；使学生有安全感和归属感，初步学会自我控制；帮助学生适应新环境、新集体和新的学习生活，树立纪律意识、时间意识和规则意识。

小学中年级主要包括：帮助学生了解自我，认识自我；初步培养学生的学习能力，激发学习兴趣和探究精神，树立自信，乐于学习；树立集体意识，善于与同学、老师交往，培养自主参与各种活动的能力，以及开朗、合群、自立的健康人格；引导学生在学习生活中感受解决困难的快乐，学会体验情绪并表达自己的情绪；帮助学生建立正确的角色意识，培养学生对不同社会角色的适应；增强时间管理意识，帮助学生正确处理学习与兴趣、娱乐之间的矛盾。

小学高年级主要包括：帮助学生正确认识自己的优缺点和兴趣爱好，在各种活动中悦纳自己；着力培养学生的学习兴趣和学习能力，端正学习动机，调整学习心态，正确对待成绩，体验学习成功的乐趣；开展初步的青春期教育，引导学生进行恰当的异性交往，建立和维持良好的异性同伴关系，扩大人际交往的范围；帮助学生克服学习困难，正确面对厌学等负面情绪，学会恰当地、正确地体验情绪和表达情绪；积极促进学生的亲社会行为，逐步认识自己与社会、国家和世界的关系；培养学生分析问题和解决问题的能力，为初中阶段学习生活做好准备。

初中年级主要包括：帮助学生加强自我认识，客观地评价自己，认识青春期的生理特征和心理特征；适应中学阶段的学习环境和学习要求，培养正确的学习观念，发展学习能力，改善学习方法，提高学习效率；积极与老师及父母进行沟通，把握与异性交往的尺度，建立良好的人际关系；鼓励学生进行积极的情绪体验与表达,并对自己的情绪进行有效管理,正确处理厌学心理,抑制冲动行为;把握升学选择的方向,培养职业规划意识,树立早期职业发展目标;逐步适应生活和社会的各种变化,着重培养应对失败和挫折的能力。

高中年级主要包括:帮助学生确立正确的自我意识,树立人生理想和信念,形成正确的世界观、人生观和价值观;培养创新精神和创新能力,掌握学习策略,开发学习潜能,提高学习效率,积极应对考试压力,克服考试焦虑;正确认识自己的人际关系状况,培养人际沟通能力,促进人际间的积极情感反应和体验,正确对待和异性同伴的交往,知道友谊和爱情的界限;帮助学生进一步提高承受失败和应对挫折的能力,形成良好的意志品质;在充分了解自己的兴趣、能力、性格、特长和社会需要的基础上,确立自己的职业志向,培养职业道德意识,进行升学就业的选择和准备,培养担当意识和社会责任感。

心理健康教育的途径和方法

1. 学校应将心理健康教育始终贯穿于教育教学全过程。全体教师都应自觉地在各学科教学中遵循心理健康教育的规律,将适合学生特点的心理健康教育内容有机渗透到日常教育教学活动中。要注重发挥教师人格魅力和为人师表的作用,建立起民主、平等、相互尊重的师生关系。要将心理健康教育与班主任工作、班团队活动、校园文体活动、社会实践活动等有机结合,充分利用网络等现代信息技术手段,多种途径开展心理健康教育。

2. 开展心理健康专题教育。专题教育可利用地方课程或学校课程开设心理健康教育课。心理健康教育课应以活动为主,可以采取多种形式,包括团体辅导、心理训练、问题辨析、情境设计、角色扮演、游戏辅导、心理情景剧、专题讲座等。心理健康教育要防止学科化的倾向,避免将其作为心理学知识的普及和心理学理论的教育,要注重引导学生心理、人格积极健康发展,最大限度地预防学生发展过程中可能出现的心理行为问题。

3. 建立心理辅导室。心理辅导室是心理健康教育教师开展个别辅导和团体辅导,指导帮助学生解决在学习、生活和成长中出现的问题,排解心理困扰的专门场所,是学校开展心理健康教育的重要阵地。在心理辅导过程中,教师要树立危机干预意识,对个别有严重心理疾病的学生,能够及时识别并转介到相关心理诊治部门。教育部将对心理辅导室建设的基本标准和规范做出统一规定。

心理辅导是一项科学性、专业性很强的工作,心理健康教育教师应遵循心理发展和教育规律,向学生提供发展性心理辅导和帮助。开展心理辅导必须遵守职业伦理规范,在学生知情自愿的基础上进行,严格遵循保密原则,保护学生隐私,谨慎使用心理测试量表或其他测试手段,不能强迫学生接受心理测试,禁止使用可能损害学生心理健康的仪器,要防止心理健康教育医学化的倾向。

4. 密切联系家长共同实施心理健康教育。学校要帮助家长树立正确的教育观念,了解和掌握孩子成长的特点、规律以及心理健康教育的方法,加强亲子沟通,注重自身良好心理素质的养成,以积极健康和谐的家庭环境影响孩子。同时,学校要为家长提供促进孩子发展的指导意见,协助他们共同解决孩子在发展过程中的心理行为问题。

5. 充分利用校外教育资源开展心理健康教育。学校要加强与基层群众性自治组织、企事业单位、社会团体、公共文化机构、街道社区以及青少年校外活动场所等的联系和合作,组织开展各种有益于中小学生身心健康的文体娱乐活动和心理素质拓展活动,拓宽心理健康教育的途径。

课外拓展

学科前沿

"有效促进儿童及青少年积极发展项目"的评定结果

Richard F. Catalano(理查德·F. 卡特兰诺)等五位社会学家在 2002 年依据研究资料、数据与信息,透彻地研究了北美 77 个符合他们研究标准的青少年积极发展项目,其中 25 个项目被评为有效的成功项目,包括以下 15 项概念和目标。

(1) 推广亲密关系的构建与维持。孩子如何与他人在家庭、学校、社会,甚至文化中与人相处至关重要,因为建立怎样的社交关系意味着孩子未来发展的成败。孩子和家长之间的亲密关系和依赖性影响着孩子自身潜在的、积极的、能动的行为能力。因此,幼儿时与亲人强大的亲密关系决定了孩子对自己与对他人的信任,而信任意味着安全感的培育、好奇心的发育、积极的行为和灵活的适应能力的发展。不良的亲子关系意味着孩子在情感上缺乏支持,孩子们可能会用吸毒、暴力、反社会行为等不良行为来弥补心灵上的"空虚"。

(2) 培养抵抗能力。抵抗能力是人可以健康、灵活并成功地适应变化和压力的能力。对于经历过许多危险因素的孩子来说,学习如何灵活健康地适应环境是成功成长的秘诀之一。

(3) 推广社交能力。帮助孩子们学会如何结合感受、想法和行为来达到社交目的。这些项目需要通过教育使孩子们获得符合发展阶段的信息和能力,设计并创造环境来支持和巩固这些能力的发挥,帮助孩子们提高与其他人之间的社交效率,预防不良行为。

(4) 推广情感能力。能够识别自身和他人情感并对其有适当反应的能力,包括认知情感、控制情感、给自己动机、识别他人情感和掌握人际关系。项目内容包括认识和判断情感、表达情感、判断与评估情感的强度、控制和管理情感、推迟满足、控制冲动情感和降低压力等。

(5) 推广认知能力。该能力由两个独立但有重叠的概念组成。第一个是能够使认知能力发展并应用到自我沟通、识别和判断社交线索与暗示,并可以利用此能力来判断实际问题和做决定、理解别人看事物的角度、理解什么是正常行为,并达到自我意识。第二个是和学习有关的能力,包括学术性智能,即注重发展逻辑思维、解析思维和抽象推理等能力。

(6) 推广行为能力。教育孩子们如何有效率地行动,包括3个层面:非语言的沟通(通常通过面部表情、肢体语言等),语言沟通(清楚地表达自己的想法和感情、高效率地建议等),采取行动(帮助别人、参与积极性质的活动等)。

(7) 推广道德能力。给孩子们提供可以接触道德、品德、社会正义等不同层面概念的机会,并使孩子们对其有所反思,发展自己的道德判断能力。孩子们需要学会尊重不同的规矩和法律,要有正义感和同情心等道德理念。

(8) 培养自觉性。即自己的思考能力,并且能够根据自己的思考而行动,为自己指好方向。

(9) 推广精神寄托。任何有关精神上、灵魂上的寄托的项目,可能但不一定与宗教信仰有关,必须试图促进孩子道德思维的发展。

(10) 培养自我效能。培养孩子信任自己的能力,让他们认为可以通过自己的行动来达到自己渴望的目标。

(11) 培养清楚并积极的个性。这是自我内部整体的、全面的自我意识。个性是一个自我结构,由自己不断变化的内部能力、信仰、经历和动力组成。这是受孩子的每次经历,每个挑战,每个危机影响的。

(12) 培养对未来充满希望。即将希望和乐观看法内在化。对未来富有希望是社交与情感上能够成功适应新环境和突发事件的预测因素,也是能够降低危机事件对孩子的打击程度的重要因素。

(13) 提供积极行为的识别和支持机会。项目工作人员能够识别孩子的积极行为并提供支持和巩固。

(14) 提供社交活动的机会。项目必须提供有不同社交性质的活动,推动儿童和青少年参与这些活动,与同龄人或其他年龄段的人有积极的交流与沟通,能够有机会使用他们新学到的社交技巧,积极发挥自己的特长,在团体活动中做出自己的贡献。这里团体可以是家庭、学校、居住的社区、一群同龄伙伴,甚至整个社会。

(15) 培养社交的行为标准。项目需要鼓励孩子学习并采用健康的信仰和行为习惯,通过不同方式和技巧告诉孩子社会上的种种行为标准。例如,由年龄大点的孩子作为榜样,让年龄小的孩子向他们学习;让孩子们在工作人员或同学面前做出明确承诺不会去使用毒品;鼓励儿童与青少年给自己设定目标、设置标准,并帮助他们达到这些个人目标与标准。

Catalano等研究者们研究并评审了符合研究标准的77个儿童及青少年积极发展项目。这77个项目每个都至少符合以上15项中的一个项目目标。这些项目的服务对象是6岁至20岁的儿童及青少年。从这77个项目中,研究人员总结出了25个符合以上所有条件的项目,将这25个项目评定为"有效促进儿童及青少年积极发展的项目"。

(资料来源:陈虹,张婷婷.北美25个"有效促进儿童及青少年积极发展项目"的评定结果研究[J].中小学心理健康教育,2009(13):18-21.)

小 结

中小学生正处在身心发展的重要时期,是身心发展急剧变化的时期,从小学低年级到高年级随着生理年龄的变化逐步进入青春发育期,是儿童心理发展的一个重要转折时期。因此,需要我们在心理专业知识的支持下,维护好、管理好学生的心理健康。

掌握青春期学生变化特点,了解学生的个性、社会化特点,了解学生的认知、情绪、行为特点,掌握一定的心理知识、心理咨询辅导方法,在尊重学生的个性的基础上,使学生合理应对学习、生活、自我意识、情绪调适、人际交往等方面的问题,帮助解决遇到的各种各样的心理困扰或问题。

在校园生活里,或多或少会发生危机事件,人们在生活中发生了一些事情,没有办法正视和解决,因而体验到的痛苦和混乱。此时对学生进行心理危机干预,最大限度地减少学生的心理伤害,充实生活信心,危机心理干预六步骤是一种简单而又切实可行的干预模型,主要包括问题界定、确保当事人的安全、提供支持、侦察可供选择的方案、制订计划、获得承诺。

真实社会中还有很大一部分儿童(特殊儿童)没有受到关注,没有能接受义务教育。特殊儿童与普通儿童的心理发展既有共性,又有差异,而且共性远大于差异。随着时代的发展,一体化、正常化、平等、全纳思想的引入,我国教育部门一般采取三种方式进行特殊儿童就学管理。科学地看待不同特殊儿童的具体症状和特点,并根据其个体特点进行具体分析,将特殊儿童看作是"能够学习者",进行指导。

世界卫生组织指出:学校是促进学生心理健康最适宜的场所,学校可以教给学生一些解决问题的技巧,并通过学生心理问题的干预与心理咨询,转变学生的行为。

然而在现实教育教学过程中,专职心理教师较少,心理辅导室开放比例较低,心理健康教育活动以及课程并没有全面铺开,教师心理知识与理论有待加强,这需要学校管理者的重视,建立健全学校心理健康教育的制度规则,合理管理心理健康教育活动,维护学生良好的心理健康状况。

练习与思考

1. 练习题

(1) 请画出艾宾浩斯的遗忘曲线,并描述记忆遗忘的规律。
(2) 中小学生在注意力上发展上有什么趋势?
(3) 你认为如何在班级管理中提高随班就读学生的学校适应能力?
(4) 简述部分特殊儿童的身心特点。
(5) 行为主义治疗的主要技术包括哪些?
(6) 人本主义—存在主义的主要技术包括哪些?
(7) 认知心理疗法的主要技术包括哪些?
(8) 危机心理干预六步骤模型具体包括哪些内容?
(9) 维护学生心理健康的运作模式有哪几点?分别是什么?

2. 思考题

(1) 中小学学生思维特点如何?结合实际,教学过程中应该注意什么?
(2) 结合实际工作,你认为应该如何利用注意规律在教学中的应用?
(3) 融合教育是一种怎样的教育管理方式?
(4) 我国现阶段随班就读体制存在什么问题?请思考如何解决这些问题。

（5）资源教室的作用及使用方法。
（6）如何在普通学校推进融合教育？
（7）现实教学过程中，如何应对特殊儿童扰乱课堂秩序？
（8）维护学生心理健康如何渗透到校园文化活动中？

综合案例

一、案例背景

案例一：

刘某是名小学四年级的女生，两年前随在外打工的父母从浙江来到上海。来到上海这座大城市，父母希望她能进重点中学，将来出人头地。为此，他们规定刘某每学期成绩要前进5名，在尽量短的时间内，在班上取得前几名的成绩。为了这个目标，她努力读书，但由于底子薄、基础差，要想达到要求简直难如登天。在巨大的压力下，刘某的成绩不进反退。于是父母就常常打骂她，可是小姑娘生性内向，总在心里想：父母把辛苦赚来的钱都花在了自己身上，读不好书是对不起父母，实在该死。终于有一天，她用小刀割开了手腕。

案例二：李某在班上担任班长一职，一次考前准备不充分，却又想要保持好成绩，于是铤而走险在考场上作了弊，被监考老师当场发现。学校为了整顿考场纪律，给了一个警告处分，甚至还在广播里宣布。这使李某深受刺激，回到家后就开煤气自杀，所幸被邻居及时发现，挽救回了生命。

案例三：林某从小练就一副好嗓子，虽然是男孩子，但高音从来就难不倒他，他说："唱高音我可以超过韩红。"进入青春期后，林某开始遇到了一件"麻烦事"，他发现自己的嗓音越变越粗，再也唱不了高音了，原来处于青春期的他开始变声了。他苦恼，接受不了，产生了自杀的念头……

（资料来源：http://blog.sina.com.cn/s/blog_7bf7d2d401017och.html.）

二、案例讨论

以上几个案例分别出现了什么危机心理？如果你是心理老师的话，应该如何应对？

案例一：刘某出现了情绪和行为障碍，和他人说话时头总是低着，不敢看对方的眼睛，性格十分内向，什么事情都闷在心里。而她的父母拼命赚钱却不懂得关心她，在乎的也只是她的成绩，烦恼无处宣泄，于是她选择了自残。

像刘某这样性格内向的孩子，个性要想开朗起来不是一朝一夕就能做到的。老师和家长要多关心他们，多让他们参加一些校园活动，多给他们机会表现自己。一般来说，这类孩子大多比较敏感，因此平时教育时就要注意他们的身心特点，不要用过激的话来刺激他们，经常给予他们鼓励是十分必要的。

案例二：这类学生历来一帆风顺，没经历过什么挫折，因此一旦遇到挫折就觉得天塌下来了，什么都完了。另外，他会觉得生命是属于自己的，不关其他人的事，所以会产生无权杀人，但有权伤害自己的错误想法。

老师应联系家长，树立挫折教育的理念，要告诉他生活中肯定会有各种各样的挫折，老师要抓住每次机会进行教育，及时辅导。由于危机的产生是平时不经意的小事长期积累的

结果,因此平时就要化解掉,不要等到最后爆发出来。学生自身也应利用每次挫折及时反思自己,逐渐建立起承受挫折的能力,不至于为了一点小事就轻生。

案例三:心理咨询干预后发现,林某从小歌唱得好,但成绩不好,于是自然而然就觉得唱歌是自己的特长,暗暗在心里定下了长大后要当歌手的目标。但他没想到变声后声音低沉,唱不了高音了。于是便感到自己本来学习就不好,现在特长也没了,而父母又从小就对他说将来进入社会需要有一技之长。对于这样的变化他一下子无法适应,产生了"迟死不如早死"的想法,决定自杀。

遇到像林某这样的情况,老师先要和他讲清楚青春期是每个人必经的阶段,男孩子青春期是要变声的,告诉他要喜欢自己男孩子的音色。老师要纠正他的想法,让他知道唱女高音不行也可以唱男高音,唱歌不行也可以读书好,让他把学唱歌的劲头转移到学习上来,告诉他只要提高成绩将来同样可以有所作为。

本章推荐阅读书目

[1] 毛颖梅.特殊儿童游戏治疗[M].北京:学苑出版社,2010.
[2] 王玲.校园突发事件的危机干预[M].广州:暨南大学出版社,2011.
[3] 刘在花.青春期问题与教育方案[M].北京:中国轻工业出版社,2009.
[4] 吴增强.学校心理辅导通论:原理·方法·实务[M].上海:上海科技教育出版社,2004.

Chapter Five

第五章
教师管理心理

 本章结构

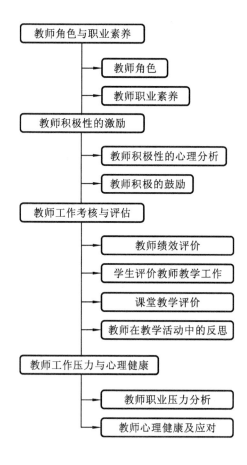

第一节　教师角色与职业素养

习近平向全国广大教师致以节日的祝贺和诚挚的祝福

新华网北京2015年9月9日电 第三十一个教师节来临之际,中共中央总书记、国家主席、中央军委主席习近平9日给"国培计划(2014)"北京师范大学贵州研修班全体参训教师回信,对他们提出殷切希望,并向全国广大教师致以节日的祝贺和诚挚的祝福。

习近平强调,发展教育事业,广大教师责任重大、使命光荣。希望你们牢记使命、不忘初衷,扎根西部、服务学生,努力做教育改革的奋进者、教育扶贫的先行者、学生成长的引导者,为贫困地区教育事业发展、为祖国下一代健康成长继续做出自己的贡献。

(资料来源:http://news.xinhuanet.com/politics/2015-09/09/c_1116512113.htm.)

在你的心目中,教师应该是一种什么样的角色?是"人类灵魂工程师"、"园丁"、"春蚕"、"蜡烛"、"孺子牛",还是"慈母"?让我们一起来了解教师角色的内涵及其职业素养。

一、教师角色

1934年,米德(G. H. Mead)首先运用"角色"这一概念来说明个体在社会舞台上的身份及其行为。角色是个体在特定社会关系中的身份及其对应行为规范,而教师角色是指教师在教育教学过程中呈现出来的符合社会对教师期望的心理品质和行为模式。古代有许多关于教师角色及其功能的描述。《周礼》:"师者,教人以道者之称也。"《礼记》:"师也者,教之以事,而喻诸德者也。"《礼记·学记》:"君子既知教之所由兴,又知教之所由废,然后可以为师也。"韩愈的《师说》:"师者,所以传道授业解惑者也。"皮连生(2009)认为,"教师角色"这一术语含有三层意思:一是教师角色就是教师行为,即教师在学校或课堂上的行为。二是教师角色表示教师的社会地位和身份。三是教师角色意指对教师的期望,包括教师对自己的期望,也有学生、家长、学校领导、社会大众对教师的期望。

 知识链接 5-1

教师的角色特点

在教育教学活动中,教师与学生角色相对应,这是一种被称为"教师"的独立角色。但是,教师在履行其职能时,通常以多种角色表现出来,这也是教师的职业特点所在。

(一) 指导者

自主性学习理论认为,学生的学习是一个具有积极性和自主性的过程,因此教师扮演着指导者和促进者的角色。这表现在:教师通过学科的讲授和有效指导等方法,让学生掌握课程知识,学会如何学习,发展认知结构。教师通过示范、启发、提示、讨论等方法,激发学生的学习动机,提供充足的学习资源,培养其发现问题的意识和解决问题的能力。

(二) 交流者

在传统的教学活动中,教师充当知识传递者的角色,教师是起点,学生是终点,教学作用是单向的。而当教师作为一个交流者时,教师和学生的地位平等,信息在两者之间互动循环。交流的信息不局限于知识,还包括与学生的日常交流。此外,还包括教育情境中的教师与教师交流,教师与家长交流等。

(三) 组织者

教师需要根据教学目标和学生特点,选择教材,设计教学过程,组织教学过程和进行课堂管理,处理教学过程中的突发事件,确保教学活动的有效进行。对于教师的组织教学效果,可以参照美国密歇根州立大学的布洛费博士的十一条评价标准:

- 妥善安排的课程,班级各项教学活动依据课程纲要与教学目的展开。
- 丰富的学习机会,有效运用教学的事件与井然有序的课堂管理,促进学生的学习。
- 良好的班级气氛,建立积极正向且温暖和谐的班级学习团体。
- 扎实的学习内容,教学内容应该充实、完整、条理清晰,让学生易懂易记。
- 明确的学习重点,提示学习目标和学习策略,让学生有充分准备。
- 智慧的教学对话,教师的提问要精要,有创意,可以令学生举一反三。
- 高度的框架支持,教师适时提供引导,多方调动资源支持和协助学生积极学习。
- 协同合作的学习,学生成对成组学习,相互协助,促进理解。
- 充分的练习应用,给予足够的练习机会,并即时提供反馈,让学生多方应用。
- 目标为本的评价,通过大量正式和非正式评价方法来考查学生朝向目标的进步情况。
- 教师的适度期望,教师依据教学目标设定符合学生特点的期望。

(四) 激发者

教师是点燃学生头脑火花、激发学生热情、帮助学生发光发热的人。在充分尊重学生个性发展的前提下,教师的角色是为学生提供支架,提供必要的辅导、支持和示范,促进学生的学习、能力及个人的成长,最终学会自主学习。

（五）管理者

班级是学生直接隶属的集体组织。教师尤其是班主任，扮演着班级管理者和领导者的角色。这表现在：教师具有管理课堂良好秩序的职责，培养学生自觉遵守课堂规范的能力。教师要营造和谐、健康的集体气氛与舆论环境，提升学生的集体归属感；教师要关注每一个学生，及时协助学生解决具体问题。

（六）咨询者

现代教育强调教育的本质是一种人格教育。随着社会的发展，生活、工作、学习的节奏加快，压力增大，心理问题的流行率越来越高，逐步成为影响学生成长的主要因素之一。教师有必要掌握一些心理健康教育与咨询的基本知识和技能。在充当咨询者的角色时，教师的任务是成为学生心理健康的维护者，将心理健康教育的思想融入教育教学活动中，满足学生的心理需要，予以足够的尊重及情感支持，提升学生身心健康水平，促进学生的全面发展。在以下的情景中，教师要特别注意主动向学生提供咨询帮助：

学生在一段时间内发生改变。例如，一个原本外向的学生突然变得沉默不语。一个学习成绩不错的学生在短时期内成绩大幅下滑。教师应主动了解其背后的原因，有可能是遭遇了生活变故，也有可能是学习压力、生病等原因，这些值得教师关注。

学生一直表现出一些品行问题，如破坏纪律、违反校规、人际关系不佳等。这需要教师探究他们的内心世界，了解内在原因，可能存在家庭的原因或个体寻求关注等方面的原因。

在班级里默默无闻、存在感较弱的学生，他们可能成绩不突出，相貌不出众，也不承担什么工作任务，显得很内向和安静，容易被教师忽略。由于教师不太容易在课堂上和日常接触中掌握他们的情况，所以需要教师课后通过一对一谈心的方式了解学生的内心世界。

（七）研究者

苏霍姆林斯基指出：如果你想让教师的劳动能够给教师一些乐趣，使天天上课不至于变成一种单调乏味的任务，那你就应引导每一位教师走上从事研究的幸福道路上来。凡是感到自己是一名研究者的教师，最有可能成为教学工作的能手。

随着社会的发展，教育的新理念及新技术层出不穷，教师不能再单纯地依赖经验，而应成为教育教学的研究者，积极参与教学改革，不断对自己的教学进行反思和评价，从事与本学科教学相关的科学研究，从理论到实践不断提升自己的业务水平。

（资料来源：刘勇.教师专业发展团体心理辅导学[M].广州：中山大学出版社，2011；许燕，王芳.教师健康人格促进[M].北京：中国轻工业出版社，2008.）

二、教师职业素养

(一)教师的行为规范

1. 教师的职业责任

对教师行为最基本的要求来自于法律规定,即教师的法律义务。完成基本的教职工作是教师的职责,爱岗敬业是教师职业道德的基础。在教育教学的实践中,教师应该对学生、对事业负责。这份责任心促使教师热忱地、自觉地投入工作,不需强制,不需责难,甚至不需监督和制度约束。责任承担的广度与强度,直接影响着教师的行为态度。正如诗曰:"位不在高,爱岗则名;资不在深,敬业就行;斯是教师,唯有耕耘。"

知识链接 5-2

教师的法律义务

《中华人民共和国教师法》第八条规定,教师应当履行下列义务:

(一)遵守宪法、法律和职业道德,为人师表;

(二)贯彻国家的教育方针,遵守规章制度,执行学校的教学计划,履行教师聘约,完成教育教学工作任务;

(三)对学生进行宪法所确定的基本原则的教育和爱国主义、民族团结的教育,法制教育以及思想品德、文化、科学技术教育,组织、带领学生开展有益的社会活动;

(四)关心、爱护全体学生,尊重学生人格,促进学生在品德、智力、体质等方面全面发展;

(五)制止有害于学生的行为或者其他侵犯学生合法权益的行为,批评和抵制有害于学生健康成长的现象;

(六)不断提高思想政治觉悟和教育教学业务水平。

(资料来源:http://www.gov.cn/banshi/2005-05/25/content_937.htm.)

2. 教师的专业伦理

专业伦理就是人们在从事专业活动过程中必须遵循的行为规范和准则的总和,包括个人的价值观、态度、信念和专业标准。专业伦理带有明显的专业倾向性,如教师专业伦理就是教师在从事教育活动中必须遵循的道德规范。王少非(2009)认为,教师专业的伦理规范包括以下几个方面:

(1)责任心、敬业精神、服务精神。学生利益至上是教师专业伦理中的核心内容,教师必须将学生的利益放在首位,相信每个学生都有发展的可能,应当对每个学生抱有高期待,一切行为都应当以促使学生的心理健康发展为目的。

(2)公平公正。公平公正地对待每一个学生,不因学生的智力、学识、背景而区别对待学生。尤其要强调,必须与学生保持适当的距离,以维持一种健康的关系,因为与学生及其家庭保持过于亲密的关系可能影响教师的专业判断,导致不公正。

(3) 审慎地行使自己的权利。教师在行使自己的权利时尤其要有谨慎的态度,因为教师关系中实际存在着双方的不对等和教师劳动的个体性,教师可能错用或滥用自己的权利。教师在行使权利时不能违反法律义务,也不能侵犯他人的权利。除此之外,教师还应用更高的专业伦理来约束自己权利的行使。

(4) 尊重自己的工作,具有高度的教学效能感。教学效能感包括教师对教与学的关系、对教育在学生发展中的作用等问题的一般看法和判断,也包括教师对自己能够完成教学任务、教好学生的信念。

(5) 坚持专业判断。用专业性来衡量行为。

(二)教师的知识基础

"要给学生一滴水,教师自己得有一桶水",这反映了传统上对教师知识储备的高期待与高要求。在信息社会中,教师很难成为百科全书式的人物,但起码要熟知本专业的知识,而对其他学科也有所了解,才能给予学生全面的启发(见图5-1)。

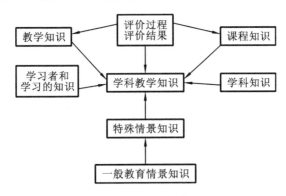

图 5-1 教师的知识结构

叶澜(2001)认为,教师应有的知识基础包括:对学科的基础知识技能有广泛而准确的理解,熟练地掌握相关的技能技巧;对于该学科相关的知识,尤其是相关性质、逻辑关系等有基本的了解;了解学科发展的历史及趋势,了解学科对社会对人类的价值,尤其要掌握学科知识在人类生活实践中的多种表现形态及各种学科知识的应用情景;掌握学科提供的认识世界的独特视角、思维方式。

王少非(2005)认为,教师的知识素养应该包括两个方面:一是普通的文化科学知识,这是教师作为一个普通人也应具备的,只是要求更高。这种知识与教师的专业性无关。二是教师的专业知识,包括学科知识和教育专业知识。要成为一名良师,首先要有一定的学科知识背景。所以,传统的教师教育特别强调教师的学科知识积累。教师的教育专业知识由一般教学法知识、课程知识、学科教学法知识等构成。这些知识可能是理论性的,也可能是经验性的。教学不是一种程式化的活动,而是一种与特定情境相关的复杂活动。教学需要教师在具体的情境中,根据变化的教学条件做出明智的判断,进而采取适当的行动。在这一过程中,对教师影响更大的是教师的实践知识,即教师在有目的的行动中所具有的课堂情境知识及其他相关知识。教师的实践知识具有以下特点:是一种鲜活的知识,应用于特定的情境中;以实践问题的解决为中心组织起来的综合性知识;在日常实践活动中形成,与个人的生活经历、教育经历、教育实践及对实践的反思密切相关;以案例知识的形式积累传承;以缄默的隐喻的方式存在并发挥作用,通常表现为一种直觉,在特定情境中,即时地判断和决策。

知识链接 5-3

其他学者对教师的知识素养进行的不同分类

博科、帕特南、伯利纳	一般教学法知识、学科教学法知识、教材内容知识
格罗斯曼	学科知识、学习者和学习的知识、一般教学法知识、课程知识、情景知识、自我知识
考尔德黑德	学科知识、机智性知识、个人实践知识、个案知识、理论性知识、隐喻和映像
舒尔曼	学科知识、教材和情景的知识、相关的社会文化知识、实践智慧
林崇德	本体性知识、条件性知识、实践知识

(资料来源:叶澜.教师角色与教师发展新探[M].北京:教育科学出版社,2001.)

(三)教师的能力条件

新课程标准对教师能力提出了新的要求:

1. 课程开发能力

新课标的一个重要特点就是部分放开课程特权,学校和教师具有校本课程开发的权利。而课程开发能力包括了课程选择、课程改变、课程整合、课程补充、课程拓展及课程新编等方面的能力,需要教师根据教育目标和学生发展需求确定课程目标,根据课程目标充分整合课程资源确定课程内容。

2. 教学设计能力

新课标对教师教学设计能力提出了新的要求,要求教师理解课程标准,将课程标准转化为教学目标,并在课程实施过程中确保教学目标的实现。此外,教师还应当具有反思探究的能力和合作交流的能力。

知识链接 5-4

教师的成长过程:从新手到专家

(一)从新手到专家的成长过程

国外心理学家根据教学专长的研究资料将教师从新手到专家的过程划分为五个阶段。

1. 新手水平(novice level)

新手水平的教师是师范生或刚进入教学领域的教师。在这个水平上,教师的任务是学习一些陈述性的知识,如一般的教学原理、教材内容知识和教学方法等,并熟悉课堂教学的步骤和各类教学情境,获得初步的教学经验。

2. 高级新手水平(advanced beginner level)

高级新手水平的教师是有两三年教龄的教师。他们的言语知识与经验相融合,教学事件与特定知识相结合。他们已经开始意识到各种教学情境有其共性,也会运用一些教学策略来调节和控制自己的行为。但是,他们对自己的行为或课堂中教学事件的控制还达不到有意识的程度,不能确定教学事件的重要性。因此,此水平的教师虽然获得了一些关于课堂教学事件的陈述性知识,但他们的课堂管理与教学活动并不是在意识水平上进行,带有很大的偶然性、盲目性。

3. 胜任水平(competent level)

胜任水平的教师并不是每个教师都能达到。其教学有两个特征:能有意识地选择要做的事;在进行教学技能的活动中,能确定课堂中教学事件的主次。此水平的教师对教学目标的完成有较强的自信心,但是他们的教学技能仍然达不到迅速、流畅与变通的水平。

4. 熟练水平(proficient level)

熟练水平的教师对课堂教学情境和学生的反应有敏锐的知觉力。他们从不同的教学事件中总结共性,形成事件间的模式识别能力,故他们往往能够准确地控制课堂教学活动与预测学生的学习反应,及时调整自己的教学计划和控制自己的教学活动。

5. 专家水平(expert level)

在处理课堂教学事件时,专家水平的教师不是以分析和思考的方式有意识地选择、控制自己的注意力和教学活动,而是以直觉的方式立即做出反应,并轻松、流畅地完成教学任务。研究者把这种知识称为动态中的知识或缄默性知识。针对复杂程度不同的教学情境,专家水平的教师会采取不同的处理方式:当不熟悉的教学事件发生时,他们进行有意识的思考,采取审慎的解决方法;当教学事件进行得十分流畅时,他们的课堂行为就成为一种"反射性行为"。

(二)新手与专家之间的差异

有关专家行为的心理学研究,确定了"专家"不同于"新手"的三个基本方面。第一个不同的方面是关于专业知识。在专家擅长的领域内,专家运用知识比新手更有效。第二个不同的方面是关于问题解决的效率。专家与新手相比,在其专长的领域里,能在较短的时间内完成更多的工作。第三个不同的方面是洞察力。专家比新手有更大的可能找到新颖和适当的解决问题的方法。专家与新手型教师的上述差异,可在课时计划的制订、课堂教学过程和课后教学评价三个方面具体表现出来。

1. 课时计划的差异

专家教师和新手型教师在课时计划上的差异如表5-1所示。

表5-1 专家教师与新手型教师课时计划差异

专家教师	新手型教师
突出了主要步骤和教学内容，并未涉及一些细节的问题	大量时间用在课时计划的一些细节上，如怎样呈现教学内容、针对具体问题设计方法、仔细安排某些课堂活动等，不能够把课堂教学计划与课堂情景中学生的行为联系起来
根据学生的先前知识来安排教学进度，课时计划有很大的灵活性	努力完成课时计划，不会随着课堂情境的变化修正计划
具有预见性，在头脑中形成包括教学目标在内的课堂教学表象和心理表征，并且能预测执行计划时的情况	不能预测计划执行时的情况，更多地想到自己做什么，而不知道学生将要做些什么

2. 课堂过程的差异

1) 课堂规则的制定与执行

专家教师制定的课堂规则明确并能坚持执行，而新手型教师的课堂规则较为含糊，不能坚持执行。

有研究认为，专家教师能够鉴别学生的哪些行为是合乎要求的，哪些行为是不合乎要求的，从而集中关注于学生应该做的和不应该做的事情。同时，专家教师知道许多课堂规则是可以通过练习与反馈来习得的，是一种可以习得的技能。所以他们能教会学生一些重要的鉴别课堂活动的能力。例如，上课时老师声音大小（变化）的含义；一个人可以或不可以削铅笔的时间；教师步伐的快慢意味着什么；能不断系统地暗示学生；课堂需要的行为是怎样的以及自己应有怎样的表现。而新手型教师却不会这样去做，在阐述规则的时候，新手型教师往往是含糊其词的。

2) 吸引学生的注意力

专家教师有一套完善的维持学生注意的方法，新教师则相对缺乏这些方法。有研究表明，专家教师采用以下方法吸引学生的注意：在课堂教学中运用不同的技巧来吸引学生的注意力，如声音、动作及步伐的调节；预先计划好每天的工作任务，使学生一上课就开始注意和立刻参与所要求的活动；从一个活动转移到另外一个活动，或有重要信息时，能提醒学生注意。而新手型教师往往在没有暗示的前提下，就要变换课堂活动；遇到突发事件，如有课堂活动之外的事情干扰，就会自己停下课来，但却希望学生忽略这些干扰。

3) 教师的呈现

专家教师在教学时注重回顾先前知识，并能根据教学内容选择适当的教学方法，新手型教师则不能。专家教师在上课之前往往说："记得我们已经学过……"而新手型教师则说:"今天我们开始讲……"在教学内容的呈现上,专家教师通常是用导入式,从几个实例出发,慢慢地引入要讲的教学内容。其课堂中新材料的呈现基本上通过言语表达或演示实验。而新手型教师一上课就开始讲一些较难的和使人迷惑的教学内容,而不注意此时学生还未进入课堂学习状态。

4) 课堂练习

专家教师将练习看作检查学生学习的手段,新手型教师仅仅把它当作必经的步骤。在学生做练习时,专家教师往往是这样做的:提醒学生在规定的时间内做完练习;帮助他们把握做作业的速度;在教室里来回走动,以便检查学生的作业情况;对练习情况提供系统的反馈(如为每个学生设置一个小本子,用来记录他们的作业情况,或者在课堂上留一部分时间来订正作业等);关心学生是否学会了刚才教的知识,而不是纪律问题。而新手型教师则是这样做的:对课堂练习的时间把握不准,往往延时;只照顾自己关心的学生,不顾其他学生;对练习无系统的反馈;要求学生做作业是要安静,并把这看作是课堂中最重要的事情。

5) 家庭作业的检查

专家教师具有一套检查学生家庭作业的规范化、自动化的常规程序。有研究发现,专家教师在上课时,首先开始点名,做完了作业的学生回答:"有",反之,就回答"没有",并把自己的名字写在黑板上。这样,教师就知道有多少人做完了作业和多少人没有做完作业。接着,教师问每道题目的答案,要求学生一起回答,如果学生回答的声音减弱下来,说明这道题较难,教师就记录下这一问题。同时,学生也记录自己的作业情况。在给出所有的正确答案后,教师询问并记录这道题做对的学生多少。整个过程只需两分钟。相比之下,新手型教师则要花上6分钟的时间检查家庭作业。首先,他问全班:"谁没有做家庭作业?"对此,学生的行为各异。其次,教师要求他认为最差的学生回答各题的答案但是此学生回答得相当慢。最后,教师纠正错误并给出正确答案,但没记录每道题学生的作业情况。

6) 教学策略的运用

专家教师具有丰富的教学策略,并能灵活运用;新手型教师或者缺乏或者不会运用教学策略。比如,在提问策略与反馈策略上,专家教师与新手型教师存在着许多不同的地方。首先,专家教师比新手型教师提的问题更多,从而学生获得反馈的机会就多,学习更加精确的机会也越多。其次,在学生正确回答后,专家教师更多的是再提另外一个问题,这样可促使学生进一步思考。再次,对于学生错误的回答,专家教师较之新手型教师更易针对同一学生提出另一个问题,或者给出指导性反馈(教师确定学生学习过程中哪一步导致错误,而不是仅仅说出答案是错的)。最后,专家教师比新手型教师在学生自发的讨论中更可能给出反馈。

3. **课后评价的差异**

在课后评价时,专家教师和新手型教师关注的焦点不同。研究发现,新手型教师的课后评价要比专家教师更多地关注课堂中发生的细节。他们多谈及自己是否

解释清楚,如板书情况、对学生问题的反应能力和学生在课堂中的参与状况等。而专家教师则多谈论学生对新材料的理解情况和他认为课堂中值得注意的活动,很少谈论课堂管理问题和自己的教学是否成功。专家教师都关心那些他们认为对完成目标有影响的活动。而新手型教师对课的评价却不同:有的说了许多课的特点;有的对课的成功做了大致的评估;还有的集中关注自己上课的有效性。

(资料来源:皮连生. 学与教的心理学[M]. 5版. 上海:华东师范大学出版社,2009.)

(四)教师的职业道德

1. 内涵

1997年,我国颁布了《中小学教师职业道德规范》,提出了中小学从业教师的应有基本职业道德规范。直到2008年9月1日,首次对1997年出版的规范进行了修订,从原来的8条规范变为6条,增加了一些新条目。从内涵而言,教师职业道德指的是教师在职业活动中,如何处理与他人、社会、集体、工作关系所应遵守的基本行为规范或行为准则,简称为"师德"。

知识链接 5-5

《中小学教师职业道德规范》的基本内容(2008修订版)

一、爱国守法。热爱祖国,热爱人民,拥护中国共产党领导,拥护社会主义。全面贯彻国家教育方针,自觉遵守教育法律法规,依法履行教师职责权利。不得有违背党和国家方针政策的言行。

二、爱岗敬业。忠诚于人民教育事业,志存高远,勤恳敬业,甘为人梯,乐于奉献。对工作高度负责,认真备课上课,认真批改作业,认真辅导学生。不得敷衍塞责。

三、关爱学生。关心爱护全体学生,尊重学生人格,平等公正对待学生。对学生严慈相济,做学生良师益友。保护学生安全,关心学生健康,维护学生权益。不讽刺、挖苦、歧视学生,不体罚或变相体罚学生。

四、教书育人。遵循教育规律,实施素质教育。循循善诱,诲人不倦,因材施教。培养学生良好品行,激发学生创新精神,促进学生全面发展。不以分数作为评价学生的唯一标准。

五、为人师表。坚守高尚情操,知荣明耻,严于律己,以身作则。衣着得体,语言规范,举止文明。关心集体,团结协作,尊重同事,尊重家长。作风正派,廉洁奉公。自觉抵制有偿家教,不利用职务之便谋取私利。

六、终身学习。崇尚科学精神,树立终身学习理念,拓宽知识视野,更新知识结构。潜心钻研业务,勇于探索创新,不断提高专业素养和教育教学水平。

(资料来源:http://www.edu.cn/jiao_yu_fa_gui_767/20080903/t20080903_322345.shtml.)

2. 教师职业道德的基本构成

职业道德,是指从事一定职业的人在职业生活中应当遵循的具有职业特征的道德要求和行为准则。许思安(2015)认为,教师职业道德主要有教师职业理想、教师职业责任、教师职业态度、教师职业纪律、教师职业技能、教师职业良心、教师职业作风和教师职业荣誉八个因素构成。

1) 教师职业理想

教师职业理想,指的是教师对于未来工作类别的选择以及在工作上达到何种成就的向往和追求。一般而言,教师的职业理想与教师对教育事业的热爱程度及奉献程度密切相关。

知识链接 5-6

我的职业理想(有删节)

列夫·托尔斯泰曾说过:"理想是指路的明灯,没有理想就没有坚定的方向,就没有生活。"

理想是前进的方向,是心中的目标。人生发展的目标是通过职业理想来确立,并最终通过职业理想来实现。

职业理想源于现实又高于现实,它比现实更美好。为使美好的未来和宏伟的憧憬变成现实,人们会以坚忍不拔的毅力、顽强拼搏的精神和开拓创新的行动去为之努力奋斗。

那么,什么是职业理想呢?

所谓职业理想,是个人对未来职业的向往和追求。既包括对将来所从事的职业种类和职业方向的追求,也包括对事业成就的追求。青年时期是学生的人生观、世界观形成的时期,也是人们的职业理想孕育的关键时期。作为理想的重要组成部分的职业理想,它体现了人们的职业价值观,直接指导着人们的择业行为。

一个人的职业理想的内容会因时因地因事的不同而变化。随着年龄的增长、社会阅历的增加、知识水平的提高,职业理想会由朦胧变得清晰,由幻想变得理智,由波动变得稳定。

我们要站在合适的起点上,树立自己的职业理想。树立职业理想首先要了解自己——你能做什么人,最难看清楚的是自己。只有从自身出发,从自己所受的教育、自己的能力倾向、自己的个性特征、身体健康状况出发,才能够准确定位,瞄准适合自己的岗位去不懈努力。还要了解职业——要你干什么,并非所有的职业都适合你,你也并非能胜任所有的职业岗位。每种职业都有与之相适应的职业能力要求。除了具备观察、思维、表达、操作、公关等一般能力之外,一些特殊行业还有特殊要求。最关键的就是了解社会——让你干什么,职业的存在和发展与社会的需求是紧密联系的。因此,了解社会的需求是成功择业并就业的关键。了解社会主要是要了解社会需求量、竞争系数和职业发展趋势。

职业理想在现实生活中具有参照系的作用,它指导并调整着我们的职业活动。

当一个人在工作中偏离了理想目标时,职业理想就会发挥纠偏作用,尤其是在实践中遇到困难和阻力时,如果没有职业理想的支撑,人就会心灰意冷、丧失斗志。此外,如果一个人只把自己的追求定位在找个"好工作"上,即便是将来有实现的可能,也不能算是崇高的职业理想,因为这样的理想一旦实现,他就会不思进取,甚至虚度年华。总之,一个人只有树立正确的职业理想,无论是在顺境或者是在逆境,都会奋发进取,勇往直前。

也许在实现理想的路上不是一帆风顺的,但是要有信心。在开始不能为自己的理想做些什么时,要形成"自找市场"的就业观。要确立"先求生存,再求发展"就业观。不要把"既舒适又赚钱"作为择业的必要条件,而是要先找到岗位,融入社会,然后才能实现自身价值。

职业理想不是一步到位、一蹴而就的目标,它需要我们在不断的实践中,不断的进退中来实现。现在的签约并不意味着你要一辈子吊在一棵树上,艰难地实现自己的职业理想。有人曾经说过:如果一个人一辈子不能够换三份工作,那他就不能算得上是一个有能力的人。

扬起理想的风帆,顺应潮流谋求发展,太阳升起的时候,你就会品尝到胜利的喜悦。

(资料来源:http://blog.sina.com.cn/s/blog_4d19a3c80100092i.html.)

2)教师职业责任

教师职业责任,指的是教师必须承担的职责和义务,具体包括对学生负责、对学生家长负责、对社会负责,并勇于承担教书育人的天职和时代交付的历史使命等。

3)教师职业态度

教师职业态度,指的是教师对自身职业劳动的看法和采取的行动,也即教师的教育劳动态度。当今时代,教师行业提倡从业者具备从事教育劳动的责任感、光荣感、吃苦耐劳精神等基本职业态度。

4)教师职业纪律

教师职业纪律,指的是教师在从事教育劳动过程中应遵守的规章、条例、守则等。从以下几方面可以提升教师的自我纪律意识:认真学习教师职业纪律的有关规定,在教育劳动中恪守教师职业纪律,从一点一滴做起,虚心接受批评,勇于自我批评,及时改正错误等。

知识链接 5-7

中小学教师违反职业道德行为处理办法

第一条 为规范教师职业行为,保障教师、学生的合法权益,根据《中华人民共和国教育法》《中华人民共和国未成年人保护法》《中华人民共和国教师法》《教师资格条例》等法律法规,制定本办法。

第二条 本办法所称中小学教师是指幼儿园、特殊教育机构、普通中小学、中等职业学校、少年宫以及地方教研室、电化教育等机构的教师。

前款所称中小学教师包括民办学校教师。

第三条 本办法所称处分包括警告、记过、降低专业技术职务等级、撤销专业技术职务或者行政职务、开除或者解除聘用合同。其中,警告期限为6个月,记过期限为12个月,降低专业技术职务等级、撤销专业技术职务或者行政职务期限为24个月。

第四条 教师有下列行为之一的,视情节轻重分别给予相应处分:

(一)在教育教学活动中有违背党和国家方针政策言行的;

(二)在教育教学活动中遇突发事件时,不履行保护学生人身安全职责的;

(三)在教育教学活动和学生管理、评价中不公平公正对待学生,产生明显负面影响的;

(四)在招生、考试、考核评价、职务评审、教研科研中弄虚作假、营私舞弊的;

(五)体罚学生的和以侮辱、歧视等方式变相体罚学生,造成学生身心伤害的;

(六)对学生实施性骚扰或者与学生发生不正当关系的;

(七)索要或者违反规定收受家长、学生财物的;

(八)组织或者参与针对学生的经营性活动,或者强制学生订购教辅资料、报刊等谋取利益的;

(九)组织、要求学生参加校内外有偿补课,或者组织、参与校外培训机构对学生有偿补课的;

(十)其他严重违反职业道德的行为应当给予相应处分的。

第五条 学校及学校主管教育部门发现教师可能存在第四条列举行为的,应当及时组织调查,核实有关事实。作出处理决定前,应当听取教师的陈述和申辩,听取学生、其他教师、家长委员会或者家长代表意见,并告知教师有要求举行听证的权利。对于拟给予降低专业技术职务等级以上的处分,教师要求听证的,拟做出处理决定的部门应当组织听证。

第六条 给予教师处分,应当坚持公正、公平和教育与惩处相结合的原则;应当与其违反职业道德行为的性质、情节、危害程度相适应;应当事实清楚、证据确凿、定性准确、处理恰当、程序合法、手续完备。

第七条 给予教师处分按照以下权限决定:

(一)警告和记过处分,公办学校教师由所在学校决定。民办学校教师由所在学校决定,报主管教育部门备案。

(二)降低专业技术职务等级、撤销专业技术职务或者行政职务处分,由教师所在学校提出建议,学校主管教育部门决定并报同级人事部门备案。

(三)开除处分,公办学校教师由所在学校提出建议,学校主管教育部门决定并报同级人事部门备案;民办学校教师或者未纳入人事编制管理的教师由所在学校决定并解除其聘任合同,报主管教育部门备案。

第八条　处分决定应当书面通知教师本人并载明认定的事实、理由、依据、期限及救济途径等内容。

第九条　教师有第四条列举行为受到处分的,符合《教师资格条例》第十九条规定的,由县级以上教育行政部门依法撤销其教师资格。教师受处分期间暂缓教师资格定期注册。依据《中华人民共和国教师法》第十四条规定丧失教师资格的,不能重新取得教师资格。教师受降低专业技术职务等级处分期间不能申报高一级专业技术职务。教师受撤销专业技术职务处分期间不能重新申报专业技术职务。

第十条　教师不服处分决定的,可以向学校主管教育部门申请复核。对复核结果不服的,可以向学校主管教育部门的上一级行政部门提出申诉。

第十一条　学校及主管教育部门拒不处分、拖延处分或者推诿隐瞒造成不良影响或者严重后果的,上一级行政部门应当追究有关领导责任。

第十二条　教师被依法判处刑罚的,依据《事业单位工作人员处分暂行规定》给予撤销专业技术职务或者行政职务以上处分。教师受到剥夺政治权利或者故意犯罪受到有期徒刑以上刑事处罚的,丧失教师资格。

第十三条　省级教育行政部门应当结合当地实际情况制定实施细则,并报国务院教育行政部门备案。

第十四条　本办法自发布之日起施行。

5）教师职业技能

教师职业技能表现为教师教书育人的本领,而教书育人活动的效果则是教师职业技能的反映。

知识链接 5-8

2015下半年统考教师资格证的改革政策

2015下半年教师资格证统考考试于9月7日—13日开始报名,11月1日进行笔试考试。本次考试除重庆、四川、云南、山东、天津、辽宁、黑龙江、广东、西藏、新疆、内蒙古不参加统考外,其他地区均参加2015下半年教师资格证统考。那么教师资格证改革到底改在哪里呢?

1. 报考条件更严:高校在校生只有毕业年级学生方能报考,也即在校专科大二、大三,本科大三、大四才能报考(个别省份要应届毕业生才能报名,毕业的都可以报名考试);且幼儿园和小学教师须具备专科及以上学历,初中、高中教师须具备本科及以上学历。

2. 报考要求更高:笔试单科成绩两年有效,且笔试各科成绩合格,才能参加教师资格证面试;笔试和面试都合格后才能参加教师资格申报,一些学科还需要教学实习见习经历。

3. 考试形式多样:"省考"采用纸笔考试形式;而"国考"采用纸笔和机考两种方式。幼儿园和小学教师资格考试笔试科目一"综合素质"采用机考方式,其余科目均采用纸笔考试方式。而且"省考"有指定的参考教材和教育学、心理学课程培训;"国考"没有指定的参考教材,也不组织考试培训(教育机构会有相关的开班培训或网络视频教程培训)。

4. 考试内容更广:以前各省自行组织的教资考试,只考教育学和心理学,但是执行"国考"后,考试的内容大大增大,表现为幼儿园幼师要考"综合素质"和"保教知识与能力";小学教师要考"综合素质"和"教育教学知识与能力";初中、高中教师要考"综合素质"、"教育知识与能力"和"学科知识与能力"三科;同时还需要参加面试,考查教育教学组织能力。

5. 考试费用增加:"国考"笔试和面试分别收费,收费标准在现在基础上大幅增加。因无参考教材,考生参加教师资格证培训的费用也将增加。

6. 申领证书更难:笔试单科成绩保留两年,两年未通过全部考试,需要重新报考。

7. 教师资格证统考的难度加大:据教育部统计,在前两年的试点工作中,共组织4次全国性考试,6省参加考试人数28.08万人,通过7.72万人,通过率27.5%。而试点前,各试点省考试通过率一般在70%以上。因此,面对这样的改革,考生想要通过教师资格证考试,成为一名教师,无疑要付出更多的努力和时间。

(资料来源:http://mt.sohu.com/20150817/n419062040.shtml.)

6) 教师职业良心

教师职业良心,表现在教师对学生、学生家长、同事,以及对社会、学校、职业履行义务的过程中所形成的特殊道德责任感和道德自我评价感。

7) 教师职业作风

教师职业作风,即教师在自身职业活动中表现出来的一贯态度和行为。

8) 教师职业荣誉

教师职业荣誉,体现为教师在履行职业义务后,社会给予的赞扬和肯定,以及教师个人所产生的尊严和自豪感。

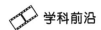

2015新课改的主要内容(节选)

新课程涉及的内容主要由九个部分组成。

第一部分提出课程改革的指导思想:我国基础教育课程改革必须在党的教育方针指引下,以邓小平同志关于"教育要面向现代化,面向世界,面向未来"和江泽民同志"三个代表"

的重要思想为指导,全面贯彻党的教育方针,全面推进素质教育。

第二部分是根据基础教育课程的均衡性、综合性与选择性原则,重建新的课程结构。

第三部分是制定新的课程标准。国家课程标准是国家对基础教育课程的基本规范和质量要求。它是教材编写、教学、评估和考试命题的依据,也是国家管理和评价课程的基础。

第四部分是改善课程实施(教学)的过程。教学是课程实施的主要途径。因此,教学改革是课程改革系统工程中必不可少的一环。可以想象,没有教学改革的课程改革,最终的结果充其量只能局限于教科书的更替。

第五部分是规范教材的开发与管理。教科书是现阶段课程的核心因素。新一轮课程改革在教科书建设方面坚持"抓大放小"的原则,制定具有一定开放性的课程计划框架,集中力量建设新中国成立以来的第一套《国家义务教育阶段课程标准》,为教科书的"一标多本"建立前所未有的课程开发平台,让教科书走向市场。

第六部分是建立发展性课程评价体系。新课程怎样建立符合素质教育思想的评价与考试制度,是新一轮课程改革的一项重要内容。新课程倡导评价的发展功能,强调对学生的发展价值、对教师的发展价值,以及对课程本身的改善价值,建立发展性的课程评价体系。

第七部分是实行三级课程管理政策。在课程的开发与管理上,改革过去国家管理过于集中的做法,实行有指导的、逐步的放权,以有效提高课程为当地社会经济发展服务的适应性。

第八部分是教师的培养与培训。新课程倡导一种课程共建的文化,需要教师重新认识自己的角色。教师再也不是由专家编写的教科书的忠实执行者,而是与专家、学生及其家长、社会人士等一起共同建构新课程的合作者;教师再也不是一种只知"教书"的匠人,而是拥有现代教育观念、懂得反思技术、善于合作的探究者。

第九部分是课程改革的组织与实施。这次课改,提出"先立后破"、先实验后推广的原则。国家和省都要建立课改实验区,积极开展新课程的实验。试验区将分层推进,滚动发展,发挥示范、培训、指导作用。建立推动基础教育课程改革的支持体系,参与课程改革的决策研究,负责新课程体系的研究和新课程实验的指导。

(资料来源:http://www.suilengea.com/fanwen/6041.html.)

 心理训练

"笑定、眼定、站定"三定法消除紧张

1. 快速克服讲话无胆妙法之一:笑定

1) 微笑的训练材料和方法一:对镜子练"引"字

练习方法:

(1) 天天对着镜子。

(2) 用耳语。

(3) 每天念100遍"引"字。

2）微笑的训练材料和方法二：对镜子练"笑"字

练习方法：

（1）天天对着镜子。

（2）用耳语。

（3）每天念100遍"笑"字。

2. 快速克服讲话无胆妙法之二：眼定

1）练习眼定的方法之一：睁眼法

具体练法：在眼睛的前上方3～5米处找一个点（绿色最好，黑色也行），睁眼看一秒钟，闭眼一秒钟，再睁再闭，早晚100次。

2）练习眼定的方法之二：看眼法

具体练法：

（1）目不转睛，一直看着镜子中自己的眼睛说话。

（2）用耳语。

（3）每天早晚各练习20遍。

练习内容：

（1）看着自己的眼睛说："王老师，早上好！"

（2）看着自己的眼睛说绕口令。

《四是四》：四是四，十是十，十四是十四，四十是四十，谁能说准十四、四十、四十四，就请谁来试一试。

《真稀奇》：稀奇稀奇真稀奇，麻雀踩死老母鸡，蚂蚁身长三尺六，八十岁的老头躺在摇篮里。

3）练习眼定的方法之三：兼顾观众法

具体练法：

（1）一对一练习。两人面对面，一个人看着对方的眼睛说"你好！"20遍，然后再换过来练习。

（2）一对二练习。一个人面对两个人说："各位老师，各位同学，大家好！"

（3）一对三练习。一个人面对三个人说："各位老师，各位同学，大家好！"

练习兼顾观众法的要求：用耳语法练；面带微笑练；每天早晚各20遍，练到形成肌肉记忆为止。

3. 快速克服讲话无胆妙法之三：站定

1）站直要做到以下几点：

（1）站如松。

（2）腰要挺。挺腰要找到着力点，着力点就在系腰带的脊椎骨部位，一用力，腰就挺起来了。

（3）腿并拢。两条腿一定要完全并拢，不留缝隙，可以自己对着镜子反复练习。

2）站稳要做到以下几点：

（1）上台站稳，停三秒再开口。面对镜子站立，看着自己的眼睛，面带微笑，先默数"一、二、三"，再开口说"早上好"。反复重复10遍。

(2) 讲话每个段落之间停 3 秒。

(3) 讲话结束后停 3 秒。讲话结束后停 3 秒再下台,做到善始善终。

3) 练习站定的方法

站直训练方法:

(1) 面对镜子站直,天天站 3 分钟,面带微笑,看着镜子中自己的眼睛。

(2) 两人面对面站直,面带微笑,看着对方的眼睛。

站稳训练方法:

(1) 先向左跨一步,默数"一、二、三",开口说"早上好"。

(2) 再向右跨一步,默数"一、二、三",开口说"早上好"。

(3) 或两人面对面站立,讲话者看着陪练人的眼睛,两人一起默数"一、二、三",再开口说"早上好"。或者一人面对三人练习,用上面的方法进行练习,然后再轮换练习。

4) 循环式综合练胆法步骤和方法

循环式练胆共分五个步骤,具体内容如下。

第一,走,就是从台下走到台上的走姿训练。要求如下:

(1) 行如风。两臂摆开,小碎步快步上台,从左侧上台。

(2) 眼睛侧面看观众。

(3) 微笑出场,并将微笑保持到下台之后。

第二,停,走到台中央站好之后停顿训练。要求如下:

(1) 上台者本人站定之后心中默数"一、二、三"。

(2) 台下的观众同时一起数"一、二、三"。目的是提醒台上的人,同时让自己反复数,养成习惯。

第三,说,开口说十一个字开场白:"各位老师,各位同学,大家好。"(可根据观众身份不同改变称呼,字数仍要少)要求如下:

(1) 先面向左边观众说"各位老师",再面向右边观众说"各位同学",再面向中间观众说"大家好"。

(2) 看观众的眼光要虚不要实。即眼睛要看到一片人,而不是一个人。如果只盯着一个人看,你就把其他的观众给得罪了。

(3) 头动带眼动。就是看左边观众时,头部明显转到左边,往右看时,头部明显转到右边。因为在教学中发现,有些同学只动眼不动头,只看到眼睛骨碌碌地转,就会给人贼眉鼠眼的感觉。

第四,停,说完 11 个字的开场白后,再默念"一、二、三",然后从容下台。

目的:练习善始善终,避免出现讲完话之后拔腿就跑的情况。

要求:说完"大家好"之后,台上台下一起数"一、二、三"。

第五,走,讲完话停顿三秒后走下台。要求如下:

(1) 结束后,从右侧下台。

(2) 按照上台时的走姿要求走下台。

(3) 下台时眼睛看前方,不看观众。

注意:练习的人数上要由少到多。先以五人小组为单位,每个人轮流上台三次,练习三轮;再以小组为单位,五人一起上台练习;最后以全班为单位,每个人轮流上台三次进行练习。这样循序渐进,就可以迅速练出胆量。

(资料来源:殷亚敏.21天掌握当众讲话诀窍[M].北京:机械工业出版社,2010.)

第二节 教师积极性的激励

总理送来"职称大礼"拉响教育预警
——给1270万中国教师的节后反思

2015年教师节,让中国1270万教师颇感欣慰并看到些许希望的是李克强总理送来的"大礼包":经国务院常务会议决定,全面推开中小学教师职称制度改革,将分设的中小学教师职称系列统一为初中高级。特别让人感动的是,李总理说,最重要的教育资源不是楼房,不是课桌,而是教师。

从表面上看,这是一次"纠偏",改变中小学教师"低人一等"的现状,但仔细回味其中的意蕴,可以预见这一举措正在释放出一个更为强烈的信号:中小学教师的角色正在从以往的"知识劳动者"走向"专业创造者",如何给"专业创造"赋值,正成为一道必须逾越的时代命题。

(资料来源:http://learning.sohu.com/20150914/n421085797.shtml.)

美国哈佛大学教授威廉·詹姆斯研究发现,在缺乏激励机制的环境中,每个人的潜力只能发挥出一小部分,即20%～30%。如果受到充分的激励,每个人的能力可以发挥出80%～90%。并且良好的激励机制能够激发人的创造性思维,从而产生无穷的创造力。教师不仅是人类知识的传递者,还是塑造人类灵魂的工程师,承担着教书育人、文明建设的重大责任。因而,营造一种激励教师努力工作的环境和机制,具有十分重要且深远的意义。

一、教师积极性的心理分析

(一)需要是积极性的源泉

1. 需要的定义及分类

需要是维持个体与社会生存的必要事物在人脑中的反映与感受。需要通常以缺乏感和丰富感为人们所体验,并以欲望、愿望、意图、理想等心理活动方式反映出来。需要是人的积极性的源泉,是个性积极性的动力系统。人的需要是多种多样的,心理学界对需要进行了多种形式的分类。

1) 生理需要与社会需要

按照起源来区分,人的需要可以分为生理需要与社会需要。生理需要是人与生俱来有的,反映了人延续和发展生命必需的客观条件,如食物、水、空气、阳光、睡眠、运动及性的需要等。社会需要是对心理和社会因素的需要,表现为特定历史条件下的个人对社会生活条件的要求,如交往、尊重、求知、审美、劳动、成就、理想等。社会需要是在维持人的社会生活、进行社会生产和社会交往的过程中逐渐形成的。

2) 物质需要与精神需要

按照满足需要的对象划分,人的需要可以分为物质需要和精神需要。物质需要是人们对物质对象的需求。物质需要既反映了人对自然产品的需要,也反映了人对社会文化用品的需要。因此,物质需要既包括天然的生理需要,也包括社会需要。精神需要是指人们对社会精神生活及其他产品的需要。如果说物质需要的对象是物质的话,那么精神需要的对象则是观念。比如智力、道德、审美、音乐、美术的需要,劳动交往、学习和参加社会活动的需要都属于精神需要。

3) 个人需要和整体需要

按照需要的范围划分,人的需要可以分为个人需要和整体需要。个人需要是指劳动者个人不断增长的物质和文化的需要,而整体需要是指集体和国家的需要。公共福利事业、社会文化、艺术、教育等需要都属于整体需要的范畴。

2. 教师需要的特点

教师需要的共性特点可以总结为强烈的精神需要和朴实的物质需要。

强烈的精神需要指的是,作为"人类灵魂工程师"的教师,对个人的精神境界与修养有特别高的追求。首先,寻求事业的发展与成功是教师的共同特点。教师的创造性与成就性需要突出地表现在希望"教有所成"上面,以教学的成功与创新,学生的成长、进步与成才为最大的乐趣和精神满足。其次,为了达到这个目标,教师的需要还具备着强烈的求知渴望和能力、人格完善的渴望。他们渴望追求终身学习与事业进步,不断提高业务能力和水平,强化自己的人格修养与魅力,以适应教育改革与发展的要求。还有,处于为人师表地位的教师也渴求自尊、自爱、团队归属感和荣誉感,要求社会承认和尊重教师的劳动与自主的权利。

朴实的物质需要指的是,教师的物质需要相对简单,他们对工作与生存发展所需要的基本物质条件的要求也很迫切。教师的物质需要中,往往还包含着精神需要的满足,居住与教学环境的改善等。对教师需要的调查发现,教师需要中物质生活的部分包括工资待遇、工作条件、住房、子女入托、入学、就业等,其中以工资待遇和住房条件的改善最为迫切。城市教师与农村教师存在的差异有:城市教师需要改善住房条件的愿望比较强烈,而农村中小学教师则对工资待遇的改善更为看重。在学校管理中,继续改善教师的待遇与物质条件,仍然是重要的激励措施。

3. 教师需要的管理

解决与满足教师的需要,是尊重教师的劳动价值、调动教师积极性的关键。对教师需要的管理,应注意以下几个方面。

(1) 尽可能及时、准确地掌握教师需要的动向,正确对待并满足教师的合理需要。对合理而又可以满足的需要,应尽力予以满足。对合理的暂时不能满足的需要,一方面要对教师讲清楚,取得教师的谅解;另一方面要积极创造条件、采取措施,使这些需要逐步得到满足。

(2) 在满足教师一定的物质需要的基础上,应该特别注重教师精神需要的满足。教育、教学工作是典型的以知识的传播和创造力为特征的工作,为教师提供丰富的图书资料,提供大量接触新知识和专业进修的机会,提倡在本专业内积极开展研究工作都是提高教师积极性的好方法。学校管理者应该引导和激发教师追求更高层次的精神需要,从政策上、心理上因势利导,教育、引导教师产生并形成高成就、高创造性的精神需要以及团体归属需要。

(3) 正确调节教师的需要。学校管理者在适当满足教师合理需要的同时,还应保证教师积极性的正确方向和持久性。应使教师明确并处理好四个需要的关系,即物质需要与精神需要的关系、个人需要与集体需要的关系、低层次需要与高层次需要的关系、眼前需要与长远需要的关系。

(二) 动机是积极性的动力

1. 动机的定义

动机是引起行为、维持行为,并将行为指向特定目标,以满足人的需要的心理动力系统,它是人的行为的内部原因。内部需要与外部目标的结合是需要转化为动机的必要条件。

目标是动机所指向的人们期待的报偿,是需要和动机之间的桥梁。动机具有以下特征:一是指向性,即动机是行为的向导;二是强度,衡量动机的强度可以从需要的强度入手,即满足需要的迫切程度;三是清晰度,指动机对目标指向的集中程度;四是力矩,指动机力量的强弱或大小与目标远近之间的关系,一般来说,目标越远,动机力量越小,目标越近,动机力量越大。

2. 动机的功能与分类

动机的功能分为始发功能、调节与选择功能、增强与减弱功能。

按照动机与活动本身的关系,动机可以分为直接动机和间接动机。直接动机也称为内部动机,指的是某种行为活动本身对人具有动机性吸引力,人对活动本身感兴趣,从事这种活动就能使人获得需要的满足。间接动机也称为外部动机,指个体从事某种活动的吸引力来源于活动之外,活动带来的后果能满足需要,是由外部环境条件诱发出来的动机。在学校管理中,外部奖励在激发外部动机上具有相当大的影响,但这并不一定导致教师热爱本职工作,只有当教师对工作本身感兴趣,感到富有"挑战性",能增长新知识、新技能,能获得自主解决问题的机会时,内部动机才会被激发出来,才可以使教师的工作更有活力、更能发挥其潜力及创造力。

按动机的起源,可以分为生理性动机和社会性动机。生理性动机是与人的生理需要有关的初级的原发性动机,也称为内驱力。社会性动机是与人的心理、社会需要有关的后天习得性动机。社会性动机包括两个层次:一是初级的、原始的动机,如好奇心、探索欲等;二是人类特有的成就、社会交往与权力动机等。生理行动及与社会动机都有重要的动力作用。

按动机对活动作用的大小、主次和时间长短的不同,可以分为主导性动机和辅助性动机。主导性动机与人的思想、信仰相联系的,持久、强烈而稳定,对行为起支配作用;辅导性动机是短暂的、不稳定的,对行为的影响作用较小。

3. 教师动机的激发

1) 直接性工作动机的激发

直接性工作动机是以工作本身为追求目标而形成的工作动机,通过对工作意义的认识而获得情感上的"内心感受"。这种内心感受可能包括道德信念方面的,如对社会的贡献感、义务感和责任感;也可能是理智性的、情感性的,如成就感、创造感、兴趣及喜悦感等。学校管理者可以通过以下方面激发教师的直接性工作动机:

第一,端正教师工作态度,提高对工作意义的认识。

第二,尽量使任务具有挑战性。

第三,工作多样化和丰富化。

第四,注重工作结果的反馈。

2) 间接性工作动机的激发

间接性工作动机的激发不是指来自工作本身的动机,而是指工作以外的报酬(物质的或精神的)和工作环境中的种种引人追求的对象。

激发教师的间接性工作动机时需要注意:

第一,给予外加报酬必须确实与工作成绩挂钩。

第二,在处理外加报酬和内感报酬的关系上,要以内感报酬为主。

第三,要考虑外加报酬(尤其是奖金)的实际效价。

第四,精神奖励要高于物质奖励。

第五,处理好个人奖励与集体奖励、精神奖励与物质奖励以及奖励与物质的关系。

第六,学校中融洽的人际关系、环境优美也是教师心理需要的满足对象,可以消除或防止教师的不满情绪。

3) 确立持久的行为动机应注意的问题有:

第一,尽量不用解聘、惩处、威胁等方式来激发教师的动机。当人们受恐惧情绪驱使时,采用的行动是被动的,也是不能持久的。只有良好与宽松的环境,才能有利于教师自觉、积极、主动与创造性地发挥积极性。

第二,恰当应用责任感、义务感来驱使教师,使其"感到自己的行为应该这样做",自觉地把责任作为工作的动力。

(三) 目标的功能与选择

1. 目标的概念及功能

人的行为是由动机激发的,并且指向一定的目的。目标是人们活动所追求的预期结果。目标是满足人们需要的目的物,是引发动机的外部动机,可能是外在的实物对象,也可能是精神或理想的对象。目标具有启动、导向、激励、聚合四种功能。好的目标在管理活动中会使人产生凝聚力和向心力,能增进教师之间的团结,协调其利益和行动,使之齐心协力为实现目标而努力。

2. 目标管理

目标管理是美国著名管理学家德鲁克(P. F. Drucker)首创的一种管理方法。这种方法强调管理者与员工共同确定工作目标,对实施目标的过程进行管理并评估目标成果。通过参与制定目标,员工可以认识自己的价值与责任,有利于个人利益与整个组织目标的统一,并从达成目标中获得满足,从而提升积极性。

目标管理对调动与激发教师的积极性、提高管理的水平与办学效率具有重要意义。在学校管理中推行目标管理的步骤有:确立目标、目标实施和过程管理、目标检查和评价、确定新目标。学校管理者应鼓励教师通过努力工作来实现目标,获得成就感及愉悦感,并对教师工作成绩进行公平公正的奖励。

二、教师积极的激励

学校管理的一个重要任务,就是要最大限度地调动教师的工作积极性,通过对教师动机心理的激发,唤起教师对工作的高度责任感,激发教师对工作的主动性和创造性,从而提高教育、教学的质量和工作效率。保持教师的积极性,是通过对教师的动机行为的心理强化,使教师的工作行为处于积极状态。积极性的激发在管理上统称为激励。

(一)激励的概念

激励就是激发人的动机,诱发人的行为,使其发挥内在潜力,为实现所追求的目标而努力的过程,实质上是调动人的行为的积极性、主动性和创造性。从心理与行为的全过程来看,当人的某种需要得不到满足时,就会形成寻求满足需要的动机,在适当的条件下,动机会导致某种行为,这正是产生激励的起点。

(二)激励的理论及其应用

激励理论是管理者如何根据人的需要来激发动机和调动被管理者积极性的指导思想、原理、法则、方法、策略的概括性总结。比较流行的分类方法是按研究激励问题的侧重点的不同及其与行为的关系的不同,把各种激励理论划分为内容性激励理论和过程性激励理论两大类。

(三)激励的方式

1. 目标激励

通过目标管理指导教师的行动,使教师的需要与学校目标紧密联系,由此激发他们的积极性、主动性和创造性,这个管理过程称为目标激励。学校目标激励需要注意科学地设置目标,分清以下目标的关系:个人目标与集体目标的关系,主要目标与次要目标的关系,近期目标与长期目标的关系,总目标、子目标与个人目标之间的关系。

知识链接 5-9

优秀班主任的五项追求

班主任是班集体的灵魂,是学生管理的直接执行者,也是全班同学为人处世学习的榜样和标杆。要充分发挥班主任的标杆和引领作用,需要每一位班主任仔细斟酌、认真思考。我认为，作为一名新时期的优秀班主任，必须要在以下几个方面起到表率带头作用。

一是要做学生理想的树立者。一名优秀班主任，必须要有对教育事业的无限热爱和执着追求，自身就是一个教育理想的追求者。没有理想，工作和学习就会失去目标，就会缺乏动力，就永远不会成为一名真正意义上的班主任。没有理想，工作和学习就会疲于应付，眼光就会短浅，就永远不会成为一个真正的班级管理上的行家里手。这不但对学校发展不利，对自己工作不利，更对学生成长不利。但凡心中有教育理想的班主任，应该是一个不断追求自己人生理想和办学理念的奋斗者。这样的班主任有思想、有思路、会思考，对班级的发展和学生的成长起着决定性的作用。就是说有理想的班主任才会培养和造就大批有理想的学生，才能成为一个真正的学生理想的树立者。

二是要做勤奋务实的楷模。班级是组成学校的基本单位，学生管理的事务烦琐、复杂、量又大。作为班主任，既要抓好管理，又要抓好学习；既要关心大事，又要过问小事。可以肯定地说，没有勤奋的工作态度，没有务实的工作作风，是很难把班级治理好的。一名班主任，心中要始终装着学校和班级，想着学生，要辛勤付出，天天要到班里发现问题、解决问题，做好工作日志，每天要梳理班内发生的事情，要对每个学生了如指掌，多进课堂听课、多看看学生宿舍、多关心学生冷暖……要潜下心来工作，做到胸中有学校、心中有学生，脑中有规划、眼中有目标，这样的班主任就是学生学习的楷模，又是学生成长的靠山，有聚人之心、服人之德和率人之才，是一个模范的教育者。学生会终生难忘、终身受益。

三是要做品行的带头人。学高为师、身正为范。品德是排在做人第一位的，班主任要充分发挥带头人的无穷力量。首先做道德模范。处处想在前头、事事抓得精细，少批评、多鼓励，少指出缺点、多发现优势，勤于检查落实、亲自动手帮助。其次做行为的模范。多进教室、多进宿舍、多进餐厅，用无声的行动影响学生，讲文明话、办文明事。最后要充分尊重学生，多听学生的意见或建议，多了解学生的学习、生活情况，经常找学生谈心交流、沟通思想，帮助学生解决一些实际困难。

四是要做优秀班集体的打造者。班级工作千头万绪，一个人的力量总是有限的，班主任要注重打造一个优秀的班委会，把大家凝聚起来，把力量聚集到班级的发展上来。首先要实施目标引领。目标是前进的方向，是凝固剂和助推器。其次要强化学生的合作意识，形成目标一致，合力前进的集体。最后要培养竞争意识，形成比、学、赶、帮、超的良性循环的管理机制。

五是要做敬畏感恩的良知者。要心存感激。感激学校为自己搭建的平台，感激校领导对自己的信任，感激代课教师和学生对自己的拥护和尊敬，感激生活对自己的厚爱。要经常平心静气地想想，有这么好的一个施展才华的舞台，要懂得学校在培养自己。要心存敬畏。敬畏不仅来自我们对事业的热爱，更是责任心的升华。要敬畏工作，我们的潜能才能更加充分地展示。要敬畏人生，珍惜美好生活，踏实走好人生的每一步。要敬畏法律法规,带头模范遵纪守法,要敬畏道德,做社会文明的表率,教好书育好人。要敬畏学生,在自己的心灵深处,始终要看重每一个学生。要敬畏知识,善于从读书、学习、反思中不断获取推动工作的源源动力。心存敬畏,我们才能耐心的工作,才能持之以恒干好班主任工作。

班主任是备受学生家长关注的文化人,也是新时期学校管理的代言人。我们一定要把事业摆在第一位,把致力于为千家万户服务,为社会培养人才作为永恒的目标和追求,天天要提醒自己不马虎、不懈怠、不拖延、不误事,勤奋务实、拼搏创新,做好每一天的班务工作。

(资料来源:http://blog.sina.com.cn/s/blog_6de3bbe80102w30a.html.)

2. 奖惩强化激励

动机引发行为,行为导向目标。结果可能有两种:一种是得到奖励,获得认可、地位、成就、赞许或奖励;另一种是受到惩罚,得到否定性的评价、批评甚至处分。管理学家认为,奖励的效果会优于惩罚的效果,因为奖励能使人得到积极的情感体验,激励人的行为,使人更明确自己行为方向,并重复出现该行为。惩罚是必要的,但也会引起人的消极情绪体验及相应回避退缩行为。

知识链接 5-10

北京市中小学教师绩效奖励激励机制项目管理办法

第一章 总则

第一条 为加强对北京市中小学教师绩效奖励激励机制管理,提高经费使用效益,真正发挥绩效奖励的激励导向作用,特制定本办法。

第二条 本办法适用于市、区县教育系统所属中小学。市教委所属学校方案制定参照所在区县方案执行。

第三条 建立北京市中小学教师绩效奖励激励机制,旨在适应中小学教育教学改革的需要,坚持全面实施素质教育,丰富校内各项活动,扩大学校办学自主权。逐步构建符合教育教学和教师成长规律、导向明确、标准科学、体系完善的教师绩效考核评价制度,充分调动校长和教师工作的积极性,促进教育均衡发展和学校内涵发展,不断提高教育公共服务水平。

第四条 绩效奖励激励机制增加的资金主要用于支持集团化、学区化办学和办学特色学校以及教师组织中小学生课外活动计划、课后班管理、教育教学改革等的奖励。

第二章 组织与管理

第五条 市教委与市人力社保局、市财政局密切配合,共同协商,推进落实。市教委在现有绩效工资实施基础上,按照各区县学生数量、教师数量及生师比等因素,确定绩效奖励激励机制所需资金总量。市教委在征求相关部门意见的基础上负责审核各区县的经费分配办法,市人力社保局负责调整各区县绩效工资总额,财政部门给予经费支持。

第六条 各区县教委会同区县人力社保局、财政局,根据学校的规模、承担教育改革发展的任务和取得的成效等,制定年度分配原则及各学校经费额度,报市教委后,按照相关政策和经费管理要求及时将经费拨付相关学校,并加强对学校经费使用的管理。区县财政局会同区县教委做好资金的使用监管。

第七条 各学校要根据资金使用范围和经费额度,按照本校教师承担相应工作任务和完成任务质量的情况,坚持示范引领和激励导向,体现绩效工资分配的原则和要求,制定分配方案,报区县教委同意后实施。

第八条 每年年底区县教委将上年度项目实施的总体情况、资金使用和管理情况以书面形式报市教委、市人力社保局、市财政局备案。

第三章 经费预算管理

第九条 2014年,建立教师绩效奖励激励机制所需经费由市级财政给予支持。2014年试点,为以后年度改革的进一步推进总结经验。以后年度经费保障机制根据绩效奖励激励机制推进情况和财政体制改革情况另行研究。

第十条 市教委根据年度项目实施方案,编制项目预算,经财政部门审核后下达预算。

第十一条 各区县教委、财政部门和学校要建立健全经费管理制度,严格执行国家和北京市有关财务管理规定。

第十二条 学校要加强项目经费的管理,经费主要用于因开展中小学生课外活动计划、小学课后班管理、中小学社团活动辅导、中小学生个性化学习辅导、教育教学改革、教师交流与支教等发生的学校教师的绩效奖励等。要确保专款专用,不得平均分配,提高资金使用效益,确实体现"多劳多得、优绩优酬"的激励作用。

第十三条 各区县教委、财政部门要加强对项目经费使用情况的跟踪监测,及时反馈项目实施中出现的资金管理问题。

第四章 监督检查

第十四条 市教委将此项工作纳入对区县的绩效评价。

第十五条 市教委、市人力社保局和市财政局适时对区县和中小学校的项目执行情况进行检查或抽查,加强对绩效奖励激励机制增加资金使用情况的监管。重点检查分配方案执行情况、资金使用效益、取得的成效等内容。

第十六条 对于弄虚作假、截留、挪用、挤占项目经费等违反财经纪律的行为,财政部门会同相关部门依据有关法律、法规处理,依法追究相关责任人的行政责任;构成犯罪的,依法追究刑事责任。

第五章 附则

第十七条 本办法由市教委、市人力社保局、市财政局按照各自职责分工解释。

第十八条 本办法自2014年1月1日起施行。

(资料来源:http://zhengwu.beijing.gov.cn/gzdt/gggs/t1363321.htm.)

3. 竞争与评比

竞争是调动教师积极性的一种有效措施。竞争会使人的动机强烈、目标清晰、兴趣浓厚、注意力集中、工作效率高等。这些特点对完成任务来说具有良好的作用。当然,竞争也会有消极作用,如产生自卑感、骄傲自满等不良情绪情感。

一些心理研究表明,克服竞争出现问题的方法是将个体竞争引入集体竞争中。通过集体竞赛方式可以有效消除个人之间的紧张关系。在集体竞争中,公平合理的评价是关键。

知识链接 5-11
佛山市某中学实施聘用制教师竞争上岗实施方案

根据《中共佛山市委佛山市人民政府关于印发佛山市事业单位实行聘用制度暂行办法的通知》(佛发〔2006〕14号)、《佛山市南海区事业单位实行聘用制度实施意见》(南办发〔2010〕17号)和《关于印发〈佛山市南海区教育系统事业单位实行聘用制度实施方案(试行)〉的通知》(南教〔2010〕39号)的精神,结合我校实际,制定本实施方案。

一、指导思想

以邓小平理论和"三个代表"的重要思想为指导,认真落实区人社局、区教育局的有关精神,解放思想,更新观念,大胆实践,勇于创新,建立适应社会主义市场经济发展要求,符合学校自身特点的新型用人机制。

二、工作原则

坚持科学、客观的评价原则;坚持任人唯贤、德才兼备,群众公认、注重实绩的选拔原则。

三、工作机构及其职责

由学校聘用小组负责本学校教师竞争上岗的领导和组织工作。

四、竞争上岗的职位

本次教师竞争上岗的职位共13个,其中语文教师5个(其中本部高三2个、高一1个、分校高三1个、高二1个)、数学教师2个(其中本部高三1个、高一1个)、英语教师1个(本部高一)、物理教师2个(其中本部高一1个、分校高二1个)、音乐教师1个(本部高一)、美术教师1个(分校高二)、信息技术教师1个(本部高二)。

经竞争上岗获得聘用人员,工作安排根据学校工作需要做个别调整。

五、职位资格竞争对象和报名条件

对象是第一批聘用未受聘的××中学或××中学分校在编教师,报名者必须同时符合下列条件:

(一)具有履行职责所需要的政治以及其他理论修养和政策水平;坚持依法治教,廉洁自律,作风良好。

(二)熟悉教育教学规律和业务,与时俱进,具有实事求是的态度和开拓创新的意识。

（三）身体健康，能胜任工作。

六、竞争程序

教师竞争上岗的基本程序由公布方案、公开报名、演讲答辩、初定人选、公示等环节组成。

第一环节：公布方案。包括公布竞争职位、任职条件以及竞争上岗的程序、办法等事项。

第二环节：公开报名。符合条件人员在 7 月 6 日前以书面申请的形式（含本人的基本情况、申竞岗位条件和优势、申请竞岗的职位、专业技术职务等）向学校聘用小组报名。

第三环节：演讲答辩。演讲答辩的时间是 7 月 7 日下午 2:30 开始（地点及具体安排另行通知），竞聘人员需向相应级组领导小组和科组全体成员（语文、数学本备课组全体成员）作演讲答辩，演讲内容包括个人简介、工作业绩、获聘后的工作目标及努力方向。演讲时间每人 15 分钟，答辩时间每人 10 分钟，学校聘用小组根据学校日常管理制度情况 40 分（含考勤、业绩、年度考核和教学评价）、演讲 20 分、答辩 20 分和民主测评结果 20 分确定竞聘人员是否按原职级岗位进行聘用。

第四环节：初定人选。根据各职位资格申报人的演讲答辩成绩，由学校聘用小组拟定职位任职资格人选。

第五环节：公示。对获得职位任职资格的人选进行公示，接受群众监督。公示时间 3 天。

七、聘任

竞争上岗的教师由校长聘任，聘任期为三年。

八、工作监督

（一）加强对学校聘用工作的监督，工作全过程接受学校全体教职工和教育局纪检部门的监督。

（二）凡涉及本人及其直系亲属参与本次职位竞争上岗的人员必须按有关规定回避。

九、本方案的解释权属校聘任小组

××中学

二○一一年七月四日

（资料来源：http://www.nhzx.org/2008/SubSchool/NewsDetail.aspx?NewsID=3033.）

4. 其他激励方式

管理心理学中还有很多其他激励方式，包括领导行为、组织关怀、需要满足、支持员工进取、先进模范榜样、浮动工资方案、弹性福利等方面的激励方式，管理者可以通过自己的尝试去创造性地应用于管理实践中。

知识链接 5-12

做个有生活情趣的教师

生活情趣是指人们对精神生活的追求,对生命快乐的感知,在审美感觉上的自足。通俗地说,就是指一个人的兴趣和爱好。

曾几何时,优秀教师大多是鞠躬尽瘁的形象——有的放下年幼生病的孩子,坚持上课;有的不顾病榻上的老人,恪尽职守;有的带病工作到最后。教师给人的总体印象似乎就是呆板,老成持重,不苟言笑,与"玩"和"娱乐"不搭界。

不可否认,教师群体工作压力大,心理健康状况欠佳。在一所学校的校报上,我读到一位老师的文字:"起早贪黑,一直在学校忙,好长时间没逛街了。今天,我去参加亲戚的婚宴,坐在公共汽车上,心里一个劲惊讶——路旁盖了那么多高楼,城市绿化得太美了,女士们穿得真漂亮。"有的老师说:"白天备课、上课、批改作业,晚上做家务,整天累得够呛,哪儿还有什么爱好?"这令人悲哀,无奈。

柏拉图认为:一个人工作与休闲的比例要适当分配,才可以在整个人生及日常生活中过得充实、有满足感。如果忽略了家庭、休闲或运动,则容易造成失衡。

如果一个教师的爱好就是教学,则一定会是一位优秀教师。但不得不承认,并非人人都能把职业当事业。教育的外部环境不尽如人意,教师应自己学会调整心态,有意识地培养健康的兴趣爱好——琴棋书画,打球种花,摄影旅游,不一而足。

做一个有生活情趣的教师,就是要热爱生活,有自己的空间,有适当的休闲娱乐,创造乐趣,体验快乐。

做一个有生活情趣的教师,就是懂得营造精神家园,获得心灵上的慰藉。学会以多种多样的艺术生活方式充实生活,保持健康向上的心态。

一个有生活情趣的教师,能够静下心来,远离浮躁,修炼出定力,努力达到人生的丰盈和内心的舒展,成为一个有修养的、完整的人。

只有热爱生活的人才会积极培养发展情趣。良好的生活情趣可以让教师放松情绪,驱走疲惫,享受生活,陶冶情操,甚至提升人格魅力。

学校应该为教师培养兴趣爱好提供适当的平台,并借此凝聚团队合力。我欣赏过某校的师生元旦联欢会,女校长引吭高歌,教师的舞蹈和乐器伴奏让人赞叹,充分显示了学校的生机与活力。

一个有生活情趣的教师朝气蓬勃,充实快乐,会把教育教学工作做得更好。校本课程开发中,教师的情趣展现出多彩的魅力——有的开设剪纸课,有的教书法,有的教乐器等。

一位有生活情趣的教师,会把课堂经营得妙趣横生,会让教育充满生命的活力。一位老师说:"我爱好下棋。有时还找我的学生下。没想到,有一位学生毕业后,印象最深的就是赢了我一盘棋。这个学生最愿意上我的课,到现在跟我的关系不错。"

罗素认为:一个幸福的人,以客观的态度安身立命,他具有坦荡宽容的情爱和丰富广泛的兴趣,凭借这些情爱与兴趣,使他成为许多别人的情爱与兴趣的对象,便获得了幸福。

老师应该努力使自己成为一个幸福的人,这会潜移默化地影响学生。如果教师疲于奔命,劳苦不堪,愁容满面,也许对学生所有的说教都是空洞的。

教育是以人格塑造人格的工作,教师的兴趣爱好让学生窥见了教师的人格及内心世界,在学生心目中确立了分量和位置,深刻、长久地影响着学生的心理和发展。要让学生觉得老师可爱而不是可怜,可敬而不是可悲。好教师会"玩"得高雅,多才多艺,让学生油然而生崇敬之情,密切师生关系。会"玩"的教师更容易被学生接受、受学生喜爱。

教师对学生的影响不只是知识的熏陶,而是全方位的人格培养与陶冶。快乐的教师会把快乐传递给学生,有生活情趣的教师也会培养出有生活情趣的学生。

(资料来源:http://blog.sina.com.cn/s/blog_60c2ae4c0102wxji.html.)

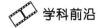

上海市某位小学教师的自我发展规划(有删节)

一、现状分析

(一)自我认识

优势:对教材的把握能力较强,课堂上学生和教师之间有较好的互动,教师已具有一定的捕捉、判断、重组课堂教学信息的能力,注重对"新基础教育"的先进理念带进课堂。从不轻易否定学生的回答,师生关系融洽,注重培养学生主动学习的能力。

弱势:在日常教学中,尚不能灵活地根据学生认识和发展的需要对教材进行重组和加工,不能有效地把握和灵活利用学生在教学过程中所呈现的各种资源和信息,对于学生在课堂上所呈现的"意外"资源缺乏临时调整和重组的能力。

(二)问题分析

1. 缺少对教材的深入研究
2. 对短期目标的追求
3. 理论学习不到位

二、指导思想

以"减负增效"为努力的目标,切实研究数学智慧教学的途径和方法,对"新基础教育"的理念进行更为深入的研究和学习,研究结构教学的模式,开发和挖掘数学学科的育人价值,真正为学生的发展、学生的后继学习打下坚实的基础。

三、预期目标

(一) 总目标

教学中逐步建立整体结构的意识、资源利用的意识、日常渗透的意识。课堂上呈现"多向互动"与"双重生成",课堂教学呈现出"开放"和"弹性"。有较强的研究意识,教学反思和重建的能力较强,逐步形成个人的教学风格,努力成为学校的学科品牌教师。

(二) 分阶段目标

2004 年 9 月—2006 年 2 月:更为深入地学习"新基础教育"理念,从而使自己对教材的把握能力较强,课堂上学生与老师之间有较好的互动,教师已具有一定的捕捉、判断、重组课堂教学信息的能力,开始尝试进行个案研究。

2006 年 2 月—2007 年 6 月:对课堂生成的各种教学资源能善于捕捉、判断、重组,研究意识强。课堂上教师能根据学生出现的"意外"和"突发事件"有较灵活的调整和重建的能力,具有较强的个案研究能力,指导和辐射的能力加强。

2007 年 6 月—2009 年 9 月:课堂上呈现"多向互动"与"双重生成",课堂教学呈现出"开放"和"弹性",教学上呈现个性特色,学生的生命力在课堂上充分的展现。个案研究的资料已有一定量的积累。在教学上,有很强的教学指导和研究的能力,真正成为品牌教师。

四、发展目标和具体措施

(一) 自我定位

1. 熟悉四种课型,争取有突破
2. 教学内容的重组能力
3. 评课的水平
4. 教学的指导能力
5. 科研能力

(二) 具体措施

1. 读书学习,自我提升
2. 加强研究,不断思考
(1) 研究学生。
(2) 研究教材。
(3) 研究教法。
(4) 研究反思和重建。
3. 利用资源,取长补短
4. 师徒结对,共同研究

(资料来源:尹天松.影响教师发展的深层原因与促进教师发展的策略研究[D].上海:华东师范大学硕士学位论文,2005.)

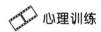 心理训练

自我暗示的三大规律

伟人之所以伟大,是因为别人放弃时,他却在坚持。理解暗示的三大规律后,你就会清

楚地知道,为什么在别人放弃的时候,你仍然要坚持。

自我暗示第一规律:重复

经常重复一种思想会产生信念,进而变得坚信不疑。生活中许多的广告都利用了重复的心理规律。一句话不断重复,一个表情不断重复,就在你的心理潜意识中输入一个程序。因此,要养成一个良好的习惯,就要掌握这一规律,那就是不断地自我暗示,不断地重复暗示。

重复暗示的积极作用可归纳为以下七点:

(1) 只有重复才能消化知识,使其化为行动。

(2) 不断提高人的能力,用同样的能力可以完成更多同样的工作。

(3) 单个过程会逐渐相互同步。

(4) 我们的业务能力会不断地改善,我们将越发感到安全可靠。

(5) 每次重复都会释放能量,它会增强创造力。

(6) 增强敏感性,潜意识更加精确地工作,使你有更强的适应能力。

(7) 不断地重复一个信念会使人相信它,继而坚信它(包括反面信念)。

失败者往往比成功者更聪明,但他们不愿坚持到底,不愿重复一个信念,相反成功者由于坚持到底,愿意重复一个信念,并在重复之间克服了一切困难。这就是失败者与成功者的最大区别。只有不断重复的人,才能消除潜意识里的负面信念,才能最终获得成功。

自我暗示第二规律:内模拟

当一个人的内心在想什么事时,他的表情会不由地模拟什么,叫作内模拟。看见漂亮的女孩,你的表情在模拟;看见优美的风景,你的表情也在模拟。

反过来,看到不好的表情、不好的风景、不好的人物、不好的绘画、不好的故事,你都在做不好的内模拟。

很多人都有这种感觉,如果自己没有一个良好的心态,而要你去看望一个处在痛苦中的病人,你往往没有力量让对方放松心态。相反,你会受他的影响,结果你也会变得很不舒服。你被他的不舒服,他的面部不舒服和身体的痛苦所感染,因为你在内模拟。

自我暗示第三规律:替换定律

科学家研究发现,我们的潜意识只能在同一时间内主导一种感觉,用一个积极正面的思想反复地灌输给大脑中的潜意识,原来的思想就会慢慢地衰弱、萎缩,新的思想就会占上风。就像一盘录音带里录上新的音乐,原来的就被替换掉了的原理一样。

许多的科学实验结果证明,正面暗示能够使我们成功,而负面的暗示则阻碍我们成功。一个听着可以提高"自我评价"并且产生自信的话语成长起来的孩子,将会拥有美好的未来。相反,听着类似于"你这笨蛋根本不成气候"这种话,即负面式暗示作用而成长起来的孩子,就会被灌输自卑感,他将容易陷入心灵的阴影,走向苦难的人生。

暗示可以用来控制我们自己,也可以用来控制其他的人。如果是正面的,将促使人进步,成就将极为了不起。但如果是负面的,它就会带来失败。作为一个渴望成功的人,你必须学会运用正面的自我暗示,进行心理重建。否则的话,过去留在你心中的印象,就会使你在生活的各个方面都陷入一种失败的行为模式。自我暗示是一种方式,可使你远离言辞灌输给你的许多消极、不好的东西,因为这些东西可能会扭曲你的生活模式,使你难以培养良好的习惯。

（资料来源：http://www.psyonline.cn/? viewnews-2078.html.）

第三节 教师工作考核与评估

案例分享

立人·课程·整合 清华附小核心素养导向下的课程整体育人

清华大学附属小学坐落于全国著名高等学府清华大学校园内，始建于1915年，朱自清、冯友兰、叶企孙等学术大师都曾担任过该校的校长或校董。

从2011年起，基于儿童核心素养发展，清华附小构建覆盖全校课程改革的"1+X课程"体系，集课程整合与教育创新立人教育之大成，指向儿童核心素养和核心价值观的养成。

其中，"1"是优化整合的国家基础型课程。清华附小依据国家课程标准，通过引入多版本教材、调整教学内容的重点和进度、重新设定课时长短，实现各教材的优势互补。"X"是实现个性发展的特色化课程，分为学校个性课程和学生个性课程，学生可以就自己感兴趣的领域自由地选择课程。

"课程要1+X，老师也要1+X，现在我们招聘的时候都会问，这个人有X吗？我们的老师也被称为1+X老师。"清华附小校办主任代养兵打趣地说。

清华附小的很多老师都是全能手，在这里，美术老师精通英语，数学老师擅长音乐，都不是什么稀奇的事情。

在跨学科教学的课程要求之下，学校采取特级教师引领、资深教师带教、青年共同体交流，以及定期让教师回炉进修等方式，帮助教师全面发展教学技能，夯实业务水平。

值得一提的是，清华附小的教师不仅是学科业务上的多面手，还跨界参与学校行政部门的工作。

王焱是清华附小三年级的数学教师，不过她还有另一个身份，负责教师和学生营养餐的管理，她的工作包括制定学生和教师的菜单，监督送餐是否和菜单相符、食物质量如何……这中间出现的任何问题，都由她和送餐公司沟通。

在清华附小，兼有任课教师和项目负责人身份的教师很多，俞琨也是其中的一个。去年，清华附小电视台重新起步，她成了电视台的"台长"，同时还是满工作量的英语老师。电视台的工作适合俞琨的个性，虽然多了一份"兼职"，工作比以前更辛苦了，但是她觉得收获和乐趣更多。

在纵向管理方面，学校针对之前部门庞杂的现象进行整合，归并成三个中心，分别为教育教学研究中心、"1+X课程"研究中心和服务研究中心。

在横向管理方面，学校以学段管理代替原先的年级管理，将小学六个年级分为低、中、高三个学段，各学段段长被赋予一定的教育、教学和人事的行政权力，可自主制订工作计划，呈报上级部门审批，也有权力决定该学段内教师的聘用。

清华附小的行政体制改革使得每个人都有明确的分工,在岗位上各司其职,不同层级、不同团队之间也能做到有效的沟通,进而团结一致,产生合力,共同推进学校的教学改革。

(资料来源:沈天音.立人·课程·整合 清华附小核心素养导向下的课程整体育人[J].上海教育,2015(15).)

学习导航

过去,在教师工作考核与评估方面,很多学校过分追求面上的均衡和谐而规避了很多现实存在的问题,把评价做成了大锅饭。模糊、定性、大杂烩式的评价内容和方式,在学校的发展中体现出固有的负面影响。学校的评价考核需要量化,从理念上"立标准",从做法上"求精细",最终让求真务实的工作作风成为学校运行发展中的"常态"。

考核与评估要基于一定的标准。如对教师教学质量管理的考核与评估,包括"课程与教学"基本规范的落实情况、基本要求的执行情况等方面,这也是学校教学质量的重要保障。从课程计划、课程行动方案、课程实施效果评价,从备课、课堂观察、听评课、作业、考试等环节,都可以形成"可检测"的课程建设与教学管理的基本规范和质量达成标准。

一、教学绩效评价

教师工作的考核与评估的主要任务是教学绩效评价。绩效在管理学中指的是成绩、成果、业绩、效能。一般来说,评价在本质上都是价值判断的过程,教学评价就是评价主体在事实的基础上对个体的价值所做的观念性的判断。教学绩效考评是学校在一定时期内,根据绩效管理的需要,针对教师承担的工作,运用各种科学的定性与定量的方法,对教师的工作结果和工作表现进行考核和评价,引导教师改进教学工作,提高教学质量。由此可见,绩效考评着重对教师的教学工作表现和教学效果进行评价。我国在借鉴国外有关评价方法的基础上,曾使用"末位淘汰制"及"增值评价法"等方式进行教师教学绩效评价,但效果不尽如人意。而成功的教师评价应既要保持教师的绩效压力,又要能够对教师进行内在激励,促进教师专业成长和发展。

教学绩效评价需要注意几点原则。第一,导向性原则,教学绩效评价的指标和计量方法,实际上是国家教育目标及要求的具体化,对教师行为产生导向作用。第二,客观性原则,对教学绩效进行评价时,必须从教学工作的客观实际出发,评价的过程符合客观事实,绩效的管理也要符合客观事实,才能发挥绩效管理的积极作用,有利于教师专业化发展和学校人力资源的合理配置。第三,激励性原则,学校通过各种绩效管理手段,激发教师工作的内在动力,调动教师的潜能,提高教师的专业化水平,同时也推动学校管理。第四,可操作性原则,评价指标要有科学性和可行性。

教学绩效评价的方法中,可以从考核内容的不同类型的角度,将绩效评价分为教师特征导向的评价方法、教师行为导向的评价方法和教师工作结果导向的评价方法。其中,教师特征导向的评价方法根据教师个人特征来评价,如工作积极性、人际沟通、决策能力、对组织的忠诚度等。教师行为导向的评价方法,是对教师完成工作任务的过程和所采用的行为、手段等评价,可以采用主观的比较法,如排序法、配对比较法,也可以采用客观的量表法,如等级评定法与行为锚定评价法。教师教学结果导向的评价方法是事先设定一个最低教学成绩标准,然后将教师实际工作结果与这一标准进行比较。

> **知识链接 5-13**
> **教师绩效评价标准的目标设计原则**
>
> 在设计绩效目标时,常用的法则是 SMART 原则。
>
> 第一,绩效目标必须是具体的(specific),不可以是抽象模糊的,以保证明确的导向性。
>
> 第二,绩效目标必须是可衡量的(measurable),以保证绩效评估的可操作性。
>
> 第三,绩效目标必须是可达到的(attainable),尽量做到既有挑战性,又有可能性。
>
> 第四,绩效目标必须和岗位的工作职责相关联(relevant)。
>
> 第五,绩效目标必须限时(time-bound),即对设定的目标,要规定什么时间内达成。
>
> (资料来源:申继亮.教师人力资源开发与管理:教师发展之源[M].北京:北京师范大学出版社,2006.)

二、学生评价教师教学工作

教学是教师与学生共同参与的活动,因此,教学评价必须重视教师与学生的关联性。课堂教学中,学生是主体,是课堂教学过程的直接承受者,对教师教学的优劣长短有最直接、最深刻的体验和感受,应该对教师的课堂教学评价最有发言权。学生评价教师教学工作是一种比较民主的形式,主要有问卷调查、个别谈话、座谈会等形式,它主要是通过考查学生对教师教学的意见,来评定教师的教学态度、教学技巧、表达能力、教学组织能力以及沟通与协调师生关系的能力。

评价在一定程度上能够为教师教学的改进提供一定的反馈意见。作为一名优秀教师,应"因材施教"。如果一位教师学问高深、知识广博,但不能为他所教授的学生所接受,所传之道游离于所授对象之外,所授之业为所授对象之不需,所解之惑为所授对象之不惑或者尚未进入惑的领域,他可以是一位出色的研究者或其学生的良师益友,未必是讲授本课程的好教师。这就要求教师要调整教学内容,改进教学方法,使自己的教学发挥最优的功能。

但是,学生评价有时也与实际情况有一定出入。其主要表现在:

(1) 学生尚不具备专业评价教师的素质。

(2) 教师为了获取学生好印象,会放松要求,迁就学生。

(3) 有些学生评高分以讨好教师。

(4) 学生会报复要求严格的教师而评低分。

(5) 学生只看热闹,重形式,对抽象的理论课评低分。

还有许多因素会影响学生参与教师课堂教学评价的真实性、客观性、公正性。诸如:教师的职称、职务的高低会与评分成正比;学生对该课程的期望值可能会与评分成反比;学生的重视程度与评分的公正程度成正比;学生的学习兴趣与对课程的肯定成正比。评价进行的时间也会影响到评价信息的客观性:在考试前进行评价,可能肯定性评价会多一些。课程性质也会对评价有影响:选修课较之必修课,专业课较之基础课,前者得到肯定性评价会高于后者。年级的高低也会对评价结果有影响:低年级学生对知识的广度与深度的要求会低于高年级的学生,而对授课的程序及条理性又高于高年级学生,甚至教师的风度、气质、年龄、性别对评分也会有影响。

因此,既要肯定学生参与教师课堂教学质量评价的可行性,又要采取措施提高学生提供信息的客观可靠性,做好学生对教师课堂教学的评价工作。如科学地设计指标体系、提高学生对评教工作的认识、做好评教组织工作、认真分析结果、妥善反馈评价结果、提高教师对评教的认识等。一般来说,学生评定应与其他评定相结合。

国外相关研究发现,学生评价教师教学工作主要包括:教学的组织、结构或清晰度;教师和学生之间的交流或关系;教学技巧、表达或讲课能力;课程负担或难度;评分和考试;对学生的影响(学生自我评价学习收获)和总体效果;等等(见表5-2)。

表 5-2 学生评价教师教学的内容

评 价 项 目	评 价 内 容
1.组织、结构或清晰度	教材的讲述很有条理 教师对每一堂课都充分准备 课堂上的时间能得到很好的利用 教材组织得很好 教师清晰地说明需要学的内容 宣布的教学目标和实际的教学内容相当一致
2.师生交流和良好关系	教师能随时和学生讨论问题 学生遇到困难时,教师能积极帮助 学生能无拘束地提出问题或发表意见 教师关心学生是否学懂这门课
3.教学技巧、表达和讲课能力	教师用举例的方式来讲清内容 教师讲话听得见、声音清楚 教师对教材内容阐述清楚 教师能总结(或强调)讲课(或讨论)中的重点
4.学习负担、课程难度	相对于别的课来说,这门课的负担重 讲课的内容过多 指定的阅读材料非常难 课程引起学生思考的兴趣 学生对这门课尽了很大努力

续表

评价项目	评价内容
5.考试及评分	教师告诉学生评分的方法 考试反映课程的主要内容 教师能对论文和测验提出有益的建议 教师评分公平合理
6.对学生的影响、学生的自评	学生从本课程学到很多东西 本课程一般能满足学生学习的目标 本课程激励了学生,使学生想在这方面或有关领域做更多的工作
7.总评价	作为一名教师,这位教师的工作属于:(从优到差) 课程的总价值是:(从优到差) 讲课教师对这门课的评价起重要作用 这位教师讲课的总体质量是:(从优到差) 课堂讨论的总体质量是:(从优到差)

不过,由于评价指标体系的规范性和约束性,使得教师在指标的导向下,根据指标进行教学,也会限制教师教学的个性,不利于教师在教学中发挥创造性。教学活动的确是一种创造性的劳动,也是个性比较强的劳动。教无定法,教无止境,毋庸置疑,对于什么样的课是"好课",难以找出一个绝对标准。但纵观优秀教师的授课,既有共性之处,也有独到之处。共性之处在于教学目的明确,教学内容充实,教学方法得当,仪态自然大方,师生互动积极,教学组织严密,时间分配合理,教学手段先进,教学效果良好,学生收获明显,教学语言简明且讲普通话,板书规范且设计科学。既有这些共性之处,也有独到之处。一堂好课是共性与个性的统一,常规和创造的协调。

三、同行对课堂教学的评价

教学是一种涉及教师和学生双方互动的过程,本质上是一种学习活动,在教师组织下,学生进行有目的、有计划、有效学习的过程。教师的教学行为和能力体现在课堂教学中,看教师如何促成学生在课堂上有效学习,因此,教学评价很大程度上就是课堂教学评价,包括学习内容的设计、学习情境的创设、学习活动的组织、学习方法的选择以及对学习的评价方式。

国内学者认为,关于教学评价的内容主要可以归纳为以下这几类。评价教师。如林龙河等认为,课堂教学评价是"按照指标体系对教师的授课能力、水平和效益进行价值判断"。评价学生,如李秉德认为,教学评价就是"通过各种测量,系统地收集数据,从而对学生通过教学发生的行为变化予以确定。教学评价的对象是学生的学习过程及结果,评价者主要是任课教师"。评价教师的"教"与学生的"学"。如陈中永等认为,"教学评价是测量评判教师的教学与学生的学习是否达到既定的目标的过程"。评价教学过程及效果。如周光复认为,"课程教学评价是对课堂教学全过程及其取得的效果做出判断"。评价课堂教学活动整体。林清华等认为"在具体的课堂教学活动中,各个因素相互作用共同构成课堂教学的统一整

体。因此,在课堂教学评价中,不能把它们中的某一因素作为评价对象,而应该把各个因素在课堂教学中的共同表现形式——课堂教学活动作为评价对象"。

涂艳国(2007)认为,在新一轮基础教育课程改革过程中,新的课堂教学评价的价值取向体现在三个方面:"一是促进学生的全面发展。二是促进教师的不断提高。三是在教学评价活动中,以充分调动教学双方的主动性与积极性为原则,力求为教学双方在教学活动中展现自身潜质提供时空条件。"对教师进行一节课的课堂教学评价,应从以下几方面进行考查。

1. 课堂教学设计

教师的课堂教学设计会影响到课堂实施的效果,包括确定教学目标和设计教学内容、教学目标的科学性与切合性是激发学生有效学习的前提。教师在教学设计的过程中,所确立的教学目标既要符合课程标准的要求,又要适合学生知识能力的基础,是具体的、可操作的。通过对课堂教学设计进行评价,可以考查教师整合课程资源、解读文本、对学生的了解程度、体现学科育人价值等方面的能力。

2. 课堂教学过程

对课堂教学过程的评价要从三个方面进行:一是对教师的课堂教学行为进行评价,主要是看教师如何适当地发挥教学的组织与指导作用;二是对学生参与教学过程的表现和结果实施评价,包括了学生对课堂教学的参与度;三是评价课堂气氛,要考查课堂气氛是否融洽、是否有利于学生的学习、课堂上师生的互动与交流是否有效等。

3. 课堂教学效果

对教学效果的评价是课堂教学评价中的一个突出环节。通过检查学生完成学习任务的程度以及促进学生学习发展的程度,同时考查智能领域和情意领域的结果,即考查学生认知方面如知识技能的掌握、问题解决的能力、师生的情感投入、学生有无持续学习的良好愿景等。

4. 教学特色与创新

这是教师在教学活动中表现出来的个性及专业化倾向的表现。好的课应该可以体现教师的个人特点,同时具有某些创新尝试及灵感火花。在课堂教学评价中,要考查教师是否理解和巧妙应对教学的突发因素,体现教学智慧及创新思维,如对课程资源的整合和开发能力、对教学内容或环境的灵活处理、教学方法的选择、提问的艺术、激励学生的艺术、培养学生独立思考及创新性思维的能力等。在此基础上,我们设计了课堂教学评价表,如表 5-3 所示。

表 5-3 课堂教学评价表

任课教师: 上课时间: 任课班级:
执教科目: 课型: 评课人:

评价指标		评价内容	评价等级			
			优秀	良好	合格	总评
教学设计 25%	目标设定	符合课程标准,清晰、完整				
		切合学生实际,具体、可操作				
	内容设计	理解文本,正确把握和处理教材				
		了解学生,沟通学生生活世界				
		引导方向,把握学科育人价值				

续表

评价指标		评价内容	评价等级			
			优秀	良好	合格	总评
教学过程 40%	教师组织	教学过程自然、流畅				
		教学方法灵活、有针对性				
		对学生学习的评价适当、有度				
	学生参与	学生参与课堂教学活动积极性高				
		课堂教学活动中学生的参与面广				
		课堂教学中学生的发现与创新				
	课堂气氛	课堂气氛宽松、融洽				
		师生之间的交流与互动				
教学效果 20%	认知领域	知识与能力目标的达成度				
		学生解决问题的灵活性				
	情感领域	教师的情感投入与输出				
		学生在课堂中的情绪体验				
教学特色与创新 15%		教师处理教学事件的智慧				
		教师的学科创新意识				
		教师的专业发展潜力				

对教师课堂的评价,可以通过随堂听课的方式,也可以通过事先计划或预约的方式。评课者要客观、科学地评价教师的课堂教学,还可以对学生进行问卷调查及访谈,详细而全面地了解教师的教学水平及专业能力。结合教师的自我评价,以评促改,尽可能地让教师获得全面的专业发展信息。

知识链接 5-14

教师在教学活动中的反思

教学反思是一种有益的思维活动和再学习方式,每一位优秀教师的成长都离不开教学反思,反思贯穿教师教学活动的始终。我国著名心理学家林崇德曾提出"优秀教师＝教学过程＋反思"的成长模式。叶澜教授说:一个教师写一辈子教案难以成为名师,但如果写三年反思则有可能成为名师。

反思不仅是批判性的思考,而且是教师以自己的教学实践为思考对象,对自己在教学实践中做出的行为以及所产生的结果进行审视和分析的过程。通常的教学反思可以通过评课、做教学案例、写教学手记等方式来进行。说到反思,许多教师认为是写写教学札记,实际上做教学案例、评课也是一种反思。评课包括自评或他评,具体内容可以从教师的教和学生的学两个角度进行。评课有益于教师悟出个中滋味,获益匪浅。写教后札记更多的是重在分析、总结,不仅要记录下成功与失败,还要写进自己的感悟,补充意见,使其为今后的教学提供借鉴。教学案例是课改中出现的新名词。通过在实践中不断反思,通过一些具体的教学片段,或剖析或对比,说明一些道理,让教师具体地领悟到怎样做,更能符合新理念。这样,教学问题可以得到一定程度的解决,教师的教学水平可以得到一定程度的提高,教学理论也随之得到一定程度的丰富。

教学反思的方法也是多种多样的。

1. 自我提问法。即教师对自己的教学进行自我观察、自我监控、自我调节、自我评价后提出一系列的问题,以促进自身反思能力提高的方法。这种方法适用于教学的全过程。如教学前,教师需要了解学生的需要、明确教学的重点难点、思考达到教学目的所需的教学模式及教学策略,反问自己:"需要教给学生哪些概念?这节课的重点是什么?怎样选取合适深度和范围的教学材料?哪些学生需要特别关注?哪些活动有利于达到教学目标?如何设计教学环节?"教学过程中,教师需要随时思考突发情况的应对,并根据学生的反馈信息,思考为什么出现这样的问题,并随之调整教学计划,采取有效的策略与措施,确保教学过程有效有序的完成。教学后,教师需要用批判性的眼光对自己的课堂教学行为进行分析和思考,结合各方面的教学反馈信息,判断自己在教学过程中所确定的教学目标、选择的教学方式及策略是否恰当。并且反问自己:"这节课是否达到预设的教学目标?上课时改变了计划是什么原因?是否还有更好的教学活动或设计?还有哪些地方需要完善?"

2. 行动研究法。行动研究是提高教师教育教学能力的有效途径。如"合作讨论"是新课程倡导的重要的学习理念。"如何使讨论有序又有效地展开"是我们应该研究的问题。问题确定以后,我们就可以围绕这一问题广泛地收集有关的文献资料,在此基础上提出假设,制定出解决这一问题的行动方案,展开研究活动,并根据研究的实际需要对研究方案做出必要的调整,最后撰写研究报告。这样,通过一系列的行动研究不断反思,教师的教学能力和教学水平必将有很大的提升。

3. 教学诊断法。"课堂教学是一门遗憾的艺术",而科学、有效的教学诊断可以帮助我们减少遗憾。教师不妨从教学问题的研究入手,挖掘隐藏在其背后的教学理念方面的种种问题。教师可以通过自我反省法或小组"头脑风暴"法,收集各种教学"病历",然后归类分析,找出典型"病历",对"病理"进行分析,重点讨论影响教学有效性的各种教学观念,最后提出解决问题的对策。

4. 交流对话法。教师间充分的对话交流,无论对群体的发展还是对个体的成长都是十分有益的。如在集体备课时,教师可以向同事提出自己在教材解读、教材处理、教学策略、学生学习等方面遇到的疑点与困惑,请大家帮助分析、诊断、反思,并集思广益提出解决办法。这样合作反思、联合攻关,可达到相互启发、资源共享、共同成长的目的。

5. 案例研究法。在课堂教学案例研究中,教师首先要了解当前教学的大背景,在此基础上,通过阅读、课堂观察、调查和访谈等形式收集典型的教学案例,然后对案例做多角度、全方位的解读。教师既可以对课堂教学行为做技术分析,也可以围绕案例中体现的教学策略、教学理念进行研讨,还可以就其中涉及的教学理论问题进行阐释。

6. 观摩分析法。"他山之石,可以攻玉。"教师应多观摩其他教师的课,并与他们进行对话交流。在观摩中,教师应分析其他教师是怎样组织课堂教学的,他们为什么这样组织课堂教学? 我上这一课时,是如何组织课堂教学的? 我的课堂教学环节和教学效果与他们相比,有什么不同? 从他们的教学中,我受到了哪些启发? 如果我以后再教这一课时,会如何处理? 通过这样的反思分析,从他人的教学中得到启发、得到提高。

7. 总结记录法。一节课结束或一天的教学任务完成后,我们应该静下心来细细想想:这节课呈现的教学内容是否符合学生的年龄特征和认识规律,总体设计是否恰当,教学环节安排是否合理,教学方法运用是否得当,学生思维能力与动手能力是否得到了富有成效的训练,教学手段的运用是否充分,重点、难点是否突出;今天我有哪些行为是正确的,哪些做得还不够好,哪些地方需要调整、改进;学生的积极性是否被调动起来了,学生学得是否愉快,我教得是否愉快,其成败得失的原因何在,还有什么困惑等等。把这些想清楚,然后记录下来,这样就为今后的教学提供了可以借鉴的经验。经过长期积累,我们必将获得一笔宝贵的教学财富。

8. 质疑法。质疑是人的思维走向深刻的开始。人们认识事物的初始只是以领会接受为主,而要真正理解其内在价值需要不断质疑才会有新的发现,有发现才会有努力,有努力才会有发展。建议教师进行这样的反思:"这样做对吗?"、"这样合理吗?"、"这是最佳方案吗?"。

9. 对比法。过去的经历对我们来说虽不可回,但我们可以通过反思它的对立面来坚定我们今后面对这类问题的态度,"用另一种方法会怎样?"、"我先这样做会怎样?"这样的反思并非事后诸葛,它暗示着我们下一次若有类似经历,该怎样去做。

10. 因果法。事物处于普遍联系的状态之中,事物的发展都有其过去和未来,找出过去经历的因果关系,可以让我们更清楚地把握将要发展的方向。"为什么会出现这种状况?"、"我这样教会出现什么结果?"教师经过这样的反思,其自主性、自觉性一定会得到很大程度的提高。

11. 归纳法。教学经验一般是在自然状态下零星地存在于我们的记忆之中甚至于记忆之外,而一旦我们将它们联系起来,找出它们的共同之处,这些经验就会显现出一般规律了。"我这些成功有相同之处吗?"、"我坚持这样做会怎样呢?"经过这样的归纳反思,找出了解决问题的策略。

12. 换位法。横看成岭侧成峰。人的认识受自我经历的局限,会使自己的认识产生偏离,这样容易产生冲突,"如果我是学生会怎样想?"、"如果我来教,会怎样设计?"经常进行这样的移位换情反思,对于形成互助平等、教学相长的学习氛围是大有裨益的。

学科前沿

教师在反思时要学会从不同主体的视角进行,才能避免自我认识的盲区,充分发现自己在教学过程中存在的不足。

1. 以学生的视角进行反思。教师可以回顾自己作为学生(包括现在接受培训时的学生角色)的一些事件、感受、人物,就可以从"别人"的角色来反观自己。从学生的行为、思维状态、学习成绩以及学生对教师的期待都会反映出教师教学的状况。从学生的眼里了解教师自己的教学,办法很多,如建立学习档案、写学习日记、进行问卷调查、召开师生座谈会等。当教师知道自己的教学对学生意味着什么时,就能够更好地改进教学。

2. 以同伴的视角来反思。教师的自我角色是有意识地自主构建的,教师的教育观念是在长期的自我经历中孕育而成的,教师的教学决策是经过周密思考而精心设计的,因此,教师对自身的角色、观念、教学提出质疑。审视、判断和再设计是有一定困难的。邀请同事观察自己的教学并与他们交流和对话,可以使教师用新的眼光看待自己的教学实践。这是教师之间的共同学习、合作学习。教师还可以对照榜样教师的行为反思自己的教学行为。

3. 站在"超自我"的视角进行反思。所谓的"超自我"就是有意识地抛弃习惯和成见,以一种全新或另类的眼光看待自己的过去。这是教学反思最主要的研究视角,也可称为教师自传的研究。它可以使教师对自己教学的观念、行为、设计理念进行深刻的审视。对自己教学实践的反思方式有很多,如写教学日记、一段时间的教学回顾、角色模拟演练、观看教学录像等。对自己的教学实践进行反思,尤其要抓住关键事件。关键事件有的是突发事件,有的是平常教学中的事件。抓住这些事件引起反思,往往会使教师捕捉住自己发展的时机。

4. 以专家的视角来反思。与专家进行对话和交流,进而引发对自我的深度思考,十分重要。当然,由于受本校和本地区条件的限制,常用的方法还是阅读理论文献的居多。通过阅读专家的理论著作,也可以使教师对一些问题找到与自己不同的解释和见解,帮助自己接受新信息、新观点,用新的方式研究自己。这是一种与专家不见面的"对话"。

(资料来源:优才教育研究院.教师的自我生涯规划[M].成都:四川大学出版社,2013.)

心理训练

认识我自己——周哈里窗

我们常说"知己知彼,百战不殆"。"知彼"暂不说,我们真的能够做到"知己"么?其实,对于自己,我们并不能做到了如指掌,有些事情是我们自己不知道而我们的朋友却清楚了解的。在别人给我们的回馈中,我们可以验证别人对自己的看法、增进自我的觉知。周哈里窗介绍了自我坦露和回馈经验之间的关系,它可以帮助我们认识自己,也可以让别人了解自己。它把人的内在分成四个部分:开放我、盲目我、隐藏我、未知我。我们在和朋友彼此互相给予回馈的过程中,使开放我越来越大,而其他三部分越来越小,帮助自己更好地认识自己,同时可以使朋友之间更加深入地了解彼此。

	自己知道	自己不知道
别人知道	1.自由活动领域（开放我）	2.盲目领域（盲目我）
别人不知道	3.逃避或隐藏领域（隐藏我）	4.处女领域（未知我）

（资料来源：http：//baike.baidu.com/link？url＝YtPAwf77UG2KeYQJZhpMM09aBhvlIG-8TDbyd11doRmUBcbFGj7zC2JR1mR1IxoDWYrL0aLCD2S_zeXDUuDuka.）

第四节　教师工作压力与心理健康

案例分享

女教师写下临终日记　不规律生活警示他人

"在生死临界点的时候，你会发现，任何加班，压力，买房买车的需求都是浮云，如果有时间，好好陪陪孩子，把买车的钱给父母亲买双鞋子，不要拼命去换什么大房子，和相爱的人在一起，蜗居也温暖。"——这是32岁乳腺癌晚期女教师于娟的临终感悟。在一篇名为《为啥是我得癌症》的日记中，于娟反思种种生活细节，并忠告大家善待自己的身体。下面，摘取她文章的几个片段，并请业内专家一一解读，也许能给同样背负生活压力的你我一些最珍贵的警示。

一、暴饮暴食伤身体

"我是个率性随意的人，吃东西讲究大碗喝酒、大口吃肉。读书时，导师有六个研究生，我是唯一的女生。但是聚餐的时候，五个男生没有比我吃得多的。即便工作以后，仍然忍着腰痛（其实已经是晚期骨转移了）去参加院里组织的阳澄湖之旅，一天吃掉七个螃蟹。"

日本一项研究成果指出，"每顿都吃得很饱"和"基本上只吃八分饱"的人相比，前者患癌的概率更大。中华医学会心身医学分会主任委员、上海中医药大学博士生导师何裕民教授建议，做到只吃"八分饱"，不妨尝试以下几招：感到有点儿饿就开始吃饭，而且每餐在固定时间吃，这样可避免太饿后吃得又多又快；吃饭至少保证20分钟，因为从吃饭开始，经过20分钟后，大脑才会接收到吃饱的信号；用小汤匙代替筷子，每口饭咀嚼30次以上，减慢速度。

二、嗜荤如命不可取

"得病之前，每逢吃饭若是桌上无荤，我会兴味索然，那顿饭即便吃了很多也感觉没吃饭一样。那时候没有健康饮食一说，而且北方小城物质匮乏，荤食稀缺。我吃的都是荤菜。"

无肉不欢的人，很容易出现肥胖、冠心病、肿瘤等问题，而足量的蔬果纤维，能减少结直肠癌、乳腺癌等数种癌症的发生率。要保证身体需要，每天应吃400克以上的蔬菜，吃肉不要超过75克，体积相当于一副扑克牌大小。世界癌症研究基金会科学项目经理蕾切尔·汤普森博士推荐：西红柿可降低前列腺癌危险，西兰花、卷心菜和豆芽能降低患消化系统癌症的概率，草莓、洋葱、大蒜中都含抑制肿瘤生长的成分。

三、熬夜、晚睡没好处

"回想十年来,我基本上没有12点之前睡过。学习、考研是堂而皇之的理由,与此同时,网聊、BBS灌水、蹦迪、K歌、保龄球、一个人发呆填充了每个夜晚。厉害的时候通宵熬夜,平时的早睡也基本上在夜里1点前。"

"长期熬夜等于慢性自杀"的说法并不夸张。英国科学癌症研究中心研究了世界各地1000余名30~50岁的癌症患者,发现其中99.3%的人常年熬夜,凌晨之后才会休息。中国抗癌协会执行委员、山东省肿瘤防治研究院主任医师左文述告诉记者,长期熬夜会影响神经中枢,干扰内分泌,影响免疫机制,让人更易患上癌症。熬夜最好不要超过12点。如果加班到凌晨,最好找一间窗帘有遮光布的房间睡觉,漆黑的环境有助于体内褪黑素的生成。

四、突击学习、工作太劳累

"每当我想起来好好学习的时候,差不多离考试也就两个星期了。我会下死手地折腾自己,把自己当牲口一样,快马加鞭马不停蹄、日夜兼程废寝忘食、呕心沥血苦不堪言……最高纪录一天看21个小时的书,看了两天半去考试。每一轮考试下来,都很伤,伤到必定要埋头大睡两三天才能缓过来。"

淋巴瘤、肝癌、肺癌被列入累出来的癌症前三名。哈尔滨医科大学附属第四医院肿瘤外科孙凌宇表示,过度劳累虽不直接导致癌变,但会导致肝病、肺病反复发作、不断加重,并最终诱发癌症。所以不要过度劳累,加班不要太晚,工作时间不要过度紧张,每天保证8小时睡眠,周六、周日保证一定的休闲时间、健身活动,以调适心情。平时也可多做一些净化心灵的活动,如静坐、冥想、聆听心灵音乐等。

五、甲醛家具埋下的种子

"十年前,我曾住在浦东一间亲戚的新房里。新房,新装修,新家具。2009年,我爱人开始研究除甲醛的纳米活性炭,有次偶尔做实验,打开了甲醛测试仪,那些家具的检测指数犹如晴天霹雳。一般来讲,高于0.08已然对身体有危险,而屏幕上的指数是0.87。时隔半年,我查出了乳腺癌。"

装修的刺鼻气味比室外灰蒙蒙的天空要可怕得多。国家室内环境质检中心主任宋广生建议,装修期间一定要开窗通风;少用人造板材;小房间少放新家具,甲醛、苯等总是喜欢隐匿在新家具中,即便你闻不到刺鼻的味道,也不代表它不存在;少用大理石和花岗岩,氡已经成为肺癌第二大诱因,它主要藏身于花岗岩、大理石等中;少用油性漆,水性漆则环保得多;装修结束后至少要晾两三个月才能入住。

六、争强好胜的性格应该改

"我曾断断续续接触了大概三五十多个病友。我发现,乳腺癌病人里性格内向阴郁的太少。相反,太多的人都有重控制、重权欲、争强好胜、急躁、外向的性格倾向。这让我开始反思自己:太过喜欢争强好胜,太过喜欢凡事做到最好,太过喜欢统领大局,太过喜欢操心,太过不甘心碌碌无为。"

雅典凯菲西斯肿瘤医院的研究人员调查了448名接受乳腺普查的女性,发现有敌意、侵略性强的人被诊断出乳腺癌的概率最高。何裕民提醒,如果你觉得生活中让你生气的事像道坎一样,怎么也迈不过去了,思想钻了牛角尖,而且抑郁的心态持续时间特别长,达到一两年以上,就要小心了。豁达的心胸、愉悦的心情是癌细胞的"天敌",应对事情的后果不做无谓联想,多交朋友,种花养鸟,读好书,常晒太阳。

(资料来源:http://news.xinhuanet.com/health/2012-01/20/c_122610375.htm.)

学习导航

在现代社会中,任何人都无法避免压力,只能面对、控制或利用它。工作压力是教师最主要的压力,是影响教师心理健康的重要因素。帮助教师正确认识压力与职业压力源,使他们在巨大工作压力下维持较高的心理健康水平,对教师的专业发展、对学生的健康成长,都具有重要的现实意义。

一、教师职业压力分析

(一)压力的理论模型

许思安等(2014)认为,教师职业压力指的是从业者因各种压力诱因的存在,而诱发的一种情绪状态,如紧张、消极、不愉快等。职业压力对个体而言,存在两重性:一方面表现为动力,激励教师更加忘我地工作,对从事的工作或任务充满了期待感,带着挑战性与兴奋感去参与工作或处理事务;另一方面表现为阻力,对教师过于理想化的角色期待或要求,会影响教师的生理、心理和行为,可能会导致焦虑、压抑、担忧、受挫、无助、不安、丧失自信、不满等负面情绪,也可能会导致行为冲动、暴饮暴食、食欲不振、吸烟喝酒等消极行为,进而影响教师自身的健康,如图5-2所示。

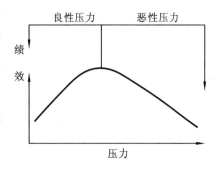

图5-2 压力与工作绩效关系图

1. 教师职业期望模型

Smith 和 McCarthy 在1982年提出专业人员的倦怠感与专业期望有关,而个人的专业期望会受到控制点的影响。专业期望可分为理想化(reasonable)和实际化(realistic)的专业期望,前者是一种直觉的、未经验证的、基于个人理想引发的期望;后者是指通过明确的、可验证的途径以察觉环境的方式。当教师怀有理想化专业期望时,容易对外在环境不满,同时由于外控信念而加深个人挫折感,并以伤害、消极方式应对,最终导致生理、情绪耗竭等工作倦怠症状发生;当教师怀有实际化专业期望时,较容易掌握实际情况并做出适当调整,由于内控信念而减少挫折,并且采取积极而又合乎实际的应对策略,并导向专业的成长。

2. 教师职业压力模型

Simpson,McFadden 和 Moracco 提出了教师职业压力的模型。该模型强调教师个体特征在压力产生过程中的影响作用。模型把潜在的压力源分为三个部分:社会压力源、职业压力源和家庭压力源。这三者之间的关系可以这样来描述:潜在的职业压力源并不一定导致职业压力,只有当其成为现实的压力源时,才会对教师产生影响。潜在的压力源是否会成为现实的压力源取决于教师的评估机制。例如,当教师认为某一个或某一些潜在的压力源会对自己的健康或自尊构成威胁时,潜在压力源就会变成现实的压力源。教师的评估机制受到过往经历、个人人格特质及信念系统等多方面的影响。

(二)教师的压力源分析

心理学上对于压力源的定义一般指的是具有威胁性或伤害性,并因此带来紧张感受的事件或环境。教师的职业压力主要来源于外在因素及内在因素两个方面。外在的压力源主要来自于社会、学校、家长、学生等,内在的压力主要来自教师职业本身。

1. 外在因素的影响

(1)社会因素。

社会因素包括客观的社会学指标,如经济、职业、婚姻、年龄、受教育水平的差异,个人的社会交往、生活和工作变化,重大社会经济变动等。教师的职业压力,有相当一部分来自于社会角色期待的影响。当今社会对好教师的普遍期待是"知识渊博、无私奉献"。大众正是以类似的刻板印象,衡量教师并要求教师达到完美化的标准,如"默默无闻地奉献、不计回报地付出",忽视教师自身需要、欠缺人文关怀,无形中为教师的职业生涯增添了许多困扰。正是因为社会对教师职责有如此高的要求,与现实社会中教师的地位造成了角色冲突。

(2)学校因素。

教师工作中人际关系的和谐程度、工作信息交流程度、教师之间的认同度、竞争的激烈程度等影响着人的心境。人际关系指的是人们在共同活动中为满足各种需要而建立起来的相互间的心理关系。学校中教师的人际关系主要包括师生关系、同事关系、上下级关系、个人与集体关系。这些关系处理不当会导致教师产生心理压力。

(3)家长因素。

随着国民素质的提升,家长的需求也在逐步发生变化。一方面,家长有着浓厚的维权意识,对于孩子与教师之间的矛盾,大多数家长往往会偏向自己的孩子;另一方面,家长的要求正在逐步增多、提高,希望教师拥有高学历、较高教学水平、高素质、高超的管理技能等。这些需求的变化,无疑会给教师处理亲子矛盾、师生冲突增加了难度。

(4)学生因素。

随着时代的进步,学生的各方面素质大幅提升,个体之间的差异增大,再加上原生家庭的复杂性增加,也给教师在管理方面带来更大的挑战性,如有的学生长期受困于亲子关系,有的学生缺少学习动力,有的学生不擅长人际交往,有的学生性格暴虐,有的学生孤僻内向等。

2. 内在因素的影响

教师自身因素包括多个层面的原因,主要有以下几点。

(1)角色压力。

教师的职业特性决定着教师必须充当多种多样的角色,这些角色包括:老师、父母、榜样示范、朋友,甚至是接受继续教育培训的学生等等。当个体长期处于某种情景而养成习惯后,就会固定充当某一角色并形成心理定式,如果身处另一种情景时,会缺乏灵活的变通性,这就是角色冲突或角色混乱。长期充当教师的角色,会导致有些教师在角色转换时产生混乱,造成心理困难或心理压力。例如,在家庭中,有些教师不能及时地从老师的角色转换到父母的角色,导致在家中不能和亲人很好地相处,增加自身的心理负担。

同时,对于经常身兼数职的中小学教师而言,在有限时间内同时扮演多个富有挑战性的角色,可能会出现"角色超载",即角色的要求超出个人能够承受的范围。而教师的劳动性质也决定了教师的工作不能以8小时来计算。教学设计、教具准备、授课解惑、批改作业、处理学生纠纷、班级管理、学生实践、家庭访问……大部分教师的日工作量都是超负荷的。教师经常性的超负荷运转,可能会导致身心疲惫。

(2) 人格因素。

人格是心理特征的整合统一体,相对而言比较稳定,会深刻影响到人的外显行为及内隐行为模式。人格反映人的自然性与社会性的交织,具有明显的个人独特性。现代学生所期待的教师素质大部分属于教师的人格特征,如民主作风、工作态度认真、尊重并关心学生、帮助学生、期待自身进步等。如果教师不具备这些特征,很容易不受学生的欢迎,激发不了教与学的兴趣,会导致教学效果不佳,学生甚至会通过各种方式来表达对教师的不满,进而增加教师自身的压力。

知识链接 5-15

24 项积极心理特质

——克里斯托弗·彼德逊和马丁·E.P.瑟里格曼

1. 创造力(原创性,独创性):思索新颖而有价值的方法来产生概念和做事情。
2. 好奇心(兴趣,寻找新事物,开放式体验):对持续的体验及其内在原因产生兴趣;进行探索和发现。
3. 头脑开明(判断力,批判性思维):通过全方位测验来思考事物;公平权衡所有的根据。
4. 爱学习:掌握新的技能、话题以及知识本体,不管是出于自愿还是形式要求。
5. 洞察力(智慧):能对他人提出明智的建议;能着眼于对己对人有意义的世界。
6. 勇敢(勇气):不畏威胁、挑战、困顿或苦痛;依觉悟而行,不论其是否被普遍认同。
7. 持久(有毅力,刻苦奋发):做事有始有终;坚持行为方向,不论障碍险阻。
8. 正直(可靠,诚实):自我表现诚恳;对自己的感觉和行为负责。
9. 有活力(热情,积极,有魄力,有精力):生活充满激情和能量;思维活跃。
10. 爱:珍爱与他人的亲密关系,尤其是那些其中相互分享、相互关照的。
11. 善良(慷慨,关怀,关照,同情,无私的爱,"美好的事物"):为他人帮忙、做好事。
12. 社会智商(情绪智商,个人智商):了解他人以及自己的目的和感觉。

13. 公民权(社会责任,忠诚,团队协作):作为集体或团队中的一员好好工作;对集体忠诚。

14. 公正:依照公平和正义的观念平等对待所有人;不要让个人感觉误导对他人的判定。

15. 领导能力:促进集体,使个人在其中作为成员能完成事情并且同时维持良好的集体关系。

16. 宽恕和仁慈:宽恕做错事的人;接纳他人的短处;给予他人第二次机会;不心怀报复。

17. 谦虚(谦逊):用成绩说话;不自大。

18. 谨慎:仔细对待自己的选择;不要冒不当的风险;不说也不做会事后后悔的事。

19. 自律(自控):管理自己的感觉和行为;守纪律;控制自己的欲望和情绪。

20. 欣赏美丽和卓越(敬畏,赞叹,上进):欣赏美丽、卓越以及在生活的不同领域的娴熟表现。

21. 感恩:知道并感谢发生的好事情;多多表达谢意。

22. 希望(乐观,为未来打算,为未来定向):对将来有最好的展望,并努力实现它。

23. 幽默(爱玩):喜欢笑,喜欢逗乐;给他人带来欢笑;看事物的光明面。

24. 精神信仰(虔诚,守信,有追求):有更高追求、生活意义以及宇宙意义的信仰。

(资料来源:https://www.douban.com/group/topic/5070492/.)

二、教师心理健康及应对

(一) 教师心理健康

世界卫生组织(WHO)是这样定义心理健康的:心理健康是指这样一种健康状态,在这种状态中,每个人都能够实现自己的能力,能够应对正常的生活压力,能够有成效地从事工作,并能够对其社区做出贡献。从此积极意义上讲,心理健康是个体获得生活幸福和履行有效社会功能的基础。

心理健康是一种心理状态。心理健康对于教师工作及生活具有非常重要的影响。由于职业压力和生活压力的存在,教师人群中存在一些心理健康异常现象是可以理解的,对心理健康问题的漠视和回避才是心理健康异常造成负面影响的主要根源。

研究发现,工作倦怠、适应障碍、人际交往障碍、躯体化障碍和人格障碍等是教师人群中存在的主要心理健康异常问题。其中,工作倦怠是个体因为不能有效应对持久高强度的工作压力,而产生的一种长期性情绪、心境和行为反应,突出表现为价值感和成就感丧失、情绪低落、去个性化,不愿意和人打交道,对工作没有热情和动力。适应障碍主要表现为对岗位和角色的适应不良。当教师对角色及工作任务不能很好地适应时,内心产生焦虑、情绪低落、兴趣丧失、无助感,甚至失眠等应激反应。研究发现,教师除了在校内因工作关系发生的师生和同事之间的交往之外,很少与他人发生经常性的往来;许多教师缺乏与他人交往的时间,也缺乏与他人交往的方法和技能;长时间的人际封闭或隔绝,容易导致教师产生退缩、逃避、敏感、疑虑等行为和情绪异常。并且由于工作时间长,精神上和身体上的紧张压力,一些教师时常感觉到头痛、心悸、胸闷、腹胀、四肢麻木、全身无力、咽部梗塞等躯体性不适,同时伴有焦虑、失眠、抑郁等情况,但经临床检查后并无器质性病变。教师人群中也有一些人格障碍或人格缺陷的现象,如强迫性人格和偏执性人格:前者表现为追求完美、拘束畏缩、做事瞻前顾后、怕冒险,后者表现为猜疑同事、心胸狭窄、自尊心过强、遇挫或受批评后心怀怨气、爱抱怨、总把原因归咎于外界或他人的别有用心等。此外,还有一些焦虑、抑郁等心理障碍。

(二)应对措施

1. 梳理角色,有所为、有所不为

如果身负角色过多而穷于应付,就应该对自身的角色进行梳理。哪些是现阶段必须要做的? 哪些是可有可无的? 哪些是不必要的? 首先应把不必要的角色消除,然后把可有可无的角色推后,先集中精力扮演好最重要的角色,并对这些角色有充分的了解,对其可能造成的压力做好准备,必要时求助于学校或社会支持力量消除那些不必要的角色压力来源,如额外的工作任务、过多的会议、不合理的考评制度、家长不合理的要求等。此外,学校和相关领导应采取一种重用和关怀相结合的管理方式。一方面对教师提出业务上的高要求,另一方面也要时常给予满足教师需要的激励,不因某个教师工作能力强而过度使用,强加非职责范围的工作任务。

知识链接 5-16

揭秘人的十种防御机制

现实生活中,每个人的心理上都有一套自我保护机制,它使我们敏感而脆弱的心理能够由此更坚强一些,能够对危机和挫折有所防御,有所淡化,从而得到自我解脱。心理自我保护机制普遍存在于人的心理活动中,其功能类似生理上的免疫系统。当人们由于某种原因将要或已经陷入紧张焦虑状态时,就可借助心理自我保护机制来减轻或免除内心的不安与痛苦以更好地适应生活。常见的自我保护机制有潜抑、合理化(文饰法)、仿同、投射、反向作用、躯体化、置换、幻想,以及补偿和升华。

1. 潜抑。潜抑是把理智上不能接受的欲望、情感或动机压抑下去。虽然这些欲望、情感和动机没有消失,但人意识不到它的存在,也就不会为此而紧张焦虑了。例如,某一女生近来经常与一男生在一起,于是传言四起,同学们都说他俩在谈恋爱,该女生听了深感冤枉。其实,她内心深处未必就没有进一步发展的愿望,但她理智上却无法接受"他俩在谈恋爱"这一传言,于是就将这种动机潜抑了。

2. 合理化（文饰法）。当人的动机或行为不被社会所接受,或因其他因素而受挫时,为了减轻因动机冲突或失败挫折所产生的紧张和焦虑而找一些表面上冠冕堂皇的理由来为自己辩护以自圆其说,当然这些理由是经不起推敲的,并非真理由,也非好理由。但在一定的时候可起到心理保护作用。

3. 仿同。仿同是把别人的欲望、个性特点不自觉地吸收为己有,并表现出来。被仿同对象总是仿同者尊敬的人或喜爱的行为特征,通过仿同来缓解个人的痛苦或焦虑,同时可借以分享他人成功的快乐,如模仿明星造型或行为。

4. 投射。投射是把自己不喜欢或不能接受的性格、态度、意念、欲望转移到外部世界或他人身上并断言别人有此动机,以免除自我责备之苦。但是习惯于以投射来维持自己心理平衡的人,往往会影响对自己的真正了解,也会影响与别人交往,因此要恰当地使用投射保护机制。

5. 反向作用。反向作用是指一个人内心有一种动机或冲动,承认了会引起不安,结果反而表现出相反的动机或冲动。一般情况下,个人行为的方向与其动机方向是一致的。但有时也会表现出"形左实右"的现象,如有的病人十分关注自己的病情,但在别人面前反而故作无所谓的姿态。

6. 躯体化。躯体化是把精神上的痛苦、焦虑转化为躯体症状从而减轻心理紧张。例如,常有神经衰弱的病人否认自己思维方式上的问题,而强调内心的紧张是由于身体衰弱或失眠造成的。

7. 置换。置换是把对某一事物的愿望或情绪不自觉地转换到另一事物上。例如,在学校被人瞧不起的学生,常把对同学和老师的怨气转到家人身上,以此平静心情。

8. 幻想。当遇到无力解决的问题时,把自己置于一种脱离现实的想象境地,企图以非现实的虚构方式来应对挫折从而获得心理平衡,这种保护机制常被弱小者所用。

9. 补偿。补偿是指个人所追求的目标、理想受挫,或因自己生理缺陷、行为过失而遭失败时,选择其他能获得成功的活动来代替,借以弥补因失败而丧失的自尊与自信。

10. 升华。升华是把在现实中无法得到满足的愿望,以某种符合社会道德规范的方式获得满足。例如,攻击性的愿望不能随处乱用,但可能从踢球或射门中得到满足。

自我保护机制一般是无意识地发生作用的,但如果我们能有意识地使用一下,就可以使人在一种新的角色下相对轻松地生活。尽管它有自欺的一面,但它确实是一种心理自我防护的武器,对心理健康具有积极的作用,因此希望每一个人在生活中都能用好自我保护机制。

（资料来源：http://www.qhdbohai.com/n249c12.aspx.）

2. 进行时间管理,给自己保留部分私人时间

同时处理过多过繁的事物容易让人觉得分身乏术、疲惫不堪,久而久之会使人心力交瘁。实际上,很多事情可以分出轻重缓急,通过优先处理最重要最紧急的事情,其次处理不重要但紧急的事情、再次是重要但不紧急的事情,最后才是不重要也不紧急的事情,这是时间管理(见图5-3)。另外,在完成一件复杂的事情时,试着将这件事分成几个容易着手的小部分,分阶段分任务去完成,根据自己的实际情况合理分配时间,量力而行,不要选择超出自己能力的事情。

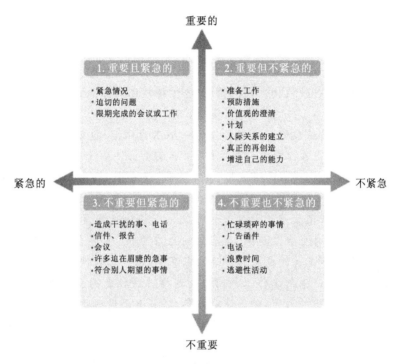

图 5-3 时间管理四象限

3. 保持对自我身心关注的敏感度

当教师为了工作全身心投入时,容易忽略身体和情绪上的变化,而身体上反复出现的一些小毛病或者情绪上的持续波动恰恰是压力过大的征兆。当身体用疾病的方式来提醒自己需要放慢脚步时,如果继续无视它的警告,一味追求眼前成就,可能会造成更严重的伤害。情感衰竭是指个体的情感资源在负面事件或压力的长期影响下已消耗殆尽,导致精力的丧失和疲劳的产生,在心理上感觉到无法再做出进一步的努力,甚至无法应对工作上的新要求。这是个体出现工作倦怠的重要特征。因此,教师需要时刻留意身体发出的预警信号,及时调整自己,卸掉超负荷的包袱。

> **知识链接 5-17**
>
> **教师的职业枯竭**
>
> 职业枯竭是一种在工作重压之下身心俱疲的状态,是身心能量被工作耗尽的感觉。
>
> 职业枯竭主要有六大特征:
>
> 第一个特征是生理耗竭。即职业枯竭的临床维度,主要表现是感到持续性的精力不充沛、极度疲劳和虚弱,对疾病的抵抗力也在下降,然后出现一些身心症状,比如说头疼、腰酸背疼、肠胃不适、失眠、饮食习惯的改变等,严重的会导致精神疾患。
>
> 第二个特征是才智枯竭。这属于职业枯竭的一个认知维度,它主要表现在,感觉到一种空虚感,有一种被掏空的感觉,你会觉得自己的知识已经没有办法满足工作的需要了,思维效率下降,注意力不集中,不能够很好地适应当代知识的更新。
>
> 第三个特征是情绪衰竭。这是枯竭的一个压力维度,也是职业枯竭非常显著的一个特征,主要表现在工作热情消失了,尔后表现出许多情绪上的特点,如烦躁、易发脾气、易迁怒于人、对人冷漠无情、麻木不仁、没有爱心,甚至沮丧、抑郁、无助、无望,直至消沉。
>
> 第四个特征是价值衰落。它属于枯竭的一个评价性维度。其主要表现是,个人的成就感下降,同时自我效能感、自我评价也在降低,觉得自己没有能力去做好工作。对自己所从事工作的意义和评价也在下降,觉得工作没有意思,工作变得非常机械化,然后出现一系列工作上的问题。这样一种挫败感会使职业人减少心理上的投入,不再去付出努力了,会出现消极怠工,甚至出现离职或者转行的倾向。
>
> 第五个特征是"去人性化"。它属于职业枯竭的一个人际维度,会直接影响到人际交往质量,其特征就是很消极的、否定的一种态度,即以冷漠的态度去对待自己周围的人,甚至是对待自己非常亲近的人,包括家人或者一些好朋友。这些人表现出多疑、猜忌,同时对别人充满了一种批判性。
>
> 第六个特征是攻击行为。攻击行为一般来说有两个方向。一是对别人的攻击行为会增多,比如说人际摩擦增多,会在极端的情况下出现打骂无辜人的情况。比如说有的人在公司里面受了老板的气,回家可能就会拿老婆孩子"开刀",去找"替罪羊"。二是他的攻击并不是指向外人的,而是指向自身,出现自残行为,甚至在极端情况下出现自杀。
>
> (资料来源:http://blog.sina.com.cn/s/blog_a5e5785601014ujp.html.)

4. 情绪管理

情绪管理是指一个人在情绪方面的管理,即一个人能够适时、适地、适度地选择和表达情绪。情绪管理并不是不能表现负向情绪,而是学习保持正向情绪,减少不当的负向情绪。教师情绪管理能力具体包括:能够觉察、认识自己情绪的能力;能够表达自己情绪;能够自我激励;能够觉察他人情绪的变化;面对他人的情绪,能够自我调适,进而管理他人的情绪。

提高情绪知觉的方法有:自我监控,如每天记录情绪的变化,增加对自己情绪的认识与觉察;学会适当地表达情绪,恰当地发泄消极情绪,如向朋友倾诉难过的事情等;学会针对具体情况进行情绪调节,如通过调整认知、深呼吸、肌肉放松、想象放松等技术来调节焦虑情绪。

知识链接 5-18

《心灵的七种兵器》摘录

任何真切而纯粹的情绪、感受和体验都是大自然的馈赠。假若你学会敏锐捕捉并坦然接受它们,那么你就会发生不可思议的成长。所以说,纯真的情绪、感受和体验都是"心灵的兵器"。

1. 心灵的七种兵器之一:最纯的悲伤帮你告别悲惨往事。一个人在原生家庭中的关系决定了这个人的心理健康程度。这是临床心理学的一个基本理论,概括来说就是:问题,在关系中产生。不过,总会有例外,我们总能见到一些特殊的人,他们的童年非常非常悲惨,但他们却拥有很健康的心灵。

2. 心灵的七种兵器之二:愤怒,你的力量之泉。我们惧怕愤怒,因愤怒看上去易伤害关系,让我们与别人疏远。但愤怒是必需的。因为我们既需要亲密关系,也需要保持独立空间,从而保持自己的个性和判断力。愤怒,是保护独立空间的最有力武器,甚至是唯一的武器。假若你接受自己的愤怒,那么当有人试图与你建立坏的关系时,无论他的借口多漂亮,他都难以得逞,因为愤怒告诉你,他这样做不对。你的愤怒释放后,会令他知难而退,而你则捍卫了自己的空间。这样通过愤怒,你拒绝了一次坏的关系,或者拒绝了一个关系向坏的方向发展。

3. 心灵的七种兵器之三:内疚,和谐关系的调节者。一个和谐的关系,必然有丰富的付出与接受,你给予我物质和精神的爱,我接受,我给予你更多的物质和精神的爱,你也欣然接受,然后回赠我更多……如果这个付出和接受的循环被破坏,关系也随即会向坏的方向发展。

4. 心灵的七种兵器之四:仪式,引导心灵的蜕变。一次生命,是心灵不断成长的过程。只是对于心灵的转变,我们常处于混沌状态,不知自己已进入了一个新的人生阶段。这时,我们就需要一个仪式来提醒自己,甚至引导自己的转变。

5. 心灵的七种兵器之五:恐惧,揭示生命的真谛。恐惧等于怯弱,这成了一种思维定式。怯弱要克服,所以,战胜恐惧也仿佛成了一个不容置疑的真理。然而,作为人类一种最基本的情绪,恐惧和其他情绪一样,也有着它的独特价值,若一味地追求战胜恐惧,就忽略了恐惧所传递的重要信息。我们可静下来,聆听恐惧,从而发现恐惧给我们的提示。我们最恐惧的,恰恰可能隐藏着我们生命中最关键的答案。

> 6. 心灵的七种兵器之六：关系，是我们心灵的镜子。好的心理医生与来访者的关系，是一面平滑的镜子，可以让来访者淋漓尽致地将他内心的关系——"内在的父母"与"内在的小孩"的关系，投射到这个外在的关系上，也由此得以理解自己。这一点非常重要，因为理解自己是最难的一件事，若你真正理解了自己，那么好的改变会自然而然地发生。
>
> 7. 心灵的七种兵器之七：接受，带你走向自由之路。生命诚可贵，爱情价更高，若为自由故，两者皆可抛。这是匈牙利诗人裴多菲的著名诗句，写出了我们对自由的无比向往。人格的自由很重要，它是我们的独立之本、健康之源，也是我们创造力的基石。实际上，追求人格的自由，结束已经发生的事实对我们心灵的羁绊，只有一条途径：接受已经发生的事实，承认它已不可改变。假若你做到了这一点，那么过去的事实仍然存在，它并未消失，也未被你遗忘，但你对它的纠缠就结束了，而你也由此获得了自由。
>
> （资料来源：武志红.心灵的七种兵器[M].北京：世界图书出版公司，2008.）

5. 寻找职业幸福感

当应对消极压力时，小的变化会逐渐累积，可能会造成严重的长期影响。个人有责任设法捍卫自己的健康，要了解自己的忍耐极限是什么，不能放任压力横行，而寻找职业幸福感则是避免压力侵害的一种方式。Joan(2003)提出，职业幸福感是个体对自身工作各方面的积极评价，包括情感、动机、行为、认知和身心幸福五个方面。

我国学者中，曹建国认为，"教师职业幸福感"指的是教师在教育工作中的需要获得满足，自由实现自己的职业理想，发挥自己潜能并伴随着力量的增长所获得的持续快乐体验；曾抗把"教师幸福感"定义为：教师能自由发挥潜能，满足自我物质性和精神性的需要，实现自我理想和自身价值，从而获得一种积极的主观体验。

许思安(2015)提到，教师可以通过调整认知层面及应用积极自我暗示来提升职业幸福感。教师可以通过调节自身的评价倾向，影响个体的幸福感指数。而认知层面的自我调整在于开阔视野，感受多元的体验，丰富自己的内心世界。而选择积极的视角看待问题，则有助于我们看到未来的"曙光"和"希望"。

知识链接 5-19

教育家的故事

1943年，霍懋征从北京师范大学数理系毕业，作为多次获得奖学金的品学兼优的好学生，本来可以留校工作，但她选择了到北京师范大学第二附属小学（现北京第二实验小学）当一名小学老师，在小学教师的岗位一干就是60年。1956年，她被评为共和国首批特级教师，被周恩来总理称为"国宝"。半个多世纪以来，她经历了共和国教育改革的全过程，在小学的校园里和课堂上为教育教学改革创造了新经验，做出了巨大贡献。霍懋征还认为，小学教育是启蒙教育，是一个人一生中最重要的教育;基础打好了,才能盖起高楼大厦。霍懋征还认为,"教师是一种职业,但在我眼里更是一项事业。这种观念在我的脑子里越来越清晰。"一个优秀的教师,最重要的素质就是"爱这个事业",教育是一项事业,不是一个职业,要有很强的事业心和责任心。"好的教师的标准",在霍懋征看来,只有深沉的四个字"敬业"、"爱生"。"教师工作虽然艰苦,但也是最光荣、最幸福的,当看到学生一批批地成为国家栋梁时,我所获得的成就感,所获得的欣慰,是一般人难以体会的。"

一生投入在教育事业上,直到85岁才退休的国家特级教师斯霞在94岁高龄时,被人问到她的长寿秘诀是什么时,回答道:"我吃的是开水泡饭、萝卜干,哪有什么长寿的秘诀?要说有,就是当老师。"

(资料来源:许燕,王芳.教师健康人格促进[M].北京:中国轻工业出版社,2008)

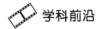

实现压弹,完善人格,维护心理健康(摘录)

主讲人:岳晓东

压弹是国际心理学界倡导的积极理念。按照美国心理学会的定义,压弹(resilience)是指个人面对生活逆境、创伤、悲剧、威胁及其他生活重大压力的良好适应,也是个人面对生活压力和挫折的"反弹能力"。由此,压弹是应激(stress)与应对(coping)的和谐统一,是良性应激(eustress)的突出表现,可以起到激发潜能、振奋情绪,甚至增进健康的作用。有人翻译为"抗逆"。这个词是从物理学借用过来的。

怎样实现压弹境界,怎样维护我们的心理健康,人格完善?培养五种能力,可以使你实现压弹。

1. 主观幸福感。就是幸福在我心里。无论外人怎么评论我,我自己看得起我自己。没有主观幸福感的人,自己看不起自己;他们不是为自己活着,而是为别人活着。别人一句话,好话,他能笑起来,心花怒放;别人一句歹话,他跟别人没完。所以,这样的做人是悲哀的。缺的是什么呢?缺的是孔子倡导的一种功夫,耳顺功。什么叫耳顺呢?一般理解为:你说的好话歹话他都心平气和,你的心不会跟着别人的评价来起伏。

2. 乐观人格。就是看问题总是能从积极的正面角度来归因,来解释,或来摆正自己。我们讲的人格这种稳定的认知情感行为的状态,可能是与生俱来的,也可能是后天开发的。那我可以告诉大家,人的人格是可以改变的,是经过你不断努力去做到的。孔子说的"七十而从心所欲不逾矩,"其实就是讲人格完善,也就是讲他的自我实现。什么是七十从心所欲不逾矩呢?就是说他到七十岁的时候,他做任何事情,他都特自信,该出手就出手,出手绝不后悔。真理在我心里。但孔子早年不是这样,他是经年修来的。所以我讲这个人格的完善,

或者说压弹,它是动态的,而且它是积累的。它从一段到九段,不断积累下去。

3. 认知调整。就是看问题有一个新的角度。看问题多一份思考。心理咨询就是认知模式(心理治疗是医患模式),心理咨询就是培养积极心态。你以为你自己想不开了。那么,你到我这里,我给你一种积极心态的调整。这就是认知调整。我可以告诉大家,据我所知,心理学上第一个成功的认知疗法案例是谁做的呢?不是弗洛伊德做的,不是美国人做的,也不是欧洲人做,也不是近代人做的。两千五百年前就做下来了,是中国人做的,叫什么呢?叫杞人忧天。杞人忧天是典型的认知调整。杞人他一天到晚有焦虑症,他老是觉得一出门星星就砸着他,所以他就不出门了。父亲跟他说不管用,母亲跟他说也不管用。亲朋好友说遍了,没人能说通。有一天,一个高手出现了,人家不说你有多大焦虑,这是人家先做同感练习,同感共情。讲完了之后呢,认知调整说什么呢?天上的星星其实都是云,如果砸你头上轻轻飘飘就过去了,根本不会把你砸死。就这么认知调整人家接受了,第二天人家出门了,没被砸着,然后有信心了。你一步步到最后,系统脱敏了。所以很多事就是认知调整。

4. 幽默化解。什么是幽默?简单说来,是一种创新,是一种智慧,是一种人格状态,但更重要的是潜能开发。所以,当我们看别人表现出幽默的时候,你觉得开心。但你有没有想过,你自己也可以变得幽默起来。我做过研究,我调查中国人最理想的人格特质,比如说谦虚、勤奋、努力、有创新,然后是幽默,大概有十来个,幽默放在最后。我再问大家,跟创新有关的最重要的因素,是不是有批判精神,有独立研究的能力,有创新,有想象力,有幽默感,幽默仍然放在最后。所以,中国人不乏幽默,但中国人不把幽默当回事。但你要知道美国人最重要的人格特征里,幽默肯定在前;跟创造相关的因素,幽默也在其中。因为幽默,它是一个民族的最核心的特质。克里竞争不过小布什,原因之一就是他幽默感不如小布什。所以,我们需要幽默。大量研究证明,幽默对自己的身心健康,对提高人体的免疫力,有巨大的帮助。幽默的最高境界是什么,苦恼人的笑。苦恼人还能笑得出来,那是幽默的九段高手。而我告诉在座诸位,当你有幽默感的时候,你的免疫力就提高了。幽默是人生健康的维生素,你好好吃吧。

5. 主动求助技巧。该求人就求人,求人是门艺术。英语中有句谚语,"God helps those who help themselves。"上帝帮助那些自己帮助自己的人。谋事在人,成事在天。你自己不先帮助自己,你自己不先求人,上帝怎么来帮助你呢?所以,主动求助是门技巧。

运用这五大技巧,开发你的压弹技能。如此,可以达到一个什么境界呢?可达到心灵的繁盛。心灵繁盛,指个人创造或维持主观幸福感的能力。心灵繁盛的人会在任何情况下都对生活感到满意,都会感到生活有目标有意义;会感到自己能够应对压力,都会悦纳自己的一切。心灵繁盛,也就是主观幸福感。

(资料来源:http://blog.sina.com.cn/s/blog_654264e10100h9dk.html.)

 心理训练

生活事件量表(LES)

下面是每个人都有可能遇到的一些日常生活事件,究竟是好事还是坏事,可根据个人情况自行判断。这些事件可能对个人有精神上的影响(体验为紧张、压力、兴奋或苦恼等),影响的轻重程度是各不相同的。影响持续的时间也不一样。请你根据自己的情况,实事求是地回答下列问题,在最符合的答案上打钩。

生活事件名称	事件发生时间				性质		精神影响程度					影响持续时间				备注
	未发生	一年前	一年内	长期性	好事	坏事	无影响	轻度	中度	重度	极重	三月内	半年内	一年内	一年以上	
举例:房屋拆迁			✓			✓							✓			
家庭有关问题																
1. 恋爱或订婚																
2. 恋爱失败、破裂																
3. 结婚																
4. 自己(爱人)怀孕																
5. 自己(爱人)流产																
6. 家庭增添新成员																
7. 与爱人父母不和																
8. 夫妻感情不好																
9. 夫妻分居(因不和)																
10. 性生活不满意或独身																
11. 夫妻两地分居(工作需要)																
12. 配偶一方有外遇																
13. 夫妻重归于好																
14. 超指标生育																
15. 本人(爱人)做绝育手术																
16. 配偶死亡																
17. 离婚																
18. 子女升学(就业)失败																
19. 子女管教困难																
20. 子女长期离家																
21. 父母不和																
22. 家庭经济困难																

续表

生活事件名称	事件发生时间				性质		精神影响程度				影响持续时间				备注
	未发生	一年前	一年内	长期性	好事	坏事	无影响	轻度	中度	重度	极重	三月内	半年内	一年内	一年以上	
23. 欠债500元以上																
24. 经济情况显著改善																
25. 家庭成员重病或重伤																
26. 家庭成员死亡																
27. 本人重病或重伤																
28. 住房紧张																
工作学习中的问题																
29. 待业、无业																
30. 开始就业																
31. 高考失败																
32. 扣发奖金或罚款																
33. 突出的个人成就																
34. 晋升、提拔																
35. 对现职工作不满意																
36. 工作学习中压力大（如成绩不好）																
37. 与上级关系紧张																
38. 与同事邻居不和																
39. 第一次远走他乡																
40. 生活规律重大变动（饮食睡眠规律改变）																
41. 本人退休离休或未安排具体工作																
社交及其他问题																
42. 好友重病或重伤																
43. 好友死亡																

续表

生活事件名称	事件发生时间				性质		精神影响程度				影响持续时间				备注
	未发生	一年前	一年内	长期性	好事	坏事	无影响	轻度	中度	重度	极重	三月内	半年内	一年内	一年以上	
44.被人误会、错怪、诬告、议论																
45.介入民事法律纠纷																
46.被拘留、受审																
47.失窃、财产损失																
48.意外惊吓、发生事故、自然灾害																
如果你还经历过其他的生活事件,请依次填写																
49																
50																

正性事件值:
负性事件值:
总值:

家庭有关问题:
工作学习中的问题:
社交及其他问题:

LES 的使用方法和计算方法:

LES 是自评量表,含有 48 条我国较常见的生活事件,包括三个方面的问题。一是家庭生活方面(有 28 条),二是工作学习方面(有 13 条),三是社交及其他方面(有 7 条)。另设有 2 条空白项目,供当事者填写自己经历而表中并未列出的某些事件。

填写者须仔细阅读和领会指导语,然后将某一时间范围内(通常为一年内)的事件记录下来。有的事件虽然发生在该时间范围之前,如果影响深远并延续至今,可作为长期性事件记录。

对于表中已列出但未经历的事件应一一注明"未经历",不留空白,以防遗漏。然后,由填写者根据自身的实际感受而不是按常理或伦理道德观念去判断那些经历过的事件对本人来说是好事或是坏事? 影响程度如何? 影响的持续时间有多久?

一次性的事件如流产、失窃要记录发生次数,长期性事件,如住房拥挤、夫妻分居等不到半年记为 1 次,超过半年记为 2 次。影响程度分为 5 级,从毫无影响到影响极重分别记 0、1、2、3、4 分;影响持续时间分三月内、半年内、一年内、一年以上共 4 个等级,分别记 1、2、3、

4分。

生活事件刺激量的计算方法：

1. 某事件刺激量＝该事件影响程度分×该事件持续时间分×该事件发生次数
2. 正性事件刺激量＝全部好事刺激量之和
3. 负性事件刺激量＝全部坏事刺激量之和
4. 生活事件总刺激量＝正性事件刺激量＋负性事件刺激量

另外，还可以根据研究或诊断治疗需要，按家庭问题、工作学习问题和社交等问题进行分类统计。

LES结果解释及应用价值：

LES总分越高反映个体承受的精神压力越大。95％的正常人一年内的LES总分不超过10分，99％的不超过32分。负性事件的分值越高对心身健康的影响越大，正性事件分值的意义尚待进一步的研究。

（资料来源：汪向东，王希林，马弘.心理卫生评定量表手册（增订版）[M].北京：中国心理卫生杂志社，1999.）

小 结

教师同时肩负着指导者、交流者、组织者、激发者、管理者、咨询者、研究者等数种身份。爱岗敬业是最基本的职责。我国对教师的义务及职业道德规范有着明文规定。教学在改革，教师入职资格考试也在进一步的改革之中。

对教师的激励重点应放在精神需求的满足。通过对教师积极性进行心理分析，可以更好地理解教师需要的特点，从而有效激励教师不断发展自我。通过教学绩效评价、学生评价、同行评价、教学反思等，是促进教师专业提升的有效之路。

教师的工作压力及身心健康同样需要引以关注。选择有益的生活方式，避免职业枯竭，学会有效调节情绪，发展自我健康人格，这些都有助于提升教师的身心健康。

练习与思考

1. 在教师的专业提升之路中，有哪些比较适合的方法？
2. 教师精神层面的需求包含了哪些方面？
3. 职业生涯发展规划应包含哪些内容？
4. 情绪调节有哪些方法？

一、案例背景

最美乡村教师孙影：绽放在山区的城市花朵

孙影出生于吉林辽源煤矿的一个普通员工家庭，从小就梦想像妈妈一样，做一名教书育人的老师。2006年8月，26岁的孙影放弃了一家在深圳的高科技公司的稳定工作，跟随"募师支教"志愿者队伍，远赴贵州省毕节市大方县大水乡鞍山小学。贵州省毕节市大方县是国家级贫困县,自然条件恶劣,大水乡更是该县最偏远、条件最差的乡。

刚到鞍山小学的那天晚上,学校停电,伸手不见五指。孙影躲在门窗残缺的宿舍里,望着四周黑漆漆的大山,听着山中呼呼风声,害怕得难以入睡。孤身一人在山里支教,孙影曾几度遇险。2008年冬天,孙影夜里烤着炭火睡觉,差点煤气中毒。在山区奔波了几年,孙影累坏了身体,患上了严重的风湿关节炎,每逢阴雨天,手腕、膝盖骨就疼痛难忍……

山里的艰辛没有难倒孙影,当地孩子们艰苦求学的境遇却让她揪心。"那一双双渴望、期待的眼神,看着让人心疼不已。"孙影暗下决心,不管遇到什么困难,一定要帮帮这些孩子!几个月过去了,一学期的支教生活结束了。当初同行的10多名志愿者都离开了贵州,可孙影却选择了留下来。2007年10月,她被大水乡政府任命为鞍山小学副校长。

从2008年8月起,孙影开始把精力放在为求助方和捐助方牵线搭桥上,成为一个整合各方爱心资源的公益"中介"。孙影发起了"爱在远山"的助学行动,得到深圳、浙江等地爱心人士的大力资助。5年来,她徒步上千公里,走访了毕节市大方县、赫章县等地山区8所贫困学校的300多名贫困生家庭。为了保证项目的公益性,孙影拒绝在其管理的公益项目中领取任何酬劳和补贴。5年来,她花光了自己的积蓄,还欠下3万多元的外债。

至2011年9月,孙影在大山里度过了5个生日。因为大山支教,年过30岁的她错失了爱情,但无怨无悔。孙影融入了当地的生活,成为乡亲们眼中的"最美深圳女孩",并被评为2010年"全国百名优秀志愿者"。

(资料来源:http://topics.gmw.cn/2011-09/07/content_2599558.htm.)

二、案例讨论

1. 教师的人生价值体现在哪里?
2. 你是如何看待奉献与索取的关系?
3. 你认为孙影的职业理想是什么?

本章推荐阅读书目

[1] 许思安.学校心理学[M].武汉:华中科技大学出版社,2015.
[2] 程正方.学校管理心理学[M].北京:中央广播电视大学出版社,2000.
[3] 武志红.心灵的七种兵器[M].北京:世界图书出版公司,2008.
[4] 岳晓东.登天的感觉:我在哈佛大学做心理咨询[M].合肥:安徽人民出版社,2011.

Chapter Six
第六章
班级管理心理

本章结构

- 课堂管理心理
  - 课堂气氛的营造
  - 课堂纪律的管理
- 班级管理心理
  - 班级管理的职能与意义
  - 班级管理模式的变革
  - 心理效应在班级管理中的应用
- 班干部管理心理
  - 班干部及班干部管理的意义
  - 完善班干部队伍建设与管理的三个机制
  - 心理文化指导下的班干部管理体系建设
- 心理主题班会设计
  - 认识心理主题班会
  - 心理主题班会的设计路径

第一节 课堂管理心理

案例分享

课堂管理中谨防蝴蝶效应

一名原本学习成绩不错的男生,在进入初三后成绩越来越差,课下不是看小说就是打游戏,对学习总也打不起精神。他在母亲陪同下,来到学校心理咨询中心求助。咨询过程中,这位学生特别提到了初二上学期发生的一件事:课间休息时他泡了一包方便面,上课铃响起后,他没有吃完还在吃,恰巧被进教室来上课的物理老师看见,物理老师极为愤怒,将课本摔在讲桌上,并说了几句难听的话才开始讲课。通过其陈述不难发现,这位初三男生对这件事至今记忆犹新,其成绩下滑也恰巧始于该事件之后。事后,校心理咨询小组认为物理老师在课堂管理中对此事处理不当,对自尊心较强的他产生了较大的负面影响,造成一系列的不良后果,引发了蝴蝶效应。

蝴蝶效应是指事物未来发展的结果对初始条件具有极为敏感的依赖性。气象学家洛伦兹对这一效应的形象表述是"在南美洲亚马孙河流域热带雨林中的一只蝴蝶,偶尔扇动翅膀的气流可能在两周后引起美国德克萨斯州的一场龙卷风"。所以,一个微小的不良行为,如果不及时地加以引导、调节,可能会带来非常大的危害。

(资料来源:马彩霞.课堂管理中谨防蝴蝶效应[J].基础教育参考,2007(2).)

课堂管理是教师在教学活动中,通过协调课堂内各种人际关系,吸引学生积极参与课堂活动,使课堂环境达到最优化,从而实现预定教学目标的过程。课堂是教学的主要场所,良好的课堂管理保证了教学目标的实现,并可促进学生的身心健康。具体来说,它具有促进和维持两大功能,主要通过课堂气氛的营造和课堂纪律的管理来实现。本节主要讨论了如何营造良好的课堂心理氛围和课堂学习纪律管理等问题。

学习导航

一、课堂气氛的营造

课堂气氛(classroom atmosphere),作为班级心理环境的下位概念,又称课堂心理气氛、课堂氛围、课堂心理环境或学习环境,是指师生在课堂上共同创造的心理、情感和社会氛围。它是教师和学生在教学过程中师生进行交流的产物,是课堂里的一种综合心理状态,是对多种因素的一种整体的动态反映。课堂气氛是影响课堂行为和教学质量的重要因素,它一经产生就会形成一种社会压力(social pressure),从而使置身其中的教师和学生不由自主地受其影响。

(一) 课堂气氛的类型

课堂气氛一般可以分为积极的、消极的和对抗的三种基本类型。

积极型课堂氛围,又称为"支持型气氛",是愉快的、生动的、有趣的、宽松而有序的。课堂情境符合学生的求知欲和心理发展特点,师生在教学过程中有着积极的情感体验。学生情绪饱满、精力集中、思维活跃、乐于参与课堂活动。在教学过程中,师生都积极投入,沟通频繁,彼此配合默契,互相尊重,教学效果良好。学生能对教师的提问做出积极的思考,产生了满意、愉快、顿悟等积极的体验。师生之间的感情和谐、融洽、愉悦。

消极型课堂氛围,又称"防卫型气氛",通常是不悦的、压抑的、紧张的、乏味的、懒散的。课堂情境不能满足学生的学习需要,脱离了学生心理发展的特点。教师是讲授中心,学生对教师的教学内容不感兴趣,无精打采,思维钝化,小动作多,有的甚至打瞌睡。学生被动地接受,对教师所提的问题容易感到茫然,不知所措。对教师的要求,学生一般采取敷衍的态度,无动于衷,很少主动发言。有时学生害怕上课,上课时紧张焦虑。师生关系不融洽,处于"控制与服从"状态,师生之间反馈较少,学生之间也不友好。学生产生了不满意、压抑、紧张、精神涣散等消极的体验。

对抗型课堂氛围,又称"对立型气氛",则是紧张、对立、喧闹的一种无序的状态。在课堂活动中,学生各行其是,不动脑筋、故意捣乱、无心上课、敌视教师。教师不耐烦,甚至发脾气,师生之间感情冲突、对立。教师对课堂失去了驾驭和控制的能力,课堂秩序混乱。

课堂气氛是在课堂中呈现的一种综合性的心理状态,它可能是积极的,也可能是消极的,甚至是对抗的。课堂气氛影响学生的学习效率和人格发展。积极的课堂气氛会给教师和学生愉悦的刺激,积极健康的支持型气氛可以使教师能够满足学生的求知欲,师生关系民主、平等、和谐。学生在这种课堂气氛下,大脑皮层处于兴奋状态,其智力活动的能力和积极性大大增加,从而产生满足、愉快、合作、互动的情感状态,提高了学生学习的效率。而消极的或对抗的课堂气氛则会降低学生大脑皮层的兴奋性,师生态度消极、关系疏远、情绪低落、反应迟钝,甚至导致学生扰乱课堂秩序等违纪行为发生,从而使得正常的教学任务难以完成,教学效益更是无从谈起。

(二) 积极课堂气氛形成理论

早在 20 世纪 20 年代,西方许多国家就开始了如何形成积极课堂气氛(positive classroom atmosphere)的研究,并将其作为教师培训的重要内容。国内有学者(吴晓义,2007)将几种典型的理论及其操作方法做了总结介绍。

1. 目标导向理论

目标导向理论(goal directed theory)是由美国著名心理学家德雷克斯(R. Dreikurs)提出来的。其基本信念是应该给学生以行为的选择机会,而不是强迫他们按照教师的意愿行事。目标导向理论是一种偏重民主取向的课堂管理理论,它主张教师和学生共同决定班规和奖惩的"逻辑结果",而且双方都有责任去营造有助于学习的积极课堂气氛。

在德雷克斯看来,学生在课堂上之所以会有不良的行为表现,主要是因为他们认为所选择的行为将会为自己带来社会显著性,即被认可和被重视。德雷克斯称这种"被认可和被重视"的想法为错误目标,并认为学生的错误目标是导致不良行为的根本原因。对学生的不良行为,目标导向理论不主张处罚。因为处罚只教人不要做什么,但却不能教人要做什么。它力求运用行为本身所产生的自然后果,使学生从经验中体验到行为和后果之间的关系,进而养成自律的习惯。

所谓"自然后果",是指学生由于违反了某种被社会、课堂所接受的规则而产生的行为结果。与惩罚不同,它与学生的不良行为有直接的因果关系,但不涉及道德评价。目标导向理论主张教师应尽力使学生明确这种行为和结果之间的逻辑关系,强调学生必须接受自己所选择的行为的自然后果,并学会对自己的选择负责。

2. 和谐沟通理论

和谐沟通理论(effective communication theory)是由著名临床心理学家戈登(T. Gordon)和心理咨询专家吉诺特(G. Ginott)于20世纪70年代提出来的。它是教师效能训练理论和人际沟通理论在课堂教学管理中的具体应用。其指导思想是罗杰斯(C. Rogers)的"儿童天生具有理性潜能,这一理性潜能要在温暖、接纳、支持的环境中才能发展,对于问题可以通过语言沟通达到合理解决"的人本主义发展观。其基本主张通过创造师生之间的和谐沟通来形成积极的课堂气氛,以促进学生的发展。

和谐沟通理论认为,真正有效的课堂教学监控来源于学生个人发自内心的自制。因为在支持性而非批判性的情境中,学生能够表达其面临的问题及其内心感受,如果教师保持一种接纳、支持的态度,与学生和谐沟通,就能由外而内地培养学生的自制行为和责任感,使其自己寻求答案和解决问题。教师的作用在于通过明确而友善的交流沟通策略,培养学生的自制力、自强、合作与负责等良好习性,减少和控制不良行为。通过自身的人格力量来影响学生,而不是用权威去压制和处罚学生,强迫学生顺从。

在教室中,教师是具有权威的角色,这种权威作为影响和控制他人的力量,可能建立在个人的专门知识、技能、智慧、经验或个人职位的基础上,也可能建立在人与人之间的相互了解和认同基础上。这种权威使教师能够教化学生,也可能误人子弟。因此,教师应适当地运用各种权威的力量,去建立能增进学习效果的课堂气氛,帮助学生养成自律的习惯。

3. 团体动力理论

团体动力理论(group dynamics theory)是由美国心理学家雷德尔(F. Redl)和华腾伯格(W. Wattenberg)提出来的。该理论认为,一个人在团体中所表现出来的行为与个人独处时所表现出来的行为有可能是完全不一样的。而要想了解和改变一个人的行为,就必须知晓其动机。团体动力理论是目前在西方国家较有影响的课堂教学管理理论。这一理论不但对个体在团体中的行为表现、个体的行为对团体的影响,以及团体对其中每个成员的影响等提出了自己明确、系统的观点,而且提出了一整套增进课堂民主和谐气氛,提高团体凝聚力和战斗力,促进学生优质高效学习的有效措施和方法。

团体动力理论认为,动机是行为冲突背后的基本原因,了解了学生的动机,教室的控制就成功了一半。在以往的教育心理学和社会心理学研究中,有关学生个体行为动机的研究,已经取得了丰硕的成果,它们对教师的课堂教学和管理具有一定的指导意义。但是,个体的行为在独处时和在团体中是不一样的。团体是由个体组成的,团体能创造出自己的心理势力,强烈地影响个体的行为,这种势力就是所谓的"团体动力"。团体动力隐藏在团体行为之

后,不但强烈地影响其每一个成员,而且可能会给课堂管理带来一定的问题,如促进不良行为的蔓延,导致课堂凝聚力的瓦解等。反过来,个体的行为方式也会影响团体行为。团体中的个体在课堂中的表现并不一样,教师必须有能力察觉到团体的特征,有能力去察觉、去判别团体中的各种角色,并明确自己在团体期待中扮演何种角色。

 知识链接 6-1

教师的领导方式直接影响课堂心理气氛的形成

美国心理学家勒温(K. Lewin)于1939年研究了组织者的领导方式对其成员行为的影响问题。结果表明,当组织者是权威型的,小组气氛是紧张的、沉闷的,组织者在场时,成员服从于集体规则,不在场时,集体如一盘散沙;当组织者是民主型的,小组成员在活动中表现出极大的兴趣和主动精神,善于合作,活动效果很好;当组织者是放任型的,小组气氛表现出无组织、无纪律、无目的的特点,成员的活动行为是消极的,被动的,缺乏合作,无责任感。由此可见,班集体的组织者——教师的领导方式影响着集体心理气氛的形成。

李比特(R. Lippit)和怀特(R. K. White)曾于1952年对教师的领导方式进行了专门研究,他们把教师的领导方式分为权威式、民主式和放任式,并且深入地研究了这三种领导方式对教学计划、学习方式、努力情况、教室秩序和课堂气氛的不同影响。

从课堂心理气氛和学习效率的影响来看,放任式领导是最差的。新近研究发现,民主式领导虽然在教师离开时,学生仍能积极学习,保持较好的成绩,但和权威式领导相比,民主式并没能多学习些或产生高质量的工作。联系实际,李比特和怀特认为,民主式领导的学生在态度和责任心方面比较好,而从学到多少来看,民主式并不高。权威式领导虽然在发展学生的创造性和责任心方面稍差,但是当班集体涣散,课堂秩序混乱,人际关系紧张时,权威式领导往往能有效地控制局面,使课堂活动走上正常运行轨道。

(资料来源:方双虎.论课堂心理气氛的影响因素[J].内蒙古师范大学学报(教育科学版),2003(4).)

二、课堂纪律的管理

纪律通常包含有三层含义:一是惩罚,即纪律得以贯彻的主要手段是惩罚;二是以强迫集体成员的顺从或迫使个体服从命令并对此加以监督;三是注重改正错误或对学生进行强化的训练。课堂纪律(classroom discipline),是课堂中学生的行为准则与秩序,反映课堂中师生之间、同学之间的关系,受教学任务要求的制约。课堂纪律是教育的目的,也是教育的手段和结果,它是为保证教学活动的顺利进行,实现教学任务的条件之一。对于稳定学生的情绪和加强行为的自我控制,促进学生的社会化,以及良好个性品质的形成有着积极的意义。

有关课堂纪律问题的研究已成为众多教师、管理者和理论研究者关注的焦点。在该领域的研究中,研究内容主要集中于以下两个方面:一是对纪律问题源头的探讨,即对学生不良行为的描述和解释;二是对教师旨在维持纪律,改变学生不良行为所采取的各种措施以及在此基础上形成的各种综合干预模式的有效性进行评估。

(一)课堂中的不良行为

美国教育学者伯顿将学生在课堂中的不良行为分为个体水平和集体水平两大类。其中个体水平的不良行为主要包括提醒后才开始完成课业、不用心做功课、不能完成作业、不听从指示、做作业马马虎虎、擅离座位、打扰别人、随便讲话、撒谎、说话粗鲁、退缩、持续寻求安慰、做自我否定的评价、在不适当时哭、做小动作、不与别人交往、不参与集体活动、轻易放弃、不能与他人分享、情绪与环境不适合、没有正当理由抱怨身体不适、逃学、不合作、不遵守秩序、攻击行为、破坏公物、性情暴躁、偷窃和欺骗等。集体水平的不良行为主要包括不团结同学、不遵守行为准则、消极对待小组成员、认同不良行为、容易分心、妨碍上课、模仿别人、道德水平低并表现出敌意、有反抗和攻击行为、缺乏适应环境的能力等。

不同的纪律问题的严重程度是不同的,根据行为后果的严重程度将学校纪律问题分为轻度、中度和重度三个级别,既有最严重的学校暴力行为也有课堂常见的随意说话,绝大多数学生的不良行为是相对轻微的,大多与课堂中的注意力、对课堂纪律的控制和完成作业有关。教师要做出适宜的反应就需要准确判断学生行为的严重程度,所以必须综合考虑学生行为的适宜性、强度、学生意图和偏离特定情境的程度等综合因素的影响。学生的行为具有明显的情境性,教师是否决定进行干预往往是对行为、学生和特定的时间、地点等综合判断的结果。例如,并非所有的分心或对规则的破坏都需要教师干预。在一堂课最后几分钟不能集中注意力就算不上什么不良行为,但在上课之初的分心行为就需要教师及时制止。教师反应要具有一贯性并不意味着教师需要保持相同的反应方式,而是指教师对问题所做判断的合理性和一致性。

从发展的角度讲,不同年级和年龄的学生表现出的纪律问题具有不同的特点。小学高年级和初中是学生纪律问题最严重的阶段,这个阶段越来越多的学生开始从取悦教师转向取悦同伴,他们开始讨厌以权威人物自居的教师,某些学生变得喜欢捣乱,难以控制。

(二)课堂纪律管理的方式

由于学生行为的复杂性,因此仅从具体的课堂的角度讲,教师针对课堂中的纪律问题可以采取一些具体的特异性较强的措施。这些措施可分为预防性措施和反应性措施两类。

1. 预防性措施

课堂管理成功的关键在于预防,在对不同管理效率教师的对比研究中发现,高效率的管理者会尽可能把学生的时间投入到有益的学习活动中去,把学生开小差之类的小问题解决在发生大麻烦之前。教师可以采取的措施有:

(1)与学生"同在"。即定时监控课堂,让学生意识到教师随时随地与他们"同在",教师能够捕捉到学生不恰当行为的微妙信息并将其消灭在萌芽状态。

(2) 兼顾。高效率的教师能够同时做几件事情,例如在巡查课堂作业时,能够用眼睛的余光注意到其他学生,在满足个别学生的需要时不会干扰全班活动的进行。

(3) 保持上课的连贯性和兴致。教师要认真备课,上课时给学生提供连贯的"信号"。解决个别学生纪律问题不应影响上课,这样可以减少不良行为的"传染性",避免引发更大的混乱而打断课堂的连续性。

(4) 课堂作业的多样化和挑战性。给学生提供难度适宜且具有一定挑战性的课堂作业,吸引学生的注意力和兴趣。

许多研究者发现,教师的上述行为和课堂秩序密切相关,这些预防性的方法将鼓励学生恰当行为的管理与鼓励学生完成课堂目标结合起来,把班级作为一个整体而不仅仅管理学生的个别行为。

2. 反应性措施

教师有效的课堂管理能够在相当程度上减少学生注意力不集中等问题,但并不能完全杜绝课堂纪律问题的发生,因此,在纪律问题出现时,教师能够进行准确的识别和控制是必要的。

教师维护课堂纪律的办法很多,不同心理学家根据各自的标准做了不同的分类。有学者把教师对纪律问题的处理方式按教师的控制程度划分为教师高控制、师生共同控制和学生自主控制三种类型。也有学者将教师的方法按其严厉程度分为轻微、中度和重度三大类,并分别列举了各类所包括的具体方法。教师对纪律问题的轻微反应是非强制性的,主要针对学生在课堂中出现的程度较轻的不良行为,如小声说话、递纸条、心不在焉等,教师的反应可以是非言语性的,如有意忽略、提醒、接近控制、接触控制等,也可以是言语性的,如强调他人的好行为、叫名字、幽默技术、说出教师的感受、言语责备等。施里格利(Shrigley)考察523种分心行为,发现其中40%可以用上述非言语反应的方式纠正。布洛菲(Brophy)的研究发现,最富成效的教师往往使用那些干扰性最低的描述性方法处理问题。当教师的轻微反应不足以制止学生的行为时,中度甚至重度严厉的措施也是必要的,这主要指各种形式的惩罚,包括收回积极强化物或期望刺激,也包括增加厌恶刺激。常采用的方式有收回特权、写检讨书、隔离、滞留、叫家长、到校长室、情境性过度矫正和积极练习性过度矫正,以及体罚等。研究表明,惩罚可以控制行为,但并不能教给学生好行为,因此惩罚本身并不能解决问题,其强制性也会给学生带来不同程度的负面影响,故只有在必要时才可使用。

3. 综合的模式

在研究的过程中,研究者逐渐发现单纯某一种方法本身并不能决定应对效果的好坏,同一种方法,不同教师使用,可能会得到不同的结果,传统研究思路的局限性逐渐显现,心理学家开始试图提出一些更具普遍指导意义的纪律模式,这些纪律模式大多条理清晰,结构严谨,专门为教师处理课堂违纪行为而设计,并建立在相应的理论基础之上。在这些纪律模式中,较具代表性的是李·坎特(Lee Canter)的严明纪律模式(assertive discipline)和威廉·格雷瑟的现实理论/控制理论模式(reality theory/control theory)。这两种纪律模式分别代表了不同的理论倾向,在处理教师控制程度和学生自主性之间的关系中各有侧重。

(1) 严明纪律模式。这种方法以管理理论为基础,强调个体的发展可以由可观察到的行为和引发或强化这些行为的外部刺激解释,儿童的发展是成人有组织的环境因素影响的结果。以此观点为基础,李·坎特强调教师应该鲜明而坚定地主张自己在明确和执行学生行为标准过程中的权力,这些权力包括建立适合学习的班级规则和程序的权力,坚持学生对自己要求的遵从和促进学生积极发展的权力,以及在教育过程中得到学校管理者和家长帮助的权力。学生也有相应的权力,他们需要在表现出积极行为时得到教师的支持,在犯错时得到教师的指导,明确告诉他们应该怎样不应该怎样。为了满足教师和学生双方教与被教的需要,教师必须学会以一种自信(assertive)的方式与学生交往,即对学生行为表达清晰而具体的期望和要求,并把这些期望和要求转化为一系列规则,只要规则是合理的就要求学生必须遵守,否则便会受到不同程度的惩罚。

严明纪律模式是以权力为基础的方法,强调依靠惩罚和奖赏控制学生的行为,与其他方法相比,教师的意愿更容易得到满足。这种方法强调教师应清楚明确地表达对学生行为的要求,这是该理论最值得借鉴的地方,而且它的简便易行也深受广大教师的欢迎。但是这一模式的缺点也是显而易见的,库温(Cuvin)和曼德勒(Mendler)从哲学高度上对严明纪律模式进行了批驳,指出严明纪律法强迫学生遵守规则,是典型的顺从模式(obedience model),这与现代教育所倡导的责任模式(responsible model)强调形成学生的自我指导能力的责任感显然是背道而驰的。因此,严明纪律模式对学生的教育停留在行为层面上,不利于对学生行为内在原因的深层次理解。而且,惩罚所导致的对学生情绪的负面影响可能会带来更多、更严重的纪律问题。

(2) 现实理论/控制理论模式。现实疗法是心理学家威廉·格雷瑟(William Glasser)提出的一种用于矫正学生不良行为的方法,控制理论则是现实疗法在课堂纪律领域中的进一步发展。该理论以领导理论为基础,强调儿童的发展是内外因相互作用的结果,个体的行为是为了满足自己的需要,每个人都有满足需要的独特方式,个体的、各种社会的或心理的问题就是由于个体在满足需要时选择了错误的行为所导致的。格雷瑟将个体的需要扩展为四种,即爱的需要、控制的需要、自由的需要和快乐的需要,认为一旦学生的需要被满足,他们便没有理由再制造麻烦,教师的任务是帮助学生学会以合理的方式满足自己的需要、平衡自己的各种需要,以及协调自己和他人的需要可能会产生的冲突。

在现实疗法中,格雷瑟提出了矫治学生问题行为的四个基本步骤:①帮助学生明确自己的错误行为;②帮助学生认识到错误行为的各种可能后果;③对错误行为及其后果做价值判断;④制订计划消除错误行为,要求学生坚持计划并承担不坚持的后果。在控制理论中,格雷瑟提出通过班级会议、合作学习等形式预防和减少纪律问题的发生,强调帮助学生在满足需要的过程中对自己的行为承担责任。

总之,格雷瑟的理论高度强调学生的自主性和责任,同时强调教师在帮助学生做出正确的行为选择过程中的重要作用。同时,该理论给出了用于矫正学生不良行为的具体步骤以及预防纪律问题产生的可能选择,因此在西方学校中被广泛应用。但是,该理论对学生自主权的重视不可避免地挑战了传统教育中教师的权力,这对于相当一部分教师来讲是很难接受和认同的,而且与学生的交流过程需要教师具备相当的沟通技巧。因此,该方法的使用也受到一定的限制。

(三)课堂突发事件处理策略

课堂突发事件,广义上可被理解为教师在课堂教育教学过程中突然发生的,在教师预设范围之外的事情或事件难以应对,必须采取非常规方法来处理。作为一名合格的教师,要想完美地处理好这些突发事件,保证教与学始终在最佳情绪与最佳状态中进行,就必须充分地利用和发挥好自己的教育才智,运用一定的策略,艺术地应对这些突发事件。

1. 整体问题,当场处理的策略

这一类问题可能是经常存在的。比如,课堂上乱哄哄的,分不清谁在说话、谁在捣乱,分不清主次,虽然不是大多数,但影响到整体的状况等。这时候,教师应该决定进行当场处理。可以采用"波拿巴"式的批评方式,避免正面冲突,保证学生的面子,也可以采取小练习、小测试的方法,或个别提问,来转移学生的注意力,或采取欲擒故纵的方法,教师可以先停一下,稍等片刻,这样可以使学生的注意力重回学习上。如果是属于教师的课堂教学水平低下的原因而引起学生不好好听课,就需要教师对自己的教学方式和方法进行及时的调整、改进和提高。

2. 局部问题,个别处理的策略

问题出现在局部或只影响到极少数人的话,可以进行微处理,即个别处理。如两个学生不注意听讲,不断地在小声说笑。老师这时可以用眼神正视过去,做一个暗示。如不起作用,老师则可以走过去,用靠近的行为表示告诫,或顺势采取个别提问的技巧,叫起其中一个学生回答问题。这样不动声色地干预偏离课堂的行为,既巧妙地处理了问题,又不伤害学生的自尊心,还不影响其他学生的课堂活动。另外,有一些特别的学生,他们在课堂上或做出特别的动作,或表现不一般,这类特别学生需要对他们做进一步了解,找到个别干预的钥匙,把事件处理与心理辅导融为一体。

3. 个性问题,无声处理的策略

课堂生活应以教学活动为主,对于那些稍有干扰课堂秩序的事件,或个别人的问题,在没有影响别人的情况下,教师应采取沉稳应对、平静搁置的策略,不做过多干涉,也可以利用自己的眼神、表情、动作手势等向他做出暗示,或在教学过程中进行其他的无声处理。有些不当行为可以等到下课后再做处理。比如,课堂上有的学生突然发出一个怪声,有的学生暗地扔一个纸团,有的学生跟邻座推拉几下,这类个别学生的短时间的小动作,虽然偏离了课堂,但是它们只有轻微的影响。教师对这类事件应以一种统观全局的姿态,沉稳平静地进行课堂活动,同时关注这类小事件会不会继续发展。当某些学生出现强烈的情绪冲动时,也可以使用这种策略,切记不能对抗式处理。

 知识链接 6-2

"80-15-5"法则与课堂纪律

克文和门德(Curwin,Mendler,1988)在大量的课堂观察中,发现了一个有趣的现象,那就是典型课堂中的"80-15-5"比例。在典型的课堂中,一般有三类学生:

80%的学生已经发展起了适合的课堂行为,很少违反规则。15%的学生会周期性地违反规则,他们并不无条件地接受课堂规则,有时甚至会与这些规则作对。最后,5%的学生是长期的规则违反者,这些学生需要额外的支持和帮助。

有效的方法就是按照课堂"80-15-5"的需要来分别准备:第一,集中精力重点发展组织策略和技术,满足80%学生的需要,预防可能发生的问题,防患于未然。第二,当学生偏离期望的行为时,教师就应该用一些精力来干预。第三,还有极少数的学生需要特殊的行为矫正,需要使用矫正技巧。

(资料来源:http://www.ralx.com/old/Article/ShowArticle.asp?ArticleID=276.)

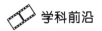

心理契约与课堂管理

"心理契约"(psychological contract)是美国著名管理心理学家施恩(E. H. Schein)正式提出的。"心理契约"又称"心理合同",是指人们通过间接的方式即暗示的方式(其中包括心理暗示和语言暗示)来表达自己内心呈现出来的感知状态,而不是利用直接的方式表达自己内心的情感,从而使双方能够相互感知、认可各自的某些期望并形成了一种隐性权利和义务关系的主观心理约定。虽然这不是有形的契约,但却发挥着有形契约的作用。

近年来,心理契约理论在教育领域的应用研究得到了广泛的关注,许多学者在高等学校的教师管理、学生管理、班级管理、师生和谐关系的构建等方面进行了理论探讨和实证研究。心理契约是课堂管理的一剂良方,作为联系教师和学生的心理纽带,对于建立有效的师生关系具有重要意义。

(资料来源:孙影娟,高畅晨,张鹤,潘乐.心理契约在课堂问题行为管理中的应用研究[J].世纪桥,2015(1):76-77.)

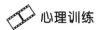

课堂教学心理契约学生量表

这是一份有关课堂教学中学生应尽的责任义务的调查问卷,请认真回答以下问题,选择相应的选项。

1——完全没有责任,2——有一些责任,3——中等责任,4——有较大的责任,5——完全有责任。

序号	题目	责任义务的程度
1	与老师和同学和睦相处	1 2 3 4 5
2	培养思考能力	1 2 3 4 5
3	培养自己的专业技能	1 2 3 4 5
4	遵守课堂纪律	1 2 3 4 5
5	自觉掌握有效学习方法	1 2 3 4 5
6	不迟到、不早退、不轻易请假	1 2 3 4 5
7	积极参加课堂活动,培养合作能力	1 2 3 4 5
8	积极征求老师意见,为自己提出学习建议	1 2 3 4 5
9	专心听讲、积极思考	1 2 3 4 5
10	全面客观评价老师	1 2 3 4 5
11	课前预习、课后复习相关内容	1 2 3 4 5
12	尊重老师	1 2 3 4 5
13	穿着得体,语言文明	1 2 3 4 5
14	上课认真做笔记	1 2 3 4 5
15	向老师提出对课堂教学的意见和建议	1 2 3 4 5
16	培养自己的责任心	1 2 3 4 5
17	积极与老师交流,及时反馈掌握情况	1 2 3 4 5
18	以身作则,捍卫学生形象	1 2 3 4 5
19	按质按量独立完成作业	1 2 3 4 5
20	做好教室值日,养成劳动习惯	1 2 3 4 5
21	勇于提出疑问和质疑	1 2 3 4 5
22	课后及时把所学内容整理系统化	1 2 3 4 5
23	充分发展自己的学习能力	1 2 3 4 5

(资料来源:阿拉坦巴根.高校课堂教学心理契约的履行机制研究[D].长春:东北师范大学,2014.)

第二节 班级管理心理

用班徽凝结班级文化的精华

开学初,我以制定班徽、班训和班级格言为契机,和同学们一起讨论、辩论、修正和塑造班级全新的理念和目标,形成有利于进步的班级氛围和班级文化。

我们班的班徽是一个圆形的红底,上面是一个弯弓搭箭的射手,像神话中的后羿。我希望同学们每天都看着这个勇士,从他身上汲取力量,做一个不断进取、不怕跌倒、信心十足的人。

班徽上有一行醒目的英文:Cheer for Ourselves! 我们的理解是:遇到困难时,它是"为自己加油";前进时,它是"为自己呐喊";成功时,它是"为自己喝彩";失败时,它是"给自己鼓励"。我们希望这行文字特殊的含义深入每位同学的心里,让它成为我们的信念,不管什么时候,我们都别忘了对自己说:"Cheer for Ourselves!"

(资料来源:王鉴.班级心理学[M].北京:北京师范大学出版社,2012.)

班级是学校的基本单元,是开展教育教学活动的组织载体,是促进学生实现社会化和个性化发展的社会系统。学校的教育因素和教育功能最直接、最集中地反映在班级中,班级管理的成功与否,在一定程度上决定着学校管理的成功与否,决定着学校教育教学活动的成功与否。多学科的视野形成班级管理的多元化研究,心理学思想的发展成为促进班级管理走向开明和进步的主流思想。

学习导航

一、班级管理的职能与意义

(一)班级管理的组织职能与学生的成长环境设计

班级组织设计的出发点或班级组织职能的意义指向是为了学生的成长,是为学生的成长创设良好的环境和氛围,因而组建一个优良的班集体,设置班级组织的各种岗位不仅是为了提高管理的效率,更深刻的意义指向是为学生能力培养搭建一个舞台,提供一种练习的机会。班集体不仅是学生学习文化知识的场所,更是促进学生身心发展的领地。班集体的组建是班级开展其他一切活动的平台,在设计班级组织结构的同时,注重班集体结构背后的深刻意义指向则是班级组织形式存在的真正意义所在。

(二)班级管理的计划职能与学生的生命发展设计

班级计划不仅是学生科学地吸收知识的方案设计,更重要的是学生一段生命成长经历的设计,是学生整个生命发展过程中一个不可缺少的阶段的设计。首先,指向学生生命发展的班级计划更加注重计划的科学性,它把学生此阶段的活动放在学生的整个生命发展过程中,与特定时期的心理、生理发展特点联系起来,力求用现在的活动促进学生的整个生命发展。其次,更加尊重每一个具体生命体的差异性,它不仅考虑班级群体在一定时期内的工作任务、实现目标、工作方针及工作程序的共同性,而且关注不同个体的人在智力、体力、能力及兴趣、爱好、志向上的差异性。最后,更加关注学生的主体性,班级管理者不仅要使学生成为班级计划的主体,而且要引导学生在计划中充分体现自身的能动性和创造性。

（三）班级管理的养育职能与学生人文底蕴的积累

养育职能的含义是培养和教育,是培养和造就学生高尚的品德、丰富的知识技能、健康的身心、合群的习性、美化的人生,简单地说,就是德、智、体、群、美五育。而五育的发展、健全的人格是与人文底蕴的积累紧密相连的,其实质是人文精神的弘扬和提升。因而,班级管理养育职能的深刻意义的指向是学生人文底蕴的积累。人文精神内在于主体的精神品格,体现在人的气质和价值取向之中。正确管理班级教育教学活动,建设良好的文化氛围,构建有利于学生发展的组织环境是学生人文精神得以提升的重要途径。

（四）班级管理的控制职能与学生失范行为的矫正

班级管理中的控制是指纠正班级管理活动过程中出现的偏离班级计划的方面,保证班级管理目标实现的过程。其作用是随时考察班级活动的执行过程与目标是否一致,哪些方面不一致,偏离到什么程度,什么原因引起偏差,并找出纠正的方法。但相对于一般的组织而言,班级管理中的控制力度应该尽量弱化,就学生的行为管理而言,着重在引导和激励,控制的主要任务是学生失范行为的矫正和规范。对学生失范行为的控制有预先控制、现场控制和反馈控制等方式。

二、班级管理模式的变革

随着时代的变迁,教育理念与技术的不断创新发展,班级管理模式也处在不断变革与创新的进程中。在这些变革中,较普遍地呈现出生态化、人性化与辅导式的特点。

（一）班级管理模式的生态化建设

教育生态学认为,教育可以依据生态学原理,特别是生态系统、自然平衡、协同进化等原理,研究各种教育现象与成因,其重点在于研究教育与整体的生态环境(自然的、社会的、精神的)之间的相互关系。

班级中目标、文化、人际与情感的传递与交融可以看作是生态系统的能量流动,考察它们之间的层层关系,有利于加深我们对班级管理生态化的理解。

1. 班级管理生态化的生命力建设——目标管理自主化

班级目标自主管理就是以目标为导向,以人为中心,学生通过积极主动地挖掘自己的潜能,以实现对自己的管理,进而自行管理班级的管理态势。

目标自主管理的出发点是每个学生都是独特的,教育要尊重学生的个性发展。班级管理的过程就是学生生命感受和经验体会的过程。学生在班级中主动学习、主体实践、合作探究,知、情、意、行等方面得到协调发展。在适应学校、社会的要求时,他们可以根据自身的兴趣、爱好、特长等因素,成为具有鲜活个性的多样化人才。个性发展是构建班集体的最终归宿和目的,也是构建和谐班集体的核心目标。

在班级目标自主管理活动中,教师首先要转变观念,努力尝试去适应学生。一方面,作为管理者,教师不能简单地以某种标准来要求所有学生。在教育实践活动中,教师扮演着中介者、协助者、促进者的角色,与学生坦诚相处,从本质上去理解和接受学生,让学生看到本来的自己。另一方面,教师要激发学生的自主意识,使学生主动参与班级事务,并尝试让他们探索自主管理的方法,使学生的才干、智慧、意志得到长足的发展。

2. 班级管理生态化的原动力建设——班级文化激励化

班级文化是班级全体成员与其所在社会文化协变共生创造出来的被班级成员所接受的独特文化。班级文化在与学生协变共生的过程中经历了从众、认同、内化的过程。

班级文化激励化的本质就是让学生有"内在价值感"。人在遵从一种文化时只有有了内在价值感,才有行动的内在动机,也才能在行动和遵从班级文化时没有心理压力,而这种内在价值感是学生通过在社会、班级的实践活动中体验到经过协变共生出的班级文化带来的快感而得到的,这样就使得教室不再是冰冷的钢筋水泥,而是充满希望与活力的生态场,是一片洋溢着青春、热情与理想的文化场。

3. 班级管理生态化的修复力建设——评价体系动态发展化

生物界的有机体都有一种自我修复的能力。同样,班级作为一个个体生命存在的环境系统,也要建立起自己的防护措施。自我心理学创始人之一的海因兹·哈特曼认为,在"正常期待的环境"(正常期待的环境是指人的正常适应和正常发展所面临的环境)中,个人能够借助自身的自我调节机能影响环境,环境又反过来促进个体的适应。这种自我调节就是一种修复力,这样,个体与班级都能在不断地调节满足自己需求的同时达到与对方的适应,从而共同实现动态的平衡发展,也最终达到教育促进人发展的最终目的。

评价体系动态发展化是指以班级与生命个体的发展为着眼点,对班级管理的过程和结果进行分析和解释,并进行自我调节与修复的过程。评价体系动态发展化的出发点是一切生命都在受伤与复原中成长。因此,教师应给学生一个发展的空间,让学生在倒退、反思、自省、进步螺旋式的成长中,找到适合自己发展的积极的自我防御机制,从而更好地适应社会。

学校生态化管理是一个循序渐进的过程,是一项系统工程,只有各要素之间密切配合,才能发挥教育的最大效益,也只有运用生态化管理模式重新审视班级管理的发展,才能更人性化、更和谐地进行学校管理,促进学生的健康发展。

(二)班级管理模式的人性化建设

在全面推行素质教育的今天,我们的教育必须提倡以人为本的管理理念,顺应社会、教育和经济的发展,这就要求我们应把学生置于主体地位,以学生为中心,尊重学生,注重学生人性的完整性、潜在性和差异性,充分调动学生的积极性、创造性和开拓性;充分挖掘学生的潜能,提高学习效率,使整个班级在人性化的管理中稳步前进。

1. 用以人为本理念确立班级目标

用以人为本理念确立班级目标应着重注意以下两个方面:在班集体目标制定中,一是应尊重学生,以学生的健康发展为本,建设一个优秀的班集体并不是为了什么荣誉,而是为了给学生的发展营造一个良好的环境。因此,既要考虑全体学生的共性发展,更要关注学生的个性发展,是共性和个性的协调发展。二是在确立班级目标时,要注意将目标的激励性和现实性有机地统一起来,唯有如此,才会对全体成员具有吸引力和鼓舞作用。

2. 用以人为本理念构建班级组织

在以人为本的班级管理中,首先,班级组织结构在职务分配方面是活的、流动的、同一平面的,班级内的每一位同学都有担任某一职务的义务、权利和机会。其次,在班级组织机制的建设中,为了体现以人为本的理念,可以采取班干轮换制,采取自荐、民主、集中相结合的方式,竞选产生新的班干,每学期由任课教师和全体同学根据班干服务的质量和水平评选优秀班干。这样,使每一位学生都有竞选班干和得到锻炼的机会,体现了教育的民主和平等,也有利于学生在角色转换中逐步学会理解、尊重、合作、竞争和自控。

3. 用以人为本理念建立班级制度

用以人为本的理念建立班级制度应把握好以下三个环节:制度的制定过程要充分发扬民主,体现出学生最广泛的利益,折射出人性关怀,从起点上使制度成为学生自觉自愿追求的准则;制度的内容应人文化,由于学生自控能力不够成熟、正在不断成长,所以制度的内容不应太绝对,应允许学生犯错;制定制度的目的不是要杜绝学生犯错误,而在于引导学生认识错误和改正错误;制度的执行过程要以引导为主,以约束为辅,动之以情,晓之以理,耐心细致地引导他们认同并遵守规则。

4. 用以人为本理念建设班级文化

人本班级管理体现了学生内在的价值追求、精神理念和人格心灵,并以学生的文化心理结构的形成和完善为核心标志。建立起宽松、有人情味的班级文化,让班级具有浓厚的文化气息,积淀深厚的文化底蕴,这是实施以人为本的班级管理的根本条件。这种班级文化的培育是一个长期、细致的过程,班级应树立以人为本的理念,根据班情和学生自身发展的需要进行班集体文化建设。同时,学生应在班级文化活动中充分发挥主体地位,显示个人的志趣和才能,努力营造一个良好的文化氛围,培养创新精神和实践能力,从而懂得合作,增强责任感,学会自我发展。

5. 用以人为本理念建立评价体系

用以人为本的理念建立评价体系。首先,评价的内容应多元化,除关注学生的学习成绩外,还要重视学生的全面发展,如关注对学生创新精神、实践能力、分析和处理信息的能力、获取新知的能力等的培养。其次,评价的方法要多样化,除了对学生进行考试和测验等量化评价外,评价者还要在实践中开展和使用观察、访谈、自我报告等多种科学有效且简便易行的方法对学生进行综合评价。最后,评价不仅要注重结果,更要注重过程,评价者要注重对学生发展过程的多次、及时、动态地评价,把动态的评价和静态的评价、综合性评价与形成性评价有机地结合起来。

(三) 辅导式

辅导在教育实践领域的兴起与发展,可以分为两条路径:一是"教育"意蕴的辅导;二是"心理"意蕴的辅导,即以心理辅导为操作体系的辅导。从范围上看,前者范围广,不仅包括心理辅导,还有教学辅导、教育辅导等,可以认为"辅导"寓于教育之中;从机制上看,后者比前者成熟,后者形成了相对成熟的辅导理论、辅导内容、工作机制、行动策略等操作体系。

把"辅导"作为与"管理"相对的概念,其主要原因在于班级功能的变革。过去,班级主要承担着教学、管理与教育的职能。今天,作为具有 guidance(指导)和 counselling(建议)意义的"辅导"在西方众多学校已经逐渐发展成学校教育的一个重要领域——心理辅导。除了学校有专门的辅导机构外,许多学校已开始在班级中实施,于是班级似乎有了另一种职能:辅导。我国也不例外,近几年班级辅导的理论和实践得到迅猛发展。

心理辅导与班级管理虽然是不同领域的两个概念,有着不同的工作方式,但它们有着共同的服务对象,因此就有了融合的基础。在新型的班级管理的心理策略中,其起点应该是学生的心理需要,不能满足学生内心需要的教育是苍白无力的,这一点也是心理辅导所遵循的。因此,在班级管理中,如果能够适当融入心理辅导和心理咨询的相关技术和手段,改变传统班级管理的思路、方法和统一的刻板模式,关注学生生命个体本身的健康、快乐发展,帮助学生解决生活、学习、交往等成长过程中遇到的各种问题,实现班级管理和心理辅导都需要实现的"助人自助"的目标,就能够实现心理健康教育和学校德育工作的根本目标:促进学生个性的健全发展,促进学生身心素质的全面提高。

知识链接 6-3

心理辅导视域下的班级管理策略

心理辅导视域下的班级管理策略,是以心理辅导的基本技术导引班级管理的基本策略,也就是把心理辅导的基本技术、方法运用到班级管理实践之中,最终实现两者的有机融合。

1. 以辅导关系构建新型的师生关系

心理辅导关系,是指需要心理帮助的人与能够给予帮助的人之间结成的一种独特的互信的人际关系。这种独特、互信的人际关系有助于学生改善情绪、减少伪装、探索自我、学人所长、增强自尊、提高自信。良好辅导关系的建立可以通过辅导者对被辅导者的积极关注、积极肯定,以平等、真诚的态度表达同感和简洁具体的自我开放等方式,迅速拉近教师与被辅导学生间的心理距离来实现。

2. 以团体辅导技术创新班级的教育活动

团体心理辅导活动设计的主要原则,是通过活动中的角色扮演、使用心理位移等方式实现对他人情感、态度及对周围事物的正确体验,从而获得正确的感知、认识,以指导学生日常的交往、学习等行动。以这种辅导活动设计的理念开展班级活动时,强调活动要能够调动学生丰富的内心感受,唤起学生的强烈情感体验,拉近师生间、同学间的情感关系,形成一种气氛融洽、亲和力强的良好团体氛围,有利于学生良好心理品质的养成。

3. 以倾听技术改善班级管理中的谈话

倾听作为心理辅导中会谈的基本技术,是一个耳、脑并用的过程,需要全身心投入,专注地听,认真地分析、思考。真正听出对方所讲的事实,所体验的情感,所持有的态度。对于班级管理者来说,倾听的习惯和态度比倾听的技术更重要。以倾听的方式改善班级管理中的谈话,要求班级管理者能够给所有的学生以表达和倾诉,甚至为自己辩解的机会。要表现出发自内心的真诚、平等、宽容、诚信和耐心,让学生感觉老师在和他共同面对难题和困境，内心自然会生出安全感。因此，只有认真、耐心地倾听才能营造出信任和融洽的心理氛围，从而提高解决问题的客观性和正确率。

4. 以同感技术丰富班级管理中的理解

心理辅导中的同感一般是在当事人表达了自身的经历和对待经历本身的态度之后，辅导老师要有一个最基本的同感反应，即对当事人的态度和情感表示理解和支持，也可以说是同情共感。同感可以帮助当事人获得一定程度的心理支持，有利于辅导的顺利开展和进行。用同感的技术丰富班级管理的理解策略，当班级管理者在面对学生的问题和过错时，首先表示可以理解，甚至可以接受。根据人本主义心理学的观点，学生在学习期间所犯下的各种过错都会有其不同的原因，能够认识到这一点，也就不会对有过错的学生大发雷霆或感到很恼火了。因此，面对学生的过错首先能够表示理解，才可以继续冷静、客观地解决难题和教育学生。

5. 以面质技术置换班级管理中的批评

心理辅导中，面质就是让当事人面对自己态度、思想、行为等的矛盾之处。当事人在谈话中不时会暴露出一些不一致或自相矛盾的地方，当事人处在矛盾中又无法意识到自身的矛盾，通过提出让他感到自相矛盾的问题，令其澄清认识、达到对自己思想清晰、透彻的了解。班级管理者面对不断出现问题而又缺乏正确自我认知的学生，可以尝试面质的方法，让其发现和认识自身行为存在的矛盾之处，最终获得对自我的正确认知以改变自身的不良行为，这样可以收到比简单批评要好得多的教育效果。

6. 以沉默技术观照班级管理中的留白

沉默是在辅导过程中，辅导老师觉得需要给当事人一点时间梳理前一段对话和思路的时候，或者需要当事人反省的时候，会保持一个短暂时间的不语，沉默的过程就是给当事人一个自由思考和反省的过程，以便辅导收到应有的效果。沉默的技术在班级管理中的应用要求班级管理者在班级管理中要学会适当留白：很多事情，不必事必躬亲，以给班干部留有充分的锻炼和发挥他们管理才能的机会；很多话语，不必说白，以给学生留有充分理解和发挥想象的空间；很多批评，不必鞭辟入里，以给学生留有充分的自我反省和修正的余地。很多规则，不必制定得天衣无缝，以给学生留有自我教育和发展的领域。

7. 以行为矫正技术培养学生良好的行为习惯

行为主义心理学倡导使用强化法（正强化和负强化）、代币奖励法（筹码、红五星、特制的塑料币等象征性强化物）、自我消退法（对错误行为不予理睬）、示范法等方式，对个体的不良行为进行矫正。班级管理策略同样可以参照这些方法，更多地以教师自身的行为作为示范，促使学生良好行为的养成；使用代币奖励法激励学生朝向更高的行为目标不断努力；使用自我消退法让学生认识到自身行为的不足；以强化法使学生改过的积极行为不断得到巩固。

（资料来源：郭颖. 心理辅导视域下的班级管理策略[J]. 现代教育科学，2006(4).）

三、心理效应在班级管理中的应用

心理效应是指大多数人在相同的情境之下或对某种相同的刺激,产生相同或相似的心理反应的现象。心理效应普遍地存在于每个人身上,普遍地存在于各种场合,它具有普遍性。心理效应尽管很微妙,很难觉察,但它确实对一个人的行为和心理活动产生影响或发生作用,它具有客观性。心理效应的种类很多,表现在各个方面,它具有多样性。对班级管理者来说,在建设和管理班级的过程中,自觉运用心理效应,发挥它的积极作用,克服它的消极作用,会使班级管理收到事半功倍之效。

(一)运用首因效应,建立良好开端

首因效应由美国心理学家洛钦斯首先提出的,也叫首次效应、优先效应或第一印象效应,指交往双方形成的第一次印象对今后交往关系的影响,也即"先入为主"带来的效果。虽然这些第一印象并非总是正确的,但却是最鲜明、最牢固的,并且决定着以后双方交往的进程。如果一个人在初次见面时给人留下良好的印象,那么人们就愿意和他接近,彼此也能较快地相互了解,并会影响人们对他以后一系列行为和表现的解释。反之,对于一个初次见面就引起对方反感的人,即使由于各种原因难以避免与之接触,人们也会对之很冷淡,在极端的情况下,甚至会在心理上和实际行为中与之产生对抗状态。

在教育工作中,师生交流是一个双向互动的过程,如果学生对教师或所开展的工作第一印象不佳,势必会影响以后的教育工作。因此,上好第一节班会课,给学生留下好印象;用心开展与学生的第一次谈话;重视师生间的第一次群体活动等都是运用首因效应进行有效班级管理的技巧。

(二)巧用期望效应,调适教育过程

皮格马利翁是希腊神话中年轻的塞浦路斯国王,同时他也是一位手艺精湛的雕刻家。一次,他为雕刻一个美女石像倾注了全部心血,把她刻得活灵活现,栩栩如生,最后自己竟情不自禁地爱上了她。为此,他日思夜想,茶饭不思,最后感动了宙斯(天神的领袖),把这个石像变成了真正的美女,满足了皮格马利翁的愿望。这个故事虽然只是一个美丽的神话,但是却说明了一个心理学的原理:在人际交往中,一方充沛的感情和较高的期望可以引起另一方微妙而深刻的变化。

在教育实践中也有这样的实例,罗森塔尔教授在1968年与雅各布森教授带着一个实验小组走进一所普通的小学,对校长和教师说明要对学生进行"发展潜力"的测验。他们在6个年级的18个班里随机抽取了部分学生,然后把名单提供给任课老师,并郑重地告诉他们,名单中的这些学生是学校中最有发展潜能的学生,并再三嘱托教师在不告诉学生本人的情况下注意长期观察。8个月后,当他们回到该小学时,惊喜地发现,名单上的学生不但在学习成绩和智力表现上均有明显进步,而且在兴趣、品行、师生关系等方面也都有了很大的变化。

这一现象被称为"期望效应",后来人们借用古希腊神话中皮格马利翁的典故,称这种现

象为"皮格马利翁效应"。

罗森塔尔和雅各布森认为,由他们提供的"假信息"最后出了"真效果"的主要原因,是"权威性的预测"引发了教师对这些学生的较高期望,就是这些教师的较高期望在这8个月中发挥了神奇的暗示作用。这些学生在接受了教师渗透在教育教学过程中的积极信息之后,会按照教师所引导的方向和水平来重新塑造自我形象,调整自己的角色意识与角色行为,从而产生了神奇的"期望效应"。

在班级管理中,教师对学生的期望是种巨大的教育力量,每位学生都渴望得到教师的赏识,教师要给每一位学生适当的期望值,以产生"皮格马利翁效应"。尺有所短,寸有所长,由于学生存在个体差异,存在着先进和后进。教师要正确认识每一位学生,视不同学生的个性差异,寻求有效的解决途径,促进学生的全面发展。

(三)运用反馈效应,实现师生互控

心理学研究表明,人对自己的大部分行为总是有希望得到外部评价的心理趋势。在师生间进行的观点、情感、意向和兴趣等信息的双边互动的交流过程中,学生意识观念、能力素质、行为方式都发生急剧的变化,教师要视学生具体情况,给予及时、准确、适当的奖励,唤醒学生的自尊、自信,树立发奋努力、迎头赶上、不畏困苦的求胜求进精神。对错误行为也要及时评价,发挥信息反馈的监督功能,从而抑制、减少过错,实现师生间的信息及时反馈。

(四)说理力戒超限效应

著名作家马克·吐温有一次在教堂听牧师演讲。最初,他觉得牧师讲得好,使人感动,就准备捐款,并掏出自己所有的钱。又过了十分钟,牧师还没有讲完,他就有些不耐烦了,决定只捐一些零钱。又过了十分钟,牧师还没讲完,他于是决定,一分钱也不捐。到牧师终于结束了冗长的演讲,开始募捐时,马克·吐温由于气愤,不仅未捐钱,相反,还从盘子里偷了两元钱。

这种刺激过多、过强或作用时间过长而引起心理极不耐烦或逆反心理现象,称之为"超限效应"。

教师在教育孩子的过程中总是苦口婆心,不厌其烦。但有些教师生怕道理说不透,学生不明白,总是一遍又一遍地强调。还有些教师喜欢把学生以前犯过的错误再拿出来教育学生,即"翻旧账"。殊不知,原本学生已经接受了批评和教育,愿意改正,却很可能因为教师一次又一次的"强调"而心生反感,进而产生逆反心理,使教育效果大打折扣。因此,教师在对学生进行说教的过程中要注意适可而止,避免"超限效应"。

(五)立规矩切忌"破窗效应"

一个房子如果窗户破了,没有人去修补,不久后,其他的窗户也会莫名其妙地被人打破;一个很干净的地方,人们不好意思丢垃圾,但是一旦地上有垃圾之后,人就会毫不犹豫地丢,丝毫不觉羞愧。由美国政治学家威尔逊和犯罪学家凯琳观察总结的"破窗理论"指出:环境可以对一个人产生强烈的暗示性和诱导性。从"破窗效应"中,我们可得到这样一个道理:任何一种不良现象的存在,都在传递着一种信息,这种信息会导致不良现象的无限扩展,同时

必须高度警觉那些看起来偶然的、个别的、轻微的"过错",如果对这种行为不闻不问,就会纵容更多的人"去打烂更多的窗户玻璃",就极有可能演变成"千里之堤,溃于蚁穴"的恶果。

在班级管理过程中,教师习惯于制定这样那样的规矩,然而在实施的过程中却困难重重,原因之一就在于,实施过程中没有注意破窗效应。例如,要求全班同学按时交作业,但是当学生出现不交作业的现象时,却没有及时处理,修补这扇破了的"窗户",以至于其他学生产生"他不交作业似乎也没什么事嘛"的想法,进而纷纷效仿。倘若,第一扇破了的"窗户"出现时,教师能及时发现,在全班学生面前批评并制止这类行为的发生,修补"窗户",其他学生就会引以为戒,不再有类似行为的发生。

(六)建立良好师生关系,避免晕轮效应

一个人的某种品质,或一个物品的某种特性给人以良好的印象。在这种印象的影响下,人们对这个人的其他品质,或这个物品的其他特性也会给予较高的评价。晕轮效应是一种影响人际知觉的因素。这种爱屋及乌的强烈知觉的品质或特点,就像月晕的光环一样,向周围弥漫、扩散。与晕轮效应相反的是恶魔效应,即对人的某一品质,或对物品的某一特性有坏的印象,会使人对这个人的其他品质,或这一物品的其他特性的评价偏低。

老师只喜欢学习好的学生,不喜欢差生,所以我做什么他都看不顺眼,我为什么还要努力?为什么还要为班级服务呢?我讨厌老师……这是许多学业不良的学生在日记中吐露的心声。建立良好的师生关系,教师就要避免"晕轮效应"与"恶魔效应"。教师应正确客观地评价学生,既看到他们的缺点,又看到他们的优点。对于优等生,在实事求是地肯定他们优点的同时,要更加高标准严要求,发现错误应及时指出并严肃批评,使他们百尺竿头更进一步。一些落后的学生也不是一无是处,老师应用敏锐的目光,去发现他们身上被忽视或被掩盖的闪光点,不能让他们永远成为"灰色人群",要激发他们的自信心。俄国教育家乌申斯基说过:如果教育者希望从一切方面去教育人,那么必须首先从一切方面去了解人。

知识链接 6-4

班级管理中心理效应的探索与实践

1."我们班主任有时也……"——"暴露缺点效应"

不少班主任或许认为:在与学生交往中要尽量地向他们展现自己的优点,以便使学生能喜欢自己,产生崇拜心理,从而保持威信。其实,社会心理学家研究表明:对于一个德才兼备的人来说,适当地暴露自己小小的非本质缺点,不但不会形象受损,而且会使人们更加喜欢他。这就是社会心理学中的"暴露缺点效应"。

社会心理学家对此的解释是,一个人适当地暴露自己一些小小的非本质缺点,至少可以达到两个目的:一是使人们感到他是个普通人,彼此处于平等地位,因而他是比较容易交往和相处的。试想,谁愿意和一个"完美"的人相处呢?那样只会使人觉得压抑、恐慌和自信心受挫。二是使人们感到他的真诚和对人的信任,因而他是可敬可爱的人。众所周知,"人无完人,金无足赤"。每个人都有缺点,将自己的缺点暴露出来,开始时会使人失望、难受一阵子,但这"阵痛"之后,人们就对他的缺点习以为常。此后,他的优点一点一滴地从他的只言片语、行为举止中显现出来,从而不断地增添他的魅力。与此相反,倘若一个人拼命展现优点、隐藏缺点,开始时会给人们好印象,可一旦缺点暴露后,则使人们更加难以接受,并给人虚假猥琐的感觉。

"暴露缺点效应"告诉诸位班主任:在学生面前切莫将自己装扮成十全十美的人物,因为这样只会使学生感到"可望而不可即"、"可敬不可爱",不是一个活生生的人,而只是一具毫无瑕疵又不带任何人情味的躯体,从而减少喜欢程度。

2. 教育学生又不让学生知道你在责怪他——"无痕迹效应"

班主任的一个重要职责是对学生进行思想教育。然而,许多班主任总感到思想教育事倍功半,究其原因是没有运用好思想教育的技巧。"无痕迹效应"就是很值得运用的一个技巧。所谓"无痕迹效应",是指我们在对学生进行思想教育时,既要达到教育的目的,又不留下任何痕迹使学生感觉到我们在教育他们。

例如,班主任在组织学生去某一思想教育基地接受教育之前,若对学生大谈此行的目的意义,就可能导致他们产生逆反心理,从而使这次思想教育活动难以达到预期的效果,因为学生会认为这是去接受教育而不是去参观活动。著名教育家苏霍姆林斯基曾说过:造成教育青少年很困难的最重要原因,在于教育目的在他们面前以赤裸裸的形式进行。正是基于这点,精明的班主任在对学生进行思想教育时总是力戒抽象空洞的说教,而是应用"无痕迹效应"这个技巧,即将教育目的隐藏起来,然后通过各种生动直观的活动对学生进行"润物细无声"的教育,使他们在不知不觉中认识得到提高,心灵得到净化。

3. 对着大山喊:"我爱你。"大山回应——"照镜子效应"

所谓"照镜子效应",是指在人际交往过程中,我们对待别人所表现出来的态度和行为,别人往往也会以同样的态度和行为给予回应,恰似我们站在镜子面前:当我们微笑时,镜子里面的人也微笑;当我们皱眉时,镜子里面的人也皱眉;当我们大喊时,镜子里面的人也大喊……

"照镜子效应"对班主任的启示是:对待学生时,只要我们付出真挚的爱,关心学生的学习、生活等各方面的事情,让他们体会到被爱和受尊重的滋味,学生才能以同样的方式给予回报。我们过去常提倡要尊师爱生,其实,班主任要想得到学生的尊重,最有效的办法就是热爱学生。一个不热爱学生的班主任怎么可能得到学生的尊重呢?因此,与其说"尊师爱生",不如说"爱生尊师"更恰当。

4. 体验成功的快乐——"成功强化效应"

在人生的道路上要想获得成功,其前提之一是要有自信心。一个人若有自信心,则意味着对自己采取肯定的态度,相信自己的能力,从而发挥自己内在的潜能,达到既定的目标。无数成功者的实践也证明,成功之路是崎岖坎坷之路,能走完这条路的,大都是具有自信心的人。然而,自信心与成功是相互依赖和相互促进的,我们往往只看到要成功必须先要有自信心,而忽视若能创造条件让人获得成功则有助于自信心的树立。心理学家的研究揭示了"成功强化效应"的内涵:一个人只要体验一次成功的快乐,便会产生喜出望外的激奋心理,从而增强自信心,这又使其去追求更高层次的成功,即形成"成功—自信—又成功—更自信"的良性循环。

因此,我们每位班主任在工作中要很好地利用"成功强化效应",即有意识地创造条件,帮助学生先取得一些小小的成功,让他们在成功中看到自己的价值和力量,以强化自己的自信心。具体的做法很多:对不同水平的学生提出不同的要求,特别是对学习和工作能力较差的学生暂时要求低一些,多一些"纵向比较",少一些"横向比较";努力发现每位学生在各方面表现出的"闪光点"多指导多鼓励;对学生某次不成功的考试不要急于评价,更不要嘲讽,而要帮助他找出原因;对班干部的某次工作失误不要责怪,而要让其有再干一次的机会。

5. 润物细无声——"居家心理效应"

谈心,是一种常见的思想教育方式。通过谈心,班主任能了解学生的心理状况和表现情况,增进与学生的感情。实践表明,谈心成功与否,受多种因素的影响和制约。然而,有一个因素是不容忽视却又往往容易被忽视,这就是"居家心理效应"。心理学家指出,一个人在自己熟悉的环境中能产生一种优势心理,这种优势心理有助于消除他的心理紧张,并能更自然地表现自己的内心世界,这就是"居家心理效应"。因此,班主任找学生谈心时,要注意利用"居家心理效应",选择好谈心的地点。倘若地点选择不当,则会影响谈心效果。有的学生性格内向、孤僻、缄默,班主任找这类学生谈心时,就应该选择他们熟悉的环境,如在班级或他们经常活动的场所,以便使他们产生优势心理效应,从而能无拘无束地说出心里话。倘若选择他们不熟悉的环境,就会使他们产生劣势心理效应,并影响谈话的顺利进行。反之,与性格外向、态度傲慢、易急躁冲动的学生谈心,班主任就应该选择自己熟悉的环境,如在自己的办公室等,这既能使自己产生一定的优势心理效应,又能有效地抑制对方的情绪冲动,从而为谈心能取得好效果创造条件。

(资料来源:苗青青.班级管理中心理效应的探索与实践[J].中国西部科技,2010(7).)

课外拓展

学科前沿

积极心理学理念与班级管理

20世纪80年代兴起的积极心理学,正如其创始人美国心理学家塞里格曼所倡导的那样,"是致力于研究人的发展潜力和美德的科学"。它打破了既往那种偏向于重视治疗和改善负面情绪的观念和做法,转而重视个人积极乐观情绪、积极意义及内在动机等特质。积极心理学将研究的重点放在人自身的积极因素方面,主张心理学要以人固有的实际潜在的具有建设性的力量、美德和善端为出发点,提倡用一种积极的心态来对人的许多心理现象(包括心理问题)做出新的解读,从而激发人自身内在的积极力量和优秀品质,并利用这些积极力量和优秀品质最大限度地挖掘自己的潜力,获得良好生活。

积极心理学是将关注点放在心理健康和良好的心理状态方面,以促进个人、群体和整个社会发展完善和自我实现的科学。在这一点上,从积极心理学的理念出发,在学校班级管理中更多地融入积极心理学的思想,营造一种能够促使学生的积极本性生长发育的环境,通过良好的班级氛围和组织来影响每一个学生,使之能经常性地广泛开展积极情绪的培养活动和乐观精神的辅导活动,切实有效地开展心理健康教育,使学生们在快乐和成功中感受集体的温暖和团体的力量,促进学生的茁壮成长。

(资料来源:邱勇强,黄金来.积极心理学理念与高校班级管理[J].中国成人教育,2011(6).)

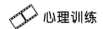心理训练

积极心理学在班级管理中的运用

1. 以正向支持为理念明确班级管理的价值取向

这主要是以积极心理学的理念来整合每个班级成员的群体价值观,使其多样或多元化的思想认识最终都能回归到对于每个成员都有意义的价值取向上来。明确班级的正向支持系统将每位同学都纳入其中,是班级首要的价值所在。

2. 以个性发展为目标延伸班级管理的内涵

班主任应该让学生能够在积极的心理状态下学习和生活,以达到更佳的学习效果,让他们在学习的过程中体验到学习所带来的快乐和幸福,体验到主观幸福感,培育和历练他们的积极人格,创造出积极的成长环境,发展自己的创造力。

3. 以积极正向的探索和体验活动为载体充实班级管理的内容

在主题班会中开展人生探索和价值观澄清的心理健康教育活动;在主题实践活动中开展各种体验式活动。因为在活动过程中会产生人际关系、暗示、模仿、气氛、感染、社会知觉等一系列的社会心理现象,能够加深学生们对如何形成积极认知,带动积极情绪,培养积极特质,最后形成积极行动的体验。

4. 以团体辅导为手段来满足班级不同成长群体的不同需求

充分利用团体咨询和辅导的形式,满足他们成长中的不同需求,是具体实施积极心理学的有效途径和方法,能极大增强班级管理的针对性和有效性。

5. 以心理测评为主要依据构建班级管理的成效评估体系

定期依据一些测评工具和测评量表来进行测量和判断,可以请一些专业的心理教师来帮助组织施测。依据这些测查结果,再以定量定性的行政评估分析为补充,建立起科学合理的班级管理的成效评估体系。

(资料来源:邱勇强,黄金来.积极心理学理念与高校班级管理[J].中国成人教育,2011(6).)

第三节　班干部管理心理

一名班主任的困惑

初一初二,我们班采取"值日班长负责制",班里虽然也有固定的班长、生活委员、学习委员等,但往往形同虚设,因为我以为:大家的机会是均等的,每个人都有可以开发的潜力,应该让每一位学生得到锻炼。于是每位同学轮流做值日班长,值日班长负责当天的一切活动,无论是参加学校的会议,还是班级中的纪律、学习、卫生,都全权负责,不仅要通知、提醒,还要监督检查,并在放学时做好总结。我负责对他们一天工作的成功之处给予表扬,以期其他同学学习借鉴。结果有时班级各项工作秩序井然,有时我又会上传下达,还有时充当"消防员",当四面火光冲天时扑过去"救火"。这些让我觉得自己很累,但每到这时,我都安慰自己:帮助每一位学生成长,累并快乐吧。

听到"成功就是选择正确的人并把他们放在合适的位置上"的说法,我再回忆我的"值日班长负责制"历程,似乎并不是所有的同学都乐于做值日班长;而且一天之内一名值日班长同时负责许多事的确会应接不暇,最后哪一件都完成得不好;尤其是班级中缺少核心队伍,班级中事务的连贯性总是由班主任提醒。

我想咨询下:如何在给同学均等机会的前提下,让大家各尽所能,让班级事务持续且连贯地进行,以求同学们的成功。同学们成功的过程,也是我解放的过程。

(资料来源:http://blog.sina.com.cn/s/blog_915c744f01014u39.html.)

班干部作为联系老师与学生的桥梁,作为老师的助手,作为全班学生的榜样,他们工作能力的高低,工作方法的对错,在同学中威信的高低,往往能够决定一个班级的精神面貌与风气。如何正确认识班干部及班干部管理的意义?优秀的班干部应该具备哪些素质?如何选拔、培养和管理班干部?本节着重针对以上问题进行讨论。

一、班干部及班干部管理的意义

学生当班干部,是青少年成长的具体内容和过程。学校既是一个学习的场所,也是一个社会生活的场所,更是一个全面发展的场所。这种环境"能通过个体的种种活动,塑造个人行为的智力和情感倾向。这些活动能唤起和强化某些冲动并具有某种目标和承担某种后果"。班干部工作,既是学校多种多样活动的一部分,也是社会生活的一部分,既要去体会,也要去学习,在这个过程中,学生从不成熟走向成熟。班干部活动是一种积极的、充满活力的、向前发展的活动,能够激发学生多方面的潜力和能力。

1. 班干部工作,教育性是第一位的

1) 班干部工作,既是学生自我服务的需要,也是学生自我锻炼的需要

学生当班干部,与社会团体的领导一样,是一种服务,但是社会的服务主要是从工作出发,以追求做事效率、解决问题为方向,尽管在这个过程中人们受到了锻炼,也在上下级的交往中受到了教育,智力和体力也会受到影响,但这不是社会管理工作追求的最终目标。而学校的班干部工作则不相同,它既是一种自我服务,更重要的是一种自我锻炼,主要是从全面培养人出发,学生在群体中的活动效率和感受,是目标的一个方面,是全面发展目标的一种手段。个人参与某种共同活动到什么程度,社会环境就有多少真正的教育效果。也就是说,在学校的集体活动中,班干部活动的目的,首先是要具有教育性的。

2) 班干部工作,既是自我体验的需要,也是自我学习的需要

学生当班干部,当然要有一定的素质和能力,但这种素质和能力,是在集体中一边体验、一边学习得来的。学生所受到的教育正是通过生活本身而得来的。

学生当班干部的过程,既是学习的过程,也是准备的过程,不是有了能力才当班干部,而是在当班干部的过程中学习班干部的能力。学生的各方面,都正在发展时期,与人打交道的能力,领导和被领导的能力,都还不具备或不完全具备,还要受其身心发展水平的限制,在引导他们当班干部的时候,不断地为他们创造体验的机会、学习的条件。这既是一种体验,也是一种教育。

2. 素质教育、新课改给班干部管理带来新要求、新问题

1) 要求班干部管理中以培养学生的创新精神和创新能力为主

因为素质教育和新课改要求培养学生的创新精神和实践能力,注重提高人的自主性和创造性等主体性品质,这就要求班干部管理一方面要遵循德育教育规律,重视班干部的选拔、培养、使用,关心、爱护、信任班干部,充分发挥他们的主体性和能动性,另一方面要考虑如何在班干部管理中让每一个学生都有锻炼自己的机会,从而创造新自我。

2) 要求班干部管理中真正实施自主管理

素质教育的原则是,要使每个孩子都能在学校教育中受到同样的重视,而现行的、等级化的班干部建制却是与素质教育的这一初衷相背离的。从培养学生的良好心态、健全人格的角度来看,应对现行的班干部制进行改革,班级各种事务应由学生自主管理。

3) 班干部管理面临新问题

素质教育的培养目标是教会学生学会做人,学会求知,学会劳动,学会生活等。新的素质教育理念更注重尊重每一个生命、壮大生命、开发潜力、全面提高素质。这一目标和理念要求班级管理实行"全员管理",如何将"全员管理"和班干部管理结合起来,是班干部管理中面临的新问题。

4) 班干部管理面临新挑战

新课程改革是一场深层次、全方位的教育革命,它以"一切为了学生发展"为目标,要"让绝大多数学生经过努力都能够达到,体现国家对全民素质的基本要求,"确保每个生命体在成长的关键时期都很好地完成应该完成的发展任务,并保证即时的幸福与快乐。随之在学校实施学分制和开设选修科目,由于选课不同也就可能出现走班制,这样原来固定的班级授

课制下的班干部管理面临新的问题——班级不再固定,在此情况下,班干部管理该如何进行?

二、完善班干部队伍建设与管理的三种机制

(一)建立民主用人机制

受客观因素和主观因素的影响,班主任在选用班干部时也存在着这样那样的问题,会引起全班学生的议论和不满。所以,在选用班干部时,班主任必须坚持建立民主用人机制的原则,敢于创新,树立凛然正气。

1. 把民主选举权真正还给学生

班级是一个特殊的群体,班干部应该由全班学生来选举。在选举之前,班主任要把班干部人选的基本条件明确地告诉学生,让学生根据这个条件选举自己心中认可的人。为了做到公开、公平、公正,还应让学生毛遂自荐,进行竞选演讲,凡有意竞选班干部的学生都可以上台演讲。通过演讲,充分展示学生的才华,使选举的目标更加明确。选举结果要当场公布,绝不能搞形式主义欺骗学生,更不能搞暗箱操作。选出班干部以后,班主任还要与各位科任老师交换意见,再根据每个班干部的特点进行合理分工,这样就增加了选用班干部的透明度,能真正把德才兼备的学生选到班干部这一岗位上来。

2. 建立能上能下的用人机制

班干部在上任之前,班主任就要明确地告诉他们,班干部不搞"终身制",如果经过一段时间的实践锻炼确实能够胜任,就可以继续干下去;如果经过试用不能胜任的,就要由其他同学来代替。学生有了这种思想准备,一来可以激励他努力工作,二来可以使他树立正确的观念,三来还可以调整班干部落选后的心理压力,以一颗平常心继续投入到学习和生活中去。建立这种能上能下的全新的用人机制,不仅有利于班主任对班干部进行调整,全力做好班级工作,而且有利于培养学生良好的思想素质和心理素质,使他们将来参加工作后能更好地适应社会、适应环境。

(二)建立培养机制

在实际工作中,有些班主任把班干部仅仅当作自己分担一些杂事的"小帮手",甚至将班干部置于同学们的对立面,很少考虑对他们的培养,这样做不仅不利于班干部的成长,反而给他们带来了许多烦恼,使他们背上了沉重的思想包袱,这种状况是应该改变的,应建立有效的培养机制。

1. 扶上马送一程

班干部在上任后,班主任就要有目的地对他们进行培养教育,首先要教给他们工作方法。如发现学生不遵守纪律怎么办,发现学生不认真学习怎么办,发现学生不诚实怎么办……不能让班干部成为老师的"间谍",大事小事都推到老师那儿,而要教给他们遇到类似的问题应该如何处理,逐步提高他们的工作能力。在班主任的耐心指导下,班干部逐步掌握了工作方法,就会越干越有信心,越干越有成绩,真正起到班干部的作用。其次,班主任要逐

步提高班干部的工作艺术。光会工作还不行,还要有一定的工作艺术。要让班干部学会处理班干部与同学之间的矛盾、同学与同学之间的矛盾、同学与老师之间的矛盾等,并善于调动全体学生的积极性,为建设优秀班集体而共同奋斗。班干部掌握了一定的工作方法和工作艺术后,班主任就可以放手让他们独立工作了。

2. 给小树勤剪枝

班干部并不是十全十美的,他们和其他同学一样,也有缺点,也会犯这样那样的错误。在这种情况下,班主任对班干部绝不能包庇或迁就,而要更加严格要求,帮助他们克服缺点,改正错误,使他们不断进步。同时,要教育班干部时时处处起到模范带头作用,放下"娇气",勇于吃苦耐劳;避免"小气",勇于忍辱负重,有一个豁达的胸怀;杜绝"霸气",能够知错就改,与同学和睦相处,在同一起跑线上互相促进,共同进步。还要教育班干部敢于坚持原则、敢于勇挑重担、敢于开拓创新、敢于无私奉献,不当"好好先生"、不拈轻怕重、不因循守旧、不自私自利……这些优良品质的形成,是培养新一代栋梁之材的必然要求。

(三)建立使用机制

使用班干部也是一门艺术,班主任善于使用班干部,就会越用越活,越用越得心应手;否则的话,就会使班干部成为"石磨",推一推就转一转,不推就不转。所以,班主任在任用班干部时必须打破过去的老办法,建立任用机制,不断创新,以取得良好的效果。

1. 尊重班干部的自主权利

班主任在引导班干部管理班级时,要自觉地"解放自己的双手",给班干部以相对的自由,包括活动的自由、思考的自由、人格发展的自由等。这种"自由"的结果有时候看似"没大没小",其实是平等民主的师生关系的体现。他们得到了老师的尊重,就会增强自己的信心,最大限度地发挥主观能动性,创造性地开展工作,因此也从小培养了他们的创新意识和创新能力。

2. 树立班干部的威信

班干部既然要在班里管事,就难免得罪人,难免受到一些同学的打击报复,有时会被一些人孤立起来。这时候,班主任就要为班干部撑腰做主,对那些打击报复班干部的学生进行批评教育,要求学生像尊重老师一样尊重班干部,像服从老师的管理一样服从班干部的管理,从而在全体学生中树立班干部的威信,使他们拥有与老师一样的权威。如果班主任对这些事情处理不好,甚至不闻不问,班干部就会因受到打击报复而丧失信心和勇气,最终影响工作和学习。

3. 用人之长,避人之短

俗话说"五个手指不一般长",班干部在各方面都超人出众当然最好了,但这样的人毕竟是少数。班主任对班干部不能求全责备,要求他们样样能拿得起、放得下,这就有些过于苛刻了。班主任要善于发现他们的"闪光点",充分地利用他们的"闪光点"去发挥他们的光和热,这就足够了。例如,某班干部在体育方面有特长,就可以让他担任体育委员;某班干部爱管"闲事",就让他担任纪律委员;某班干部爱唱爱跳,就让他担任文艺委员。这就是用人之长,避人之短,让所有的班干部都能有用武之地,都能在各自的岗位上把自己的才能发挥得淋漓尽致,那就是最佳的效果了。

知识链接 6-5

班干部选择个案分析
——基于积极心理学的班干部选择

积极心理学认为积极组织可以促进积极特质的发展和体现,促进积极主观体验的产生。班级是学生学习和生活的基础组织。班干部是班级的精英、领军人物、班级管理的中坚力量。他们的表现,直接关系到班级管理的质量。班级制度再好,班主任再强调,归根结底还是"人"的因素起决定性作用。如果班级工作没有挖掘出合适的人来组织,那么一切工作开展起来都会显得苍白无力。因此,合理选择班干部对班级建设非常重要。

一、班干部的选择

班干部的选择一般要经过学生调研、考察和竞选三个环节。

1. 学生调研

积极心理学认为,当组织、个人特质和工作变得一致的时候,事情就简单多了,三方面的协调一致是美好幸福生活的开始。因此,班干部的设置要合理,班干部的选择要做到人职匹配。

一个班级的班干部组成包括班委和团支部。在班委方面,有三个板块,即学习板块、纪律板块和班务板块。

选择合适的人员来担任各个职位,调研是必不可少的。班主任可以通过问卷调查和搜集学生简历的形式进行。笔者是通过两条途径对学生进行调研的。其一,利用班会课做问卷调查,了解学生的特长、感兴趣的事情以及过去担任过的学生职务。其二,请语文老师布置一篇题目为《自我介绍》的课堂作文,课后亲自阅读每一个学生的作文,并逐一做好记录。

2. 考察教师获得资料以后进行信息整合,绘制成表(见表6-1)

表6-1 高一(a)班学生信息汇总表(部分)

姓名	性别	期望事务	曾任职务	个人信息
陈××	女	办黑板报	办黑板报	特长绘画,最喜欢英语
成×	女	卫生、板报设计、绘画类的工作	值日班长、板报设计员、英语课代表	特长无,爱好画画,提到了自己是人生地不熟的南山人
段××	女	策划管理	组长	特长策划管理,深圳土生土长的,希望有强大的内心适应高中生活
贵××	女	督查值日、管纪律、发作业	政治课代表、班长	东北女孩2012年来到深圳,第一次住校,字写得漂亮
侯××	男	带领班级篮球、科学课代表	科学课代表	特长篮球,希望带领班级篮球队,集体主义观念强

接下来对目标学生重点考察,可以是谈话式沟通,也可以是暗中留意式观察。例如,笔者发现班级的陈××、成×以及贵××都有绘画基础,他们就成为宣传委员和板报组长的候选人,然后通过谈话方式了解他们的性格品质和生活习惯。再比如班级的候××,这个男孩热爱篮球,集体主义观念强,是体育委员的候选人。体育委员是班级集会的召集人和队列队形的整顿人,职位非常重要,要求学生具有外向乐观、人气高和专业过硬等特点。因此,笔者利用学生军训、班会课、体育课仔细观察他。另外,班干部的考察时间要充足,可以是一个月也可以更长一点。

3. 竞选

竞选是班干部产生的必要途径,通过选举产生的学生干部更有威信,有利于他们开展工作。竞选前要进行两次动员,一是面向全体学生的班级动员;二是针对考察对象的私下动员。

全体动员,班主任提前一周发布班委竞选公告,让学生思考是否竞选以及竞选的职位,并提醒有竞选意向的学生利用周末准备竞选演讲稿。私下动员,班主任要抓住"偶然"机会,创造"偶遇"。比如,在课间"碰到"目标学生要闲聊几句,诸如听说你喜欢画画啊,宣传委员适合你,周末好好准备演讲稿等等。另外,针对目标学生也可以利用角色来鼓励,如本班有三个目标学生都获得了"军训优秀学员"称号,就可以适时进行面向目标学生的竞选动员。总之,班主任要在不让其他学生产生"冷落感"的情况下,想尽办法鼓励具有积极特质的学生参加竞选。

选举办法建议采用民主集中制。民主,即全部学生不记名投票,票数多者胜出;集中,即胜出的学生和班主任组成班委会,班委会成员协商确定各自职位。这样可以达到两个效果,一是选出人气最旺的学生,二是班主任可以协调职位做到人职匹配。选举时班主任要营造严谨认真的选举氛围,如做好竞选PPT、精美的选票以及鼓励性的竞选前讲话。这样可以促使学生重视选举,选举结果也会更加理想。

二、对班干部竞选结束后的指导

1. 新任班干部会议

积极心理学认为,个体在从事的职业中获得主观幸福感和自我效能感时效率会提高。对新当选的班干部,班主任要及时召开班干部会议。首先要祝贺他们,针对职位肯定各班干部的优势;其次从德的方面提出要求,正人必先正己是班干部开展工作的保障;最后针对各班委做简短的工作指导。

2. 落选学生安排

参加竞选的学生都是班级的积极分子,是班级积极组织形成的储备干部。落选学生也不例外,班主任要适时做好他们的安抚工作,帮助他们疏导情绪。接下来,班主任要跟进这部分学生,根据他们的特点安排相应的管理职位,诸如班级小组长、宿舍长和课代表等。

积极的班干部是打造优秀班级的第一步,也是最重要的一步。

(资料来源:申磊.基于积极心理学的班干部选择[J].教学与管理,2015(22):27-28.)

三、心理文化指导下的班干部管理体系建设

班干部管理工作不同于其他职业管理工作,相对于物质激励来说,精神方面心理文化的指导占主导地位。其中,心理契约理论的提出和其在班干部管理体系中的引入为班干部管理体系的建设提供了依据。

(一)心理契约模式内涵

心理契约(psychological contract)的概念是由美国著名管理心理学家施恩教授首先提出的。总体来说,心理契约是组织与成员之间对彼此应付出什么,同时应得到什么的一种主观心理约定,是内隐的、没有明文规定的各自所怀有的各种期望。班干部管理是学生与学生之间同一层次的管理,班干部管理体系的建立更应体现以人为本的理念。心理契约是心理文化指导下的一种新的管理理念,是一种内在的、心理层次上的管理途径。因此,心理文化指导下的心理契约更适用于班干部管理工作的开展。将其引入学生管理对于提升班干部管理水平,构建完善的班干部管理体系十分必要。

在心理文化的指导下,更能够使学生接受管理,并激发自身的动力。心理契约能够针对班干部个性的心理需求进行管理,对学生的一些期望与需求予以满足,从而从内在上激发学生进行学生工作的积极性,使其能够充满自信地去做好学校给予的工作任务,积极进取。其强调的是从学生自身发展角度出发,通过一定的努力获得相应的回报,并以这一回报促进自身更加努力,在一定程度上实现学生素质提升与学校对学生管理相统一。

(二)心理契约模式下的班干部管理体系建设策略

1. 建立具有自身特色的团队文化,正确处理个人与团队的关系

班干部个体必须充分认识到团队文化的重要性,并逐渐形成班干部间的具有自身特色的团队文化,形成具体可见的班干部团队,如组织部、体育部、心理部等。应当结合部门自身的特点,构建特色的团队文化,如体育部可以"增强自身体质、加强体育锻炼"等,并将其作为个人发展以及团队发展的缘由,使班干部在进行学生工作时,能够始终以这样一种愿景来督导自己的行为,从而逐渐由以往的单纯地适应工作转变成为创造性工作。

2. 构建管理体系时应注重维护契约的公平和动态平衡

管理者在确定班干部团队的目标时应当采用动态测评的方法,即及时与班干部进行有效的沟通交流,从而对目标的准确性予以分析,对原有目标进行有针对性的修正,避免后期班干部自身的期望与需要未受到学生团队的足够重视而导致其心理契约违背感的出现。因此,在构建管理体系时应注重维护契约的公平和动态平衡。这就要求管理者要注重对班干部管理的随机反馈和阶段反馈,积极实现与班干部的有效沟通和情感交流。从班干部的角度讲,应当注重自我检查和自我监督,只有通过班干部内部的检查与监督以及与管理者、团队成员间的有效沟通、反馈和情感交流,才能更好地维护契约的公平和动态平衡。

3. 注重提升班干部的成就需要,实现成就需要与激励措施有机结合

在班干部管理体系构建的过程中,应注重将提升学生成就需要的因素考虑到体系的完善

中来,使班干部能够认识到自己在班干部团队中的重要位置,以及为班级做出贡献对自身成就的实现的重要意义。同时,管理体系应注重给予学生更多的自主权等,主要表现在如下三点:

第一,对班干部在学生组织中的岗位责任予以明确。当班干部具有一定的岗位责任意识,同时认识到自己在团队之中是不可或缺的一部分,便能够体会到更多的成就感。

第二,学生管理体系中应给予学生更多的自主权,使学生拥有更多的权利,在责任范围内行使其相应的权利,主导自己的活动,可以为班干部创建一个更加公正、透明的平台。

第三,班级作为学生组织的管理者,应转变传统的管理意识,逐渐树立起以学生成就需要为导向的全方位、多角度的激励机制,同时不断地创新激励方法,使班干部激励机制更具活力。此外,应转变传统以成就、业绩、考勤为主的激励原则,将个人对团队的贡献程度以及班干部个体的进步程度作为一项激励的原则,发挥其维护管理者与班干部之间的心理契约的重要作用。

4. 注重心理品质培养,增强班干部自信

在班干部管理体系的构建中,应更注重物质激励和内在激励的结合以及正面激励与批评教育的结合。在班干部工作之中遇到挫折的时候,更应注重从精神的角度给予班干部激励。如当班干部在进行学生工作遇到一些难以解决的问题时,班主任、教师应当注意对其进行引导,使其能够静心对待事件,明辨是非,使其通过一些挫折能够具有一定抗压能力和逐渐树立起责任心;当班干部在工作中获得了突出的业绩的时候,管理者应当给予其相应的奖励,反之予以批评教育,不得单纯注重褒奖而对其不足的方面不闻不问,逐渐使班干部培养起积极乐观的学习、工作和生活态度,进而形成自信、乐观、执着、开拓等心理品质。

5. 注重团队的情感交流和沟通有效性

在班干部管理中,心理契约不同于一般的契约,心理契约是一种情感契约,而学生是天然由"爱"维系的不可分割的组织,与其他任何组织相比,学生的情感联系更加强烈。学生管理与学生个体内部自我心理契约交织在一起。大部分班干部更希望能得到内在需要的满足,如尊重、肯定和团队支持。因此,情感上的支持和交流能让心理契约发挥出更强大的约束力。定期开展团体辅导是加强团队内部沟通的有效方式,就班干部自身出现问题或需要讨论的主题展开辅导。感染力强、影响广泛,能增加每位班干部对团队的情感归属。每一位班干部在分享时,就存在多个影响源。每个成员可接受他人的帮助,也可以帮助其他成员。此外,在团体情境中,可以同时学习模仿多个团体成员的适应行为,从多个角度洞察自己,完善心理品质。在团体辅导过程中,成员之间相互支持,集思广益,共同探寻解决问题的办法,减少对老师的依赖。

知识链接 6-6

心理效应在班干部管理中的应用

1. 鲇鱼效应

挪威的渔民们捕捉了沙丁鱼后急忙赶到市场出售,但由于沙丁鱼喜群集、生性不好动,往往窒息而死。唯有一位老渔民每次都能卖出活蹦乱跳的鲜鱼,其奥秘是在沙丁鱼中放几条生性好动的鲇鱼。鲇鱼在沙丁鱼中穿来穿去,沙丁鱼受到影响也摇头摆尾,促进了空气的流通,增强了自身的活力。在班干部管理中如果在干部群体中引进德才兼备、争强好胜的人才——鲇鱼,也会产生良好的"鲇鱼效应"。

从管理心理学的角度来看,要使班干部群体出现高质、高效的行为效果,管理者一方面要使鲇鱼学生充分发挥"领头雁"的示范功能和传、帮、带的辐射作用,另一方面应不断总结升华鲇鱼学生的先进思想和经验,使点上的经验能迅速在面上开花。还需要指出的是,为激发班干部个体期望心理,调动班干部群体的工作积极性,鲇鱼式学生不仅应当是该群体中大多数人有资格获取,而且是其中的优秀者经过一番努力能够赢得的席位。赢得与向往鲇鱼席位的学生,其工作的心理动力大,工作热情高,表现出行为的主动性和创造性。而他们接近乃至获得鲇鱼席位的结果,必然会激励群体中其他学生或给他们带来压力,于是个体之间或不自觉地展开竞争。这样,班干部个体不断付出努力,加之鲇鱼学生的示范、指导与帮助,班干部们的工作绩效将大大提高,整个群体处于激活状态。

为产生良好的鲇鱼效应,管理者应该综合考虑本班的物质条件、群体心理、行为习惯及人际关系等方面的情况,采取选拔或虚席以待等形式,定期公开选拔人才鲇鱼。

2. 赫洛克效应

心理学家赫洛克(E. B. Hunlock)曾做过一个实验,他把被试分成四个等组,在四种不同诱因的情况下完成任务。第一组为表扬组,每次工作后予以表扬和鼓励;第二组为受训组,每次工作后严加训斥;第三组为被忽视组,不予评价只让其静听其他两组受表扬和挨批评;第四组为控制组,让他们与前三组隔离,不予任何评价。结果工作成绩是前三组均优于控制组,受表扬组和受训斥组明显优于忽视组,而受表扬组的成绩不断上升。这个实验表明:及时对工作结果进行评价,能强化工作动机,对工作起促进作用。适当表扬的效果明显优于批评,而批评的效果要比不予任何评价的好。

目前,不少班级对班干部评价认识不足,重视不够,行动不力。就教师评价而言,普遍存在着这样一些问题:一是"马太效应",即对已脱颖而出的优秀班干部继续给予很好的评价与很高的荣誉,而对普通班干部个体做出的成绩不给予应有的重视和及时的评价,使相当一部分班干部处于被忽视状态。二是"中央趋势"误差,由于班干部所在班老师未能掌握干部工作及成就的足够信息或有先入为主的主观印象,因而不能或不愿对班干部工作做出客观、公正的评价,致使班干部不能更好更快地成长。

要解决这些问题,这里提供以下有效的策略和办法:

(1)尽可能全面地掌握班干部个体的工作信息。班干部的成长包括很多方面,老师的评价具有导向性,因此要从德、能、勤、绩、学等多方面立体交叉考核,并将考核结果纳入班干部档案,及时向本人反馈意见、肯定成绩、指出不足,对于考核不及格的应及时调整,尤其是学习成绩不达标的,应停止其工作,使其把精力用在学习上,以免荒废学业。只有通过科学考评,才能使班干部增强责任意识,竭尽全力地担负起应尽的工作职责。

(2) 实行合理的激励机制。价值取向趋于精神和物质并重。马克思也说过：人所争取的一切，都同他们的利益有关。这要求我们在要求班干部讲奉献的同时，应该建立合理的激励机制，把精神奖励和物质奖励结合起来。若一味地要求班干部无偿奉献，不仅与时代不符，也挫伤了他们的工作积极性。当然，这也为我们调动班干部的积极性提供了切入点和突破口。笔者认为一方面要进行精神奖励。班干部也是普通学生中的一员，往往他们碍于班干部的身份，不宜流露出他们的内心感情世界，忍辱负重，把自己的心事压于心底，所以我们更应该对班干部予以切实的关怀，通过谈心、书信等来帮助他们解决工作和生活中的困难，为他们创造一个和谐的外部环境和内心世界。另一方面就是让班干部在得到荣誉的同时还能得到奖学金等实实在在的物质利益；根据为工作做出的贡献大小，奖励与生活有关的物品；还要开展好"评选优秀班干部"活动等。

3. 德西效应

心理学家德西在 1971 年做了一项心理实验，他随机抽取部分学生去单独解一些有趣的智力难题。在实验的第一阶段，所有学生解完题后都没有被奖励；进入第二阶段，部分实验组的学生每完成一道难题后，就得到一美元的奖励，而无奖励组的学生仍像原来那样解题；第三阶段，在每个学生想做什么就做什么的自由休息时间里，研究人员观察学生是否仍在做题，以此来判断学生对解题是否有兴趣。结果发现，无奖励组的学生解题花的时间比有奖励组的学生所花的时间要多。

"德西效应"表明，并不是外在奖励越多越好，在某种情况下，当外加报酬和内感报酬兼得的时候，人的工作欲望不仅不会增加，有时反而会降低，甚至变成二者之差。"德西效应"告诫我们：当班干部尚没有形成内在的工作动机时，教育者从外界给予激励、推动学生的工作是必要的、有效的。但是，如果学生工作本身已经使学生感到很有兴趣，此时再给学生奖励不仅显得多余，而且可能会适得其反。一味地奖励会使学生把奖励看成工作的目的，反而专注于当前的荣誉和奖励，失去对工作实践的更深层次意义的追求。因此，作为教育管理者，要特别注意正确使用奖励的方法，避免"德西效应"的产生。

（资料来源：陈薇怡.浅谈心理效应在大学生干部管理中的应用[J].赤峰学院学报（自然科学版），2008(11):178-180.）

青少年领导力与领导经历的关系

领导力是一个多元力量相互作用的，以促进自身发展进而提高团队整体发展水平的系统，是一个人有效执行领导角色和领导过程的能力，由价值观、人格、智力、社交能力、解决问题能力等多种要素共同组成。学生领导力,是指青少年学生在有效执行领导角色或非领导角色及其过程中所需要具备的各种综合素质和能力,包括社会责任感、创造性思维、有效沟通、解决问题的能力等。

领导经历能够为青少年提供一定的情境支持,赋予其真实的领导角色和领导机会,被普遍认为是领导力发展的重要途径。有研究对领导经历与青少年领导力关系的分析发现,有学生干部经历的青少年在领导力各维度上的均分均显著高于无学生干部经历的青少年,而且累计任职时间越长,在团队合作、沟通和领导维度上的均分越高,这说明了领导经历对青少年领导力的重要性。对于青少年而言,学校是发展领导力的重要场所,在学校中担任学生干部是最好的机会。有研究发现大部分青少年都有过担任学生干部的经历,但仍有30.7%的青少年没有过这种经历,在这30.7%的青少年中有52%表示如果有机会愿意担任学生干部,而早期领导经验是影响青少年获得领导职务的关键之一,同时也会对青少年理解自我产生影响,因此是何缘由导致这些青少年没有获得成为学生干部的机会,又如何使这些青少年通过其他途径获得领导经历,应该是值得学者与教育工作者思考的问题。

(资料来源:李敏.我国青少年学生领导力的测量及其影响因素研究[D].武汉:华中师范大学,2013.)

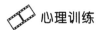 心理训练

青少年领导技能量表(LSI-C)

填表说明:

量表中设置了五个选项,请在最符合实际情况的编号上画"√"。

例如,第1题"我能够在集体中与他人合作完成任务",如果你一点也不是这样,就在1上画"√",如果你完全是这样的,就在5上画"√"。每个题目只能选择一个选项。

1	2	3	4	5
非常不同意	不同意	不确定	同意	非常同意

1.我能够在集体中与他人合作完成任务。	1 2 3 4 5
2.我和身边的人相处融洽。	1 2 3 4 5
3.我认为应该对自己的行为负责任。	1 2 3 4 5
4.我认为有必要对集体任务进行分工。	1 2 3 4 5
5.我了解自己。	1 2 3 4 5
6.指导他人时,我感到很轻松。	1 2 3 4 5
7.我会考虑所有的选项之后再做决策。	1 2 3 4 5
8.我认真听取集体成员的意见和建议。	1 2 3 4 5
9.我受到同龄人的尊重。	1 2 3 4 5
10.我能够引导一场讨论。	1 2 3 4 5

续表

11. 我会根据以前的经历和经验做出决策。	1 2 3 4 5
12. 我相信集体成员都有责任感。	1 2 3 4 5
13. 我相信自己的能力。	1 2 3 4 5
14. 我是一个很好的聆听者。	1 2 3 4 5
15. 我会利用信息做出决策。	1 2 3 4 5
16. 做集体的领导者我感到很轻松。	1 2 3 4 5
17. 我认可自己。	1 2 3 4 5
18. 我能够对自己的决策负责任。	1 2 3 4 5
19. 我能够给他人明确的指导。	1 2 3 4 5
20. 我能够遵循指示。	1 2 3 4 5
21. 我能够组织会议。	1 2 3 4 5

量表说明：LSI-C是以Cater和Townscend(1983)领导技能量表修订版为蓝本，经过修订和检验的量表，量表包括5个分量表，分别是团队工作(题目：1,2,4,8,12)，理解(题目：3,5,13,17,18)，沟通(题目：10,14,19,20)，决策(题目：7,11,15)和领导(题目：6,9,10,16,19,21)，共21个条目。量表采用Likert五点计分法，分值设置为5＝非常同意，4＝同意，3＝不确定，2＝不同意，1＝非常不同意。条目评分越高，表示同意程度越高，分量表内条目均值为该项技能的自我知觉水平，分量表均分最高为5，最低为1。

（资料来源：李敏. 我国青少年学生领导力的测量及其影响因素研究[D]. 武汉：华中师范大学，2013.）

第四节　心理主题班会设计

调整心态　直面压力
——"心理健康教育"主题班会设计

【班会背景】

中考已进入倒计时，进入"心理高原期"的初中学生，容易出现苦闷、焦虑、急躁、学习效率不高、情绪不稳定等情况。通过此次班会活动，引导学生吐露内心苦恼、宣泄不良情绪、缓解中考前的压力，培养学生的自我心理调节意识，从容面对考试。

【班会过程】

1. 导入

活动1：心理小测验。请学生根据教师提供的心理测验材料进行自我评价，通过得分判定自身承受的心理压力的程度。

结论：压力无时无处不在。我们应该学会调整心态，直面压力。

2. 感受压力

活动 2：直面压力面面观。观看小品《考试之前》，请学生思考并讨论：心理压力是个别问题还是普遍问题？生活中的压力对自己有哪些影响？

小结：无论是学习中还是生活中，我们都需要适度的压力。压力太小或者太大都会降低效率。有压力并不是坏事，如果我们能将压力转化为动力，那么就是向成功迈进了一步。

活动 3：我的压力气球。请学生拿出手里的气球，根据自己进入初三感受到的压力程度，把这些力吹进气球里，看看自己的压力有多大。气球吹好后，请大家相互看看，了解一下同学感受到的压力程度究竟怎样。

小结：引导学生观察气球的弹性与内在压力大小的关系。如果把气球吹破了，说明压力太大容易出危险；如果气球吹不起来，说明压力太小，学习效率还有待提高。

3. 应对策略

活动 4：小组讨论并分享战胜自我、调整状态的小故事和好办法。例如：优化情绪，增强自信；注重过程，淡化结果；认真复习，合理安排；科学用脑，注重效率；做好准备，从容上场；饮食清淡，营养丰富；睡眠充足，劳逸结合。

活动 5：自我实践。播放自制视频《心理放松技巧》。现场练习考试紧张时可以做的放松训练。具体方法有：

深呼吸法。深吸一口气到肚子里，让肚子鼓起来，呼气要尽量拉长，缓慢吸气和呼气，吸完气可适度停留3秒至5秒再呼气。

自我暗示法。可以这样想："这没什么，我只是有点考试焦虑。""放松，我能应付得了。"可以实施积极的自我谈话："一步步来，我能控制这种情况。我能把会做的题都做出来。"还可以实施自我强化："刚才我做得不错，情绪控制得挺好，以后就这样做，我会做得更好……"

4. 挑战自我

活动 6：体验感悟。请学生每人拿出一瓶水，要求手握瓶身，手臂平举，与肩同高。活动期间不得换手，不得放下，也不能用任何物品支撑手臂。

比一比看谁能举起水瓶超过5分钟。（播放音乐：《我相信》）

小结——这次挑战告诉学生一个道理：一瓶水尚且举不了多久，何况是中考压力呢？问问自己能带着压力走多久？一个月，还是一年？要想把一瓶水举得长久，就要适当地放下，让自己歇歇，才有力气继续举；要想背负压力走得久，也要懂得适当地放下，让自己喘口气，才能更好地继续前行。

5. 总结提升

同学们，生活就像海洋，只有意志坚强的人才能到达彼岸。承受压力的重荷，喷水池才能喷射出银花朵朵。有压力才有动力，压力像弹簧，你弱它就强。我们要做一个对自己负责的人，及时调整自己的状态，抓紧分分秒秒，选择科学的方法，努力开创属于自己的一片天。

（播放音乐：《我要飞得更高》。全体同学起立，齐唱这首歌，在激动人心的歌曲中结束主题班会课。）

（资料来源：董洁.调整心态直面压力——心理健康教育主题班会设计[J].河北教育（德育版），2015(6):35.）

班会是对学生进行德育、学习指导的重要阵地。主题班会是对学生进行思想政治教育的有效形式,是有效班级管理的重要方面。将心理健康教育的技术引入主题班会,有利于提高主题班会的德育效果,促进学生的身心健康。

一、认识心理主题班会

主题班会是班主任管理班级和教育学生的重要手段,一堂成功的主题班会不仅有利于增强班级凝聚力,更有利于学生的全面发展。随着心理健康教育的开展,以及近几年积极心理学的发展,有专家认为心理健康教育从消极、被动、补救向积极、主动、预防和发展的方向转型;从面向个别学生和学生的问题向面向全体学生和全面开发心理潜能、提高心理素质的方向转型;从专职教师的专门服务向全员参与的全过程、全方位服务的方向转型。开展心理健康教育的目标是促进学生不断正确认识自我,增强其调控自我、承受挫折和适应环境的能力。因此,班主任在探索主题班会的形式和内容等方面都可以运用心理健康教育的已有经验,增强班主任和学生的沟通,在班级管理中更好地发挥学生的主动性。

心理班会又可称为心理辅导班会或心理主题班会,是渗透心理健康教育理念、以心理健康教育为主要内容的班会课。

心理班会体现了心理教育理念具有针对性、时效性的特点。一方面,心理班会运用心理教育的理念和理论,在班会课中渗透心理学原理,发挥班主任以人为本的教育意识,运用团体辅导、角色扮演、心理剧、心理活动体验等心理教育的方法倾听学生心声,为学生排解心理困惑。另一方面,心理班会不是计划性的,而是具有针对性和时效性的。根据班级现阶段的情况,可以随时变更活动目标。这样心理班会更加贴近班级个体,做到因材施教,更加有利于建设良好的班级环境,促进班级的长足发展。

二、心理主题班会的设计路径

(一)主题确立

心理班会设计前,首先要确定班会主题。确定班会主题,要先考虑三个问题:班里学生存在的倾向性问题是什么?他们的年龄特点又是什么?我要解决什么问题?这样,选题才会受到学生的欢迎。

1. 根据学生的常见问题来选择主题

青春期心理指导——了解自我,学会互相帮助,克服青春期的各种烦恼,如早恋等问题。开展"走过花季雨季"的主题班会,使学生学会正确对待青春期。

学习心理指导——帮助学生适应各阶段的学习环境和学习要求,培养正确的学习观念,改进学习方法,形成良好的学习风气。

情感调控指导——使学生学会调节和控制自己的情绪,营造班级积极向上的情绪氛围,共同对抗压力。

人际适应指导——加强自我认知,客观地评价自己,积极与同学、老师、家长进行有效的沟通,营造一个和谐的班级氛围。

成长心理指导——通过认识自我、审美心理指导等对学生进行自我成长教育。如主题班会"我是谁"、"健康形象",指导学生客观地认识自我,接纳自我,塑造良好的个人形象,由此形成积极向上的班级形象,拓展健康的审美活动。

生活心理指导——逐步适应生活和社会的各种变化,包括如何支配自己的闲暇时间,如何建立正确的消费观念以及如何面对升学、择业等现实问题。

特殊问题心理指导——包括班级以及身边突发事件的危机干预等方面的指导。

2. 依据教育内容的侧重点来选择辅导主题

依据教育内容的侧重点来选择辅导主题。以初中阶段为例,初一年级学生实现了小学生到初中生角色的转变,辅导的主题选择"让学生尽快适应初中新生活",包括新环境的适应,学习方法的衔接,心理上的适应等。此外,还可以针对新生的不同心理有选择地开展辅导:有的学生认为该歇歇脚,放松了对自己的要求,盲目骄傲,有松懈心理;而有的学生,开学后的考试没考好,便对自己产生怀疑,悲观失望。因此,初一年级的主题应重视养成教育,注重行为习惯的培养以及和谐班风的形成。

到了初二年级,适应问题告一段落,很多孩子渐渐在集体中站稳脚跟,找准了自己的位置,在学习上表现出较强的冲劲,这时两极分化现象较为突出。初二年级心理班会的主题可以定为"时间管理——学习计划的制订"、"轻松学习——学习策略的训练"等学习心理指导。同时进入青春期,由于性心理的发育,如何引导学生正确处理男女生之间的交往十分重要,可以选择"青春做伴——如何与异性交往"等主题。

针对初三年级学生很快就要面对中考这一事实,将"正确认识自我"、"增强自信克服自卑"、"克服考试焦虑"作为心理班会的主题,将会受到学生的欢迎。同时,还可组织以"对未来的憧憬"为主题的讨论团体,激发学生内在的动力与热情,调节初三年级备战应考单调乏味的学习生活。

(二) 心理班会的实施方法

1. 讲授法

虽然心理班会主要是通过举办活动进行的,但是在有些情况下,学生还必须了解一些相关的知识性内容,尤其是高年级学生,了解一些必要的心理学知识,有助于他们更好地认识他人、认识自己,从而有效地进行自我心理调适。例如,心理班会——经受挫折的考验,就可向学生介绍什么是挫折,挫折产生的原因以及面对挫折学生较常见的反应方式等心理学知识。

2. 心理情景剧

由教师根据主题将发生在学生身边的心理个案改编成心理剧,让学生来分析剧中心理问题的原因及对策,也可以由几名学生来演个案的前半部分,后半部分的情节和结尾由全体学生来思考。

心理情景剧要选择贴近本班学生的实际问题的个案。比如有一位同学人际关系非常差,他自己经常做一些别人反感的行为吸引其他同学的注意,自己毫不在意别人怎么看他。针对这种情况,班主任老师设计了情景短剧,把他的行为表演出来,表演完以后,请同学们发表自己的看法。这位同学看后大受触动,发觉原来自己的行为这么惹人讨厌,慢慢改掉了一些不良习惯。

3. 团体心理活动和心理游戏法

1) 增强班级凝聚力

让学生体验团队合作的力量与快乐,如心理活动——解开手链。

活动步骤:将全班学生分成若干个小组,每组 10～12 人,让每组成员手拉手围站成一个圆圈,记住自己左右手相握的人。在节奏感较强的背景音乐中,大家放开手,随意走动,音乐一停,脚步即停,找到原来左右手相握的人分别握住。小组中所有参与者的手都彼此相握,形成了一个错综复杂的"手链"。节奏舒缓的背景音乐中,主持人要求大家在手不松开的情况下,无论用什么方法,将交错的"手链"还原成的一个大圆圈。解"手链"过程中,可以采用各种方法,如跨、钻、套、转等,就是不能放开手。将第二轮中几个圈的成员合并成一个特大的圈,这时也就是全班成员围成的一个大大的圆圈。按第二轮的操作重复进行一次。全班交流,分享感受。

通过活动,让学生体会到团队合作的力量与快乐。在游戏中,学生感受到个人与集体的关系,体验团队的信任与责任。

2) 人际交往

针对学生在人际交往过程中出现的一些问题:以自我为中心,不注意他人的感受,对同学缺乏热情,缺乏基本的信任和理解,采用单纯的说教不但不能解决,有时候甚至会引发学生的逆反心理。这时可以设计一个盲人旅行团,让学生在活动中真实地体验和感受信任与互助在交往中的作用,享受朋友间爱与被爱的幸福。

活动步骤:活动在背景音乐中,班级学生一半扮演盲人,盲人戴上眼罩原地转 3 圈,另一半扮演帮助盲人的"拐杖",由"拐杖"帮助"盲人"完成室外的障碍旅行。完成后交换角色,重新体验。学生分享活动中的体验,教师对学生的感言给予反馈。在学生分享活动体验后,教师对"盲人"与"拐杖"在活动中的表现及他们的感言做点评。在活动中,学生体会到了作为一个盲人在障碍前的无助、孤独甚至恐惧,内心特别渴望得到扶助。"拐杖"的出现是"盲人"的"救命稻草"。"盲人"只有对"拐杖"信任,才能心底坦然、步履从容。但做好"拐杖"也不是件简单的事情,要从他人的角度出发考虑问题,考虑他人的实际需要。通过"盲人"与"拐杖"的角色互换,学生可以反思自己在帮助他人与信任他人中的不足,进一步体验信任与被信任的快乐。

类似的心理活动还有很多,如"信任之旅"、"背摔"、"信任跌倒"、"踩报纸"、"叠罗汉"、"大风吹"、"解开千千结"、"回旋沟通"等等。但是老师在活动中要注意,不能只注重形式,要注重效果。活动前,一定要想一想我要解决什么问题;活动后一定要有分享,也就是活动后的体验,要尽量引导学生说出自己的真实感受。千万不要变成班主任长时间地讲道理,这样学生参与的积极性受到了抑制,活动的效果也会大打折扣。

(三) 心理班会的模式

心理班会的模式一般为引入—活动—产生体验—对体验进行概括总结和分析指导学生寻找解决问题的方法。

主题引入的方法和形式：游戏、短剧表演、情境演绎、故事、歌曲等，只要能够抓住学生的注意力，让学生关注问题所在就可以了。例如心理班会"我为父母做了什么"，让学生用一件物品、一种动物或一种食品来形容对家庭的感受，并说出理由。目的是了解学生对家庭的看法，活跃班会气氛。也可以尝试运用短剧的形式，如心理班会"品一路风景——自信篇"，学生用心理情景剧的表现形式引入主题，让学生表演军训过程中从没有自信到充满自信的转变，在情感上触动学生。

活动后，尽量引导学生说出自己的真实感受，不仅可以让学生自我报告，还可以通过设计问卷或者做情境替换选择达到获取学生真实感受的目的。

(四) 心理主题班会的实施过程

每一次成功的心理主题班会，除了选好主题和形式，还离不开精心地组织，它是开好班会的核心。

前期准备。班委是心理主题班会的主要组织者和主持者，班会前，班长应召集班委会成员，精心构思，细心筹划，包括主题的内容、形式和班会中的程序以及环境氛围的渲染。例如，班会是以班级教室为主要场所，最简单的布置也应考虑教室的卫生、课桌的排列、黑板上班会主题的设计等。在组织中，班主任是参谋和指导者，班主任的指导作用也主要体现在主题班会的准备阶段。班会前，班主任要参与准备会，让学生集思广益，自主拟定主题班会的程序，在此基础上阐明自己的创意、意见和建议。

中期调控。班会中，班主任要融入班级活动中，以起到鼓励鞭策、活跃气氛的目的，及时发现并解决问题。尤其在讨论环节中，学生难免有错误观点和偏激看法，出现主持人难以驾驭的场面，这就需要班主任高屋建瓴的点拨。

后期总结。除了确定好主题，精心组织外，班主任还要认真考虑主题如何深化，做好班会的总结。班会中，由于学生的知识和认识水平等方面的原因，他们的认识有时并不一致，而且会只看到事物的表象而看不到本质，对事物缺乏理性的分析和判断，所以主题班会结束时，班主任的总结是对班会主题的深化和提升，没有这个点睛之笔，主题就很难突出。

成果巩固。要使心理主题班能真正起到教育的作用，绝不能忽略最后一个环节，那就是做好"追踪教育"，巩固班会成果。心理主题班会结束一段时间后，班主任必须进行跟踪反馈与思考。首先要及时掌握学生的信息反馈，抓住学生思想情感方面的变化，继续加以引导，促其升华，力争班会之后学生们在行动上有所表现，思想认识和能力有所提高，知识面得到拓展，从而有利于班集体建设，巩固班会成果。其次要思考主持人、班干部的能力有没有得到提升，有哪些不足之处以及今后努力的方向，针对这些方面老师要对他们加以指导，使他们从中获益，能力不断得到提升。追踪教育还可了解有哪些不足需要进一步探索，对之后的主题班会活动有很大帮助。

开好心理主题班会的注意事项：

避免一节活动课出现两个或多个主题。
避免选择学生不易于公开表露或牵涉学生隐私的主题。
避免选题过大、目标过空。
避免活动设计平行并列而不是逐层递进。
避免看似表面活动很多,但触及心灵的情感体验苍白无力。
避免学生认知需要提升时,教师跟不上,点评不到位。
避免教师自我封闭或自我优越的心理。
实际教学中,教师可以不拘泥于一种形式,可根据内容选择多种形式开展主题班会。

 知识链接 6-7

心理辅导技术在主题班会中的运用策略

心理辅导技术在主题班会上的运用是德育工作科学化的标志,是思想教育工作的一项创新,包括建立良好关系、把握倾听的艺术、运用影响技术和非言语艺术等方面。

1. 建立良好的关系

主题班会中,老师与学生建立平等、和谐的关系是至关重要的。共情、尊重、真诚是建立良好关系的基本条件。共情要求老师能够设身处地去体会学生内心的感受,达到对学生境况心领神会的境界。尊重是指老师在主题班会上对学生发言的接纳、对学生关注爱护的态度,通过对学生无条件的尊重给学生创设一个安全、温暖的氛围,让学生最大程度地表达自己,对于自信心不足的学生来说,尊重、接纳和信任是让其打开心扉,吐纳真言的必要条件,是班会成功的基础。真诚有两层含义,一是老师真实展现自己,二是老师真诚地对待学生,老师言行一致、表里如一、展现自我,有利于改变传统的老师居高临下的局面,给学生创设一种言论自由的心理安全环境,老师的真诚可以引导全体同学,设身处地地站在他人的角度来换位思考,并让学生彼此明白别人的感受和处境,在老师真诚的感染和暗示下,学生也会逐渐诚实地开放自己,表达自己,袒露自己的内心。

"共情、尊重、真诚"可以改变传统主题班会中不平等的师生关系,使学生亲其师信其道。在"共情、尊重、真诚"的指导下,通过主题班会可以营造一个团结向上的集体氛围,形成归属感、凝聚力和向心力,缓解学生的生活、学习、升学、人际等压力,最大限度地开发潜能,达到对学生进行社会主导价值引导的目标。

2. 把握倾听的艺术和技巧

老师通过倾听接收、理解学生的信息,但倾听并不是简单地听,应是全身心投入,专注地听。还要借助各种技巧,真正听出对方所讲的事实、所体验的情感、所持有的态度,并对获得的信息做出反应。在倾听过程中,老师应适当地运用提问,如有针对性地提一些提问,"怎么样、为什么"等,引导学生列举实例,避免学生在主题班上的笼统抽象或漫无目标的陈述。此外,还应运用重复性语言、鼓励的语句,把学生由于紧张等因素表述不清的内容和思想加以综合整理后,用自己的语言反馈给全体学生,帮助学生掌握准确信息,同时也表示有专注倾听该陈述的学生的讲话内容。

通过倾听,老师可以与学生建立一种特殊的人际关系,走进学生的内心世界,老师应引领全体学生把握倾听的艺术,让学生彼此全神贯注于他人表达的信息。同时老师要克制自己插嘴讲话的冲动,不以个人的价值观来评判,放下自己的参照标准,设身处地去感受别人的喜怒哀乐,了解与理解学生各种行为(如恋爱、逃课、作弊、违纪等)表现的动机。

3. 善于运用影响的技术

欲达到教育的目的,老师须对获得的信息进行整理,提出问题并加以解决。主题班会上,老师应通过概括、陈述等方式,运用自身的知识、经验和能力来积极影响学生,并促其成熟。影响技术包括指导、解释、忠告、自我开放等。

指导是最具影响力的辅导技术之一,指导的本质在于直接造成行为改变,它具有强烈的行为取向色彩,老师明确地指示应该学习什么、改变什么,以及如何改变。

解释是指老师依据某一理论或个人经验,对学生提出的个人问题或普遍问题做出合理的说明和分析,使学生从新的角度来认识和分析问题。主题班会上,解释不宜过多,为防止学生对老师的参照体系产生反感,解释亦不能强加于人,最好在学生有足够的思想准备时进行解释。

忠告和提供信息是指对学生关心的问题提出建议和忠告、给予指导性和参考性的信息,以帮助学生思考问题,做出决策;建议和忠告的话语宜含蓄而委婉,且必须把握忠告的度和量,因为学生的经验、阅历、知识有限,所以老师提供的建议和忠告有很大的教育价值。

自我开放,老师公开、开放、暴露自己的某些经历、经验、思想、情感等,可以拉近与学生之间的距离,但开放应适量,如果开放和暴露超出学生的心理准备,导致学生认为原来老师也曾这样,就可能导致学生忽略自身的类似问题。

从辅导关系的角度出发,以上影响技术的运用,使主题班会真正成为一种人际间的相互作用、相互影响的活动,从而达到教育的目的。

4. 运用非言语艺术

非言语艺术包括目光注视、形体动作、声音特征、沉默等技巧。主题班会上,学生发言时,老师应直接注视发言人的双眼,以表示对学生的尊重。同时,老师应将自己的身体语言融入辅导过程中去,并适时运用自己的身体语言,如对学生提出的想法表示肯定时用点头、微笑示意等。

在整个班会中,老师不宜表现得正襟危坐,高高在上,而应该表示出对对方的真切关注。老师自己发言的时候,应该控制发言的音量、节奏、语速、语调等,让学生觉得亲切、舒服,从而为学生营造一个宽松的语言环境和心理氛围。此外,班会中的中断和沉默往往易给学生造成无形的压力,当班会出现沉默时,老师应迅速判

断和分析沉默是来自于自身还是学生,如果是学生由于思考而沉默时,老师最好以微笑、点头来表示自己的关注、理解和鼓励,以等待对方打破沉默。

心理辅导是言语内容和非言语行为交互作用而达成的,许多时候非言语行为所表达的信息比言语表达的信息更多、更准确、更真实。老师较好地把握非语言技术,可以获得更多、更真实的信息。

(资料来源:谭志敏,郭亮.心理辅导技术在高校主题班会中的运用及其注意要点[J].中国电力教育,2007(11):74-75.)

 学科前沿

校园心理剧在中小学心理主题班会中的运用

中小学校园心理剧是中小学心理健康教育的一种有效形式,校园心理剧在中小学里可以应用于多种场所,如家长学校、心理课、心理主题班会等。通过生活情景的再现,引导学生在情境中体验、感悟、讨论、反思,从而解决学生的心理问题。在中小学心理主题班会中运用校园心理剧使班会内容更贴近学生,形式更生动,效果更明显。

一、心理主题班会设计流程及实施过程

1. 心理主题班会设计流程

了解掌握学生的心理特点,近期的心理动态,以此作为心理主题班会的依据。明确班会目标,确定主题。根据班会主题,设计班会环节,选定班会学生主持人。

2. 心理主题班会实施过程

导言;呈现生活事件引起的心理冲突;呈现应对方式;积极引导;讨论反思,前景展望;班主任结语;主持人宣布结束。

二、班会设计中学生、班主任、心理教师的角色定位

学生是主要的参与者,也是主要的受益对象,可根据学生能力确定在设计班会过程中的参与程度。

班主任把握班会动向,与学生共同选定班会主题,为学生提供组织协调支持,班会上班主任一般只在总结阶段出现,讲讲自己那时候的故事,说说自己的观后感。

心理教师可为班会提供心理依据,把握好班会突出解决的是心理问题,使班会有心理味而不是政教德育主题班会。

(资料来源:宋洋,李冬梅.校园心理剧在中小学心理主题班会中的应用[J].中国德育,2010(10):69-70.)

心理训练

和虚荣心说拜拜
——心理剧在小学六年级心理主题班会中的应用案例

基本过程：

1. 主持人宣布班会开始，开宗明义引入主题
2. 心理剧《虚荣能博得自尊吗》

场景一：主人公小臣家境不富裕，父亲又有病。军训马上就到了，同学们有的说要穿名牌运动鞋，有的说要带iPad，还有的说要带进口巧克力……虚荣心使小臣夸下海口——带iPhone 5。

场景二：回到家里，看到妈妈下班后还要辛苦地做着小坐垫给爸爸攒药钱，小臣内心极度矛盾。但在强烈虚荣心的驱使下还是提出了买iPhone 5的要求。

场景三：军训的寝室里，当同学们看到小睿的iPhone 5s后，都纷纷抛下小臣的iPhone 5，围着小睿玩。一旁认真看书的小龙的一句话，点醒了小臣。

场景四：回到家后，看到爸爸难受地躺在床上，得知父母用给爸爸治病的钱给他买了手机，小臣后悔不已。

3. 讨论分享

演员分享演出的感受，观众学生联系自身实际，围绕虚荣与自尊进行讨论与分享。

4. 故事提升

主持人呈现16亿美金的成功人士——马克·扎克伯格的故事。

5. 诗朗诵结束班会

学生们分组走到前台，投入地大声朗诵有关自尊的诗句。

（资料来源：李玉荣.校园心理剧在小学心理主题班会中的应用[J].中小学心理健康教育，2013(11):16-18.）

小　结

课堂气氛是在课堂中呈现的一种综合性的心理状态，它可能是积极的，也可能是消极的，甚至是对抗的。课堂气氛影响学生的学习效率和人格发展。积极课堂气氛形成理论包括目标导向理论、和谐沟通理论和团体动力理论。课堂纪律是教育的目的，也是教育的手段和结果，它对于稳定学生的情绪和加强行为的自我控制，促进学生的社会化，以及良好个性品质的形成有着积极的意义。

有关课堂纪律领域的研究中，研究内容主要集中于两个方面：一是对纪律问题源头的探讨，即对学生不良行为的描述和解释；二是对教师旨在维持纪律，改变学生不良行为所采取的各种措施以及在此基础上形成的各种综合干预模式的有效性进行评估。

班级管理的各项职能与学生成长的许多方面关系密切。随着时代的变迁，教育理念与技术的不断创新发展，班级管理模式也处在不断变革与创新的进程中。在这些变革中，较普遍地呈现出生态化、人性化与辅导式的特点。对班级管理者来说，在建设和管理班级的过程

中,自觉运用心理效应,发挥它的积极作用,克服它的消极作用,会使班级管理收到事半功倍之效。

完善班干部队伍建设与管理需建立民主用人机制、培养机制和使用机制。班干部管理工作不同于其他职业管理工作,相对于物质激励来说,精神方面心理文化的指导占主导地位,其中,心理契约理论的提出及其在班干部管理体系中的引入为班干部管理体系的建设提供了依据。

心理班会是渗透心理健康教育理念,以心理健康教育为主要内容的班会课。心理班会渗透了心理教育理念,具有针对性、时效性的特点。心理主题班会的主题可以根据学生的常见问题及依据教育内容的侧重点来选择辅导主题。实施方法包括讲授法、心理情景剧、团体心理活动和心理游戏法。模式一般为"引入—活动—产生体验—对体验进行概括总结和分析—指导学生寻找解决问题的方法"。实施过程包括前期准备、中期调控、后期总结和成果巩固。

1. 请简述积极课堂气氛形成理论。
2. 课堂纪律管理的方式有哪些?请举例说明。
3. 针对课堂突发事件,有哪些处理策略?请简要陈述。
4. 请论述近年来班级管理模式的变革趋势。
5. 班级管理中可以有效地应用哪些心理效应?
6. 当前班干部管理面临着哪些挑战?
7. 心理文化指导下的班干部管理体系建设该如何建设?
8. 心理主题班会与传统班会课的区别是什么?
9. 请简述心理主题班会课的设计路径。
10. 请自选主题,设计一个心理主题班会课。

一、案例背景

心态决定命运:关键时刻勇者胜——班级管理案例分析

【案例描述】

高三毕业班学生进入最紧张的备考阶段,被称为"高原期",很多学生出现了"高原反应",急需"输氧"。有的紧绷着神经,有的很疲惫,有的极为急躁,也有的气馁、灰心……针对这些现象,学校决定在高三年级举行拔河比赛,我准备借此机会在班上开展一次别开生面的教育工作,减轻学生"高原反应"的症状,顺利迎接高考;树立良好的心态,实现平稳过渡,顺利步入社会。

学校决定在下午第三节课举行比赛,首先我在班上发表动员讲话:"现在离高考还有不到两个月的时间,同学们最大的精神需求是什么——理解、放松、肯定、激励。""我很理解大家,因为你们要承受来自各方的压力,尽管我们每一个人的基础、能力不同,但凡能正视这一切,并勇敢地走过来的人都是英雄。"同学们立即被我的话吸引了。我话锋一转:"同学们是不是都憋了一口气,想发泄一下?"同学们都瞪着我,不知道怎么回事。"今天学校组织高三拔河比赛,同学们,把你们的压力,憋的气都发泄在缰绳上!今天我们与电三(1)班对阵。"同学们齐声"哇"了一声,议论声起:"死定了,电三(1)男生又高又壮!""我们文科班怎能胜过理科班?"班上的议论声只有一个——那就是"不行",这个声音在我的意料之中,真实反映了学生的心态。听到这些我就简单说了几句:"在战术上要重视'敌人',在战略上要藐视'敌人',要长自己的士气,灭他人的威风,咱们怎能长他人的士气,灭了自己的威风?电三(1)班的学生平日里习惯西装革履,只要咱们班发扬日常学习中吃苦耐劳的拼劲,再施巧力,今天我就敢下结论,咱们班赢定了!"

学生半信半疑,跃跃欲试,情绪调动起来了!于是,班干部一马当先,迅速在班上进行分工,并做了要求和说明。我借机传授给学生一些拔河技巧。在我的带领下,全班同学来到操场。经过努力拼搏,果然两个回合结束战斗,凯旋。这下教室沸腾了,充满了胜利的笑声,同学们意犹未尽。我趁热打铁:"咱班的同学日常朴素、踏实、吃苦耐劳,两班一比我就知道咱们准赢。同学们,要相信自己。后面还有1/4决赛、半决赛,同学们有没有信心?""有!"在1/4决赛时,1:1平局后的决胜局中,两队僵持有7分钟左右,险胜。"哎哟,我的喉咙。""哎哟,我的手。""吃奶的劲都使上!"同学们尝到了胜利的艰辛。在决赛1:1平局后,最后一拔决胜负,鏖战10分钟之久,结果失败,以1:2荣获亚军。

这次活动,充分发挥了学生的主体地位和教师的主导作用,收到了既在情理之中又在意料之外的结果,下面笔者就结合本次班队活动谈谈体会。

【收获】

1. 减轻压力,放松心情

在紧张的备考中,经过组织这次拔河比赛,同学们把憋在心中的一口气,把来自各方面的压力释放出来,沉重的心情得到缓解,思想包袱得以减轻,情绪相对稳定,心态比较乐观。

2. 树立信心,坚定信念

即将高考,同学们都有些彷徨不定,要善于因势利导,变压力为动力,让每个人都发挥出无限的潜能。同学们没经历过高考,心里既向往又恐惧,虽然很努力,但对自己仍无信心。他们经历这次活动后,信心倍增,士气高涨,不少同学都将一脸的凝重换成了自信的笑容。

3. 稳定和谐的班集体得以巩固

同学们对我的信任增加了,我的意志很快地转化为大家拼搏向上的力量,班级管理事半功倍。"亲其师,信其道。"同学之间互帮互学,相互鼓励,更加团结,我和同学们的"成功"有了保证。

【反思】

1. 班团干部在此活动组织中发挥了重要作用

进入高三以来,组织活动不多,学生个体特长没有显现,而且学生都投入到紧张的学习之中,对参加活动不热心积极;何况又是非常时期,学生心情复杂,信心不足。而此次活动班团干部组织有序,严密有力,出乎我的意料。

建立一支高素质的班团干部队伍,是班级管理成功的关键。班干部强烈的责任感和事业心,班干部团结协作精神、和谐的人际关系对班级具有导向作用。在高三复习课中,要利用班干部在同学中的有利"地形",促进班级团结、互助、拼搏向上。班主任依靠班干部全面掌握学生心理动态,因势利导,对症下药,这样工作才会有成效。

2. 高三毕业班班务管理特别要做好心理辅导工作,做好"三观"教育,为学生的成长服务

高三学生虽已成人,但毕竟只有学校生活的经历,思想还处于青涩不成熟阶段,待人处事还缺乏经验,对社会认识不全面容易受挫折,思想情绪易产生波动,办事常产生畏惧心理,如在活动之初学生几乎认为败局已定,缺乏信心。高三学生即将步入社会,着眼未来的发展要引导学生正确认识事物,辩证地看待问题。通过适时的心理辅导,培养学生形成常态心理。信心是推动学生发展和完善自己的精神动力,适时必要的信心教育在关键时刻的作用往往是决定性的。高考就如比赛,要树立同学们的信心,这就成功了一半,这样的心态才能使学生在将来的社会生活中承受更多的挑战和考验。前两轮的比赛取得胜利使学生热情高涨,体现了信心的重要性;决赛的失败让学生冷静思考。人生亦如此,成功与挫折是人生的"常客",成功是前进的动力,挫折是前进的明镜,对待成败的态度才是人生宝贵的财富。在此活动中,胜利增强了学生的信心,同时也尝到了个中艰辛,决赛的失败使我们全面认识自我,失败也是一种收获。

高考结束,我们班成绩相当理想,绝大多数同学都认为自己超常发挥了。班级同学无论结果如何,情绪稳定,都以良好的心态去迎接新生活。直至今日,同学们在QQ群里还常提起这次意义深刻的活动。经历过后我们才真正认识到成败很快将成为过去,对成败的感受才是我们不竭的力量源泉,是我们值得永久珍藏的财富。作为这个毕业班的班主任,我也深深认识到,为学生终身发展服务的班级管理工作体现在班务工作的每个细节中。

(资料来源:段婀娜.心态决定命运:关键时刻勇者胜——班级管理案例分析校园[J].基础教育参考,2010(11):17-18.)

二、案例讨论

1. 请点评该案例的亮点。
2. 该案例中,班主任是如何建设学生心理氛围的?
3. 请结合案例,思考如何做好学生班干部的管理工作。
4. 结合该案例,请说明在班级管理中还可以应用哪些心理效应?
5. 请设计一个主题为"高考备考心理调适"的心理班会课。

本章推荐阅读书目

[1] 杜萍.有效课堂管理:方法与策略[M].北京:教育科学出版社,2008.

[2] 布莱恩·哈里斯,卡桑.快速改善课堂纪律的75个方法[M].北京:中国青年出版社,2013.

[3] 李伟胜.班级管理[M].上海:华东师范大学出版社,2010.

[4] 李进成.班级有效管理密码:6位全国优秀班主任的教育智慧[M].上海:华东师范大学出版社,2014.
[5] 吴志樵,刘延庆.班干部的管理学问[M].合肥:安徽人民出版社,2012.
[6] 梁明月.基础教育改革与教师专业发展丛书·心理健康教育系列:主题班会活动设计·德育卷[M].合肥:安徽师范大学出版社,2013.

Chapter Seven

第七章

学校领导心理

本章结构

- 学校领导角色与职业素养
  - 学校领导的角色
  - 学校领导的职业素养展
- 领导理论
  - 领导特质理论
  - 领导行为理论
  - 领导权变理论
- 领导者的权力和影响力
  - 权力的概述
  - 权力的来源
  - 领导的影响力构成
  - 影响领导影响力的因素
- 领导的有效性
  - 学校领导的有效性
  - 影响领导行为有效性的因素
  - 领导有效性的评价体系
  - 有效的影响策略
  - 权威是有效领导的基础

第一节 学校领导角色与职业素养

中小学校长应做"仆人式领导"进行"欣赏型管理"

新华网北京 2015 年 3 月 20 日电(记者彭卓、丁静)作为中小学校长,应该做管家婆还是服务生?要专盯缺点还是多赞优点?19 日至 20 日在北京师范大学举办的"2015 卓越校长论坛"上,多位专家、校长指出,校长应进行"欣赏型管理",多提供资源服务,做"仆人式领导"。

据北京师范大学教育学部"985 工程"首席专家张新平介绍,数据统计显示,从 2000 年到 2013 年,我国中小学除初中规模保持相对稳定且略显下降外,小学和普通高中办学规模均扩大了近一倍;工作压力的增大,对校长的领导力和专业化能力提出了更高要求,"这势必给校长工作提出了更高的要求"。

角色定位:"欣赏型领导者"。张新平指出,校长工作之所以忙乱,是因为误入了"问题诊断解决者"的角色定位,认为校长责任、能力的根本体现在于探明学校组织问题并提出解决方案,导致整体上的失望情绪和人际关系的崩溃。

"当代校长的核心角色应转型为'欣赏型领导者'。"张新平认为,学校管理者应抛弃纠缠问题、聚焦事实和解决问题的领导管理观,从"问题为本"转向"欣赏为基",正面开展工作、处理同事关系,乐于吸纳不同建议。

管理目标:"仆人式的领导"。福建省晋江市高登中学校长吴水泽认为,校长的管理风格和管理目标需要从传统的"事务管控型"转变为"资源服务型",扮演"仆人式的领导"角色,通过人文化管理,把尊重、理解和关心师生作为校长工作的基本准则。

北京师范大学教育学部培训学院常务副院长鲍传友表示,校长与教师、学生之间应打破传统的以行政层级为基础构造的权力机构,形成相互制约、互动的机制,在学校内部实现权力流散和权力主体多元,激发教师的主动性和创造性,彰显学生的主体地位。

发展方向:"有个性"的领导者。贵州省遵义市第五中学校长张兴运指出,时下中小学无论规模大小、管理模式都惊人的一致,给人留下"千校一面"的印象。"校长'多能'还需'一专'。具有鲜明的办学特点是学校赖以生存和发展的生命线,校长的个性化特点将引领学校的个性化发展前景。"

教育部颁布的《义务教育学校校长专业标准》要求"促进校长专业发展,提升校长治校能力"。中国教育学会副会长、北京第二实验小学校长李烈指出,校长要有战略思考,具备规划和引导的能力,在公共关系管理方面提高沟通、协调的合作能力,做懂得倾听、具备专业性和人格魅力的校长。

梯队建设:有活力的人才队伍。"区里的学校一开会,在座的校长、书记都是老头老太,思想缺乏新意,导致学校缺乏活力。"北京市门头沟区教委主任李永生指出,教职工走公务员路线,受干部晋升机制约束,建议破除学校副校级干部教委任命制,实施"逐层岗位竞聘制",允许年轻的优秀教师参与干部竞聘。

政教处、教务处等正副职主任和年级主任作为中层干部,也直接影响着学校的发展。河北师范大学附属小学校长杨富兴通过对350位中小学教师进行调查,发现除了科层制和官本位思想,校长的治校理念直接影响中层干部执行力的发挥。"校长应重视中层干部队伍的建设,适当放权、民主交流的同时,建立监督和评价体系,督促中层干部积极履职。"

(资料来源:http://news.xinhuanet.com/local/2015-03/20/c_1114712779.htm.)

学习导航

随着社会的进步和教育的发展,学校教育工作对学校领导的要求越来越高。校长角色与职能的定位是关系到校长在当今不断变化的社会和变革的教育该向何处发展的根本问题,如何对自己所扮演的学校领导角色进行思考与定位,将是学校领导不断提升和保证学校建设顺利运行的关键所在。本节将从学校领导者所担任的不同角色来探讨领导的职业素养。

一、学校领导的角色

角色的概念最早由美国社会心理学家乔治·赫伯特·米德(G. H. Mead)提出,在他之后诸多社会研究家对这一概念做了发挥或者新的界定。总体而言,角色是"与特定社会地位、身份相符的一套行为模式,是处于一定地位的个体,依据社会对他的特定期望,借助自己的主观能力适应社会环境所表现出来的行为模式"。

(一)角色概述

1. 角色

角色源于戏剧,是指演员在戏剧舞台上根据编剧和导演的要求,扮演某一特殊人物的专门术语,又称脚色。美国社会心理学家乔治·赫伯特·米德于1934年率先在社会心理学领域将角色定义为:处于一定社会地位的个体或群体依据社会客观期望,充分发挥自己的主观能力,适应社会环境所期望的行为模式。社会学定义角色为:与人们的某种社会地位、身份相一致的一套权利、义务的规范与行为模式,它是人们对具有特定身份的个体的行为期望,更加强调社会规范。心理学定义则更加侧重个体行为,认为角色是指"一个人在一定社会关系中占有一定位置时所执行的职能总和,它规范个体的职责与行为模式,并通过角色行为表现出来"。角色的概念至今未有定论,但不同的研究者都肯定了角色与社会地位之间的关系。社会地位,即个体在社会结构、社会关系中所处的位置,是由社会结构决定的,先于个体而存在。社会地位赋予个体一定的权利和义务,从而规范个体的行为表现。也就是说,针对特定的社会地位,社会群体对其存在特定角色期望,个体努力按照这种期望而行动便形成角色。

知识链接 7-1

角色的相关概念

学校的领导者和管理者,在学校的教育活动和管理活动中,要对自己所扮演的角色有清楚的认识,并按照社会的要求,正确扮演自身的角色、明确自己的角色身份、履行应有的角色义务,以满足社会和学校对校长角色行为的期待。校长只有充分认识自己的角色地位,正确地把握其职业角色的内涵,积极进行角色学习和角色实践,使自己的专业素养和能力得到不断的提升,才能成为出色的教育者、管理者和领导者,成为真正的教育家。对于角色的理解包括角色丛、角色冲突、角色认同及角色行为四部分内容。

角色丛是指围绕某一社会地位形成的一组相互联系、相互依存、相互补充的角色。这一概念刻画了角色的复杂性:①个体集多种角色于一身,如中小学校长既是教育者、领导者、管理者,同时也担负着组织协调者、教育发展推动者等多重角色身份。②不同角色的承担者由于特定的角色关系而联结在一起,如在学校里,校长、教师、学生、家长等聚合在一起形成角色丛。多种角色集于一身,会因现实情境、工作需求、社会期待及个人认知等发生冲突,影响个人的行为与决策。

角色冲突是指由于个体在社会的不同群体中所处的地位不同,往往需要同时扮演多种角色。当这些角色对个体的要求发生矛盾,难以协调达成一致时,就会出现角色冲突,包括角色的心理冲突和社会冲突。角色的心理冲突,是指个体在生活中扮演同一角色,由角色的不同要求引起的角色内的矛盾冲突,也称角色内冲突。角色的社会冲突,指个体同时扮演多个角色而引起角色之间的矛盾冲突,也称角色间冲突。

角色认同是指个人的态度及行为与个人当时所扮演的角色一致,一个人按具体角色规范的要求,愿意履行其角色规范并通过外在的行为表现出来。角色认同是处于特定社会结构和社会环境的个体,通过互动行为所表现出的对特定社会地位的特定认同。Stryker 在 1980 年提出认同理论,认为个体在社会结构中存在多种身份,每一种身份都包含一系列社会期望,认同就是将角色期望内化为自我概念。国内学者周勇康指出角色认同是一个社会过程,表现为自我与社会、他人的互动;也是一个心理过程,表现为个体对自己所承担的角色身份的认知、情感体验及相应的行为表现。

角色行为是指个体在角色认同的基础上,按照社会对其不同的角色期望与内在角色要求而表现出的行为模式,是角色认知与角色认同的结果和外在表现,随着个体角色认知和角色认同的变化而变化。

(资料来源:刘晓辰.城乡交流背景下校长角色适应及应对机制研究[D].沈阳:沈阳师范大学,2013.)

2. 职业角色

角色与特定社会地位相联系,职业则是特定社会地位的表现。职业角色是个体众多角

色中的重要组成部分,是个体与社会联结的重要手段,指个体在不同的社会情境中所表现的行为方式,它反映了个体在特定的社会体系环境中所占据的社会地位以及在日常工作中所扮演的角色。校长的职业角色是指个人被任命为校长之后所具有的特定的社会地位与身份,以及社会、他人和校长本人对校长行为的期待。

(二)学校领导者的角色

随着教育的发展,学校承担着越来越多的发展要求,学校领导的角色呈现多元化的特点。实践中不同的情境下,学校领导扮演着不同的角色:管理者角色、领导者角色、监督者角色、教师角色、教学领导者角色等。校长的角色是众多角色的集合体,促使我们从不同的角度去审视这一角色。

1. 学校引领者的角色

学校领导应该主导学校的办学方向,他是教育价值观和学校文化的一个引领者,其重要责任是为学校掌舵提供方向,并与全校师生达成共识。学校领导处于行政工作的中心,既有上级授予的法定职务权力,又有很强的业务专长影响力。需要领导全校师生贯彻执行党和国家的教育方针,同时结合学校实际情况制定校本政策,确定本校教学理念和培养目标,并在实施过程中发挥指挥和引导作用。在这个过程中,领导需要淡化个人职位,提出先进的办学目标,整合有利于学校发展的资源,鼓励全校师生创造性地思考与工作。

2. 学校管理者的角色

管理者的岗位职责是将学校管理得井然有序,有条不紊地运行。学校领导的果断决策和有效管理,是建立有序的学校秩序,推动各项工作顺利开展的有效保证,主要体现在对人、财、物、信息及教育教学等工作的管理。学校领导的人才观决定着教师的质量,招聘什么样的教师、如何安排教师、考核评价教师标准是什么等,都会影响到教师的发展和学校的未来。另外,学校领导还需抓好重要工作和主要工作,如课程开发、教学与学习评价,处理好决策、计划、实施和监督环节,合理分配教学资源,协调宏观与微观多个层面,以保障教学活动的顺利开展和学校的健康向上。

3. 教学领导者的角色

教学是学校的中心工作,学校领导应是学校教学工作的指挥者和实践者。作为学校教学管理的最高指挥官,唯有深入教学第一线,才能真真切切、实实在在地掌握教学的最新动态,取得教育的发言权、指挥权,才能带领全校教师按教育规律设计科学化发展蓝图,推进教育教学工作的发展,营造合作共享的学校文化。校长作为某一学科的带头人,对教师教学活动进行指导,为教师的教学提供充足的资源,带领教师开展教育科研活动,为教师的专业发展提供支持和机会,激发教师的成就动机,促进教师专业发展。

4. 学校服务者的角色

尽管校领导在学校发展过程中扮演着极其重要的作用,但并不是唯一动力。学校发展的动力,不仅来自校领导,还来自教师、学生和家长的热心参与和努力,只有充分调动各方人员参与的积极性,才能形成一种持续发展的力量,因此校领导在学校发展过程中又充当着服务者的角色。

其服务性主要体现在三类关系的处理上:协调好与上级教育行政主管部门的关系,以获得政策上和资源上的支持;协调好师生之间、师师之间、教研组之间、班级之间、各职能部门之间等的关系,通过组织协调,不断激励教师和学生,创建和谐校园氛围,为教师的专业成长创造条件,为学生的健康成长提供保障;协调好与社区、兄弟学校和家长的关系,立足学校,走出去,放开办学视野,充分调动和利用一切有利的因素,以形成合力,促使学校不断进步,以保障和谐、安全的校外环境。

5. 学校革新者的角色

面对学校变革的挑战,校长作为学校发展的设计者和革新者,需要规划和描绘学校发展的未来之路,了解教师和学生的内心意愿,形成学校共同发展的愿景,并凝聚成学校改革发展的内在动力,将教育的理念付诸学校改革的具体实践活动;校长需要具备革新的理念,掌握革新的方法,拥有革新的勇气,实施革新的能力,推动学校走向变革型组织和创新型组织。

面对诸多角色,只有定位好、把握住核心角色,才能妥善地处理各方面的事情,而不至于忙得"脱不开身",也不至于产生角色冲突。学校领导必须注意:第一,要认识正确,把握准确,扮演好每一个角色,避免工作疏漏。第二,不能用"万能者"和"事无巨细者"来要求自己,否则前者将导致专权和独裁,后者将导致身陷日常琐碎事务。第三,要有清晰的角色区分,不能让自己身上的角色泛滥。学校领导在考虑以何种角色为核心来进行整合,这需要根据学校的发展阶段、师资队伍的水平、校长自身的特点等情况来确定。

(三)如何提高领导角色适应能力

1. 重塑角色认知

学校领导对自身多重角色的认知是他们角色适应的内在前提。美国学者Kraut(1989)在一项大型实证研究中,发现管理者扮演的角色会因管理层级的高低而有明显差异,校领导所扮演的管理者角色必然随所处的岗位与职级发生变化,承担着不同的角色使命,这就要求校领导能在不同角色之间快速切换,强化角色意识,深化角色认同,做好角色规划,迅速调整自己快速适应不同角色的要求,积极主动地投入其中,增强对工作岗位的归属与认同,圆满履行岗位职责。

2. 调适内省反思能力

校领导通过对自己在学校管理工作过程中的角色行为进行回顾、评估、自我监控和自我调适,达到对不良角色行为、方法和策略的优化和改善,提升学校管理能力和水平,并深化对学校发展规律的认知和理解,从而适应社会和学校发展要求,促进学校教育水平提升,这一过程就是校领导的内省反思过程。美国心理学家波斯纳(G. J. Posner)提出了教师成长的公式:"成长=经验+反思"。校领导的成长过程亦是如此,要认真审视自己,清楚自身的优势和不足;工作中,要投入进去,深入了解环境中的工作运行情况,充分尊重学校自身的发展实际,要经常反思自己的工作思路与工作方法是否正确,主动反省自己的管理理念、管理风格是否与学校校园文化、管理习惯相协调;可以经常性地写工作日志,把自己在交流过程中所听、所看、所想、所做一一展示出来,通过同伴互助等方式相互启发、共同进步,通过不断提升自我反思内省能力促进专业成长。这样有助于校领导理清工作思路,提升角色技巧,加快角色适应。

3. 提升组织协调技巧

校领导在与学校其他中层管理者和教职工的协作过程中,其相互之间的教育理念、管理风格、工作思路等必然会经历一个彼此磨合、适应的过程。在这个过程中,校领导要深入到教职工与学生集体中去,发现工作中可能存在的问题并加以改进。提升组织协调技巧,注重与同事、下属的深入沟通、交流,积极建立良好的人际关系以寻求支持。乐于教导下属开展工作,学会肯定下属的成绩,逐渐凝聚人心,最大限度地发挥群体战斗力。

4. 管理角色压力的策略

角色压力由 Kahn 于 1964 年提出,是指个体感受到的加诸在个体身上的组织和工作特定的角色要求和角色期望造成的一系列压力。角色冲突、角色模糊和角色负荷是最主要压力来源。该理论认为,各级组织会对角色承担者产生特定的角色期望,当个体的角色行为与外界期望难以协调一致或多种角色期望相冲突时,角色压力便产生了。

学校领导在工作中产生角色压力是不可避免的,关键在于学校领导如何认识、应对这些压力与不适。校领导可以学习一些压力管理策略,从生理、情绪和行为等不同层面进行自我调适。学习身体放松法,通过肌肉的放松达到心理放松的目的,如放松训练、渐进式肌肉放松法、催眠、冥想等都是有效的方法;学习情绪调节的方法和技巧,如自我暗示法、发泄法、倾诉法、转移注意法等都可以达到缓解情绪、释放压力的目的;学习减少、消除压力源的技巧,如有效的时间管理和适当地授权,区分轻重缓急,提升工作效率等都可以有效应对压力,加速角色适应。

5. 提升战略治校能力

随着社会的快速发展,公众对教育、对学校的要求愈来愈高,学校承受生存与发展巨大压力的同时,也面对着机遇。新形势下,探寻学校管理的科学高效,提升学校管理者的素养能力,尤为重要。在具体工作中,校领导要先理解学校的文化,制定符合学校发展实际情况的战略规划,才能促进学校的积极健康发展。校领导要不断提升自己的战略治校能力,因此在工作中,要深入调研,准确掌握学校情况,科学分析,将校情与自己的办学理念有机结合,切实制定出理念先进、思路清晰、科学可行的学校发展规划蓝图。这样才能取得成功,最终实现学校发展的战略目标。

二、学校领导的职业素养

学校领导作为学校组织的行政领导核心,其地位和职权决定了他们应具备不同于一般任课教师的素养,即领导、组织、管理学校发展的职业素养。

1. 组织管理能力

作为学校的领导,要做到严格的学校管理,首先就要树立科学的管理理念。管理理念是管理者对管理所应持的观念和态度,是对管理的理性认识和价值追求。对于学校来说,科学的管理理念是科学治校的前提和基础。因此,学校的校领导应深刻认识和掌握新时期高等教育改革和发展的规律以及探索学校管理自身的运行规律,全面分析和了解学校发展的内部环境和外部环境,对学校自身发展定位和办学特色做出全面理性的思考。同时,学校领导还应树立管理就是科学、管理就是效益、管理就是生产力的理念,自觉运用科学的管理理念指导学校管理工作的实践。

在树立科学的管理理念的基础上,作为学校的领导,面对学校发展的服务方向定位、人才培养定位和办学特色定位,还必须有建立科学的管理组织体系的能力。建立并不断完善科学的管理组织体系对提高学校组织系统运行的有序性和有效性具有现实意义。可以说,如果没有一个科学而有效的管理组织体系网络,学校就不能发挥特色优势,也就不能为经济社会发展更好地服务。因此,学校领导要从以下几个方面着眼培养建立自身的科学管理组织体系的能力:

一是要有创新组织结构的能力。能够坚持和完善党委领导下的校领导负责制,科学、合理地配置校党委、校领导、教职工代表大会等机构的职能权力,使其既相互统一,又相互制约,以保证学校组织体系运行的健康和有序。

二是要有完善组织管理制度的能力。这也就是说,学校领导既要对学校组织结构中各权力主体的职权划分等做出合理的制度安排,又要对组织结构中各个组成部分内部的机构设置、人员编制以及各类岗位工作规范做出具体的规定。同时,一方面要进一步完善程序性规章制度建设,另一方面更要重视保障性规章制度建设,用制度保障学校的正常办学运行。

三是要有科学的管理方法。作为学校领导,要带领学校创新管理方法,进一步着眼于服务方向的定位、人才培养的定位和办学特色的定位,主动适应经济社会发展的要求,运用科学的管理方法,使学校进一步面向社会、面向市场,强化市场意识、质量意识和品牌意识。

2. 心理素质

良好的心理素质,积极健康的心态是领导者必备的素质,是做好领导工作的基本条件。心理素质是人们心理过程、心理特征和心理状态方面表现出来稳定的特点的总和。一个意志薄弱的人,很难具有坚定的政治信念;一个心胸狭窄、性情急躁的人也很难形成卓越的领导能力。心理素质决定着领导者的行为方式,制约着领导力的发挥。领导者应该具备的心理素质包括:

(1) 成熟的心理态度。既能清醒地认识到自己的内在需要是否合理,又能正确估计外部条件是否可以满足;能够从动态中追求心理平衡,自觉地把自己的行为控制在适当的限度内。

(2) 敏锐的观察力和判断能力。包括敏锐的感觉,良好的记忆力、理解力,丰富的想象力等。能在短时间内有效地从他人的表情、言谈举止中捕捉其情绪、需要及动机,以形成准确的社会判断,做出有效决策。

(3) 心理调适能力。在遇到挫折和冲突时,良好的心理调适能力能帮助有效地分析自我与现实,有效排除心理困扰,调节情绪,保持积极稳定的心态,保持较高的工作效率。

(4) 坚强的意志力。这是人们为实现某种目标而坚持努力的心理状态。如果没有一种胜不骄、败不馁的坚强意志,是很难胜任领导责任的。

(5) 健全的人格。人格是一个人综合心理素质的反映。合格的领导者应该注意排除各种私欲的干扰,努力塑造健全、崇高的人格。

3. 文化及专业素质

与其他党政部门和单位领导相比,学校领导者应具有更高的文化修养和专业技术水平,这是由学校工作的特点所决定的。随着科技的进步,知识经济正深刻地改变着人类的生产与生活方式。新情况、新问题不断出现,领导者需要时时更新知识储备,提高文化修养和业务素质,增强工作的科学性以应对新形势和挑战。现代社会,即使文凭高、专业技术水平高的领导者,同样需要努力提高文化素质,不断更新知识,因为一个学校的领导者,需要处理的问题纷繁复杂,涉及各个方面、层次、领域,工作任务具有综合性、多样性,需要有较丰富的综合知识及管理知识。

贝尔宾团队角色

贝尔宾团队角色(Belbin Team Roles),亦被称为贝尔宾团队角色表(Belbin Team Inventory)。贝尔宾团队角色理论由英国剑桥大学雷蒙德·梅瑞狄斯·贝尔宾博士(Dr. Raymond Meredith Belbin)提出,并首次出现在他的著作《管理团队:成败启示录》(Management Teams:Why They Succeed or Fail,1981)中。贝尔宾团队角色模型用以描述各具特征的团队成员角色,由此对团队成员的行为产生更为深刻的认识。贝尔宾团队角色模型通过对团队成员所表现出来的角色特征进行判分,从而辨识出每一个成功团队都必须具有的9种角色。

贝尔宾认为这9种角色为:塑造者(shaper)、执行者(implementer)、完成者(completer/finisher)、领导者(1981)(chairman)/协调者(1988)(coordinator)、协作者(teamworker)、资源调查者(resource investigator)、创新者(plant)、监控评估者(monitor evaluator)、专家(specialist)(贝尔宾在1988年补充加入)。

关于贝尔宾:雷蒙德·梅瑞狄斯·贝尔宾博士生于1926年,早年就读于英国剑桥大学,并获古希腊罗马文学与心理学博士学位。博士毕业后,他在克兰菲尔德大学(Cranfield University)任研究员,他的早期研究专注于各行业中的老年工人。20世纪60年代,他回到剑桥,加入产业培训研究组,并受泰晤士河畔亨利工商学院(the Administrative Staff College at Henley-on-Thames)邀请,从事相关研究。在这些研究性工作的基础上,于1981年出版了《管理团队:成败启示录》。

(资料来源:http://baike.baidu.com/link?url=jy1v8NFA1iLNNXaDcysArfoM5sF2I4-Frx4k-RVIr0JcXJHCYgqGPrP6O8tXJdnXwwA5EOSDJHdDa4h88bJrtq.)

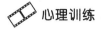

团队角色自测问卷

对下列问题的回答,可能在不同程度上描绘了您的行为。每题有八句话,请将总分10分分配给每题的八个句子。分配的原则是:最体现您行为的句子给分最高,以此类推。最极端的情况也可能是十分全部分配给其中的某一句话。请根据您的实际情况选择分数。

请注意每题所选总分不要超过或少于10分。

一、我认为我能为团队做出的贡献是：_____。
1. 我能很快地发现并把握住新的机遇
2. 我能与各种类型的人一起合作共事
3. 我生来就爱出主意
4. 我的能力在于，一旦发现某些对实现集体目标很有价值的人，我能及时把他们推荐出来
5. 我能把事情办成，这主要靠我个人的实力
6. 如果最终能导致有益的结果，我愿面对暂时的冷遇
7. 我通常能意识到什么是现实的，什么是可能的
8. 在选择行动方案时，我能不带倾向性，也不带偏见地提出一个合理的替代方案

二、在团队中，我可能有的弱点是：_____。
1. 如果会议没有得到很好的组织、控制和主持，我会感到不痛快
2. 我容易对那些有高见而又没有适当地发表出来的人表现得过于宽容
3. 只要集体在讨论新的观点，我总是说的太多
4. 我的客观和不讲情面，使我很难与同事们打成一片
5. 在一定要把事情办成的情况下，我有时使人感到特别强硬甚至专断
6. 可能由于我过分重视集体的气氛，我发现自己很难与众不同
7. 我易陷入突发的想象之中，而忘了正在进行的事情
8. 我的同事认为我过分注意细节，总有不必要的担心，怕把事情搞糟

三、当我与其他人共同进行一项工作时：_____。
1. 我有在不施加任何压力的情况下，去影响其他人的能力
2. 我随时注意防止粗心和工作中的疏忽
3. 我愿意施加压力以换取行动，确保会议不是在浪费时间或离题太远
4. 在提出独到见解方面，我是数一数二的
5. 对于与大家共同利益有关的积极建议我总是乐于支持的
6. 我热衷寻求最新的思想和新的发展
7. 我相信我的判断能力有助于做出正确的决策
8. 我能让人放心的是，对那些最基本的工作，我都能组织得井井有条

四、我在工作团队中的特征是：_____。
1. 我有兴趣更多地了解我的同事
2. 我经常对别人的见解进行挑战或坚持自己的意见
3. 在辩论中，我通常能找到论据去推翻那些不甚有理的主张
4. 我认为，只要计划必须开始执行，我有推动工作运转的才能
5. 我有意避免使自己太突出或出人意料
6. 对承担的任何工作，我都能做到尽善尽美
7. 我乐于与工作团队以外的人进行联系
8. 尽管我对所有的观点都感兴趣，但这并不影响我在必要的时候下决心

五、在工作中，我得到满足，因为：_____。
1. 我喜欢分析情况，权衡所有可能的选择

2. 我对寻找解决问题的可行方案感兴趣
3. 我感到,我在促进良好的工作关系
4. 我能对决策有强烈的影响
5. 我能适应那些有新意的人
6. 我能使人们在某项必要的行动上达成一致意见
7. 我感到我身上有一种能使我全身心地投入到工作中去的气质
8. 我很高兴能找到一块可以发挥想象力的天地

六、如果突然给我一件困难的工作,而且时间有限,人员不熟:_____。

1. 在有新方案之前,我宁愿先躲进角落,拟定出一个解脱困境的方案
2. 我比较愿意与那些表现出积极态度的人一道工作
3. 我会设想通过用人所长的方法来减轻工作负担
4. 我天生的紧迫感,将有助于我们不会落在计划后面
5. 我认为我能保持头脑冷静,富有条理地思考问题
6. 尽管困难重重,我也能保证目标始终如一
7. 如果集体工作没有进展,我会采取积极措施去加以推动
8. 我愿意展开广泛的讨论意在激发新思想,推动工作

七、对于那些在团队工作中或与周围人共事时所遇到的问题:_____。

1. 我很容易对那些阻碍前进的人表现出不耐烦
2. 别人可能批评我太重分析而缺少直觉
3. 我有做好工作的愿望,能确保工作的持续进展
4. 我常常容易产生厌烦感,需要有激情的人使我振作起来
5. 如果目标不明确,让我起步是很困难的
6. 对于我遇到的复杂问题,我有时不善于加以解释和澄清
7. 对于那些我不能做的事,我有意识地求助于他人
8. 当我与真正的对立面发生冲突时,我没有把握使对方理解我的观点

答题表

题目	一	二	三	四	五	六	七
分配分值	1	1	1	1	1	1	1
	2	2	2	2	2	2	2
	3	3	3	3	3	3	3
	4	4	4	4	4	4	4
	5	5	5	5	5	5	5
	6	6	6	6	6	6	6
	7	7	7	7	7	7	7
	8	8	8	8	8	8	8
总分	10	10	10	10	10	10	10

分析表

评分:请把每道题中各句分数分别填入下表。每行代表题号,然后按照列的方向汇总分数。

角色	实干者	协调者	推进者	创新者	信息者	监督者	凝聚者	完美者
得分	10	10	10	10	10	10	10	10

分数最高的一项就是你表现出来的角色,分数第二高第三高就是你的潜能。如果分数在10分以上有三项,证明你这三样都可以扮演,这个看你的兴趣和能力在哪里了。如果你有一项突出,超过18分以上,你就是这类人的,一般来说5分以下的是你不能去扮演的角色,15分以上证明你在这个角色上表现很突出。

(资料来源:http://wenku.baidu.com/link? url=FIKJPxuwEBNVM2GfVhN7AXEMWu4b_3h-sq8jSXyciKYQc5dDU0092_QmYPnIGUdwxH9z5_K_MI2X6fAcfOb2pBvXzC2G-zz3SE1ZLylPyVe.)

第二节 领导理论

案例分享

"立己才能达人"、"凡要求教师做到的,自己先要做到"、"凡要求教师能做好的,自己尽量做好"……D校领导以高尚的师德,坦荡的胸襟,豁达的气度,宽容的态度,率先垂范,无私地关爱着学校的师生,爱护着学校的一草一木。校长的爱感化着教师,教师的爱又塑造着学生。在由多位教师手举塑料袋搭成的"雨棚"护送下,学生上校车的那一幕曾让多少学生记忆犹新! 老师的衣服全湿了,而学生却没被淋到一滴雨。学生从老师身上懂得了什么是爱,应怎样施人以爱。

当谈及教师眼中的D校长的形象时,很多教师会不假思索地说道:"大公无私,全校师生的楷模"、"心胸豁达,刚柔相济,难得的好校长"、"精神饱满,永不言败,那股力量能感染周围所有人"、"校长常说,学校品牌一定要打出来。但她本人却淡泊名利,在学校十年,她把一切荣誉都让给了别人"。

启示:一所好学校背后必有一位好校长。那么D校长又是凭借什么在全校树立了权威呢? 靠权力? 靠制度? 都不是,靠的是人格魅力! 这是一种给人以震撼、感染、催人奋进的力量。

可见,校长的领导力还表现为校长具有较强的人格魅力。校长的人格魅力本身,就是一种很强的影响力和领导力,其教育作用是无形的,却是无穷的。锤炼校长的领导力,重在塑造校长完美的人格。一个有领导力的校长,善于走进和感化他人心灵,从细节中透射出人文关怀;善于悦纳他人和为他人鼓掌,从无形中折射出大度和豪迈;善于为下属搭建展示才华的舞台,指明通向成功的路标,却从不计较个人得失。

(资料来源:刘兰英,戴舜琴.如何提升校长的领导力——基于一位小学校长的个案研究.教育科学研究,2008(z1):69-71.)

学习导航

领导理论是研究领导有效性的理论,研究影响领导有效性的因素以及如何提高领导的有效性是领导理论研究的核心。领导理论的研究与发展经历了三个阶段:领导特质理论、领导行为理论和领导权变理论。

一、领导特质理论

20世纪初最早系统地研究领导力的尝试聚集于"伟人"理论("greatman" theory of leadership)。该理论指出:领导者是天生的而不是被塑造出来的,而且那些成为有效领导者的特质是由遗传获得的。领导效率的高低主要取决于领导者的特质,根据领导效果的好坏,找出好的领导者与差的领导者在个人品质或特性方面有哪些差异,由此就可确定优秀的领导者应具备哪些特性。

研究者认为,只要找出成功领导者应具备的特点,再考察某个组织中的领导者是否具备这些特点,就能断定他是不是一个优秀的领导者。这种归纳分析法成了研究领导特质理论的基本方法。

1. 领导的特质

有关领导者特质的研究很多,重要的代表人物有斯托格迪尔、曼恩、劳德、戴维、柯克帕特切克和洛克等,他们研究所得到的领导特质如表7-1所示。

表7-1 领导特质研究

斯托格迪尔(1948)	曼恩(1959)	劳德、戴维等(1986)	柯克帕特切克和洛克(1991)
智力水平	智力水平	智力水平	进取性
应变能力	男子气	男子气	动机
洞察力	适应能力	支配欲	正直
责任感	支配欲		自信
创新精神	外向特质		认知能力
坚忍性	自控能力		任务知识
自信			

从表 7-1 中可见,各学者在研究出的领导特质有共通之处。在一系列领导者特质中有些是关键特质:智力,自信,决心,正直,社会交往能力。

2. 理论的局限

早期的领导特质理论在成功预测实际领导行为的有效性是不充分的,在很大范围内遭到了批评。批评主要源自五方面:第一,用来认定这些特质的研究方法很差,缺乏科学性。只是简单地比较那些被列为领导和不是领导的人的特质从而总结出来,没有衡量这些特质的差异及考虑是否有意义。第二,就个性特质而言,特质或特质群与领导的有效性之间并无匹配关系。第三,该理论试图将生理特点,如身高、体重、外表、体格、精力及健康等与领导有效性联系起来,而这其中的多数因素与那些对领导有效性有显著影响的情境因素相关。第四,领导本身是复杂的。个性与个体对某些种类的工作的兴趣之间可能存有一定关系,而个性与有效性的关系确定不了这一点。第五,有关领导力的特质清单繁多,因而就毫无意义,相关研究结果是不一致的,不同领导具有不同特质,并没形成具有说服力的清单。

3. 理论发展

近年来,领导力特质的概念又开始复苏,很多调查显示,很多情况下领导者的确是与其他人不同的。进步的一点是,人们现在相信许多的领导特质是可学习培养和提升。近期的调查人员提出,重要的领导力特质可以分为五个核心特质:

(1) 动力。动力是指一个人所拥有的抱负、成就追求、坚韧性、意志力和主动性的强度。领导力动机是指一个人要领导、影响他人,承担责任和获得权力的愿望。我们必须要区分两种动机类型。有效的领导具有社会化权力动机,他们使用自己的权力来实现与组织或单位最大利益相关的目标。相反,具有个人化权力动机的领导只追求如何才能拥有对别人施加影响力的权力。动力和抱负对于一个领导创造远景并且实现远景是很重要的。

(2) 正直。诚实和正直的领导言行一致,值得依赖。正直的领导有强烈的原则性和责任感,善于激发他人的自信心。当领导言行不一时,下属会认为领导不值得信任。许多调查表明,下属在给成功或不成功的领导特质做评价并排序时,正直与诚实被认为是最重要的个性。信任的关键在于它转化为下属追随领导的意愿强烈程度。对领导者思想与价值观的质疑将导致负面的压力、犹豫不决与个人的权力斗争。

(3) 自信。自信是一个人对自己能力和技能的确信程度,包括自尊感和自我认同,以及能超越一般人的信念。领导必须对自己的行为自信且要展现给他人看。自信的领导更容易获得他人的认可与肯定,有利于提高自身影响力。

(4) 认知能力。高度智慧的领导能处理好复杂的信息以及正确对待变化的环境。一般认为智力水平与领导行为是正相关的关系,且领导比下属有更高的智力水平。尽管过人的智力水平是十分有利的,但也有人提出,如果领导与下属智力水平差异太大,会阻碍他们之间的沟通与交流,并影响领导的效力。

(5) 相关专业知识。对于自己所从事的教育工作的了解可以使领导更好地做出决策,预见未来的问题以及理解他们行为的可能影响。教育系统里,对学校领导的要求是具备扎实过硬的专业知识。

二、领导的行为理论

领导行为理论集中探讨领导的工作作风和行为对领导有效性的影响,主要研究成果包括 K. Lewin 的三种领导方式理论、R. Likert 的四种管理方式理论、领导行为的四分图理论、管理方格图理论、领导行为连续体理论等。这些理论主要是从对人的关心和对生产的关注两个维度,以及上级的控制和下属参与的角度对领导行为进行分类,这些理论在确定领导行为类型与群体工作绩效之间的一致性关系上取得了有限的成功,主要的缺点是缺乏对影响成功与失败的情境因素的考虑。

1. 领导行为的四分图理论

美国俄亥俄州立大学的弗莱西曼(E. A. Fleishman)和他的同事们关于领导方式的比较研究,以国际收割机公司的一家卡车生产厂为调查对象,提出领导方式的两个维度,关怀(consideration)维度和定规(initiation)维度。

关怀维度:代表领导与下属或员工之间的关系,相互信任、尊重和友谊的关心的程度,即领导者信任和尊重下属的观念程度。高关怀的领导会关心下属个人生活及困难,帮助解决问题。

结构(定规)维度:代表领导为了实现预期目标,对自己与下属的角色进行界定和构造的程度。高结构特点的领导会向下属分配具体工作,对下属的工作绩效有高要求。

通过对两种维度的问卷调查和测试,领导者可以分为四种基本类型,即高关怀-高结构、高关怀-低结构、低关怀-高结构、低关怀-低结构(见图 7-1)。

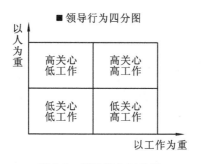

图 7-1 领导行为四分图

该研究发现,一个领导者的行为在两个维度中的位置可以出现很大的变化。高关怀-高结构型领导一般更能使下属达到高绩效和高满意度;而低关怀-高结构型领导,下属普遍对其有较多的抱怨,较高的缺勤、事故及离职率。另外,领导者的直接上级给领导者的绩效评估等级,与高关怀性成负相关。

2. 方格图理论

美国行为科学家罗伯特·布莱克(Robert R. Blake)和简·莫顿(Jane S. Mouton)于 1964 年出版《管理方格》一书,书中倡导用方格图表示和研究领导方式。他们认为,以往的领导理论存在一些极端、绝对化的观点,或者以生产为中心,或者以人为中心。他们指出,在对生产关心和对人关心的两种领导方式之间,可以进行不同程度的组合,产生多种领导方式,如图 7-2 所示。

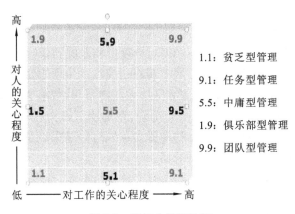

图 7-2 领导方格理论图

1.1 定向表示贫乏型管理,对生产和人的关心程度都很小;

9.1 定向表示任务型管理,重点抓工作任务,不大注意人的因素;

5.5 定向表示中庸型管理,既不偏重于关心工作,也不偏重于关心人,完成任务不突出;

1.9 定向表示俱乐部型管理,重点在于关心人,单位充满轻松友好气氛,不大关心工作任务;

9.9 定向表示团队型管理,对工作任务和对人都很关心,能使单位的目标和个人的需要最有效地结合起来。

布莱克和莫顿认为,有的领导者并不一定完全理解自己的领导风格,管理方格图可帮助他们认清自己的风格,并对他们进行培训。团队型管理是 20 世纪美国大部分领导者的领导风格,这种领导方式行为果断,在分析问题、制定决策和采取行动等方面发挥领导作用,积极处理与下属之间的摩擦,利用批评提高工作效率。该理论在理论和实践上都取得了相当大的成功,在领导理论中占有一定的地位。许多组织都采用这种领导风格理论来培训自己的领导者。

3. 领导行为连续体理论

领导行为连续体理论是由罗伯特·坦南鲍姆(Robert Tannenbaum)和沃伦·施密特(Warren H. Schmidt)于 1958 年提出。该理论主要表述了领导们在决定何种行为(领导作风)最适合处理某一问题时常常产生困难,是应该自己做出决定还是授权给下属做决策。为了使人们从决策的角度深刻认识领导作风的意义,他们提出了领导行为连续体理论。

领导风格与领导者运用权威的程度和下属在做决策时享有的自由度有关。该理论主张按照领导者运用职权和下属拥有自主权的程度把领导模式看作是一个连续变化的分布带,以高度专权、严密控制为其左端,以高度放手、间接控制为其右端,从高度专权的左端到高度放手的右端,划分七种具有代表性的典型领导模型。在连续体的最左端,表示的领导行为是专制型的领导;在连续体的最右端表示的是将决策权授予下属的民主型的领导。在管理工作中,领导者使用的权威和下属拥有的自由度之间是一方扩大、另一方缩小的关系。一个专制型的领导掌握完全的权威,自己决定一切,他不会授权下属;而一位民主型的领导在决策过程中,给予下属很大的权力,民主与专制是两个极端的情况,这两者中间还存在着许多种领导行为。

4. 领导的四系统模型

密歇根大学伦西斯·利克特(Rensis Likert)教授和他的同事对领导人员和经理人员的领导类型和作风做了长达30年的研究,利克特在研究过程中所形成的某些思想和方法对理解领导行为很重要。他认为,有效的管理者坚决地面向下属,依靠人际沟通使各方团结一致地工作。领导者要考虑下属的处境、想法和希望,帮助职工努力实现其目标,使下属认识到自己的价值和重要性。来自领导者的支持能激发下属对领导采取信任、合作的态度,支持领导者的工作。他将领导类型归纳为四种风格:

(1) 剥削式的集权领导。采用这种方式的领导非常专制,很少信任下属,采取使人恐惧的惩罚方法,偶尔兼用奖赏来激励人们,采取自上而下的沟通方式,决策权也只限于最高层。

(2) 仁慈式的集权领导。采用这种方式的领导对下属怀有充分的信任和信心;采取奖赏和惩罚并用的激励方法;允许一定程度的自下而上的沟通,向下属征求一些想法和意见;授予下级一定的决策权,但牢牢掌握政策性控制。

(3) 协商式的民主领导。采取这种方式的领导对下属抱有相当大的但又不是充分的信任和信心,他常设法采纳下属的想法和意见;采用奖赏,偶尔用惩罚和一定程度的参与;进行上下双向信息沟通;在最高层制定主要政策和总体决策的同时,允许低层部门做出具体问题决策,并在某些情况下进行协商。

(4) 参与式的民主领导。采取这种方式的领导对下属抱有充分的信心和信任,总是从下属获取设想和意见,并且积极地加以采纳;对于确定目标和评价实现目标所取得的进展方面,组织群体参与其中,在此基础上给予物质奖赏;更多地从事上下级之间与同事之间的沟通;鼓励各级组织做出决策,或者本人作为群体成员同他们的下属一起工作。

他认为只有第四种方式——"参与式的民主领导"才能实现真正有效的领导,才能正确地为学校设定目标和有效地达到目标。鉴于这种领导方式采取激励人的办法,所以利克特认为,这是领导一个群体的最有效方式。他把这种成功主要归之于群体参与程度和对支持下属参与的实际做法坚持贯彻的程度。

尽管对于第四种方式的理论有不少人表示赞成,但对它不是没有批评的。这个理论的研究焦点在于小群体,然而论述的范围往往外延扩大,涉及整个组织,而且这项调查研究主要是在组织的低层次进行的,而来自最高层领导人员的数据资料支离破碎,这是此理论最大的缺陷。

三、领导权变理论

特质与行为理论的研究都指出了情境因素在领导行为和有效性之间关系的角色。这些结果引导人们去得出结论:有效的领导力措施是随机应变的。权变理论的概念由此而生。

(一) 菲德勒权变领导理论

菲德勒权变领导理论由弗雷德·菲德勒(Fred E. Fiedler)于1967年提出。根据这个理论,一个领导者的有效性取决于以下两个因素的合理匹配:领导者的行为风格和特写的情境特征。

1. 情境特征

在某些情况下,领导者对工作环境的控制能力更强。根据菲德勒的权变理论,这意味着领导者可以直接对事物施加影响,并有条不紊地加以推进,最后得到想要的结果。影响领导者控制力程度的重要情境特点包括领导和群众的关系、任务结构以及职位权力。

(1) 领导和群众的关系。它是指领导者受尊敬、被承认、人际关系良好的程度。如果领导者受到下属的尊重和敬仰,他往往能更好地控制局面。他可以更容易地影响事物的进程。这是三个情境变量中最重要的一项。

(2) 任务结构。它是指任务可分解成若干个很容易理解的步骤或部分。如果领导者应对的任务结构分明,那他就能更好地加以控制。他可以轻易地施加影响,推动任务目标的实现。

(3) 职位权力。它是指领导者拥有奖赏性、强制性和合法性权力的程度。领导者在某单位或组织中可以奖励、惩罚、提拔员工,或使员工降级的程度。如果拥有奖惩权,他就能更好地施加影响。

2. 风格

领导者可以有不同的行为风格。菲德勒认为领导者的行为是以他们的动机需要为基础的。他认为,领导者最重要的需要是人际关系需要和任务成就需要。这些需要对于一个领导者的相关重要性决定了他的风格。

(1) 专制或独裁型领导(专权型领导)。即领导者个人决定一切,布置一切事情。

(2) 民主集中型领导。即领导者要求下属绝对服从,并认为决策是自己一个人。

(3) 民主型领导。即领导者发动下属讨论,共同商量,集思广益,然后决策,要求上下融洽,合作一致地工作。

(4) 自由放任型领导。即领导者撒手不管,下属愿意怎样做就怎样做,完全自由,他的职责仅仅是为下属提供信息并与企业外部进行联系,以利于下属的工作。

> **知识链接 7-2**
>
> LPC量表是一种反映人行为类型的心理测量量表。菲德勒试图从领导者人格特性和情景的关系中找出有效领导方式。他设计了一种"最不受欢迎的同事"问卷,来测量一个人对他人的态度,通过确定一个领导者对其最不喜欢的同事的评价,从而说明领导者属于何种行为类型。LPC量表体现了工作关系导向和人际关系导向两个维度。高LPC得分者是人际关系导向的领导者,低LPC得分者是工作关系导向的领导者。最低18分,最高144分,18~58分是低LPC,属于工作导向型,64~144是高LPC,属于人际关系导向型,中间得分是混合型。
>
> | 愉悦的 | 8 | 7 | 6 | 5 | 4 | 3 | 2 | 1 | 不愉悦的 |
> | 友好的 | 8 | 7 | 6 | 5 | 4 | 3 | 2 | 1 | 不友好的 |
> | 接受的 | 8 | 7 | 6 | 5 | 4 | 3 | 2 | 1 | 拒绝的 |

放松的	8	7	6	5	4	3	2	1	紧张的
密切的	8	7	6	5	4	3	2	1	疏远的

(资料来源:http://wiki.mbalib.com/wiki/%E8%8F%B2%E5%BE%B7%E5%8B%92%E7%9A%84%E6%9D%83%E5%8F%98%E7%AE%A1%E7%90%86%E6%80%9D%E6%83%B3.)

3. 影响因素

权变领导理论认为,领导有效性主要取决于以下三类因素。①领导者自身的特点:素质、能力、人格特征、工作的行为类型、领导的权力类型等。②被领导者的特点:被领导者个体特点和工作群体特点。③领导的情境:领导有效性中最重要的权变因素。

权变领导理论认为,领导者的领导是否有效是在领导者行为与某种组织因素相互作用的形势下决定的。一些领导者在一种形势下或一种组织内可能有效地领导,而在另一种形势下或另一种组织内却无效。因此任何领导类型既非十全十美,也非一无是处,而应与环境相适应。菲德勒理论对领导者有三层含义。①不管是以关系激励为主还是以任务激励为主的领导者在某些情境中表现出色,而在另一些情境中并非如此。在一种水平上表现突出的人提升后可能在较高水平上表现羡慕不出色,因为领导风格与情境不符。②领导者的有效性依赖于情境,因而一个单位可能通过改变奖酬系统或变更情境来影响领导者的有效性。③领导者可以采取措施修改情境来提高有效性。

(二) 路径—目标领导力理论

此理论最初由加拿大多伦多大学马丁·埃文斯(Martin Evans)教授于1968年提出,后由他的同事罗伯特·豪斯(Robert House)教授在1971年补充和发展而形成的。

1. 基本含义

该理论强调领导者行为应该以关心下属和组织指引为基本出发点,并以此帮助下属建立起明确的工作目标和实现目标的途径,其中还要考虑到诸多因素的影响。简而言之,领导应指明达成目标的途径。

2. 指导原则

领导的有效性取决于他能激励下属达成目标并在其工作中得到满足的能力。为此,领导应该做到,阐明对下属工作任务的要求;用抓组织、关心生产的方法帮助职工扫清达到目标的道路。

该理论基于动机研究中的期待概念,期待指的是感知有可能实现的目标,而效价则指目标实现的价值和吸引力。领导者可以从以下几个方面影响雇员的期待和效价:

(1) 分配给员工他们认为有价值的任务。即分配给个人他们自己觉得有收获和能够得到奖励的任务。

(2) 支持员工为完成任务、达到目标而努力。有效领导给个体提供机会(通过鼓励、培训和技术支持),从而使他们建立起对自己的努力工作会有好的表现的信心。

(3) 对外部奖励(表扬、肯定、升职)与任务目标完成挂钩。领导的这些行为能够增加有效性;员工取得更好的表现因为他们对于工作得到了更多的激励。

3. 领导行为方式和情境因素

路径－目标领导力理论以几种理论行为和情境因素为重点。豪斯认为有四种领导行为方式可供同一领导者在不同情境下选择使用。

(1) 指示型领导力(directive leadership)行为的特征表现为提供方针,让下属知道他们所被期望的是什么,制定明确的绩效标准,控制行为以确保按时和保质保量地完成工作。

(2) 支持型领导力(supportive leadership)行为的特征表现为十分友善并表现出对下属的财富、福利和需求的关怀。

(3) 成就导向型领导力(achievement-oriented leadership)行为的特征表现为确立挑战性的工作目标,期望下属高质量地完成任务,对下属努力程度有较高水平的信任,试图改进员工表现。

(4) 参与型领导力(participative leadership)行为的特征表现为分享信息,与下属磋商并强调团队的决策制定,决策时要倾听下属意见。

指示型领导与成就导向型领导力是以工作为中心的风格,与结构维度和任务导向相关;支持型领导和参与型领导力是以雇员为中心的风格,与体贴和人际导向相关。究竟如何选择要考虑两个方面的因素:

第一,下属的个性特点,如职工的领悟能力、受教育程度、责任心以及各种心理上的需求。

第二,环境因素,包括工作性质、权力结构、班组的情况等。

(三) 赫西与布兰查德的领导情境模式

1. 基本概述

赫西与布兰查德的领导情境模式是以在情境中领导者提供给下属的关系(支持)与任务(指导)行为的数量多少为基础建立起来的。关系与任务行为的数量又是以追随者成所需任务的准备程度为基础。

任务行为是指一个领导者详细地向下属说明做什么,在哪儿做,以及如何做的程度。使用详细的指导和严格的控制手段的领导者对他们的下属进行密切的监督。关系行为是指一个领导者倾听,提供支持与鼓励,并让员工参与到决策中来的程度。

2. 准备度

追随者的准备是指下属完成指定任务的能力与意愿,一般有以下四种状态。

R1:没有能力或者不愿意去完成任务。
R2:不能够、缺乏能力去完成任务。
R3:有能力完成任务却对自己没信心。
R4:既有能力,又有意愿,还有自信能完成任务。

个体的准备度是从 R1 到 R4 增加的,故领导者应改变其领导风格,由任务行为到关系行为,逐步增加下属的承诺、能力与绩效。就个人而言,准备度是会发生变化的。由于被要求完成的工作不同,人们的准备度往往也会处于不同的水平。就同一类任务而言,准备度也是有可能发生变化的。由于被要求完成任务的环境不同或条件的变化,人们的准备度往往也会处于不同的水平。

尽管能力与意愿是不同的两种特征,但它们之间形成了一个互相影响的系统。能力直接影响意愿,意愿也直接影响能力。赫塞博士指出,一个人拥有信心、承诺及动机的程度会影响到其能力的运用,也会影响到自身成长和现有能力提升的程度。反过来说,人们在工作中运用知识、经验和技巧的程度也将影响到他们的工作意愿。某一方面的改变都会对整体造成影响。

3. 领导风格

所谓领导风格,是指领导者的行为模式。针对上述四种准备度,领导者可以采用四种领导风格。

(1) 告知型领导风格。指导性行为多,支持性行为少。领导者对于被领导者给予明确与详细的指导并近距离监督;领导者告诉下属做什么以及如何去完成不同的任务。

(2) 推销型领导风格。指导性行为多,支持性行为多。领导者对于被领导者进行监督、指导、倾听、鼓励和允许试错,并鼓励对方参与决策;既提供任务行为又提供关系行为,领导者与被领导者之间进行双向沟通,并帮助下属树立起完成任务的信心。

(3) 参与型领导风格。支持性行为多,指导性行为少。领导者鼓励被领导者自主决策,鼓励他们按照自己的方式行事。保持双向沟通并鼓励、支持被领导者运用自己的能力。

(4) 授权型领导风格。支持性行为少,指导性行为少。领导者几乎不用提供任务或关系的行为,由被领导者自己决策并执行,他们自己决定完成任务的方式与时间,并知道如何去完成任务。

4. 领导风格与准备度的对应关系

实证研究表明,当被领导者处于不同的准备度状态时,他对于领导者领导行为的需求有所不同。准备度与领导风格的对应关系如下。

准备度水平 R1:告知型领导风格。
准备度水平 R2:推销型领导风格。
准备度水平 R3:参与型领导风格。
准备度水平 R4:授权型领导风格。

此理论易于理解,建议简单明了。被领导者的水平便于领导者确定不同情境下怎样结合任务行为与关系行为才是最合适的。但该理论也存在不足。第一,每个个体的准备水平各异,领导者怎样去处理团队中的不同准备水平?第二,此理论只探讨了一个情境因素,即被领导准备水平,很多工作情境中,其他的一些因素如时间、工作压力等也会影响到领导者的行为选择。第三,领导者在实际工作中很难去改变自身的领导风格。

(四) 弗洛姆—加戈的时间驱动模式

维克托·弗洛姆(Victor Vroom)与阿瑟·加戈(Arthur Jago)发展起来的理论,主要集中在领导者在决策过程中的领导角色方面。随着研究的进展,又对理论进行了修订。一是对情境(权变)变量存在的范围有了更多的考虑;二是介绍了理论早期的五种领导风格;三是在关系到决策情境中的领导风格的抉择中,更进一步强调时间驱动的维度。

1. 领导风格

该理论确定了五种主要的领导风格,这些领导风格依据下属的被授权与参与变量的不同水平而有所区别。

(1) 决定的风格。领导者做出决策,并将之向所在团队宣布。领导者在做决策时,会运用自己的专业技能并从团队或信任的人那里收集有助于解决问题的信息。此时员工所扮演的角色就成为一种提供所需信息的渠道,而不是提出或评价解决问题的办法。

(2) 个别咨询的风格。领导者将工作任务分别交给每个个体,收集他们的想法与建议却不把他们作为一个群体集中在一起,然后再做出决策,这种决策反映出了团队成员的影响。

(3) 团体咨询的风格。通过一次会议,把工作任务交给团队成员,收集他们的建议,然后做出决策。此类决策也受到团队成员的影响。

(4) 帮助的风格。领导者通过一次会议把工作布置给团队成员,此时扮演的是一个帮助者的角色,确定待解决问题与必须做出决策所在范围,会议的目标是获得一致的决策。会议中,领导者扮演主持人的角色,协调大家讨论,保证成员的注意力集中,并保证问题得到充分的讨论。要确保自己的观点之所以比他人的观点受到格外重视,不仅仅是因为你的职位,不要试图去影响团队采纳自己的解决方法,要乐意并实施任何得到全体团队成员支持的解决方法。

(5) 授权的风格。给团队授予权限,并设置范围。团队承担对问题的鉴定和诊断,并提出解决问题的不同程序,决定一个或多个解决办法。不要参加到团队的讨论中,除非有其他疑问。此时扮演一个重要角色,即提供必需的资料与鼓励。这种风格是对下属授权的最高水平。

2. 情境变量

此理论重在七个情境变量,领导者依此评估情境并决定采用哪种领导风格。这七种情境变量如下:

(1) 决策的意义。即决策的技术质量的重要性。

(2) 承诺的重要性。下属支持决策的个人意愿程度影响到执行任务的效率。下属对与自己目标、价值观及对问题的理解一致的决策的执行热情更高。

(3) 领导者的专业水平。领导者是否确信自己拥有信息与能力来做出高质量的决策。

(4) 承诺的可能性。如果领导者做出决策,下属们会忠实地执行的可能性。

(5) 团队支持。下属们愿意分享,通过解决问题达到的目标的程度。

(6) 团队的专业水平。领导者是否确信下属们拥有信息与能力来做出高质量决策。

(7) 团队的能力。团队成员制定决策的能力。

领导:当代发展

归因的领导模式指出,领导者对追随者的判断受到领导者对引起员工行为的原因所做解释的影响。这些原因可能是外部的或者是内部的。有效的领导者正确地判断行为起因,然后采取相应的行动。除了追随者的实际行动,归因影响到领导者对追随者的绩效的反应方式。

交易型领导主要是指以偶然奖赏为基础的交换的方式来激励追随者的领导者。有三个主要成分被看作有助于追随者实现绩效目标的:

• 偶然的奖赏——领导者确定把实现目标与获得报酬、澄清期望、交换承诺、提供资源、筹划相互满意的协议、进行资源谈判、能力上相互帮助以及为成功的绩效提供奖赏联系起来的途径。

• 对例外情况的积极管理——领导者监控追随者的绩效,如果有偏离准则的行为发生,则对其采取强制性措施,并强化规则以防止过失。

• 对例外情况的消极管理——当问题变得严重时,领导者进行干预,等到失误引起了他的注意时才采取措施。

魅力型领导指的是领导者主要通过调动追随者情感上对愿景与共同的价值观的强烈的忠诚来激励与领导他们。包括以下特性:

√强调共同的愿景与价值观——领导者着重创造受到高度认可的未来愿景与价值观,把这些与组织的使命、目标和期望的行为联系起来。

√促进共同意识——领导者集中精力在追随者中创造共同的约束,以及作为一个组织所具有的"我们是谁"和"我们代表谁的共同意识"。

√理想的行为模式——领导者展示出个人承诺的价值观、同一性、提倡的目标以及对这些价值观和目标的承诺所做的自我牺牲。

√反映出的力量——领导者展示出并创造出自信、勇敢、坚决、乐观及富有革新意识的形象。

解释转换型领导模式指的是通过复杂的、相互作用的一系列行为与能力来影响追随者,包括:展望未来,激励相关的追随者拥护新的愿景或一系列观点,培养追随者成为领导者或更好的领导者,指导组织或团体成为一个受到挑战与有回报的学习者集体。

(资料来源:赫尔雷格尔 D,斯洛克姆 J W,伍德曼 R W.组织行为学[M].9 版.上海:华东师范大学出版社,2001.)

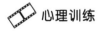 心理训练

LASI 领导风格自测

在回答问题之前,请先仔细地考虑,当你面对每种状况时将如何处理。每个答案并无好坏之分,请根据实际情况来进行回答,而不是考虑理论上该怎么做。每题都是单选,请将所选项前的字母填入括号内。

状况1:

一位新员工,正在接受岗前培训,他很想把事情做好,也非常自信,只是还没有多少工作方法和经验。(　　)

A. 指导下属按标准步骤完成工作。
B. 提出工作要求,也听听下属的建议。
C. 询问下属对工作目标的想法,并予以鼓励和支持。
D. 尽量不干扰他。

状况2:

你的下属经过一段时间的培训,已基本了解自己的工作职责和工作流程,只是与前一阶段相比工作动力明显不足。（　　）

A. 友善地给予帮助,继续留心他们的表现。
B. 尽量不做什么。
C. 尽可能做出一些让他们感觉自己是很重要且有参与感的安排。
D. 强调工作完成的重要性及期限。

状况3:

你的下属遇到挑战性的问题,显得信心不足。过去虽然有类似情况,但在你的鼓励下,多半问题都能自行解决,并且人际关系也很正常。（　　）

A. 加入进来和他们一同解决问题。
B. 让他们自行处理。
C. 尽量纠正他们。
D. 鼓励他们针对问题自行解决,并适时给予意见。

状况4:

你正计划做一项工作程序改革,而你的下属在这方面有丰富的经验,并期待着改革尽快实施。（　　）

A. 让他们共同参与改革,并适当提出合理的建议。
B. 宣布改革并严密地予以监督。
C. 让他们自行改革,将结果向你汇报。
D. 听取他们的意见,但决定权在于你。

状况5:

你刚接管一个工作效率一般的团队,前任主管经营的生产力较低,你知道团队成员对你的到来充满了信任和期待。（　　）

A. 让他们来决定自己的工作方向与内容。
B. 听取他们的意见,仍关注其工作是否能达成目标。
C. 重新设定目标,指导并监督他们完成任务。
D. 让他们自己设定目标,并予以支持。

状况6:

几个月以来,你下属的表现一直处于低谷,他们也不在意是否能达成目标,你想带领团队尽快度过这个时期,提高生产力,且使工作环境更人性化。（　　）

A. 尽量做些使他们感觉自己很重要并有参与感的安排。
B. 强调按时完成工作的重要性。
C. 尽量不去干扰他们。

D. 听听他们的意见,鼓励并指导他们达成目标。

状况7:

你的下属建议改变部门内部的架构,而你也认为很有必要;日常工作中下属拥有足够的弹性和工作经验,只是遇到重大问题时他们还缺乏足够的勇气。(　　)

A. 细心指导并监督改革。
B. 认可他们的建议,由大家集思广益进行改革。
C. 听取他们好的意见,并控制改革的进程。
D. 顺其自然,相信他们自己能够改革成功。

状况8:

你的下属表现杰出,在团队内维持良好的人际关系,尽管你很少过问,但常常有令你意想不到的业绩出现,偶尔你也感觉到无法掌握他们的工作方向或进度。(　　)

A. 顺其自然,由他们自己去完成工作。
B. 跟他们讨论,并着手进行一些改变。
C. 以明确的态度来确定他们工作的方向。
D. 为避免伤到上司与下属间的关系,不做太多的指示。

状况9:

你的上司指定你负责一个工作团队,但该工作团队对工作目标认识不够清楚,每次会议的效率都很低,常常"会而不议,议而不决";可是你知道他们想把事情做好,只是缺乏经验和必要的指导。(　　)

A. 顺其自然。
B. 听取并采纳他们的良好建议,同时监督目标的达成。
C. 重新设定目标,指导并监督他们完成工作目标。
D. 让他们加入进来,共同参与目标的设定。

状况10:

你的下属以往对工作都很有责任感,最近由于工作经验不足而遭受挫折,并对新设定的工作任务敷衍了事。(　　)

A. 让他们共同参与目标的重新设定。
B. 重新设定工作任务,并细心地督导。
C. 避免施加压力,造成麻烦。
D. 采用他们的建议,但留心新的目标是否达成。

状况11:

你刚新任一个职位,以前这个职位的主管较少参与下属的事务;而下属多数情况下能够自己处理事务,并保持和谐;面对你布置的新任务他们显得有些信心不足。(　　)

A. 以明确的态度来指导他们的工作。
B. 让他们参与决策,并激励他们做出一些贡献。
C. 和他们讨论过去的表现,并要求他们按新程序工作。
D. 顺其自然。

状况 12：
最近下属间存在一些内在问题，影响到了工作，但他们以前表现得很好。（　　　）
A. 试着和他们一起解决问题。
B. 让他们自己解决。
C. 快速解决他们存在的内在问题。
D. 提供讨论的机会，但以不伤害上司与下属之间的关系为原则。

答题卡

1. 完成测试后，请您在"评分标准"表格中将您的答案对应的分数打"√"，并将此分数填入对应的得分栏内，计算总分。

评分标准

状况＼选题	A	B	C	D
1	+2	−1	+1	−2
2	+2	−2	+1	−1
3	+1	−1	−2	+2
4	+1	−2	+2	−1
5	−2	+1	+2	−1
6	−1	+1	−2	+2
7	−2	+2	−1	+1
8	+2	−1	−2	+1
9	−2	+1	+2	−1
10	+1	−2	−1	+2
11	−2	+2	−1	+1
12	−1	+2	−2	+1

得分

状况	1	2	3	4	5	6	7	8	9	10	11	12
评分												
总分												

2. 把"评分标准"表格中打"√"的选项与四类领导风格计分卡对照重合数，将各类风格的重合数填入"分数总结"表格中，四类风格的重合总数应是 12 个。

分数总结

支持式	教练式

授权式	命令式

命令式计分卡

状况 \ 选题	A	B	C	D
1	√			
2				√
3			√	
4		√		
5			√	
6		√		
7	√			
8			√	
9			√	
10		√		
11	√			
12			√	

教练式计分卡

状况 \ 选题	A	B	C	D
1			√	
2	√			
3	√			
4				√
5		√		
6				√
7			√	
8		√		
9		√		
10				√
11			√	
12	√			

支持式计分卡

状况\选题	A	B	C	D
1		✓		
2			✓	
3				✓
4	✓			
5				✓
6	✓			
7		✓		
8				✓
9				✓
10	✓			
11		✓		
12				✓

授权式计分卡

状况\选题	A	B	C	D
1				✓
2		✓		
3		✓		
4			✓	
5	✓			
6			✓	
7				✓
8	✓			
9	✓			
10			✓	
11				✓
12		✓		

（资料来源：赫尔雷格尔 D,斯洛克姆 J W,伍德曼 R W.组织行为学[M].9版.上海：华东师范大学出版社,2001.）

第三节 领导者的权力和影响力

宁波一校长获评"中国长三角最具影响力校长"

商报讯(孙行旭)"我们是不是可以再大胆些,在管理的范畴确定后,力求原则化、清单化,可以建立一种追究机制,也可以建立一种听政机制,就像校长管理教师一样,听听老师的意见,建立听证会。"近日,鄞州华泰小学校长许颖参加了2015年中国长三角校长高峰论坛,与近300位校长交流了自己的治校理念,还被授予"中国长三角最具影响力校长"称号。

据悉,本次论坛主题为"校长视野下的管、办、评分离"。推进管、办、评分离,构建政府、学校、社会之间的新型关系,是全面深化教育领域综合改革的重要内容。现场,许颖校长以"管、办、评从一家独大,到三足分立才能真正分离"为题,立足教育主管部门、学校、社会等不同层面,分析了改革可能带来的阵痛与不适应。

中国长三角校长高峰论坛诞生于2006年,每年举办一次,是沪、苏、浙三地教育报刊总社共同发起的一项公益性、专业性教育论坛,始终关注中国基础教育前沿性问题,已成为长三角地区中小学校长分享教育智慧的重要平台。

(资料来源:http://news.hexun.com/2015-10-10/179704960.html.)

校长是一个学校的最高领导,学校校长的领导力对学校发展有着重要影响,如何提升校长的领导力和影响力是当前教育界关注的热门话题。学校领导的权力及影响力,关乎整个学校的组织、管理以及教学、办学的质量。本节将集中探讨领导者的权力、权力来源及影响力。

一、权力的概述

1. 何为"权力"

权力是指影响他人行为的能力,可以被应用到个体、团队、部门、组织和国家。例如,一个组织中的特定团队可能会被认为是很有影响力的。这意味着该团队具有影响其他团队或团队中个体行为的能力。这种影响可能表现在资源的配置、空间的分配、目标、录用决策以及组织中的许多其他结果和行为上。

权力是一个社会意义上的术语,即一个个体相对于其他个体而拥有的权力,一个团队也是相对于其他团队而拥有的权力,所以权力的突出特征就是人与人之间的相互作用。权力不是绝对的或不变的,它是一种会随着情景和个体的变化而改变的动态关系。领导可能对某位下属有强烈的影响力,对另一位下属的影响力却很微弱;这种权力关系也会随时间发生变化,上个月的成功影响可能会在下个星期失效,尽管两种情景中面对的是同样的个体。

2. 领导权力

所谓领导权力,就是领导者(权力所有人),遵循相关的法律法规,运用多种方法与手段,在实现特定目标的过程中,对被领导者(权力相对人)做出一定行为与施加一定影响的能力。这一定义大致包含以下几方面的主要内容:

(1) 领导权力的主体。在这里,领导权力的主体包括党政机构的领导者、企事业单位的领导者以及广大的社会组织中的领导者。

(2) 领导权力的目标。领导权力的根本目标是要通过贯彻执行国家法律、法令和各类政策来有效地实现国家意志。

(3) 领导权力的作用方式。领导权力的作用方式主要是强制性地推行政令。

(4) 领导权力的客体。总体而言,领导权力的客体包括所有的居民以及由居民组成的不同社会组织和社会集团。可以说,领导权力的客体囊括了领土范围内的整个社会。

二、权力的来源

1. 权力的人际来源

组织或单位中的权力问题通常集中在管理者与下属或领导与追随者之间的人际关系。为此,弗兰奇(French)和雷文(Raven)确定了权力的五种人际来源:

(1) 奖赏权(reward power)。个体通过奖赏他人所做出的令人满意的行为而影响他们的行为的能力。下属根据管理者能提供的奖赏——赞扬、晋升、金钱、休假等的评价来遵循他的要求或指示。奖赏权是建立在良好希冀心理之上的权力,在下属完成一定的任务时给予相应的奖励,以鼓励下属的积极性。凡手中握有能满足别人需要的人,都具有一定的奖赏权力。只要对方服从他的意愿,便能得到奖励,人们为了获得奖励、满足某种需要,就会接受他的影响。

(2) 合法权(legitimate power)。组织正式授予领导者一定的职位,从而使领导者占据权势地位和支配地位,使其有权对下属发号施令。合法权是领导者职权大小的标志,是领导者的地位或在权力阶层中的角色所赋予的,是其他各种权力运用的基础。

(3) 强制权(coercive power),也称为惩罚权。领导者在具有法定权的基础上,强行要求下级执行的一种现实的用权行为,是和惩罚相联系的迫使他人服从的力量。服从是前提;法规是保障;惩罚是手段。

奖赏权、合法权与强制权都有组织基础,即组织负责人可以将实施奖赏和惩罚的权力给予下级管理者和其他人或将其收回。组织也可以通过改变员工在权力等级中的地位或改变其工作的种类、规则和程序来改变其合法性权力。

(4) 专家权(expert power)。个体因为已被认可的能力、才干或专门的知识而影响他人行为的能力。该权力建立在领导者拥有特殊知识、技能和专业技术的基础上,其性质取决于领导者在等级体系中所处的层级。如果既具备管理才能,又具备专业技能,那么就有了专家权,下属就自然服从。

(5) 感召权(referent power)。感召权通常是那些具有令人钦佩的人格特征、个人魅力或享有声望的个体所拥有的。个体由于被尊敬、钦佩或喜欢而影响他人行为的能力。下属对管理者的认同往往形成感召权的基础,这种认同包括下属想仿效管理者的意愿。

专家权与感召权来自于领导者自身的个人特点,主要靠领导者自身素质及行为赢得,实际上也就是人们常说的"威信"。这是由于领导者自身具有良好的素质而受到被领导者的敬佩,靠领导者自己的威信和以身作则的行为来影响别人接受自己的意见,从而起到领导的作用。

2. 权力的结构来源

权力的结构来源反映了在不同团队和部门中工作与职位的划分。工作分派、工作场所和工作角色自然导致了对住处、资源、决策和其他人的不均等的接触机会。其中,权力的结构来源主要包括知识、资源、决策和网络。

(1) 知识性权力。组织是必须利用知识来创造产品和提供服务的信息处理者。这意味着具有达成组织目标的关键知识的个体、团队或部门拥有权力。处于能够控制当前的运作信息、开发关于替代方案的住处或获得关于未来事件和计划的知识的职位上的个体将获得影响他人行为的极大权力。

(2) 资源性权力。很多组织都是需要大量的资源,包括人力资源、资金、设备、原料、补给品和顾客才能生存。因此,特定的资源对于一家公司的成功的重要性和获得它们的困难程度各不相同。这意味着能提供必不可少的或难以得到的资源的个体、团队或者部门将在组织中获得权力。

(3) 决策性权力。个体、团队或部门都因它们能够影响决策过程的程度而获得权力。它们可能会影响学校提出的目标、对事件的态度、被考虑的备选方案、预期的成果等。而影响决定过程的能力往往却是一种微妙和常常被忽视的权力的来源。但是,决策的权力并不必然属于组织中的最终决策者。

(4) 网络性权力。网络性权力这一概念意味着学校内外大量的附属关系、信息渠道和聪明才智代表了权力的来源。结构和情境权力的存在并不仅仅依赖于得到信息、资源和决策,也依赖于合作完成任务的能力。与学校中的其他个体和部门有着联系的管理者和部门将比那些没有这种联系的更有权力。内部与外部网络所提供的水平联系有助于解释相当多的权力的差异。

三、领导者影响力构成

领导者影响力是由权力性影响力与非权力性影响力两部分组成。

1. 权力性影响力

权力性影响力是属于强制性影响力的一种,强制性表现为对他人的影响带有强迫性、不可抗拒性,以外部压力的形式发生作用。被影响者表现为被动、服从。因此,权力性影响力的影响作用是有限的,主要由传统因素、职位因素和资历因素构成。

(1) 传统因素。传统观念认为,领导者比一般人高明,具有权威性,必须服从。而对领导者的服从感既可能出于钦佩领导者的权威,也可能是因害怕权威而产生的。

(2) 职位因素。居于领导职位的人具有单位赋予的一切权力,能够强制被领导的个人、组织服从指挥。领导者的职位会使被领导者产生敬畏感,随着领导者的职位越高、权力越大,人们对他的敬畏感也越甚,其影响力的范围与强度也越大越强。但是,职位因素造成的影响力与领导者本人的素质没有直接关系,纯粹是单位赋予的力量。

(3) 资历因素。领导者的经历与资格也是产生影响力的重要因素。人们容易对一位资历较深的领导者产生敬重感,但也不能过分绝对化。资历深但实际工作表现可能很差也会失去众人的敬重;资历虽浅也可能因表现出众获得大家的信任和信赖。

2. 非权力性影响力

非权力性影响力是由领导干部自身素质形成的一种自然性影响力,它既没有正式的规定,没有上下授予形式,也没有合法权力的命令与服从的约束力,但其影响力却往往比权力性影响力更广泛、更持久。其主要影响因素包括:

(1) 品格。优良的品格会给领导者带来巨大的影响力。品格因素是指领导者的道德品质、人格、作风等,它集中反映在领导者的言行之中,是构成领导者非权力性影响力的前提因素。如果一个领导者具有优良的品格,如公道正派、严于律己、无私奉献、以身作则等,会使下属产生一种发自内心的敬佩感,更具有号召力,吸引人去效仿。"其身正,不令而行;其身不正,虽令不行",就说明了这个道理。在实际工作中,只要你留心观察,就不难发现,一个具有优良品格的领导者,可以通过自身的示范作用来影响、改变周围的环境,形成良好的风气。而一个领导如果品格上存在有问题,就很难得到下属的敬仰和发自内心的支持。例如:某领导的言行脱节,口是心非,表里不一,在会上或其他公共场合讲得头头是道,振振有词,教育别人无私奉献,艰苦奋斗,而自己私下却搞歪门邪道,吃喝玩乐。这样的领导的威望就会大打折扣,甚至产生"形象危机"。下属对这样的领导往往不会有心理上的认同感,服从也只是流于表面,也谈不上产生吸引力、感召力,更谈不上敬佩感和信赖感。所以说,优良品格是构成领导者非权力性影响力的前提因素。

(2) 知识能力因素。知识是一个人最宝贵的财富,是一切聪明才智的源泉,而知识水平的高低主要表现为对自身和客观世界认识的程度。知识包括文化知识、专业知识、法律知识、思想政治知识等相关知识;能力则是一个管理者综合素质的体现,它表现为科学决策能力、协调组织能力、语言表达能力等。要提高综合能力,必须有知识做铺垫。当一个领导者具备比较完整的知识体系,能在实践中表现出较强的综合能力,就可以带给下属一种希望,使其产生一种敬佩感。这种敬佩感就像心理磁场一样吸引下属自觉自愿地接受领导的思想、行为方式,从内心对他产生认同感和尊重感。只有让下属服从领导、拥护领导的决策,他才能心甘情愿地创造性地落实好领导布置的工作,从而达到既定的工作目标。如果一个领导者的知识才能与其职位不相匹配,知识浅薄、能力低下,担任一个完全力不从心的职位,既不能科学决策,又不能科学管理,甚至连起码的工作任务都完成不了,那么他的下属就根本不可能"买他的账",就更谈不上产生敬佩感。可见,知识能力因素是领导者打造非权力性影响力的核心因素。

(3) 感情。感情是人的一种心理现象,它是人们对客观事物好恶倾向的内在反映。情感因素是指领导者能体贴关心下属、平易近人、和蔼可亲、感情融洽,能使下属产生亲切感的影响因素。一个成功的领导者,不仅要立之以德、展之以才,还要动之以情、以情感人。情感是顺利开展工作的润滑剂,它是形成领导者非权力性影响力的重要因素。在领导活动中,一个领导者,如果有优良的品格、较强的能力,并且有一定的情感表现力,就会产生一种超越权力的诚服感。例如:领导者平时谦和待人,尊重下属的人格,主动为下属排忧解难,让下属感受到大家庭的温暖,下属就会对其产生信赖感、归属感、顺从感,形成强大的吸引力和影响力。即使工作中出现了失误或遇到了困难,下属也会真诚体谅,并热心帮助,同舟共济,共渡难关。相反,如果领导者对待下属冷漠傲慢,不可一世,沟通极少,那么只会人为地拉开心理距离,而这种心理距离一旦超过一定限度,慢慢地就会产生负面影响力,甚至是排斥力、对抗力,这些都会影响工作目标的顺利实现。"感人心者,莫过于情"、"士为知己者死",说的都是这个道理。作为一名领导者必须注意同下属建立融洽的关系,克服高高在上的心态,主动与下属沟通,倾听他们的反映和呼声,真心实意为他们服务。这样下属才会真心实意地拥护与支持你,才能顺利地实现工作目标。所以说,情感因素是形成领导者非权力性影响力的重要因素。

总之,非权力性影响力能使被领导者产生发自内心的尊敬、信赖与敬佩,并主动地跟随领导者去实现目标。只有当领导者有受人敬佩的品格、令人佩服的知识才能、又拥有良好的情感因素时,才能给人以感染力、影响力,才能上下一心、朝着共同的目标奋进。也就是说,领导者只有在正确运用权力影响力的同时,进一步重视增强和发挥非权力性影响力的作用,才能实现有效的领导。

 知识链接 7-3

如何提高和增强领导者的影响力?

决定领导者影响力的因素,既有非权力性的,又有权力性的。非权力性因素主要取决于领导者自身的道德修养和知识、能力的水平状况;权力性因素则取决于领导者的资历、职位、级别等与领导者实施职权的过程、行为、背景等有关的因素。要提升领导者的领导力,就要提高领导者的影响力。那么,应该如何在实际工作中不断增强领导者的影响力呢?笔者认为可以从不断加强学习、提高个人素质、树立良好形象这三个方面入手。

1. 不断加强学习

领导者肩负着促进组织发展、事业进步的历史使命,应该增强学习意识,不断更新已有的知识,对一切有利于推动和改进工作的新理念、新观点、新知识和新方法,永远保持一种职业的敏感和渴求。通过不断学习,增长知识、提高能力,这样才能不断夯实提高自身影响力的根基。

从内容上看,领导者加强学习既要有高度,也要有深度和广度。

(1) 加强理论学习。作为领导者,只有理论上清晰,政治上才能坚定,从而保证自身影响力的正确导向。牢固掌握理论体系和精神实质,用发展的马列主义武装头脑,指导工作,才能"站得高,看得远"。

(2) 加强专业知识的学习。根据工作的需要，广泛学习专业方面的知识。同时，通过广泛的学习开阔眼界、拓宽思路、创新思维，增强科学决策和指导实践的能力。

从方法上看，领导者加强学习既要注重读"有字之书"，更要注重读"无字之书"。不仅要从书本中学习系统的理论知识，学习新的思想与观念，以增长知识、开阔眼界，而且要重视在社会中向他人学习。作为领导者，要敢于借鉴他人的好思想、好作风、好方法，取人之长，补己之短。

领导者只有不断加强学习，才能不断增强自身知识与能力，才能持续增强自身素质。而只有不断地充实提高自己，才能更好地提高自身的影响力，才能更好地对组织成员施加影响，推动各项工作的开展，促进组织事业的发展。

2. 提高个人素质

作为一个新时代的领导者，应该具备较高的个人领导魅力。个人领导魅力影响着领导力的发挥，有助于团结、影响下属，有助于增强领导效果。要提高领导力，就要具有三方面的素质：文化素质、道德素质、人格魅力。这三方面素质必须有机结合，才能有效提高领导者的整体素质和领导魅力。因此，一个有志向的领导者，应该不断加强文化素质、道德素质、人格魅力三方面的修养。在现实的生活、工作中，领导者要勤学善思，严于律己；要言必信，行必果。

3. 树立良好形象

"其身正，不令而行；其身不正，虽令不从。"可见，古人早已注意到了领导者自身形象对组织成员产生的重要影响作用。一个成功的领导者，应该树立这样的形象：

(1) 勇于开拓的创业者形象。

领导者要始终把共同的目标、共同的事业放在第一位，激发组织成员的积极性、主动性、能动性，让组织成员感受到目标与事业的推动力。首先，给每一个组织成员发挥个人才能的机会，让组织成员感受到个人在组织中的意义与价值。其次，激励组织成员积极进取、勇于开拓，用目标、事业来凝聚大家的智慧和力量，要始终让组织成员坚信，个人的利益与组织的事业紧密联系在一起。最后，要让每一个组织成员坚信，通过不懈努力，一定能够达到预期的目标，取得事业的成功，实现自己的人生价值。

(2) 清正廉洁的公仆形象。

领导者不应高高在上，而应深入组织，为每一个人服务、做组织成员的公仆。"每一个人都需要服务，然后，他才希望得到引导；当人们得到一个人服务和引导时，他们转而会服务、引导更多的人。"一个受爱戴的领导者、最有益于组织发展与社会进步的领导者，首先必须是一位诚心诚意为他人服务的公仆。因此，领导者要时刻把组织成员的利益放在心上，要挡得住各种诱惑，廉洁自律、克己奉公，以此来取得组织成员的信任、支持与追随。

（3）亲善随和的师长形象。

领导者一定要尊重组织成员的人格尊严，关心、爱护组织成员，给组织成员以学习、工作、发展的机会。在工作过程中，不仅要实现组织的发展目标，而且要促进组织成员的发展与进步。同时，要密切关注组织成员的兴趣、需要和他们所关心的事情，用信任来营造受到组织成员支持的环境。最忌讳的是居高临下，目中无人，摆架子，显威风，以发号施令、盛气凌人的"官"自居。更不能片面地认为"距离"产生权威，人为地设置感情屏障。因为在组织成员的心中，领导者应该始终是一位工作上的导师、生活中的益友，是一个永远值得信赖和依靠的人。总之，领导者要提升"影响力"，既要练内功，也要练外功；既要恰当地运用权力因素与非权力因素，又要树立权威将组织成员凝聚在自己周围；既要加强学习，提高素质，又要树立良好形象，加强管理。此外，领导者还要注重自律，以身作则，以领导魅力带动、影响、促进广大者组织成员改进工作，为实现共同目标而努力奋斗。

（资料来源：http://wenku.baidu.com/view/7cedbc45a8956bec0975e319.html? from=search＃＃．）

四、影响领导影响力的因素

1. 权力滥用

即不能正确地运用手中的权力，甚至利用手中权力进行违背社会大多数成员意志和利益的事情。主要表现有：①越位侵权；②权力独揽；③以权谋私，用公共权力谋取私利。

2. 道德失范

即领导者的行为偏离了政治道德、社会道德的准则和要求。主要表现有：①政治上，丧失理想信念，迷失方向，走向堕落；②生活上，追求享乐；③交往上，庸俗违纪。

3. 心理失调

即领导者心理失去了平衡的不健康状态。主要表现有：①嫉妒心理。因为别人在某些方面优于自己，而自己又不甘心没有别人的这种优越性，从而产生一种由惭愧渐渐发展到愤怒、怨恨交织的复杂情绪状态。②虚荣心理。就是一种追求表面上的荣耀光彩的心理。③狭隘心理。主要指在心胸和气量等方面有所局限，对他人缺乏宽容和理解，甚至是怀有敌意的心理品质。

4. 能力低下

所谓的能力，指的是胜任某项工作的主观条件。所说的领导者的能力差，就是说不能胜任领导者的工作需要。作为一名领导者，除了应该具备一般能力之外，还要具备特殊能力，如思维能力、判断能力、沟通能力、表达能力等。此外，还必须具有，如协调能力、应对复杂局面的能力等。领导者缺乏任何一种能力或者说任何一种能力低下，都会降低领导者的领导影响力。

5. 言行失体

即领导者的言谈举止偏离了交际的一般规则,表现得不得体。现实中,我们有些领导者很不注意自己在公共场合的举止和形象,时常言谈失检,夸夸其谈,衣帽不整,袒胸露背,口吐狂言,满嘴脏话,难免产生很坏的影响。

6. 知识匮乏

没有知识的人应该是不完善的,知识匮乏的领导者应该说是不合格的。主要表现有:①知识陈旧;②知识结构不合理;③理论脱离实际。

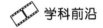

我们很容易会因权力而贪污腐败

事实上,那些有权力的人有时候会对他人呈现出权力感和无礼感,这背后也蕴藏着心理学原理。2003 年,一篇发表在《心理学评论》杂志上的论文,研究项目是学生三人一组并且共同写作一篇短论文。两个学生被指示去写论文,而第三个是负责评估这篇论文,然后决定那两个学生分别会获得多少钱。在合作的中段,研究人员拿来了一碟饼干,一共五个。虽然通常最后的那一块都没人吃,但是"老大"几乎总是把第四块饼干吃掉——还要吃得拖泥带水,嘴巴大张。

"当研究人员在科学实验中向被试给予力量,他们更有可能用可能不恰当的方式,和他人有身体上的接触,或者用更直接的方式和别人调情,做出有风险的抉择和赌博,在谈判中首先提出报价,说出心中所想,还有像甜怪饼那样,在下巴和胸前都是饼干的碎屑,"心理学家 Dacher Keltner,研究的领导人之一这样写道。

(资料来源:http://newpaper.dahe.cn/dhjkb/html/2015-11/27/content_1337830.htm?div=-1.)

影响力水平测试

1. 在哪种情况下,人们更有可能被缺乏说服力而不是更具有说服力的证据所说服:(　　)。

　　a. 赶时间　　　　　　　　　　　　b. 对该话题根本不感兴趣
　　c. 对该话题的兴趣一般　　　　　　d. a 和 b

2. 假设你正试着将拥有三种不同价位的同一种商品(经济型、普通型、豪华型)推销给顾客。研究表明在哪种情况下,你的销售额会更高:(　　)。

　　a. 从价格最便宜的商品开始,然后向上销售
　　b. 从价格最贵的商品开始,然后向下销售
　　c. 从价格适中的商品开始,然后让顾客自己决定需要买哪一种

3. 人们对政治竞选进行了多年的跟踪调查,结果表明,最有可能赢得胜利的候选人是:( )。

a. 外表最有吸引力的候选人

b. 制造大量负面的或带有攻击性的新闻来防御竞争对手的候选人

c. 拥有最有活力、最卖力的志愿者的候选人

4. 研究表明,通常情况下,自尊与被劝服之间的关系是:(   )。

a. 自尊心不强的人,最容易被说服　　　b. 自尊心一般的人,最容易被说服

c. 自尊心强的人,最容易被说服

5. 假设有一位政治候选人最近刚刚失去民众的信任。不幸的是,你是这位候选人的竞选班子的负责人。如果这位候选人欲借严厉打击犯罪重树他的声望,你认为在他开始下一站宣传时,哪一个选项是最好的方式:(   )。

a. 我的对手在打击犯罪方面做得很不够……

b. 很多民众支持我打击犯罪的意愿,而且他们相信我有这个能力……

c. 虽然我的对手在打击犯罪方面有着不俗的表现……

6. 假设你是一位理财顾问,你认为你的一位顾客在投资方面太过保守。为了说服他投资风险较高、回报也较高的项目,你应该注重讲述:(   )。

a. 与他相似的人是如何犯同样的错误的

b. 如果他在那些风险更大的项目上投资,他会得到什么

c. 如果他没有在那些风险较大的项目上投资,他会失去什么

7. 研究表明,陪审员最有可能被以下哪种人说服:(   )。

a. 讲话简明易懂的证人

b. 讲述时使用令人难以理解的术语的证人

c. 讲述的内容有说服力的证人

8. 如果你有一则新消息,你会在什么时候说出它是新消息?(   )。

a. 在讲述这则消息之前　　　　　　　b. 在讲述这则消息当中

c. 在讲完这则消息之后　　　　　　　d. 你不会提到这是一则新消息的

9. 假设你正在介绍你的方案,而且你马上就讲到关键内容了,这一部分包括那些极具说服力的用以支持你的观点的论据。请问,讲到这一部分时,你的语速会有多快?(   )。

a. 你的语速特别快　　　　　　　　　b. 你的语速稍微快一点

c. 你的语速适中　　　　　　　　　　d. 你的语速很慢

10. 社会心理学的研究表明,6个最基本的影响他人的方式是:(   )。

a. 热情、愉悦、不和谐、回忆、关注、正面联想

b. 参与、调整、催眠、反射、原型、潜意识的说服

c. 一致、权威、互惠、喜好、社会认同、短缺

你做得如何?

1. 如果你答对了8~10个问题,你绝对是一个说服他人的天才。我没有什么可以教给你的了。所以你不要再在这里浪费时间了,赶快去写一本说服力方面的书吧!别忘了写好以后送我一本。

2. 如果你答对了6~8个问题，说明你的说服力令人印象深刻。你会很愿意阅读我们在网页上的文章，以补充你现有的知识库。

3. 如果你答对了4~6个问题，说明你很擅长说服他人。但你需要浏览本网页上的文章以提高你的技巧。

4. 如果你答对2~4个问题，说明你需要采取一些改进措施。

5. 如果你答对的问题少于3个，我想说的是，如果我有一些房产，我很愿意向你推销……

答案

1	2	3	4	5	6	7	8	9	10
d	b	a	b	c	c	b	a	d	c

（资料来源：罗伯特·西奥迪尼.影响力[M].陈叙,译.北京：中国人民大学,2006.）

第四节　领导的有效性

1996年9月，一所占地仅11亩（1亩=666.667平方米）的公立转制小学从废墟中崛起。学校有27位教师，3个年级320名学生，收费是公办学校的20倍。在学校1公里外，还有一所已享有较好声誉的同性质的小学。学校如何生存与发展？"以质量取胜"，有着18年校长经历、刚从公办学校退休来创办该校的D校长字字铿锵。简短五个字，对当时如履薄冰的学校来说谈何容易。

到底要办成一所什么样的学校？在多方求教和深思熟虑下，D校长提出了"尚德、益智、添能、立人"的校训，确立了"开发潜能，张扬个性，让每一位师生在快乐中得到和谐可持续发展"的办学理念，树立了"为培养高素质创造性人才奠定基础"的办学目标，明确了"培养学生创造意识、创造能力和创造精神，塑造创造性人格"的育人目标。与此同时，学校开展了"创造教育的策略研究"课题研究。D校长广纳贤才，四处取经求教，争取优惠政策，制定规章制度，编制学校课程，开辟专用教室……

三年后，学校教学质量跃居全区前列。五年后，学校新生报考人数是招生数额的16倍。十年后，学校成为家长心目中的名校，成为上海市文明单位、上海市小学生行为规范示范校、上海市科技教育特色学校、上海市优秀家长学校、中国创造协会创造教育专业委员会先进实验基地、联合国教科文组织EPD教育项目实验学校。

启示：短短几年，学校实现从无到有、从求生存到出品牌的飞跃。D校长何以能创下如此奇迹？关键在于D校长自建校伊始便提出了明确的办学理念，并把它作为全校师生员工执着追求的共同愿景。

（资料来源：刘兰英,戴舜琴.如何提升校长的领导力——基于一位小学校长的个案研究[J].教育科学研究,2008(z1):69-71.）

学习导航

领导有效性,一般是指领导者在实施领导过程中表现出来的行为能力、工作状态和工作结果,即实现领导目标的领导能力和所获得的领导效果的系统整合。主要包括三个要素:①领导能力,即领导者的行为能力,它是领导者胜任领导工作、行使权力和承担责任的基本条件。领导能力是领导有效性的基础因素。②领导状态,即在领导过程中所体现的特点,主要体现在领导行为上。③领导效果,包括质量和数量两个方面。质量是指领导工作是否能够实现组织目标,促进组织发展;数量是指单位时间内完成的工作量。

一、学校领导有效性的界定

1. 学校领导力内涵

学校所实行的管理体制是校长负责制,学校工作由校长统一领导和全面负责。校长负责制必须以民主集中制为基础,通过学校领导团队分工协作、群策群力才能使校长负责制成为一个完整的体系。由此可见,学校领导力不是单独的个人力量,而是在学校管理体制中产生的合力,是在学校领导团队形成协调一致的状态中发挥出的整体动力和影响力。学校领导力是在学校组织中,按照校长负责制为主导的领导团队通过一系列外在行为相互协调整合而形成的服务于学校组织目标、确保领导过程顺畅运行的影响力,有逐步生成、不断内化的动态特征。

2. 学校领导有效性的表现

学校领导有效性主要指领导的行为能适应既定的环境,并根据各种特定的情景,做出正确的决定。领导的有效性最终是要体现在领导效果上。

针对这个问题,霍伊和米斯克尔在《教育管理学:理论·研究·实践》中提出学校领导的有效性主要表现在三个方面:个人的、组织的和组织成员的。个人的包括对自己名誉的感知以及自我评价;组织的主要指组织目标的达成度;组织成员的主要指教职员工和学生满意度。

我国对学校领导有效性的表述是通过校长的职责来体现。如萧宗六先生认为校长的主要职责是:全面贯彻国家的教育方针,执行上级批示;领导和组织教学工作;领导和组织德育工作;领导和组织体育卫生、美育、劳动技术教育工作;领导总务工作,关心师生生活,保护师生健康;培养老师;管理人事工作。

此外,香港学者郑燕祥提出校长领导的一个多维度的过程:①人际领导,学校领导支持成员、协助合作,提高他们的责任感及满足感,鼓励正面的人际关系;②结构领导,学校领导经深思熟虑,制定出明确的目标及政策,督促成员为结果负责,并提供合适的技术支持,按照计划实施并协调学校的政策和工作;③政治领导,学校领导者能说服相关人员要团结、彼此支持,并能有效地解决他们之间的冲突;④文化领导,学校领导者富有激情、具有魅力,并能建立影响个人或小组的使命、价值与规范的学校文化;⑤教育领导,学校领导者鼓励专业发展及教学改进,诊断教育问题,对学校教育事业给予专业意见与指导。

二、影响领导行为有效性的因素

1. 领导者个人素质及其与职权的结合程度

领导者素质是指在先天禀赋的生理素质基础上,通过后天的实践、学习培养而成的,在领导活动中经常起作用的那些内在要素的总和,具体包括思想素质、知识素质、专业技能素质、身体素质和心理素质。

领导者所拥有的职位权力的大小固然对领导效能有着十分重要的作用,然而领导者影响力的来源除了职位权力外,还有个人影响力,包括专家权和感召权。专家权是指领导者由于具有各种专门知识和某些特殊技能或学识渊博而获得同事及下属的尊重与服从。感召权是指领导者个人的品质、魅力、经历、背景等的影响力。组织中的有效领导者应该是兼具职位权力和个人权力的领导。仅有职位权力的领导者只会是指挥官,而不能成为令人信赖和钦佩的领袖。一般情况下,如果领导者个人素质、个人专长与其职权能有机结合,则权力运用效果最佳;如果领导者个人素质及个人专长与其职权不能相得益彰,那么权力运行效果就很不理想。因此,在现实工作中,领导者可以通过个人素质和个人专长来强化职权运用,获得理想效果。

2. 领导情境因素

领导情境因素包括被领导者素质和环境条件两大方面。最主要的领导情境因素包括下属特点、人际关系、任务清晰程度、职位权力等。人际关系好,领导者和下属间以及下属之间的凝聚力强,意味着团队可以相互支持协调,领导者可以通过高度控制来实现自己的想法;在团队松散或缺乏对领导者的尊敬与支持时,领导控制程度就较低;一项组织得较好的任务有清楚的目标及程序,当领导者执行该项任务时,他可以有相当好的控制;拥有较多正式权力的领导比那些权力少的人感觉更容易控制执行。

3. 组织系统结构的优化程度

组织系统结构优化程度无疑会影响到领导者权力运用的效果。这方面存在的主要问题是部门划分及职能划分不合理,职责不清或相互重叠,部门协同能力差,不利于工作的开展和能力的提升;管理或职责角色不明确,自己的工作、他人的工作及两者之间的关系偏向于"本位主义"。一个成功的领导者总是十分注意选配下属及不断优化组织系统结构,以确保权力运行的效果。

4. 领导权力分配

领导权力的分配是实现有效领导的重要手段,是指领导权力分配的形式和方法,有两种基本分配方式:一是确定等级层次,然后按等级层次进行分配的结构权力方式;二是划分专业、部门,然后按其特殊要求进行分配的功能权力分配方式。

领导权分配原则:职权一致、权责对等原则;层次分明、权责明确原则;分配适度、系统优化原则;因事设人、量才授权原则。

5. 授权

授权是一种特殊的权力分配形式,是指将权力和责任授予下级,使下级在一定的监督下,有相当的行动自主权。有效的授权对组织和领导都具有重要的意义:一是可以使领导者从程序化的事务工作中解脱出来,有更多的时间集中精力抓好非程序化的关乎全局的大事,集中主要精力完成重要职能;二是可以弥补自己能力和知识方面的不足,并通过发挥下属的专长,促进他们的成长和发展,开发领导人才资源;三是可以激发下属的工作动机、事业心和成就感,调动他们的工作热情。

> **知识链接 7-4**
>
> 有效的领导行为,是指领导的行为能适应既定的环境,并根据各种特定的情景,做出正确的决定。领导的有效性是领导者、被领导者和情景因素的函数,函数关系用公式表示为:领导=f(领导者,被领导者,情景因素)。
>
> 影响领导效能的因素:
>
> 1. 领导者自身的因素
> - 领导者的基本素质、能力和知识水平
> - 领导者的行为方式、工作类型
> - 领导者的权力基础
> - 领导群体的特征、年龄结构和构成
>
> 2. 被领导者方面的因素
> - 被领导者的素质、工作技能水平
> - 群体或组织的构成和规模
> - 群体和组织的历史、运行状况
> - 组织成员的动机、需求和期望水平
> - 成员的一般心理状况、个性因素
>
> 3. 领导环境方面的因素
> - 组织与周围的组织、环境之间的关系
> - 组织或群体的人际关系、工作关系
> - 组织、群体、个人和领导之间的合作程度
> - 管理和决策系统的执行情况
> - 组织的激励系统和领导的激励水平
> - 组织的结构、设计、变革和发展状况
>
> (资料来源:http://wenku.baidu.com/view/dc98eaef551810a6f5248699.)

三、领导有效性的评价体系

1. 领导有效性评价的理论依据

权变理论是领导有效性评价的核心。从领导的素质理论出发,对领导的能力、个性特征和基本素质进行评价。应用领导行为理论对领导的类型、方式进行评价。

2. 评价的主要方面

领导的有效性评价绝不是一件简单的事情,它是由一系列相关因素决定的,单纯从任何

一个方面去评价领导的有效性或思考领导的工作效能都不是全面的。

3. 领导的工作绩效评价

领导的工作绩效不单是指其工作的数量和质量，还包括领导对下属的培训和对员工需求的把握，员工对工作的满意度等方面内容。评价领导绩效的标准：

（1）工作的效率。效率是指资源的有效配置，即各种资源或投入恰当结合的程度。效率是单位时间内完成的工作量，或劳动效果与劳动量的比率。组织效率的高低是领导工作好坏的重要标志。

（2）工作的效益。效益是收益与投入费用之比，是实践活动的结果，而领导有效性则是效益的深刻内涵。效益有经济效益、社会效益之分。

（3）人员的满意度。即员工希望得到的报酬与他们实际得到的报酬之间的差距。人员的满意度成为评价领导绩效的一个重要标准，是因为它是与绩效有关的重要因素，也是组织行为学家的价值偏爱。

（4）人员的流向。即员工流动的去向，包括进入或退出一个组织，跳槽率的高低可以衡量领导绩效的好坏。

（5）出勤率。员工的出勤率对组织的生产率有重要影响。

4. 领导功能的组织评价

领导功能的组织评价主要关心的是领导作为个人，在组织中的成长和发展评价、领导帮助组织达成目标，以及在组织中作用评价、领导的工作目标评价等问题。

四、提高有效领导行为的步骤

1. 计划

计划是一种普遍的和连续的执行功能，它包括复杂的领悟、分析、理性思考、沟通、决策和执行等过程。计划是重要的领导职能，计划的核心是决策。

2. 委派

委派是把计划的实施工作分配给下级，要求根据组织结构中所规定的职务的数量和要求，对所需人员进行恰当而有效的选择。配备合适的人员去充实组织中的各项职务，并根据分配给下级的任务，进行适当而必要的授权，其目的是保证计划活动的正常进行，进而实现组织的既定目标。

3. 贯彻

贯彻是实施计划的过程，是计划的行为阶段。必须对计划任务从空间上和时间上分解落实，并在此基础上建立明确的责任制和考评奖惩制度，促使每个人按照有关规定和责任完成工作任务，确保计划的顺利实施。为保证计划的贯彻实施，必须建立一个高效的组织机制：根据计划要求合理划分部门和层次；在计划目标一致的前提下进行利益协调；合理授权，使下级能最有效地解决计划实施中的各项问题；进行必要的指导和监督。贯彻主要是执行者的自我控制，贯彻过程中还要根据执行者的反应对计划进行必要的调整。

4. 评价

评价是系统定期对员工贯彻执行计划情况进行的评估。良好的评价管理是有效落实计划的基本要求。一方面,知道领导者如何计划、组织、用人、领导、控制以及做得好坏,是保证那些占据领导职位的人员进行切实有效领导的真正和唯一的途径;另一方面,通过评价体系,可以了解员工落实计划的情况,以及个人在现有的工作岗位上干得如何,他具有多大的潜能来从事负有更大的职责的工作等信息。

评价是实现组织目标的重要工具,一个准确的评价有利于消除对工作职责和目标,以及对工作的不同方面的相对重要性的任何误解。评价还有利于将组织要求和个人需求结合起来。

5. 奖惩

通过对符合计划的行为进行奖励,对不符合计划的行为实施惩罚,来保证领导活动的既定方向。奖惩有利于协调个人与组织目标之间的关系,增加员工目标行为的频率。奖惩手段的运用,一是有利于增加驱动力,即影响个体向特定组织目标发展的力量;二是有利于减少遏制力,即遏制或降低驱动力的力量。要想提高领导有效性,后者比前者更为重要。奖惩的原则是,凡是直接对实现组织目标做出贡献的人或事,必须给予肯定和奖励。

五、有效的影响策略

当管理者、员工或者团队面临一个他们想要影响他人行为的情境时,他们就必须选择一种策略。影响策略是个体或团体想要运用权力去影响他人的行为时所采用的方法。影响策略类型主要有:

(1) 理性说服——利用逻辑论辩和事实论据。
(2) 鼓励性要求——以价值、理想或抱负来激发热情。
(3) 协商——在规划策略、活动或变革时广泛参与。
(4) 迎合——在提出要求之前先努力创造一个有利的气氛。
(5) 交换——提出相互帮助、分享利益或是承诺在以后报答。
(6) 个人要求——利用忠诚或友谊。
(7) 联盟——为了某种创造性或活动而谋求他人的支持或帮助。
(8) 合法化——试图通过权力或证明其与政策、实践或传统的一致来确立一项请求的合法性。
(9) 压力——利用要求、威胁或持续地催眠。

在以上的策略中,理性说服、鼓励性要求和协商在多种情境中都是最有效的。最无效的策略是压力、联盟和合法化。如果抱有特定的策略总会奏效而其他的策略一定会失败的认识,这无疑是不对的。当影响是针对组织层级中的下层而不是上层时,就会产生影响策略有效性的差异。当不同的策略结合起来使用而不是各自单独使用时,也会产生策略有效性的差异。

六、权威(权力+威信)是有效领导的基础

威信是领导者在被领导者心目中的威望和信誉。它表现为被领导者对领导者的尊重、

依赖、钦佩、崇敬和心甘情愿地服从、追随、效仿的精神感召力。

1. 领导威信的作用

威信决定领导者影响力的强弱。如果一个领导者的威信高,那么他运用权力的效果就好,权力的作用则能得到充分的发挥。威信是提高领导效能的重要条件。在实现组织目标的过程中,领导者的威信起着巨大的激励作用,威信有利于推进组织改革。威信高的领导者,其改革容易被下级理解和接受,有利于协调领导者与被领导者的关系,有利于吸引人才。

2. 如何树立威信

(1) 威信的形成不取决于职位权力的影响力,而在很大程度上依赖于形成非权力影响力中的诸要素:品格、感情、知识、能力等,可以通过提高领导者的这些品质要素树立领导者的威信。

(2) 优秀品质是领导者树立威信的第一要素;渊博的知识和专业特长是领导者建立威信的基础;以身作则,领导作为下属的榜样,具有行为示范性。

(3) 威信是建立在下级对领导者的信任基础上的,这种信任包括政治上的信任、业务上的信任、下级对领导者品德上的信任。

七、提升领导有效性的途径

1. 注重领导者素质的提升

合理的知识结构是领导者必备的基本素质,在21世纪的知识经济时代,领导者若没有较高的知识水平是很难胜任工作的。有效的领导者不仅应具备一定的知识水平,而且要有必要的专业技能,具体包括以下几方面的能力:决策能力,分析、判断和形成概念的能力,组织、指挥和控制的能力,沟通协调能力,开拓创新的能力,知人善任的能力。领导者还担负着指挥、组织协调企业活动的职责,不仅要具备各种领导能力,而且要有健康的身体与良好的心理素质。

2. 根据所处的领导情景采取合适的领导方式

领导的有效性受到被领导者和所处环境的影响,因此,应根据所处的领导情景采取合适的领导方式。一方面,"领导生命周期理论"将被领导者的成熟度作为一个情景因素,考察能够取得较好领导效能的领导方式是怎样因情景不同而权变的。该理论主张,随着下属从不成熟逐渐走向成熟,领导方式应当按照命令式、说服式、参与式和授权式方向逐步推移和权变。对此,菲德勒提出了领导的"权变模型",认为任何领导形态均可能有效,其有效性则取决于是否适应所处的环境。另一方面,环境影响因素主要有以下三个方面:上下级关系、任务结构和职位权力。一般来说,在领导者最有利和最不利的情况下采用任务导向的领导方式,其领导效果较好;在对领导者中等有利的情况下,采用关系导向效果较好。

3. 努力提高非职位权力影响力

领导工作是一门科学,也是一门艺术。组织中的领导者树立权威、搞好管理,既要使用职位权力,又要注重使用非职位权力影响力,尤其是在管理界普遍提出"以人为本"的背景下,要更多地使用非职权影响力。换言之,领导者要善于在品德、能力、知识、感情等非权力要素方面塑造好自己的形象,树立自己的威信,使下级乐于追随自己,从而使强制性的命令转化为下级的自觉行动。非正式组织的领导者并不拥有职位权力,却能让周围的人对他一呼百应,从这个侧面说明,正式组织的领导者应该加强个人素质的修炼,以便在拥有职位权力的同时,获得更大的个人影响力。

4. 充分激励下属积极性

实现对人的激励,领导者首先必须掌握激励理论,熟悉激励的基本理论,可以使领导者对如何使员工努力工作有深刻的认识。其次要充分调动人的工作积极性和创造性,而人的积极性与创造性主要与人的需要、动机等心理因素密切相关。最后,领导者要在工作过程中不断地带领团队向着目标奋进,必须充分了解下属的需要和动机。不同的人有不同层次的需求,领导者应抓住优势需求来激励下属,把物质激励和精神激励有机结合起来。通过各种形式多听取下属的意见,最大限度地满足下属的参与需求,并始终强调下属的工作对组织的重要性。

5. 合理授权

授权是各个层次的管理者必须掌握的一项技能,但授权在给组织带来利益的同时,也存在巨大的风险。领导者要使授权达到预期效果,必须遵循科学的授权原则和掌握授权的基本程序。授权的原则包括:有目的的授权;因事设人,视能授权;适度合理授权;授权留责;逐级授权;信任原则;加强授权后的监督。

权 威 效 应

美国心理学家曾经做过一个实验:在给某大学心理学系的学生们讲课时,向学生介绍一位从外校请来的德语教师,说这位德语教师是从德国来的著名化学家。实验中这位"化学家"煞有其事拿出了一个装有蒸馏水的瓶子,说这是他新发现的一种化学物质,有些气味,请在座的学生闻到气味时就举手,结果多数学生都举起了手。对于本来没有气味的蒸馏水,为什么多数学生都认为有气味而举手呢?

这是因为有一种普遍存在的社会心理现象——权威效应。所谓"权威效应",就是指说话的人如果地位高,有威信,受人敬重,则所说的话容易引起别人重视,并相信其正确性,即"人微言轻、人贵言重"。

(资料来源:http://baike.baidu.com/link? url=vijGAcJcBW__szGlp18_pzcdyxMC3BE7BMchjq1giJEm-DTnuF5j9xEjPVTexdvJB_gOYYRzYG7ifvsWJZIYLa.)

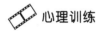

激励能力测试题

1. 员工工作做得非常好,其工资就应该增加( )。

A. 完全同意   B. 有点同意   C. 有点不同意   D. 完全不同意

2. 好的职务说明很有价值,它使员工知道该做什么( )。
   A. 完全同意　　　B. 有点同意　　　C. 有点不同意　　　D. 完全不同意
3. 要员工愿意继续工作下去,要看公司能否进行有效的竞争( )。
   A. 完全同意　　　B. 有点同意　　　C. 有点不同意　　　D. 完全不同意
4. 管理人员应该关心员工的工作条件( )。
   A. 完全同意　　　B. 有点同意　　　C. 有点不同意　　　D. 完全不同意
5. 管理人员应该在人群当中尽力制造友好的气氛( )。
   A. 完全同意　　　B. 有点同意　　　C. 有点不同意　　　D. 完全不同意
6. 对于工作绩效高于标准的员工,应该对其进行表扬( )。
   A. 完全同意　　　B. 有点同意　　　C. 有点不同意　　　D. 完全不同意
7. 在管理上对人漠不关心,会伤害人的感情( )。
   A. 完全同意　　　B. 有点同意　　　C. 有点不同意　　　D. 完全不同意
8. 要让员工感到,他们的技能和力量都在工作中发挥出来( )。
   A. 完全同意　　　B. 有点同意　　　C. 有点不同意　　　D. 完全不同意
9. 公司员工福利和对员工子女的安排是员工安心工作的重要因素( )。
   A. 完全同意　　　B. 有点同意　　　C. 有点不同意　　　D. 完全不同意
10. 几乎每一种工作都可以使它具有激发性和挑战性( )。
    A. 完全同意　　　B. 有点同意　　　C. 有点不同意　　　D. 完全不同意
11. 许多员工都想在工作中干得非常出色( )。
    A. 完全同意　　　B. 有点同意　　　C. 有点不同意　　　D. 完全不同意
12. 公司在业余时间安排社会活动,这表明对员工的关怀( )。
    A. 完全同意　　　B. 有点同意　　　C. 有点不同意　　　D. 完全不同意
13. 一个人在工作中感到自豪,就是一种重要的报酬( )。
    A. 完全同意　　　B. 有点同意　　　C. 有点不同意　　　D. 完全不同意
14. 员工希望在工作中成为佼佼者( )。
    A. 完全同意　　　B. 有点同意　　　C. 有点不同意　　　D. 完全不同意
15. 非正式群体的中的良好气氛是非常重要的( )。
    A. 完全同意　　　B. 有点同意　　　C. 有点不同意　　　D. 完全不同意
16. 个人奖励会改变员工的工作绩效( )。
    A. 完全同意　　　B. 有点同意　　　C. 有点不同意　　　D. 完全不同意
17. 员工要有机会和高层管理人员接触( )。
    A. 完全同意　　　B. 有点同意　　　C. 有点不同意　　　D. 完全不同意
18. 员工一般喜欢自己安排工作和自己做决定,不需要太多的监督( )。
    A. 完全同意　　　B. 有点同意　　　C. 有点不同意　　　D. 完全不同意
19. 员工的工作要有保障( )。
    A. 完全同意　　　B. 有点同意　　　C. 有点不同意　　　D. 完全不同意
20. 员工要有良好的设施进行工作( )。
    A. 完全同意　　　B. 有点同意　　　C. 有点不同意　　　D. 完全不同意

记分标准:

A. 完全同意(3 分)
B. 有点同意(2 分)
C. 有点不同意(1 分)
D. 完全不同意(0 分)

分析结果:

41~60 分:你十分了解激励对于管理的重要性,而且运用得很好。

21~40 分:你知道激励对于管理的重要性,但还是做得不够。

0~20 分:你不知道如何激励员工,这是十分危险的。

(资料来源:http://wenku.baidu.com/link?url=Oklaf6M9I5ykGhOUl6OwlDSo1Li2saI4ojcI_KHnCp-8UtveM5ujsM8V4oiCWxayqWWWYMFpzYP3dGCn89nxg8HfRGt8ScfEcN-H4LMyjOy.)

小 结

学校领导者在学校扮演领导者、管理者、教学领导者、服务者、革新者等多重角色,因而学校领导者可通过重塑角色认知、调适内省反思能力、完善组织协调技巧、管理角色压力策略、提升战略治校能力来协调各部门职能,管理好学校,实现学校发展的战略目标。同时,学校领导者应当具备组织管理能力、心理素质、文化及专业素质。面对诸多角色,只有定好位、把握住核心角色,才能妥善地处理各方面的工作。

领导理论是研究领导有效性的理论,影响领导有效性的因素以及如何提高领导的有效性是领导理论研究的核心。领导理论的研究与发展经历了三个阶段:领导特质理论阶段、领导行为理论阶段和领导权变理论阶段。

学校领导的权力及影响力,关乎整个学校的组织、管理以及教学、办学的质量。领导权力,就是领导者(权力所有人),遵循相关的法律法规,运用多种方法与手段,在实现特定目标的过程中,对被领导者(权力相对人)做出一定的决定与施行一定影响的能力。领导者权力的来源有两大类,人际来源主要有奖赏权、合法权、强制权、专家权、感召权,结构来源有知识性权力、资源性权力、决策性权力、网络性权力。领导者的权力不仅受到传统观念、职位和资历等权力性因素的影响,也受到领导者本人的品格、知识能力、感情等非权力性因素的影响。学校领导者可通过不断加强理论和专业知识的学习,提高个人素质,树立勇于开拓的创业者、清正廉洁的公仆、亲善随和的师长形象,提升自己的影响力。

有效的领导行为指领导者的行为能适应既定的环境,并根据各种特定的情境,做出正确的决定。领导的有效性是领导者、被领导者和情境因素的函数,函数关系用公式表示为:领导=f(领导者,被领导者,情境因素)。影响领导行为有效性的因素:领导者个人素质及其与职权的结合程度;领导情境因素包括被领导者素质和环境条件两大方面,最主要的领导情境因素包括下属特点、人际关系、任务清晰程度、职位权力等;组织系统结构的优化程度;领导权力的分配方式。对领导有效性的评价需要考虑一系列相关因素,一般由计划、委派、贯彻、评价、奖惩五步来提高领导行为的有效性。

练习与思考

1. 练习题

(1) 刘邦因怀疑韩信谋反而捕获韩之后,君臣有一段对话。刘问:"你看我能领兵多少?"韩答:"陛下可领兵十万。"刘问:"你可领兵多少?"韩答:"多多益善。"刘不悦,问道:"既如此,为何你始终为我效劳又为我所擒?"韩答:"那是因为我们俩人不一样呀,陛下善于将将,而我则善于将兵。"在这段对话里,韩信关于他与刘邦之间不同点的描述最符合以下哪一种领导理论的基本观点?(　　)

　A. 领导特质理论　　　　　　　B. 领导权变理论
　C. 领导风格理论　　　　　　　D. 两者并不相关

(2) 菲德勒所确定的对领导的有效性起影响因素的三个维度是(　　)。

　A. 职位权力、任务结构、领导与下属的关系
　B. 职位权力、领导者性格、领导者素质
　C. 职位权力、下属素质、领导者素质
　D. 下属素质、管理跨度、任务结构

(3) 根据领导者运用职权方式的不同,可以将领导方式分为专制、民主与放任三种类型。其中,民主式领导的主要优点是(　　)。

　A. 纪律严格,管理规范,赏罚分明
　B. 组织成员具有高度的独立自主性
　C. 按规章管理,领导者不运用权力
　D. 员工关系融洽,工作积极负责,富有创造性

(4) 领导理论的发展大致经历了三个阶段,(　　)侧重于研究领导人的性格、素质方面的特征。

　A. 性格理论阶段　　　　　　　B. 行为理论阶段
　C. 效用领导阶段　　　　　　　D. 权变理论阶段

(5) 管理方格理论提出了五种最具代表性的领导类型,(　　)领导方式对生产和工作的完成情况很关心,却很少关心人的情绪,属于任务式领导。

　A. 1-1 型　　　　　　　　　　B. 9-1 型
　C. 1-9 型　　　　　　　　　　D. 5-5 型

(6) 根据领导权变理论,领导的有效性取决于(　　)。

　A. 领导者的个人品质　　　　　B. 固定不变的领导行为
　C. 领导者是否适应所处的具体环境　　D. 领导者是民主型还是放任型领导

2. 思考题

(1) 试述如何提高领导的有效性。
(2) 什么是领导者的影响力?其构成要素有哪些?
(3) 领导者的权力,按其来源的不同,可分为哪两种类型?每种类型分别有哪些权力?

 综合案例

一、案例背景

案例1

某天下午4点,A中学的年级组长、教研室主任会议即将开始,与会者面前摆着笔记本,两个座位空着。

差一分四秒时,张校长进来说:"现在开会了,大家都很忙。这是会议议程,每人取一张。大家都知道,教委将在本市选择一些学校,进行内部管理体制改革的试点,我打算争取试点的机会。我相信大家都已看过教委的文件,以及我为本校拟订的内部管理体制改革的试点计划。"

这时门开了,迟到者小心翼翼进来,关上门,坐到空位上。校长看了他一眼,继续说:"对于我所拟订的改革试点计划表,以及对年级和教研室的要求,有什么问题吗?"

会议如此继续下去……

案例2

B中学的年级组长、教研室主任会议将在五分钟后开始。王校长在室内一角,正热心地与一位教研室主任交谈。四点零三分,校长看了一下室内说:"我们再等宋老师一会儿,我知道他对这个议题很有兴趣。"

四点零八分,王校长建议会议开始。大家随便围成一个圆圈坐着。王校长说:"我希望了解各位对教委关于学校内部管理体制改革的试点计划的看法,我们学校是否试点,有什么意见。"大多数与会者都发表了意见。大家都同意学校试点,并提出了改革试点的建议。王校长正要说话,宋老师进来说:"抱歉,迟到了。我与家长谈话,耽误了一些时间。"

"没关系,倒杯茶,拉把椅子来坐,我们告诉你刚才谈了些什么",校长说。

宋老师坐好了,会议开始讨论校长提出的问题——我们如何拟订学校的改革计划。

(资料来源:http://wenku.baidu.com/link?url=zQq6tozQFuugkVkQpdGOmtRQaM4JaTfwij531liXMFNww2zBXR6dfEgAVngHSv7SQ8sXqYsY0opiF57yEnrQXJjrGiPWfaXaA7DkMWjAQH_.)

二、案例讨论

1. 试描述这两个学校校长采取的不同领导方式。
2. 两位校长领导方式有哪些主要差异?
3. 你认为哪一种领导方式较好?为什么?

B中学的方式较好。A中学:张校长是采取任务型的领导方式。B中学:王校长是采取以人为中心的人际关系型的领导方式。从本例来看,A与B两校的校长在召开会议过程中有以下几点不同:对成员的态度及与成员相处的关系不同;决策与采取决定的方式不同;会议召开的方式及时间要求也不相同。B校王校长的领导行为方式要优于A校张校长。学校是非生产部门、人际取向的领导应优于生产(或任务)取向的领导。

本章推荐阅读书目

[1] 迈克尔 A. 希特. 组织行为学——基于战略的办法[M]. 2版. 北京:机械工业出版社,2012.

[2] 赫尔雷格尔 D,斯洛克姆 J W,伍德曼 R W. 组织行为学[M]. 9版. 上海:华东师范大学出版社,2001.

[3] 罗伯特·西奥迪尼. 影响力[M]. 陈叙,译. 北京:中国人民大学出版社,2006.

第八章 学校组织心理

 本章结构

- 学校组织心理概述
  - 组织与学校组织
  - 学校组织的结构与心理功能
  - 学校组织气氛与组织文化
- 学校组织的变革与发展
  - 组织变革的含义
  - 组织结构变革的动因
  - 学校组织变革的必要性
  - 学校组织变革的理论
  - 学校组织变革的主要模式
  - 学校组织变革的策略
- 学校组织的冲突与危机管理
  - 学校组织冲突
  - 学校组织冲突的影响
  - 学校组织冲突的解决策略
  - 沟通与冲突解决的基本知识
  - 校园危机管理

第一节　学校组织心理概述

案例分享

北京大学的校徽是蔡元培任校长期间请鲁迅先生设计的,1917年8月设计完成。校徽图案(见图8-1、图8-2)是"北大"两个篆字的上下排列,其中"北"字构成背对背的两个侧立的人像,而"大"字构成了一个正面站立的人像。校徽突出一个办学理念,即大学要"以人为本"。也有人说,上面的是学生,下面的是老师,教师就是要甘为人梯,学生站在巨人的肩膀上,就是要青出于蓝胜于蓝。北大前任校长许智宏说,真正的"大"学,学术之大,责任之大,精神之大,尽在其中。许多毕业多年的北大学生回想起来,都不约而同地提到,北大给学子们最宝贵的是"自由独立,兼容并蓄"的精神。

图8-1　北京大学校徽

图8-2　鲁迅设计的北大校徽

(资料来源:http://baike.baidu.com/link? url＝4WrosslD_QikX50OJPAs6l_n9wX9gFf2lWAECHqZmAuktqky2D6sZyNx1fdBLTtA7gGyCAOi3hQ-fvpbBA3MOq.)

上述案例充分体现了学校组织文化对组织成员的深刻影响。学校组织文化是学校组织内涵的重要组成部分,学校组织作为组织的一种特殊形态,具有什么样的结构与特点?学校组织又有哪些心理功能?怎样理解学校组织文化以及如何丰富学校组织的文化内涵?本章首先介绍组织的一般概念、基本理论,其次详细介绍学校组织的结构、性质、功能,最后对学校组织氛围与组织文化加以详细的讨论。

一、组织与学校组织

(一)组织的概念

1. 定义

组织是以一定形式,由各成员或群体组成的社会心理体系,是成员之间、群体之间以及个体和群体之间交互作用、协同活动以实现共同目标的集合体系统。目前,国内外对组织的内涵进行论述的观点有多种,但一般而言,任何一个组织的存在都必须具备三个条件:第一,组织是人组成的集合,没有人群就没有组织;第二,组织是适应于目标的需要,任何组织都有基本的使命和目标;第三,组织通过专业分工和协调来实现目标。

2. 组织的特点

具体来说,组织具有以下四个方面的特点。

第一,组织不同于群体。组织发挥整体的优势,产出大于个人的力量,发挥最大的效用;组织内的人际关系是工作的需要,不同于群体之间亲密的关系。

第二,组织是有目标的。组织之所以能够存在,就是因为它是按照一定的目标而设定的,组织目标是一个目标体系,组织所有的活动都会围绕这个目标而展开,并且承担一定的社会功能,大家在这个共同目标的感召下,聚集在一起,一同实现目标。

第三,组织是有边界的。任何组织都存在于一定的环境中,组织成员的精神、行为和作风都有一定的个性特征,使自己的组织有别于其他的组织。

第四,组织是一个相互协作的体系。组织协调关系体现在三个层面:人际关系、人群关系、群体关系(娄成武,2006)。一个群体如果需要产生出更大的效用、更高的效率,就要分工明确,用组织的制度来规范成员行为,形成一个有机的组织,使整个组织协调运转,最终达到组织目标。

(二)学校组织的概念

学校组织是指在一定的教育管理体制下,学校为了实现特定的目标而形成的机构、结构及其管理体系。学校是一种组织化的社会单位,是一种社会组织。因此,学校组织具有组织的一般特性,即人们为了合理、有效地达到自己的目标而有计划、有组织地建立起来的实体,成员之间有明确的分工和职责范围,有一套工作制度,有明确的目标。但同时学校组织也有其自身的性质特点,表现为规范性、权威性和强制性。

1. 规范性

学校对于师生而言,是一种规范性组织。学校的教育活动所依据的约束手段不是法律,而是教育规范。因此,对于教师而言,必须合乎教师的职业道德规范、育人规范等;而对于学生而言,则必须符合学习规范和行为规范。

2. 权威性

学校组织的权威性是对学生而言的,由于学校是以"教育人的部门"的名义组织起来的,就意味着学校组织以"文化专断"为内容,表现出"教育权威"的形式。

3. 强制性

学校组织的规范性和权威性不是无条件的,而是表现为一定的强制性。具体表现在三个方面:第一,学校学生处在"义务教育阶段",因此可以将该阶段的学生强制纳入学校组织中;第二,学校组织是通过特有的奖励制度而对学生进行有限范围的强制;第三,学校组织还通过教师为维持自身权威的工作,尤其是"惩罚"措施而对学生实施一定程度的精神或身体上的制约。

二、学校组织的结构与心理功能

在现代社会,组织所追求的目标有公共目标和非公共目标,因此,组织可以分为公共组织和非公共组织。在公共组织中,有一类特殊的公共组织——事业单位组织,是指为了国家的社会公益的目的,由国家机关举办或者其他组织利用国有资产举办的,从事科技、教育、文化、卫生等的社会服务组织,学校组织就是其中的一类。

(一) 学校组织的结构

学校组织结构,是指学校各部门之间的联系方式。联系方式不同,形成不同的结构,包括管理结构、职权结构与角色结构等。

学校组织的管理结构包括决策层、协调层和操作层三个层面。学校组织的职权结构与管理结构有密切的联系,主要由三种职权组成:直线职权、参谋职权和职能职权。现代学校实际上已经形成较为稳定的职权系列:校长—分管处长(或主任)—年级长、教研组长—班主任、教学人员、教辅人员—学生。此外,还包括一些其他职权系列(如党团组织、学生会组织等)。下面简单介绍一下学校组织结构常见的几种基本类型。

1. 直线型学校组织结构

直线型组织是最简单和最基础的组织形式。它的特点是学校各级单位从上到下实行垂直领导,呈金字塔结构,如图8-3、图8-4所示。直线型组织结构中下属部门只接受一个上级的指令,各级主管负责人对所属单位的一切问题负责。这种结构的优点在于结构比较简单,责任分明,命令统一。但其缺点在于管理无专业分工,各级管理者必须是全能管理者,各级管理者负担重。在组织规模较大的情况下,所有管理职能都集中由一个人承担,难度较大。另外,由其结构决定了基本职能进行直上直下的链式沟通,很容易造成沟通不畅或者失误。

图 8-3 直线型组织结构示例

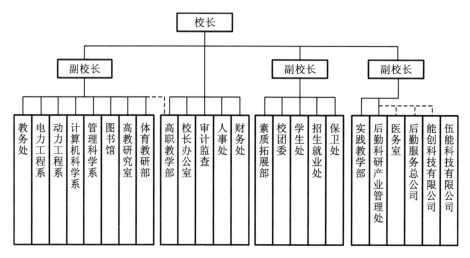

图 8-4 某职业学校组织结构图

2. 职能型学校组织结构

这里的职能是指相对独立的一组互相联系的活动。按照不同的管理职能划分部门是最典型的划分部门的方法,如图 8-5 至图 8-7 所示。职能型组织结构是按照劳动专业化的原则,以劳动或任务的性质为基础来划分部门的学校管理组织的构成。

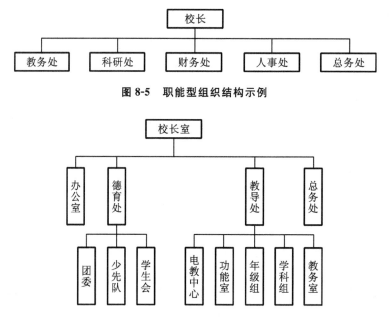

图 8-5 职能型组织结构示例

图 8-6 某小学组织组织结构图

按照职能划分部门的最大优点在于由专业化分工带来的工作效率的提高,也有利于加强高层领导者对各项管理工作的控制。但职能型组织结构也有不少缺点:首先,各职能部门的领导只对工作负责,而不是直接对组织的总目标和全局利益负责,使其不能从组织的全局利益考虑问题。其次,部门之间的协调比较困难。最后,按职能划分部门最严重的缺点是它

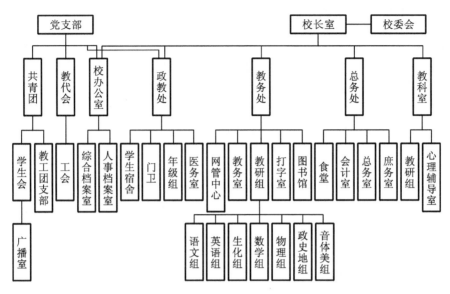

图 8-7 某高中学校组织结构图

的封闭性,它不适宜管理那些跨部门的工作。

3. 直线职能型学校组织结构

这种组织结构的特点是:以直线为基础,在学校各级行政主管之下设置相应的职能部门从事专业管理,作为该级行政主管的参谋,实行主管统一指挥与职能部门参谋、指导相结合。在直线职能型组织结构下,下级机构既受上级部门的管理,又受同级职能管理部门的业务指导和监督。各级行政领导人逐级负责,高度集权。因而,这是一种按经营管理职能划分部门,并由最高经营者直接指挥各职能部门的体制,如图 8-8 所示。

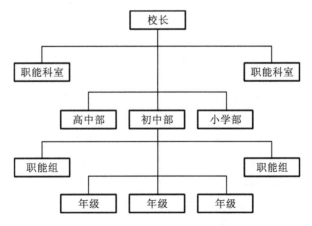

图 8-8 直线职能型学校组织结构示例

总体来说,相比其他组织结构,学校组织的职权结构层次少,职权等级距离短,不同职权者地位不太悬殊。因此,学校组织中领导者颐指气使,干群间等级森严等现象较少。

（二）学校组织的心理功能

学校组织的心理功能主要体现在校园组织文化对其成员心理的影响上。学校组织文化对教师和学生的心理状态起着重要的隐性影响作用,表现在以下几个方面。

1. 凝聚作用

学校组织的凝聚作用表现在组织成员具有比较统一的认识,从学生到教师再到管理者,每个层级都有明确的目标任务,上下级之间具有协调的步调和密切关系,学校组织是作为一个有凝聚力的整体在发挥作用。

2. 激励作用

学校组织的激励作用主要表现在对成员成长的强化激励方面,对于管理者、教师和学生,学校组织通过一套特殊的激励机制诱发其需要,激发学习动机、工作动机,鼓励成就。

3. 启迪作用

学校组织的启迪作用表现在学校文化教育的内涵方面,通过学校教育启发学生心智,增长学生知识,弘扬传统美德,提升思想道德修养,完善自身素质。

4. 除弊作用

学校组织的除弊作用表现在针对学校组织可能出现的问题和弊端进行管理,包括有效管理冲突,合理分配角色,消除隔阂,降低内耗,增进组织内外的沟通,促进组织的健康成长。

学校组织的心理作用是多方面的,学校组织的正面心理作用的发挥,主要取决于学校组织结构的合理性。反之,如果学校组织结构不合理,其反面的心理作用也是不言而喻的。

（三）学校组织的特点

学校组织是"人类社会发展到一定历史阶段,在人们有较大教育需求时产生的"(范国睿,2002)。学校自产生起,就是一个组织化了的社会机构。这是因为学校组织如同其他社会组织一样,它的产生与存在是为了达到特定的目标而建立起来的。学校组织具有一般组织的共同特征,除此之外,还具有其自身独有的个性特征。

学校组织同时具备以下特点:①学校组织具有共同的办学目标与人才培养目标,所有学校成员对学校组织具有认同感;②有固定的人数,学校是由教育者和受教育者组成的,他们为了实现共同的教与学的目标而走到一起;③学校组织对每个成员的地位、权利、责任与义务等都做了适当的安排,学校领导、教师、员工与学生各司其职,并进一步形成相应的组织关系与结构;④为了自己的生存和发展,要求学校组织内的所有人员在工作和学习过程中相互配合,相互支持;⑤有特定的学校文化;⑥学校组织不断地根据社会需求的变化而进行学校管理改革与教育教学改革,不断促进组织创新。

除上述内涵特征外,在表现形式上学校组织还具有以下特点。

1. 教师工作的松散化和弹性化

松散化是指工作事件虽有一定联系,但每个事件具有相对独立性,相互之间的依赖性较小。弹性化是指教师的管理上不要过于硬性和刚性,应该给予相对的时空自由。

2. 管理结构的紧密化

麦耶尔和罗维(J. W. Mayer & B. Rowan)认为,学校应该并存两种状态:教学部门的松散化和非教学部门的紧密化。即教师实行弹性化管理，但教务、后勤等方面的应该层峰式管理，强化分工、责任和协调。

3. 整体组织的人性化

学校是一个人——人系统，更应该强调人性化管理，多关注管理的主体——学生，以及管理的主导因素——教师的心理需求，充分尊重学生的个体差异，因材施教，为其创设适合成长发展的宽松、温暖、有归属感、积极向上的环境氛围。

4. 信息的开放化和组织的学习化

学校是一个学习型组织，组织中的成员都必须不断地学习才能适应其发展要求。同样，学校组织中的信息是相对开放和流动的，可以说学校组织是一个巨大的学习资源库，有着丰富的各种学习材料、资源，可供组织内部甚至外部成员所共享。有许多知名院校如麻省理工学院、哈佛、耶鲁、剑桥、牛津等面向大众均发布网络公开课，给大众一个了解世界学术前沿的机会。

三、学校组织气氛与组织文化

（一）学校组织气氛

1. 学校组织气氛的概念

学校组织气氛(the organizational climate of schools)概念的界定，主要有三种观点：人格隐喻的观点、关系隐喻的观点和空气隐喻的观点(郑莉君，戈兆娇，2009)。人格隐喻的观点代表人物为Halpin，提出"学校气氛之于学校，就如人格之于个人"。持这一观点的学者们认为，学校组织气氛是学生、教师、管理人员努力协调组织与个人各方面的产物，包括共同的价值观、信念和社会标准等内在的特性，这些特性使学校与学校之间区别开来。关系隐喻的观点强调学校环境中的人际互动以及学校与社区的互动，如Haynes和Emmons(1997)认为，学校气氛就是学校中那些影响儿童认知、社会性及心理发展的学校区别成员间人际互动的质量和频率。空气隐喻的观点将学校气氛描述为学校成员时刻感受到的、弥散性的、变化的、难以捉摸的环境因素。如Freiberg(1998)指出，学校气氛是在学校中的人们工作和学习中一个恒常变化不定的因素，就像每天呼吸的空气。

上述三种观点，是围绕着学校组织的属性、形成过程和存在方式进行描述的。总体来说，我们可以把学校组织气氛定义为：一所学校区别于另一所学校的一系列心理和行为特征，是学校成员在个性风貌、群体意识、人际关系处理准则及对组织特点等方面的共性或看法的总和。

2. 学校组织气氛的因素结构

由于对组织气氛的操作定义不同，不同的研究者选择不同的气氛维度进行研究。Tagiuri(1968)对组织环境的分类是得到公认的。他把组织环境划分为生态学(ecology)、背景环境(milieu)、社会系统(social system)、文化(culture)四个维度。他认为组织气氛是一个组织的总的环境性质，它来自环境四个维度各因素的相互作用，研究组织气氛应从此四个维度中去选择变项。①生态学维度：指组织的物质资源，包括设备、材料、仪器、建筑及财政等。②背景环境维度：来自组织中成员带来的背景特征，包括成员的社会经济地位、教育水平、经验、自我概念、士气、满意度等。③社会系统维度：指组织中正式和非正式角色的相互作用，包括行政组织、指导计划、作业分组、上下级相互作用、同事间相互作用，以及决策与参与模式。④文化维度：包括规范、信念系统、价值、认知结构、对人生意义的看法等。

研究者们基于对学校组织氛围的因素构成的观点和理论，编制了组织气氛问卷，其中以Halpin和Croft于1963年开发的学校组织气氛问卷（OCDQ）为代表。他们将学校气氛分为八个维度，其中校长行为涉及疏远、强调成果、以身作则、关怀四个维度，教师行为涉及离心、阻碍、士气、亲密等维度。Hoy等人（1991）在修订OCDQ的基础上，分别编制了小学组织气氛问卷（OCDQ-RE）和中学组织气氛问卷（OCDQ-RS），经因素分析得出六个因素，即支持的、指导的和严厉的校长行为，合作的、亲密的和离心的校长行为。香港中文大学郑燕祥在研究校长行为类型和组织气氛过程中编制了学校组织气氛问卷。该问卷从校长—教师关系、教师事业信守、教师团体心理、教师个体心理四个方面探讨学校组织气氛。

近年来，国内学者从学校组织气氛维度探讨学校组织气氛与教师心理健康水平、教师工作动机、教师工作满意度、教师效能感以及工作绩效的关系，在学校组织气氛对学生的影响等方面做了大量的研究，得到了很多有价值的结论。例如，有调查表明教师对学校组织气氛的知觉与高工作满意度有显著正相关（曹艳琼，2002）。一项立足高校的研究表明，高校组织气氛对教师工作绩效有显著预测效果，进一步研究发现，组织气氛对工作绩效的影响是通过组织承诺的中介实现的（马云献，2005）。在学校组织气氛对学生的影响方面，研究表明学校气氛对学生学业、创造性发展等认知方面和学生的情感、抱负、价值观及社会行为都有重要影响。潘孝富，程正方（2001）的研究表明，学校组织健康状况与学生心理健康水平有显著相关。同时，跨文化的研究表明，学生感知到积极的学校气氛可显著预测学业成绩。

（二）学校组织文化

关于文化，学者们有许多精彩论述。梁漱溟说，文化就是吾人生活所依靠之一切。余秋雨说，文化是一种精神价值和生活方式。龙应台说，文化，它是随便一个人迎面走来，他的举手投足，他的一颦一笑，他的整体气质。可见，文化如同空气一样伴随着人的生活，同样，在学校组织中，文化不仅无处不在，而且起着举足轻重的作用。

1. 学校组织文化的定义

不同的学者对学校组织文化（the organizational culture of schools）的概念有不同的界定。陈孝彬认为，学校组织文化是指一所学校在自己的长期活动中所积淀的、为全校成员所共同遵循的价值观念和行为方式的总和（转引自朱新秤，2008）。程正方（2006）认为，学校组织文化是一种学校多年以来形成的管理文化，核心是学校的价值观。朱新秤认为，学校组织文化指学校在与环境的交互过程中，经过一定时间的积累，逐渐形成的一系列学校成员共同拥有的态度、价值观和信念，它们引导着学校成员的行为（朱新秤，2008）。

组织文化被界定为"组织在长期的实践活动中所形成的并且为组织成员普遍认可和遵循的具有本组织特色的价值观念、团体意识、行为规范和思维模式的总和"。而学校是一种特殊的社会组织，组织文化理论渗透到学校从而产生了学校组织文化这一概念。因此，可以将学校组织文化界定为"学校全体师生员工在长期的管理、教育教学实践中形成的支配他们行为的价值观念、管理思想、群体意识和管理制度、行为规范、人际模式等"。学校组织文化潜移默化地对学校管理起作用,一经形成,便成为学校成员所共有和必须遵循的学校文化,对学校成员产生影响。

2. 学校组织文化的特点

1)独特性

由于历史传统、领导方式、实践水平等的不同,每所学校都会形成具有本校特色的学校组织文化,在校风校貌、价值观等方面具有自己的独特意义。

2)共有性

学校组织文化作为一种特殊的文化,在内容上具有综合性,是对学校教育、教学、管理等各方面的整体概括和综合,并为每个学校成员在心理上认同和接受。

3)渗透性

学校组织文化一旦形成,其包含的价值观、行为准则等会作为一种氛围弥漫于学校之中,渗透到学校成员的一切活动和行为中去,规范他们的言行。

3. 学校组织文化的结构

学校组织文化的各个要素是如何有机结合起来,形成学校文化的整体系统的?这涉及学校组织文化的结构问题,关于学校组织文化的结构,国内外不同学者提出过许多不同的理论模型。

1)管理心理学家雪恩提出学校组织文化的结构模型

该模型包括:①表层——能够观察得到的工作制度、人为事物和创造物。其表征包括技术、艺术、视听行为模式、教师学生的穿戴方式、同事之间打招呼的方式、校园的气息和感觉、组织情感和其他现象的更持久记录。②中间层——价值观。其表征包括意识的高级层次。在物质环境中,只有通过社会舆论才能检验的内容,如校训等。③深层——作为行动基础的基本信念。其表征包括理所当然的、无形的、潜意识的层次,如人与环境的关系,现实、时空的本质,人性、人类活动的本质,人际关系的本质。

2)金字塔模型

国内学者闫玉堂提出的学校文化的"金字塔模型",将学校的环境文化、制度文化、行为文化、理念文化由下而上排列成一个层次系列,如图 8-9 所示。其中,环境文化包括学校的规划布局、道路建筑、绿化卫生、宣传橱窗等;制度文化包括人事工资、奖惩、教学、科学、行政后勤等方面的规章制度;行为文化包括行为规范和校风两个方面,涉及学校组织的各级成员及学校的各种团体;理念文化则包括办学理念、办学目标、学校方针、策略、校训、标识等。

3)生态树模型

国内学者李亦菲在总结前人理论的基础上,提出一种学校组织文化的树模型,称之为学校文化的生态树模型。该模型考虑了学校组织本身及组织之外文化的影响因素,包括本土文化和外来文化等,这是一种宏场的观点。在这一模型中,理念文化类比为树根,制度文化类比为树干,学生文化、教师文化和管理者文化类比为树枝,行为文化和形象文化类比为树叶,传统文化和本土文化类比为树赖以获得养分的土壤,现代文化和外来文化类比为树赖以获得能量(食物)的阳光。之所以将这一模型称为"生态树模型",如图 8-10 所示,就是因为这一模型不仅包含了类比为树的学校文化,而且还包含了类比为土壤的传统文化和本土文

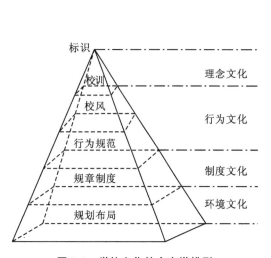
图 8-9 学校文化的金字塔模型

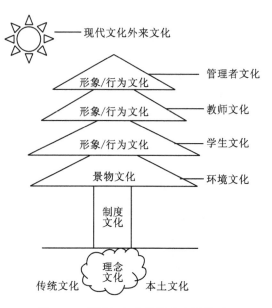
图 8-10 学校组织文化的生态树模型

化,以及类比为阳光的现代文化和外来文化,从而将学校文化放在一个它赖以生存和发展的大文化环境中,就好像树离不开土壤和阳光一样(李亦菲,2008)。

> **知识链接 8-1**
>
> **沙因的人性观和组织文化理论**
>
> 　　埃德加·H.沙因(Edgar H.Schein),是在国际上享有盛誉的实战派管理咨询家,组织文化和组织心理学的开创者。沙因于1928年生于美国,1947年毕业于芝加哥大学教育系,1949年在斯坦福大学取得心理学硕士学位,1952年在哈佛大学取得社会心理学博士。此后,他一直任职于麻省理工学院斯隆商学院,现为斯隆管理学院的荣誉退休教授。在组织文化领域,他率先提出了关于文化本质的概念,对文化的构成因素、文化的形成过程进行了分析。"组织文化"一词被业界公认是由他创造的。他的主要研究领域涉及组织文化、职业培训和过程咨询等。他主要的研究著作包括《组织文化与领导》(Organizational Culture and Leadership)、《组织心理学》(Organizational Psychology)、《职业动力学》(Career Dynamics)、《过程咨询》(Process Consultation)和《重新思考过程咨询》(Process Consultation Revisited)等。这些著作自出版以来一直畅销不衰,被业界广泛引用。
> 　　沙因认识到组织是一个复杂的社会系统,要想真正了解组织中的人的行为,就必须对这个系统还有人性进行深入的研究。在《组织心理学》等著作中,他从组织心理学的视角出发,分析了管理学中存在的三种主要的人性假设,即理性经济人假设、社会人假设和自我实现人假设。沙因认为,这三种理论有其一定的道理,也有

不同的适用性,但必须认识到它们的不足,因为现实中的人性和人的行为不是某一种理论就可以明晰的,是非常复杂的。所以,他提出了复杂人假设,即人性并非固定不变,而是取决于人所处的复杂情境。复杂人假设认为,人的动机和需要是多种多样的,而且会随着时间和情境发生改变,并且人的价值观、目标、动机模式,是可以组合交叉的,并不一定互相排斥。人在组织中,会更新原有的需要,获取新的动机,并且在不同的组织、不同的部门,或者在不同的情境下,也会有不同的需要和动机。人们会因动机、需求、能力的不同而对不同的管理方式做出不同的反应,所以不存在任何情境下对一切人都起作用的管理政策。

通过对人性假设的研究,沙因认识到,个人和组织之间是相互交往和相互影响的关系,这种关系的交互过程亦表现为力求和反复建立一种心理契约的过程。所以沙因提出,文化是一个具有普遍意义的概念,只有掌握了一个组织的文化本质,才能真正地认识和理解这个组织。

沙因认为,文化是可以习得的,它包含了企业成员所共同拥有的深层的基本假设和信念,产生无意识的作用。为深入地解释什么是组织文化,沙因将其划分为三个层次。第一个层次是人为事物层次,是组织文化中最表层、最明显的层次,主要指在组织中可以看到的行为和可以感受到的现象,包括可观察到的组织结构和组织过程等。第二个层次是价值观层次,主要反映在组织的目标、战略和哲学信条当中。当群体价值观得到组织成员公认的时候,它们就会变成信念和假设,并最终进入无意识状态,就如同习惯成自然一样。第三个层次基本假设是沙因组织文化模型中最核心的因素,它是组织成员潜意识的一些思想、信仰和假设。沙因认为,基本假设层次是组织行为模式的终极根源,基本假设一旦形成,就会反过来支配组织的价值观和行为。只有充分了解一个组织的基本假设层次,才能真正了解组织文化。

沙因综合了前人对于文化比较的研究成果,对深层的组织文化分成了五个维度,认为这五个维度构成了组织文化范式的基本内容。第一个维度是人与自然的关系。这是关于组织的重要成员如何看待组织和环境之间的关系,是可支配的关系、从属关系,还是协调关系等。第二个维度是对现实和真理性质的假定。这是指组织中对于什么是真实的、判断它们的标准是什么、如何论证真实和现实以及真理是否可以被发现等的一系列假定,同时还包括组织成员行动上的规律,空间和时间方面的基本假定等。第三个维度是对人性的本质的假定。这包括人的基本本能是什么,哪些行为是人性或非人性的,人性的本质假定和个人与组织之间的关系应该是怎样的假定。第四个维度是对人类活动本质的假定。这主要涉及哪些人类行为是正确的,人的行为是主动的还是被动的,人是由自由意志所支配的还是被命运所支配的,什么是工作,什么是娱乐等一系列假定。第五个维度是对人际关系本质的假定。这些假定关于什么是权威的基础,权力的正确分配方法是什么,人与人之间应该建立什么样的关系等。沙因认为,每一种组织文化的核心就是关于人与人相互联系的正确方式的假定,从而保证了组织的稳定和安定。

这五个维度不是相互排斥的,而是始终保持着一种相互联系的张力。沙因认为,组织文化决定了组织的价值观以及在该价值观作用下的组织行为。即便是两个组织结构完全相同的企业,它们的企业文化也可能是差别极大,甚至是完全不相同的。现有认识或用来表述一个组织的文化不过是更深层次文化的表象,真正深层的、起更大作用的文化,则隐含在组织成员的潜意识里。

沙因指出,组织文化不仅可以解释企业的运行情况,而且能向领导者指出企业中最重要的问题。沙因强调,一种组织文化是"好"还是"坏"、"有效"或"无效",并不能单从文化本身进行评判,而是取决于文化和它所存在的组织环境。一个企业的领导者如果希望打造企业文化,必须首先考虑到它是否与组织的实际情况及其动态的发展阶段相适应;其次,要从五个维度系统性地建构本组织的文化;最后,要统一人为事物表象、价值观和基本假设三个层次,避免在表象和员工潜意识之间发生较大的偏差,并最终将企业文化表里如一地体现到员工的行动中来,这才是真正创建了一种企业文化(见图8-11)。

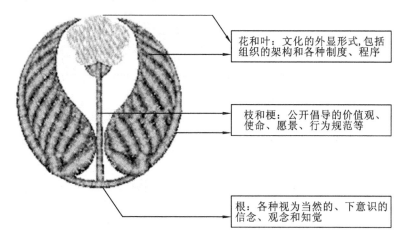

图 8-11　埃德加·沙因的组织文化睡莲模型

(资料来源:http://www.qstheory.cn/wz/xues/201211/t20121105_191716.htm.)

(三) 良好校风的建设

1. 校风的定义

校风是学校成员共同参与形成的富有特色的、稳定的集体意识倾向和行为作风,是教风、学风和学校领导作风相互作用的结果。校风不仅是一所学校教育理念、治学风格的高度概括,也是学校办学传统与育人目标的集中体现,一流的校风对教育教学质量的提高和塑造健康的人格有重大影响。时任北京大学校长蔡元培先生提出的校风是"兼容并蓄,有容乃大",清华大学提出了"行胜于言",哈佛大学崇尚"求是求真",剑桥人则坚信"天下没有免费的午餐",牛津大学则提出"自学,独立思考,触类旁通,全面发展",这些杰出大学培养的莘莘学子,得到了良好校风的沐浴、熏陶和激励,对其健全人格、丰富学识、创造未来都有着终身的影响(彭伦,2012)。

2. 校风的结构

1) 政风

政风,即学校较为普遍的领导作风,表现为:是否廉政、勤政、法政、仁政等。

2) 教风

教风,即教师在教学及其相关的活动中表现出来的较为普遍的行为作风,表现为:是否从严执教、从严治学、热爱学生、爱岗敬业等。

3) 学风

学风,即学生在学习及其相关的活动中表现出来的较为普遍的行为作风,表现为:是否乐学、勤学、会学和志于学以及善于思考和善于创新等。

以上三者的关系为三个同心圆,最里面的圆为政风,依次往外分别为教风和学风。由里到外是决定关系,由外到里是制约关系和体现关系。

3. 校风的特点

1) 整体性

校风是一个有机的整体,包含着领导干部的作风、教师的教风、学生的学风和考风等,校风既是学校的理性精华,又是学校的情感升华,它把这些多层次的风气连接起来,互相影响、互相促进,从而表现出一所学校的整体优化状态和整体精神面貌,它涵盖整个学校,存在于学校各系统、各部门,而不是存在于某一个局部领域。

2) 特色性

校风是一所学校的特色和风格,是一所学校区别于另一所学校的显著标志,也是一所学校的文化氛围区别于另一学校文化氛围的根本所在。由于每所学校的办学理念不同、发展思路不同、学校的性质和结构不同、学校的历史文化传统不同,这必然会导致不同的院校在思维方式、行为方式、办事风格、校园文化等方面的差异,从而形成各具特色的校风。

3) 蕴涵性

校风本身是一种无形的精神力量,从属于校园文化,是一种精神氛围和意识形态,它的深厚底蕴和丰富内涵不可能像校园环境建设一样看得见、摸得着,让人一目了然,而是要沉浸其中慢慢体会;但同时它也不像校园精神文化那样抽象含蓄,它的载体又是有形的,它通过校园主体的精神风貌、治学态度、工作作风等具体方面外显出来,从学校的校容、校貌、校纪反映出来,甚至从每一个人的言谈举止、仪容仪表折射出来,让人窥见一斑,便能知其全貌(林则田,王苏琪,2006)。

4. 校风的形成条件

形成和建立良好的校风首先需要树立正确远大的理性目标,达成作为带领全体师生为之奋斗的愿景。要在校园生活中培养集体意识,形成集体主义观念,增强集体荣誉感和归属感。同时,还应创设加速良好校风形成的必要情景和形式,发挥学校领导人和教师的榜样作用。形成良好的校风还需要正确运用定势与强化的心理原理,形成良好定势,对积极行为给予强化,例如善于利用竞赛和奖励等进行强化等。

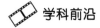 学科前沿

学校组织健康:优质学校建设之根本

《国家中长期教育改革和发展规划纲要(2010—2020年)》明确提出,要"加强优质教育资源的开发与应用,扩大优质教育资源的总量和覆盖面,促进优质教育资源的普及共享,从而更好地满足人民群众接受高质量教育的需求"。优质学校建设把质量和效率作为教育发展的价值选择,但它也需要以健康为基础,只有学校组织健康了,学校教育才能走向优质。可见,健康对于学校组织来说,是有效保证学校效率和质量的基础,具有基础性和先决性的作用。

世界卫生组织认为,"健康不仅仅是没有疾病和虚弱的状态,而且包括身体健康、心理健康、社会适应良好和道德健康"。这一对健康内涵的分析,也适用于对学校组织健康的理解、测量和评价:学校组织健康不仅要看学校组织的机体是否健康,结构是否合理;还要看学校组织心理是否积极,气氛是否和谐;再看学校组织是否有很强的社会适应性,能否顺应时代的要求,实现学校发展方式的转变,满足人民群众对优质教育资源的需求;更要看学校是否道德健康,能否担当社会的道义与责任,能否履行和实施公平与正义的教育。

美国著名教育管理学家霍伊(Wayne K. Hoy)等人认为,学校组织健康是指学校在课程与教学核心技术层面、学校经营管理层面,以及组织制度和体制层面处于和谐积极的状态。当学校组织集中精力完成其教育使命和教学任务的时候,它不仅能满足自身的生成性需求,而且能成功地应对学校外部的各种破坏性力量,从而为学校走向优质发展奠定健康的"身体"基础。

霍伊等人采用科学的定量研究方法,开发了中学组织健康量表(OHI),从制度层面(制度健全)、管理层面(校长影响力、关怀、主动结构、资源支持)、技术层面(士气、重视学业)等三层面七维度,测量了学校组织的健康水平,具有较高的信度和效度。健康学校的测量研究有许多重要的研究结论,对于扩大优质教育资源和建设优质学校具有重要的启示。

在学校制度层面,健康的学校能够很好地与其所处的环境联系在一起。在学校经营管理层面,健康的学校能够对组织内部的运行情况进行合理的调节和控制。而在核心技术层面,健康的学校更加注重教学过程的有效性。学校组织健康的测量告诉我们:没有学校组织的健康,就没有学校组织成员的健康,也就没有优质的学校和优质教育资源的扩大。

(资料来源:程晋宽.学校组织健康:优质学校建设之根本[J].教育测量与评价,2015(3).)

 心理训练

学校组织氛围(OCDQ)调查问卷

老师们好!

为了了解您在学校学习、生活情况,消除您的烦恼,快乐健康的工作,请配合我们如实回

答下列问题。本次调查的结果仅为研究所用,而不作为您的行为评定的依据。请您回答下列问题时不要有所顾虑,您的回答将受到严格保密。请您务必如实回答下列问题。谢谢您的合作!

1. 基本情况

性别:A. 男　B. 女

年级:A. 低年级组教师　B. 中年级组教师　C. 高年级组教师

2. "学校氛围"问卷

下面是对学校生活及学校环境的描述。字母"A"至"E"分别代表了每一描述与你所感受的学校实际情况的符合程度,请在符合您实际感受的相应数字上打钩(√)。答案无对错之分,请根据您所感受的学校实际情况如实回答。

A. 非常不符合　B. 比较不符合　C. 有时符合,有时不符合　D. 比较符合　E. 非常符合

(1) 校长和教师互相听取意见,并及时做出改正。	A B C D E
(2) 校长会对教师使用鼓励性的语言。	A B C D E
(3) 校长每周会找教师谈话,了解教师的困难并解决。	A B C D E
(4) 校长在每个教师办公室安装监控摄像头。	A B C D E
(5) 学校不允许同一所学校的教师结婚。	A B C D E
(6) 校长经常到教师办公室监督老师工作。	A B C D E
(7) 校长会规定每位教师每学期发表科研论文的篇数。	A B C D E
(8) 教师能够按时上下班。	A B C D E
(9) 教师认为每周一下午召开的例会无用、耽误时间。	A B C D E
(10) 教师在办公室会上网游戏、网购、聊天等活动消遣。	A B C D E
(11) 当遇到问题时,教师之间相互推卸责任,互相指责。	A B C D E
(12) 经验丰富的教师会对没经验的年轻教师打压欺辱。	A B C D E
(13) 教师在上班期间经常开展学术交流活动。	A B C D E
(14) 教师拥有的教学材料可以共享。	A B C D E
(15) 教师遇到困难时,同事之间会相互帮助。	A B C D E

第二节　学校组织的变革与发展

教育券制度的引入

浙江省长兴县是我国第一个引入教育券制度的地区。长兴县的教育改革不仅得到了浙江省教育厅的肯定,也受到我国基础教育界的普遍关注。国内各相关媒体及门户网站先后发表或转载了长兴县推出教育券制度的报道和评论,从而促进了长兴县有关改革信息的传播。长兴县引入该制度的初衷是为了缓解高中入学高峰的压力,鼓励部分学生进入民办高

中或职业高中就读。因此,他们决定借鉴美国学校选择的相关经验,引入教育券制度。2001年,长兴县政府出台了《长兴县教育局关于教育券使用办法的通知》,以教育券的形式对就读民办高中和职业高中的新生予以一定数额的定向经费补贴。2002年,长兴县政府又出台了《长兴县贫困学生助学互助会经费补助实施细则》,从而把教育券制度扶持民办教育和职业教育的功能扩展到了扶持贫困学生的范畴。教育券制度的实施,在一定程度上调节了过于集中的普通高中生源流向,改善了职业教育招生状况,增强了民间资金投入教育的吸引力,从而增进了教育公平。

教育券(educational voucher)的概念是由诺贝尔经济奖得主米尔顿·弗里德曼(Milton Friedman)在《政府在教育中的角色》(《Role of Government in Education》)一文中第一次提出的。在弗里德曼看来,政府不应当是教育服务的唯一提供者。他主张开放公共服务市场,提出政府可将用于教育的公共经费,以教育券的形式直接发给学生或家长。这样,教育经费跟着学生走,学生家长充分掌握了择校权。

(资料来源:毛国良.我国引入教育券制度的分析与思考[J].上海师范大学学报:基础教育版,2007(4):10-14.)

上述案例表明,改革创新对于组织来说具有重要的意义,改革带来的新鲜空气可以激发组织活力,摆脱原有桎梏,获得更新和成长,因此学校组织改革是国际社会共同关注的教育热点。本节将讨论组织变革的基本含义、组织变革的相关理论、组织变革的主要模式和常见策略等问题,并举例加以说明。

一、组织变革的含义

组织变革(organization change)是指运用行为科学和相关管理方法,对组织的权力结构、组织规模、沟通渠道、角色设定、组织与其他组织之间的关系,以及对组织成员的观念、态度和行为,成员之间的合作精神等进行有目的的、系统的调整和革新,以适应组织所处的内外环境、技术特征和组织任务等方面的变化,提高组织效能。

二、组织结构变革的动因

(一)组织外在环境的改变

外在环境改变包括:①社会经济环境的变化。社会经济不断发展,人民生活水平不断提高,国家的经济政策、法规等发生变化,这些均会迫使组织进行变革。②科学技术的发展。科学技术的迅速发展及其组织中的应用,如新发明、新产品、自动化、信息化等,使得组织的结构、组织的运行要素等都发生了巨大变化,这些变化也会推动组织不断地进行变革。③管理理论与实践的发展。管理的现代化,新的管理理论和管理实践,都要求组织变革过去的旧模式,对组织要素和组织运行过程的各个环节进行合理的协调和组织,从而对组织提出变革的要求。

(二)组织自身成长的需要

任何组织都会不断追求自身的发展壮大,这是组织的一种内在动力。随着组织的成长和发展,规模将不断扩大,影响力将不断提升。在这一过程中,组织结构也将不断地发展和变革。

(三)组织内部条件的变化

这一类的变化包括:①技术条件的变化。例如,组织实施技术改造,引进新的设备要求技术服务部门的加强以及技术、生产、营销等部门的调整。②人员条件的变化。随着组织的不断发展,组织内部员工的知识结构、心理需要以及价值观等都会发生相应的变化。现代组织中的员工更注重个人的职业发展和管理中的平等自主。组织员工的这些变化必将带动组织的变革。③管理条件的变化。例如,实行利用科技化手段更新管理条件,使用计算机辅助管理,实行优化组合等。

(四)危机与组织变革

组织变革往往是在面对危机的时候才变得分外重要,危机会通过各种各样的形式表现出来,成为组织变革的先兆。一般说来,一个组织在下列情况下应考虑进行变革:①决策效率低或经常出现决策失误。②组织沟通渠道阻塞、信息不灵、人际关系混乱、部门协调不力。③组织职能难以正常发挥,目标不能如期实现,人员素质低下,产品产量及质量下降等。④缺乏创新。

三、学校组织变革的必要性

哈佛大学教授 J. P. Kotter 指出,对于今天的组织来说,变革不仅是为了成功,而且是为了在日益激烈的竞争环境中获得生存。这句话用于形容学校组织变革的迫切性恰如其分。目前,学校组织正处在一个转型的时期,这是与当前所谓的"社会转型"相适应的。所谓社会转型,指的是"人类社会由一种存在类型向另一种存在类型的转变,它意味着社会系统内在结构的变迁,意味着人们的生产方式、生活方式、心理结构、价值观念等各方面全面而深刻的变革"。当前,全球化、信息化和社会价值观的转变这三股强大力量正对学校变革与发展产生影响。全球化正在改变学校组织赖以生存的社会并推进社会结构的转型;信息化正在改变学校组织传递知识的方式以及影响人们生活和思维方式;社会价值观的变化正在改变着人们的观念和行动。正是受到以上种种趋势的影响,学校组织的稳定、保守状态将不复存在,变革在所难免。

自 20 世纪中叶以来,西方各发达国家就已开展了各种形式的教育改革。特别是 20 世纪 80 年代以后,以学校组织为对象,旨在提供优质学校教育,提高教育系统效率和增进学校适应能力为目标的教育变革更是空前高涨。我国也一直在进行研究和探索,特别是 1985 年

5月,中共中央发布了《关于教育体制改革的决定》,改变了我国一直以来对教育管得过死的状况,确定了我国教育权力下放的基调。

就我国而言,从20世纪80年代开始,教育改革一直是教育理论和教育实践研究的热门主题。近20年,中国教育改革的道路先是关注宏观的教育体制,后又着眼于学校内部微观的课堂教学改革和课程改革,却比较少关注中观的学校层面组织变革。因此,越来越多的学者开始认识到学校组织变革的迫切性和重要性。有学者呼吁,学校改革必须从教育层面提升到学校组织层面,学校结构系统、管理风格及相应类型应成为改革对象。学者们认为,学校组织变革是一个独特的层面,是对微观领域的统筹,也是与更大的外界系统交互作用的界面,是教育改革由外部向内部、由宏观向学校、由创造条件向改造实践转换的关键层面,是教育改革走向升华和成熟的重要部分(李春玲,2006)。

知识链接 8-2
学校组织变革:来自322位北京高中校长的判断与思考

校长对学校组织变革的重要性和必要性有深刻的理解,对学校组织发展的功能定位和发展方向有清晰的把握,对学校变革的内容和现状有全面的认识和判断,才能认清变革的方向,有效地利用社会提供的发展条件和机遇,把外在的需求内化为学校的目标,走主动发展的变革之路。2012年下半年,我们向北京市的高中校长发放调研问卷388份,回收有效问卷322份,初步了解了校长们对北京市高中学校组织变革的认知与践行情况。

一、调研得到的主要结果分析

1. 任职三年以下的校长更认同学校组织变革的重要性

调研结果显示:88.7%的校长认为学校组织变革很重要,9.4%的校长倾向于保持学校稳定,认为变革不重要。卡方检验显示,对于组织变革重要性的认识不存在城乡、学校级别、职务、年龄差异,但存在任职年限的显著性差异。任职三年以下的校长更认同学校组织变革的重要性,任职七年及以上的校长认为学校更重要的是以稳定求发展。

2. 近一半校长认为自己的学校组织"正在变革"中

调研发现,北京市普通高中学校组织"正在变革"的占47.3%,"准备变革"的占34.3%。

3. 校长们更认同"学校组织行为"和"组织文化"的变革

北京市高中校长认为组织变革的应有之义是"学校组织行为"和"组织文化"的变革。表8-1显示:①在"考虑变革"的选项中,学校组织结构和学校组织制度的比例最高;②在"正在变革"的选项中,学校组织行为、组织文化、组织制度、组织功能的选择比例较高;③"完成变革"的选项所占比例很少。这进一步表明,目前北京市普通高中正在经历学校组织变革的历程。

表 8-1 北京市普通高中校长对学校组织要素变革情况判断统计表

	学校组织要素	学校发展目标		学校组织功能		学校组织结构		学校组织制度		学校组织行为		学校组织文化	
		频数	百分比	频数	百分比	频数	百分比	频数	百分比	频数	百分比	频数	百分比
有效	无须变革	85	27.1	40	12.7	39	12.4	19	6.1	10	3.2	13	4.2
	考虑变革	103	32.8	110	35.0	167	53.2	120	38.2	99	31.8	111	35.7
	正在变革	96	30.6	143	45.5	86	27.4	151	48.1	190	61.1	174	55.9
	完成变革	30	9.6	21	6.7	22	7.0	24	7.6	12	3.9	13	4.2
	合计	314	100.0	314	100.0	314	100.0	314	100.0	311	100.0	311	100.0
缺失	系统	8		8		8		8		11		11	
合计	合计	322		322		322		322		322		322	

4. 校长对学校组织变革内外部支持因素有清醒认识

(1) 政府政策与经费支持是学校组织变革的重要外部支持条件。政府政策支持、变革经费充裕,是校长们最重视的两个外部支持条件,相比较而言,社会舆论支持和家长支持所占的比例比较低。

(2) 领导班子团结、教师积极支持是学校组织变革重要的内部支持要素。在影响学校组织变革的内部要素中,学校领导班子团结(58.4%)、教师的理解支持(55.2%)、决策机制有效(47.5%)排在前三位。

5. 校长们认为,学校在应对教育国际化挑战方面准备不足

学校所面临的教育国际化的挑战,是学校进行组织变革的一个非常重要的契机。但在学校应对国际化挑战所做的组织准备中,有62.1%的校长选择"学校发展功能定位与教育国际化要求有差距",仅有7.4%的校长表示,在各方面已经做好了准备。在近56%选择"其他"的校长看来:目前的教育国际化只是表面现象,并没有从本质上触及学校组织发展的内涵。学校硬件建设上还没有做好准备。上级部门的政策支持和教育体制的约束是限制教育国际化的重要因素。虽然在教育国际化方面有规划,但还不完善。学生对国际化教育的需求度不高。由此我们可以发现,对于国际化背景下学校组织变革,校长的关注点是学校得到政策性和外援性的支持保障,而对于学校内部的组织结构设计和文化的培育没有给予过多的关注。

二、调研的基本结论

1. 校长们已经充分认识到学校组织变革的重要性和必要性

北京普通高中近九成的校长认可学校组织变革的重要性,希望通过学校组织

变革促进学校发展。这意味着校长们对学校组织变革有正确的理解和认识,具备发动组织变革和积极变革的主观能动性。近一半的校长报告学校正在变革,逾三分之一的校长报告准备变革,可见各学校已经意识到了学校组织变革的必要性,并已经开始行动。

2. 校长们能理性认识影响学校组织变革的各种要素

近八成的校长认为,政府和政策支持是学校组织变革重要的外部支持要素;超过一半的校长认为,领导班子团结和教师的理解支持是学校组织变革重要的内部支持要素,这说明北京高中校长对学校组织变革的影响因素的认知已经比较深刻和准确。

3. 校长们对于学校组织结构的变革较为慎重

对于学校各组织要素的变革现状描述,校长有比较理性的判断和思考。61.1%的校长认为,学校正在进行的变革是"学校组织行为调整",53.2%的校长选择"考虑学校组织结构调整"。这也预示着学校变革的方向和趋势,即校长正在审慎思考学校组织结构变革。

4. 不同群体校长之间对学校组织变革的理解有显著性差异

本次调研对不同类型的校长进行了选项的差异性分析。发现示范校与非示范校、城市学校与农村学校的校长在选择判断上具有显著的差异性。例如:60.7%的示范性学校校长更倾向于认可当前的学校组织功能定位,无意变革;60.2%的非示范性学校校长则将组织功能定位列入组织变革的范畴之内。47.5%的城市学校校长同意"学校在组织发展方面存在与教育国际化不相适应的方面之一是学校文化不适应",农村校长中只有32.9%的人选择了此项。

三、需要探讨的问题

1. "权力—强制"型组织变革需要政策支持

从调研数据分析结果来看,校长们认为最重要的外部支持因素是上级教育行政部门的支持。这个选择透露了我国学校组织变革还带有明显的"权力—强制"型组织变革的特征。信息化和国际化是当前学校发展面临的重要外部环境,学校未来关于"教育信息化"和"教育国际化"的组织变革,还需要政府在更大范围和更深程度的支持。

2. 组织变革的内驱力是教师的支持

在现代学校管理中,分权是非常重要的特征。教师是学校发展的主要推动者。学校组织变革需要考虑如何赋予教师更多的自主权,通过发挥教师的能动性,提高教师的专业能力,从而提高教学质量和教学效能,促进学校组织变革。

3. 以教育行政组织结构变革带动学校组织结构变革

校长们对学校组织结构的变革非常慎重。在我国教育行政体制中,学校结构设置和上级行政部门的结构设置是上下级对应的。改变当前与课程改革不相符合的学校组织结构,应该上下两级同时进行有关组织结构改革的探索。

教育行政部门应从转变职能开始,变行政管理为专业服务,减少自上而下对学校的行政控制,指导学校按照组织任务和组织效率最大化原则设计组织机构,减少管理层级,最终实现学校机构的功能整合。

(资料来源:吕菁,王晓玲,陈丽,胡荣堃.学校组织变革:来自322位北京高中校长的判断与思考[J].中小学管理,2013(8).)

四、学校组织变革的理论

(一) 勒温的力——场分析

库尔特·勒温(Kurt Levin)提出了力——场分析(1952),系统地分析组织中的优势、劣势、机会和威胁,得出了三阶段的基本变革策略:解冻(unfreezing)、变化(changing)、再解冻(refreezing)。该模型是将变革看作是对组织平衡状态的一种打破,即解冻。解冻一旦完成,就可以推行本身的变革,但仅仅引入变革并不能确保它的持久,新的状态需要加以再冻结,这样才能使之保持一段相当长的时间。因此,再解冻的目的是通过平衡驱动力和制约力两种力量,使新的状态稳定下来。

第一阶段为解冻——创造变革的动力。在这一阶段,组织必须清醒地认识到新的现实,与过去决裂,承认旧的做事方式不再可接受。组织在与那些不再发挥作用并要设法打破的结构和管理行为分开之前,要接受一个新的未来愿景将十分困难。

第二阶段为变革——指明改变的方向,实施变革,使成员形成新的态度和行为。在这一阶段,组织创造并拥有一种未来愿景,并综合考虑达成这一目标所需要的步骤。安排变革的一个首要步骤是将整个组织团结在一个凝聚人心的愿景之下。这个愿景不仅包括其使命、哲学和战略目标的某种陈述,而且它旨在非常清晰地勾画出组织理想的未来样子。它被比喻为"组织梦——发挥想象力,鼓励人们对可能的情况进行再思考"。

第三阶段为再冻结——稳定变革。当新的态度、实践与政策用于改变公司时,它们必须被"重新冻结"或固化。再冻结即把组织稳定在一个新的均衡状态,目的是保证新的工作方式不会轻易被改变,这是对支撑这一变革的新行为的强化。

力——场分析的价值在于它的诊断性:预先准备为实现变革而设计的具体行动计划。计划是否成功,在很大程度上取决于能否很明确地预测所提出的行动的可能后果。

(二) 钦和贝恩的变革理论

钦和贝恩(Chin & Benne)认为,建立在不同的人性观点的基础上,从变革的力量和组织角度来划分,在学校组织变革中有三种传统组织变革的基本策略:"权力—强制"策略、"理性—经验"策略、"标准—再教育"策略(Chin & Benne,1985)。

"权力—强制"基于以下假设:人总是回避变革,因此强制或诱导战略是必需的。在政治上、经济上和道德上使用制裁手段,可迫使使用者屈服。根据权力—强制的观点,所有的合理性、理智、人际关系在影响学校变革的能力上,都不及直接运用权力的效果好。然而在执行过程中,会产生抵抗力和对抗,这些策略的效果可能持续性短、效果差。

"理性—经验"策略旨在迅速普及新思想和新做法,这是一种有计划、有管理的普及策略。其基于这样的假设:人是能够被"客观性知识"说服的理性群体,一项学校发展计划可以通过实验展示其力量并说服受益者,人们为执行这种策略,会提出并尝试许多模式。例如,"知识、生产和利用"以及"研究、开发和普及",它们都试图建立一种有条不紊的变革过程,拥有一系列相连的步骤,指导人们从新知识的创立到新知识在实践中的运用,其目的就是要填补理论和实践之间的鸿沟。

"标准—再教育"策略是一种自下而上的方法,其设想是:组织的相互作用影响系统(态度、信仰、价值观,简称为文化)的规范,可以通过组织中人们的合作活动有意识地转变为更加有效的规范,是一个在学校中实现创新和自我更新的过程。这些策略带来的基本变革是成员的态度、信仰、价值观和规范向着更有益的文化方向转化(Owens,1995)。

这一理论认为,虽然学校变革有上述三种策略,但各种策略之间在具体事件中并没有明显的界限,而是可以在同一时间有效地使用不同的策略。因此,在有效的管理组织变革中,学校管理人员必须有能力实施适当的组织变革策略。

(三)标准本位、市场本位和学校本位的理论

标准本位的学校改革是一项政治策略,体现在教育政策和国家对整体教育水平的评估,是一种自上而下的管理。它是通过标准化考试的管理来进行控制和评估,与前面的"权力—强制"策略有异曲同工之处。

萨伯和默的市场本位学校发展理论(Chubb & Moe,1990),基础是来自于经济学的理论。作者提出,市场资源配置方式和管理方式才是最有效的体制选择,市场通过它自身的特性,能够培养出高效学校所必需的自治。自由市场式的学校发展要求现有学校虚构一个市场,学生和家长可以自由选择,市场竞争的压力会以某种方式迫使学校为了变得更为有效而不断发展,否则就难以生存。所以应该在新的市场制度基础上建立一种全新的教育体系,即以学校自主权和家长、学生的选择权,加强学校自治并打破科层制的约束,依赖于市场和家长的选择、政府各级各类行政机构对其问责、评估和调控来促进学校发展。虽然市场本位的学校发展理论曾备受争议,尤其是教育公平问题,但其总体发展趋势有其合理的部分。

学校本位的学校变革,也可称为校本管理和改进或学校自主管理的发展过程,是典型的"自下而上"的发展模式,通过学校成员的参与,以问题和人本为导向,实现学校不断改进。由于对变革的切入点不同,有学者把它区分为三种策略:个体策略、组织策略和系统策略。个体策略是通过影响个人来引起学校变革;组织策略是以着眼于学校为单位来推进学校改进的途径,重点是组织发展和组织中各种角色的发展;系统策略是以学校系统为单位的变革,学校系统受教育政策和计划的外在系统的影响,寻求与整个社会系统的平衡发展(范国睿,2002)。

(四)组织学习和学习型组织理论

20世纪80年代中期,行动科学(action science)兴起,行动科学理论强调理论和实践的

结合,注重知识产生行动,在行动中建构理论。阿吉瑞斯(Chris Argyris)把行动科学研究发扬光大,他和熊恩(Donald Schon)共同发展了组织学习理论(1978),提出了行动学习的循环,即"提出问题—引入理论—应用理论—个人反思"四个步骤,以帮助实践者从经验中获得知识,并指出行动学习循环比较重视"应用理论"和"个人反思",还提出单环学习(single-loop learning)和双环学习(double-loop learning)的理论。

彼得·圣吉(Peter Senge)是学习型组织理论的集大成者。从组织管理理论的演变过程来看,学习型组织源自不同的管理思潮,其主要观点属于系统的观点和人本主义观点,但又不止于此。学习型组织的定义为:某一组织或某一群体的主要成员在共同目标的指引下注重学习、传播、创新知识,是具备高度凝聚力、旺盛生命力的组织。这个组织是充分发挥每个员工的创造能力,努力形成一种弥漫于群体与组织中的学习气氛,凭借学习,个体价值得到实现,组织绩效得到大幅提高。在学习型组织中,大家不断突破自己能力的上限,创造真心向往的结果,培养全新、前瞻而开阔的思维方式,全力实现共同的愿景,且不断一起学习如何共同学习。圣吉等(1999)认为:推动学习型组织是希望组织能够产生根本的改变,而这种改变既包括人们的价值观、渴望和行为等的内在改变,又包括了策略、结构、系统等的外在改变。因此,学习型组织所定义的学习与改变是从内在思维到外在行动的改变。圣吉还提出了学习型组织的"五项修炼":自我超越、改善心智模式、建立共同愿景、团队学习和系统思考。

五、学校组织变革的主要模式

(一)问题解决模式

这一模式由一线教师为解决教育实际问题而创设和实施,后由蔡思(Zais)归纳而成。该模式认为外在因素的影响是次要的,自觉、自主的变革是最具生命力的。其变革的程序是:发现问题;对问题进行分析;收集和获得制定改革方法的思想和知识信息;将新方法用于实际情景,进行试验和评价。就学校组织而言,该模式主要应用于学校管理中。

学校变革之所以会发生,是因为它不再处于一种相对稳定的状态了,即某种因素导致原有状态的不平衡,这种因素我们便可称之为"问题源"。问题解决模式将问题作为研究的起点,以研究、解决问题为中心来进行变革。这一模式的优点在于从问题出发,使变革更具针对性和有效性;而缺陷是不免让人产生"头痛治头,脚疼医脚"的疑虑,不能洞悉事物发展的本质,治标不治本。

(二)社会相互作用模式

这一模式形成于20世纪40年代的美国,它得益于美国在计划和控制农业变革上的经验,因此也有人将其称之为"农业模式"。研究农村的社会学家很早就发现通过社会系统加速普及较先进的新颖耕作技术的过程。在实际事务中,这一模式被证明可以帮助农民利用新知识和新技术,提高劳动生产率和降低成本。20世纪60年代初,这一模式被用于学校组织的变革。该模式强调网络结构、人际交往和社会相互作用的重要性,以"合作与沟通"为精神实质。该模式的变革程序是传播新行为(awareness)、使人们对新行为产生兴趣(interest)、对新行为进行评估并决定是否采取新行为(evaluation)、由他人对自己的决定做出论证(confirmation)。

(三) 研究、发展、推广模式

该模式的基本思想是:①变革应有长远、周密的计划;②变革要在适当的时间、以适当的方式呈现,才能被组织成员接受和采用。其中,最初的开发阶段比任何传播活动都更重要,它会使变革在推广中获益,因此,必须加以重视。

以"新美国学校计划"为例,在学校重建运动中,一批对学校改革有投资兴趣的商人和基金会领导于1991年成立了美国学校发展公司(后改名为新美国学校),旨在通过整个学校设计来帮助学校和学区提高学生的学业成绩。该公司将运作过程划分为如下几个阶段:第一阶段,竞争和选拔期。首先,在全国各地广泛收集学校设计提案。截至1992年2月14日,共收集近700份方案。最终公司确定了11份方案参加制定阶段运作,一年后有9份方案被选中继续进入下一阶段。第二阶段,展示期。这9份方案可以分为核心设计模式、综合设计模式和系统设计模式三类。在这一阶段中,这些组在19个州近150所学校集体工作了两年,并在实施的过程中进一步修订了方案,并对比了相似的学校改革方案,取得了较好的成绩。从1995年起,该计划进入到第三阶段推广期。在第二阶段试验的9个方案中,7个被选中参加推广,把它们的方案应用到全国更多的学校中去。从实施的情况来看,设计组与140个基地相互作用,这些学校完成了不同等级、不同类型的改革,在与新美国学校设计有联系的多数学校中发生了实质性的输入和过程的变化。这本身就是不小的成就。

(四) 组织发展模式

组织发展是有计划、系统的组织变革。贝克哈德(Beckhard)在给组织发展下定义时这样写道:"组织发展是一种努力,这种努力是有计划的、全组织范围的、自上而下的管理活动,以期提高组织的效率和健康水平,这一切是通过运用行为科学的知识对组织的诸活动进行有计划的干预来实现的。"莱维特(Leavitt)提出了组织发展的四个变量:任务、人员、技术和结构。组织发展就是组织通过改变其中一个或者几个变量而引起其他变量的相应变化的过程。

美国埃齐库姆山区高中改革案例为我们提供了一个典范。埃齐库姆山区高中是一所规模不大的公立学校,主要以少数族裔学生为主体,位于阿拉斯加州的锡特卡镇,地理位置较偏远。20世纪80年代后期,在全校范围内实施改革,正是通过改革,埃齐库姆山区高中由一所典型的"薄弱学校"转变为闻名于美国并在欧洲也已为人所知的"世界级学校"。学校改革首先从任务和人员两方面开始着手,由师生共同制定学校"使命陈述"(mission statement),对教师进行培训,强调不断地学习、培训和实验是持续发展的"优先之事"。在技术层面上,其主张运用统计的、图解式的问题解决技术,这种过程"可使你了解你在何处,变化存在于哪里,需解决的问题的相对重要程度,以及需做出的变化是否会带来预期的影响"。在结构上,其认为人际关系是学校发展的基础,倡导共同工作以实现系统改进,而非单个行动。学生的文化背景和多样性受到尊重。在实施举措方面,创造性地开设了"持续提高"和"创业教育"

课程,为学生提供了一种全新的教育机会。

六、学校组织变革的策略

凡是变革,必有阻力,想要推动学校组织变革的实施和成功,必须充分研究各种影响因素,运用一定的策略,化阻力为动力,消除不良影响,推动改革进程。具体来说,要做好以下两个方面的工作。

(一)获得教师的认同

教师是学校组织的重要组成部分,是学校变革的中坚力量。获得广大教师对变革的认同无疑将得到教师对变革的理解,减少变革的阻力,使变革顺利进行。

某位中学校长曾有感而发(李希贵,2014):"管理者在推动变革的初始阶段,往往很难给老师们提供鲜活具体可以借鉴操作的办法,而老师们渴望得到的也恰恰是这些具体而可借鉴的方法。于是,大家很容易对领导失望,而失望之下常常伴随着抵触,在他们的内心深处常常埋藏着这样一句话:'领导不过是只会说说而已,不信让他来实际试试!'所谓'站着说话腰不疼'一类的抱怨在所难免,这个时候,作为管理者要解放自己必须求助于老师,在一个团队里,如果你有一双发现的眼睛,总会找到那些走在前面的人,他们有着敏锐的眼光、高远的境界和聪慧的头脑,他们总是能够把自己的积累与别人的经验进行嫁接,然后在自己的园子里开出灿烂的花朵。这些走在改革队伍前面的老师,是推动变革的希望和力量。一位有智慧的管理者一定会紧紧地抓住他们,既放手和他们一起披荆斩棘,扫清变革道路上的'地雷',又让他们充当传帮带的助手,如此一来,改革就变成了老师们自己的事情,他们分享,他们探讨,他们争执,他们互助,搀扶着一路走来。纠结和幸福共生,冲突和奋发同在。这时候的领导,有时是首席服务官,有时是局外的第三方,他们走在变革队伍的中间,却又洞察变革进程中发生的一切,保障了变革的健康发展。"

如何提高教师对于变革的认同感?有学者认为,要让教师对学校组织变革认同,学校管理者就应该让教师也参与到学校变革的决策、实施过程之中,变革不仅是学校领导的事情,更是组织成员共同的事情。学校领导者要愿意下放领导权,赋予教师相应的权力。同时,教师之间要组成教师团队,形成学习共同体,为达到学校组织目标而努力。具体来说,提升教师对学校组织变革的认同需从以下两方面着手:

第一,确立学校愿景,构建共同目标。愿景是一种关于未来的想象或景象,即关于未来将会成为什么样子的见解。"在人类组织中,愿景是唯一最有力的、最具激励性的因素。它可以把不同的人联结在一起。"学校愿景应清楚而明确,并富有激情。当为学校全体成员描绘一个美好的、令人憧憬的学校愿景时,当鼓励组织成员参与到各种各样的活动中去时,就点燃了他们的激情,成为组织变革的不竭动力。确立共同愿景应满足三个条件:一是愿景要目标清晰,富于鼓动性。二是愿景的理性化和可行性。理性的愿景既要有理论的支持,还要有切实可行的策略步骤。三是就愿景成员间达成共识。

第二,赋予教师权力,形成教师共同体。学校管理者应该向教师授权,使他们拥有更多的权力去自主支配教学工作。教师共同体是指以不断提高教学质量、提升教师个人的专业技能为目的的同事合作小组,并不是仅仅让教师们在空间上坐在一起,教师共同体更意味着合作,需要通过合作来完成任务和达成目标。他们不仅要对自己的教学负责,同时也要对合作小组里同事的教学承担起义务,成为业务上互相促进的教学伙伴。很多研究表明,通过合作,教师共同体能够促进教师的专业发展。

(二) 正确定位校长角色

现代校长已成为一个日益复杂的组织管理者,而不再是"首席教师",也不是一个忙忙碌碌的事务主义者,而是审时度势,引领学校这一富有活力的社会组织执着前行的领导人。在学校变革的复杂背景下,应更多地关注校长角色的情境性和关联性,需要从学校变革的价值取向出发,对校长角色进行重新设立和正确定位。

首先,校长是学校变革的策划者。面向未来,学校组织应有长远的规划和明确的愿景;立足现在,学校发展存在诸多新问题、新挑战。校长作为学校的负责人,对学校的发展负有不可推卸的责任。作为一名策划者,应根据自己学校所处的具体情境,针对学校发展中的问题,分析自身的优势与劣势,综合变革条件与变革力量来展开策划。在策划过程中,应发挥集体智慧的力量,调动学校组织成员的积极性,集思广益,听取学校各方面的意见,在综合分析利弊的基础上进行策划。

其次,校长是学校变革的动态组织者。变革过程并非直线,充满着许多不确定因素,这个过程必定是动态变化的,因此变革对校长提出了更高的要求,它需要校长根据所处的实际情境,不断调整和更新计划,具备应有的智慧去处理问题、解决问题。

最后,校长是学校变革的反思者。只有反思才能成长,对于变革来说尤其如此。很多时候是摸着石头过河,非常需要总结经验以作为继续前行的基础。对于校长来说,如果变革取得成功,那么可以很好地总结成功经验,并扩大成果受益面;而如果变革失败,更应当充分分析,吸取教训,避免以后再犯类似的错误。对校长的自我成长来说,学会反思和总结也是一种能力的提升。

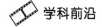

人本教育与学校创新:范式转变

随着新世纪中国崛起及国际急变的形势,以人为本的学校教育更显重要。教育工作者人本教育与学校经营创新的理念和实践,要有全面深刻的认识,做系统性的范式转变,才能有突破性的进展,以此回应目前全球化、高科技、社会发展的挑战。根据笔者的研究,目前人本教育可分为四种范式,现简述如下。

1. 技能范式

这一范式在发展中国家或地区的教育中,相当普遍地使用。人们假设目前的社会是主要迈向工业经济的社会,重视生产的技术知识的应用,发展所需的人力结构及生产力。在这一背景下,人们往往假设人性是依附工业的经济人,重视技术效益,以实际知识技能谋生,追求外显的经济利益及目标。基于这样的人性假设,"人本教育"的目的旨在培养有知识技能的市民,在工业化的社会谋生。故此,教育就是对学生的一种知识技能的传授过程,而学习成为学生接受知识技能的过程。"人本教学"的含义就是以适合学生特性的方法传授知识技能,使学习有效进行。教育效能是一种"技能效能"的概念,重点在完成知识技能传授的目标。故此,学校的经营创新使技能效能得到保证:借创新改善学校内部教学环境和过程,以确保完成预定知识技能的传授目标。为达成人本教育,学校经营创新主要在改善校内的各项因素(如学生学习经验、教师才干及表现、课程内容与设计、校内教学环境等)及不同因素之关系(如教师表现与学习经验),配合学生既存特性,以有效传授知识技能。

2. 文化范式

在有深厚文化底蕴或强烈信仰的国家,这一范式显得非常重要。人们假设社会的任务是要维持优良文化传统或既有的宗教或政治信仰,故此强调文化承传及社会规范的作用和重要性,追求社会上不同人士、不同族裔及不同阶层的整合、融合及延存。假设人性是文化人及社会人,重视传统文化信念,追求社会核心价值及群体整合。在这一文化背景下,"人本教育"的目的在于培养有文化信念的市民,成为社会整合力量的一分子。这一范式将教育看作对学生的一种文化价值的陶冶过程,而学习是学生接受文化信仰的洗礼历程。故此,这一"人本教育"是以适合学生特性的方法进行文化信念、社会价值的传授及陶冶。教育效能的中心概念是在文化效能旨在完成文化信念及价值传授的目标。

3. 市场范式

自20世纪90年代,世界各地市场经济蓬勃发展,商业竞争机制成功带来巨大的经济效益,人们愈来愈相信社会要朝着市场经济的方向发展,强调市场供求、消费服务、用户满意及其竞争力对社会发展及存亡的重要性。假设人性是市场上的经济人,就要重视市场竞争、资源争夺、品牌推销、用户满意,追求最大的经济利益。在这一范式,"人本教育"的目的在于培养市场上有竞争力的市民,不被社会淘汰。教育可被看作是对持分者(包括家长、学生、雇主及社区领袖)的一种服务过程,而学习是学生接受服务从而拥有竞争力的过程。"人本教育"就是以配合学生特性、符合不同持分者期望的方法,提供教学服务。教育效能的中心概念是保证市场效能,即市场上的持分者对学校服务感到满意,学校对公众表现问责,从而使学校拥有竞争力。

4. 未来范式

进入21世纪,面对全球剧变的冲击,人们开始怀疑前面三种人本教育范式的长远效用,能否充分发挥人的多元潜能和创造性,适应全球化信息化、智能经济社会的要求与挑战,世界各地逐渐有不少对教育目标、内容、实践和管理的改革及创新,以确保教育是与学生及社会的未来发展密切相关的人本教育。于是,人本教育的未来范式开始形成。这一范式相信社会发展是迈向多元发展及创造(包括科技、经济、社会、政治、文化及学习等方面)的,面向全球化的大变动时代,社会整体及个人都需要有多元思维及多元创造力的持续发展,以创造未来。在新时代,人性被看作是多元人,有科技人、经济人、政治人、文化人及学习人的不同特性,在全球化的背景下,追求多元而持续的成长及发展。

(资料来源:郑燕祥.人本教育与学校创新:范式转变[J].全球教育展望,2006,35(10).)

学校领导自测题

关于学校领导的角色：
(1) 你是否有变革倾向,并把精力集中于学校改进?
(2) 你在管理学校的同时是否也在领导学校?
(3) 你的领导是否形成了一个成功的学习化团队?
(4) 你是否用研究的态度来从事学校的变革实践?
(5) 你在适应来自外界的要求的同时是否保持了学校变革的自主性?

关于学校变革的策略：
(6) 你了解所在学校教师的需求、志向、优势和潜能,并知道如何去激励他们吗?
(7) 你在学校组织内部分享了你的领导经验吗?你校的教师有参与决策和管理的机会与权力吗?
(8) 你依靠什么来引领学校进行转型性变革:思想和目标?人格魅力?还是制度和纪律?

关于校长的自我成长：
(9) 你是一个能把握发展趋势和重要机遇的领导吗?
(10) 你善于从学校整体状态出发,进行学校变革与发展的决策和规划吗?

第三节 学校组织的冲突与危机管理

总务主任的"苦经"

总务处主任老陈一坐到校长的面前就诉苦:"这里要钱,那里也要钱。可是上级拨下来的经费只那么一点,实在难以照顾到各种开支。各个教研组要求买这买那,如不满足就意见一大堆。有些人在背后说我是铁公鸡。"

老陈说,今天数学教研组长李老师向总务处提出,要给每个老师买一套新版的各年级的数学教材,可那要不少钱,学校的经费有限,还有许多要开销的地方,要节约使用。化学组的小袁老师说,应该把教学经费分到各教研组包干使用。接着老陈又说,总务工作不仅是经费上的问题多,其他的矛盾也不少。团委书记小李与物资局小冯结了婚,在那边分得一套房子,很少在学校住宿。他那间房有两家盯着要。一间房子几家都想占,也不好处理。还有保管员年龄大,病又多,干不了那份工作。原来的食堂管理员调任出纳后,食堂还没有找到人去管。想去干的人不少,可是他们又干不了。总务工作实在难做……校长知道总务处工作难做,对老陈的"苦经"表示理解,先对老陈说了几句安慰的话,接着说:"忙过开学工作,专门开个会来解决一下。"老陈看到校长同情和支持自己,也就住嘴了。

这是一则关于组织冲突的案例。学校各成员、各群体的需要、动机、目标不可能完全一致，而且每个人对组织的贡献与对组织的期望不可能相同，每个人的性格也有差别，所以学校组织中的冲突是常见的，不可避免的。在总务处主任老陈的"苦经"里，有部门之间的目标对立：教师期望总务处更多更好地为教学服务，希望买这买那。而总务处由于经费有限，较多地考虑节约开支，满足不了教师的需要。有的部门和教研组为划分经费而闹矛盾，化学组要求经费包干。有的人因需要相同而发生冲突。团委书记小李的宿舍还在占用就有"两家人"争着要。保管员年老体弱，干不了分内的工作，而富余的人员又担不起这份工作，如此等等。对这些冲突，领导需要认真解决。

（资料来源：http://wenku.baidu.com/link? url = fmkdVTcQWlkYgJlaBn0nzbBu-85mgnwpDZpszp8dgRDTbRWmn5AIEMR1YEn1PBOTGbsCKFg89FofnzcszDhqRe7ybxoL6VLl98J11Kdd0Mq.）

学习导航

学校是一个复杂的系统，在这个系统内的个体和团体是相互依存又相对独立的。这种相互依存和相对独立的性质和范围处于限定和重新限定的动态过程之中，在这一过程中，必然有观念与行为的碰撞。因此，冲突被认为是组织中不可避免的现象。正确认识和处理这些冲突，有利于维护学校正常的教学秩序，促进学校发展，同时也有利于提高管理者的水平。

学校危机是指在未预警的情况下，突然爆发在学校内外的，给学校全体或个人带来危害的事件，它可能严重威胁到学校的正常教育教学秩序，并可能带来其他不良后果。危机管理是专门的管理科学，是为了应对突发的危机事件，抗拒突发的灾难事变，尽量使损害降至最低而事先建立的方法、处理体系和对应措施。而学校危机管理是学校有关部门为避免或减轻校园内的危机事件所带来的损害，采取从危机准备到危机复原的连续性应对措施。

一、学校组织冲突

我们把学校范围内的冲突统称为学校组织冲突。它表现为学校组织成员之间，成员与组织之间，组织的不同团体之间，由于利益和认识上的不一致，彼此进行争夺、对抗的活动。冲突是根植于学校工作的实体之中，学校内部只要有了不一致的观念、不一致的活动就有冲突的存在，是学校组织发展过程中不可避免的现象。

（一）学校组织冲突的性质

1. 冲突的客观性

冲突是客观存在、不可避免的社会现象，是组织的本质特点之一。任何组织只有冲突程度和性质的差别，而不可能没有冲突。

2. 冲突的辩证性

1）冲突既有对抗性又有非对抗性

对抗性冲突中的双方是立场相对，利益相反，目标迥异的，这类冲突对组织来说更具有破坏性。而非对抗性冲突则是双方目标一致,只是方法和过程上的差异,其指向是相同的,这类冲突不会破坏组织的完整性。

2) 冲突既有积极面又有消极面

对于冲突来说,也有其两面性,一方面其破坏了组织的和谐与宁静,但另一方面如果缺少了冲突,整个组织也就没有了生机与活力。这里不能不提著名的"鲶鱼效应"。挪威人喜欢吃沙丁鱼,尤其是活鱼,市场上活鱼的价格要比死鱼高许多,所以渔民总是想方设法地让沙丁鱼活着回到渔港。可是虽然经过种种努力,绝大部分沙丁鱼还是在中途因窒息而死亡。但却有一条渔船总能让大部分沙丁鱼活着回到渔港。原来船长的秘诀是在装满沙丁鱼的鱼槽里放进了一条以沙丁鱼为主要食物的鲶鱼。鲶鱼进入鱼槽后,由于环境陌生,便四处游动。沙丁鱼见了鲶鱼十分紧张,左冲右突,四处躲避,加速游动。这样,沙丁鱼缺氧的问题就迎刃而解了,沙丁鱼也就不会死了,一条条沙丁鱼活蹦乱跳地回到了渔港。这就是著名的"鲶鱼效应",鲶鱼在搅动沙丁鱼生存环境的同时,也激活了沙丁鱼的求生能力。它充分说明了适当的冲突能够使组织保持旺盛的生命力,具有积极的意义。

3) 冲突既有建设性又有破坏性

有些冲突以破坏性为主,应当力求避免和减少,但也有一些冲突是建设性的,建设性的冲突能够带来不断创新。因此,一个组织既要限制破坏性冲突,也要促进建设性冲突。

(二) 学校组织冲突的类型

按照学校冲突的层次划分,主要分为学校组织内部的冲突,组织间的冲突,组织与环境的冲突三大类。学校组织内部的冲突,包括学校成员个人之间的冲突,师生之间的制度性冲突,学校不同层次或不同部门之间的冲突,非正式组织间的冲突,教师工作的专业化与科层化的冲突,行政职务与专业职务间的冲突等。学校组织间的冲突,主要发生在同一级学校组织之间和不同级学校间的冲突。

按照冲突构成的两个维度划分,可以把冲突描述成五种典型的类型,即用合作性和独断性两个维度来定义冲突,其中合作性指一方希望满足对方利益的程度,独断性指一方希望满足自身利益的程度。

1. 竞争型冲突

其特点是高独断性、低合作性。冲突各方存在着根本利益的分歧,都有击败对方而获胜的心理。例如:学校评职称,当指标只有一个,而同时有几个教师符合条件,他们互不相让,纷纷采取行动攻击对方,这样就形成了对抗性的竞争型冲突。

2. 回避型冲突

其特点是非独断性、非合作性。双方并不是为了某种利益之争,而是由于各自性格不一、思维方式不一或对事物的认识理解不同,或者由于情绪不好引起的意外的对立行为。例如,学校领导强调:"学校的一切工作必须以教学为中心,后勤工作要为教学服务,要树立服务意识。"结果后勤人员认为自己的工作不被重视,是领导看不起自己,从而产生不满的情绪和消极的举措。

3. 和解型冲突

其特点是高合作性、低独断性。这是由于关心对方而被对方误解所引起的冲突。例如,评价公开课,某教师给主讲者提出了改进意见,而被对方认为不给面子,居心不良。又如,教师向校长提出建设性意见而被认为目无尊长。

4. 分摊型冲突

其特点是中合作性、中独断性。冲突双方为了各自的利益,本来相互合作可以产生都满意的效果,但由于缺乏沟通,各自采取不同的手段争抢有利条件,从而引发冲突。例如,一个班的两个科任教师为抢占同一节自习课而发生争执。

5. 合作型冲突

其特点是高合作性、高独断性。这是为了共同的利益,实现组织的目标,但由于认识的不一致、行动的不统一所引起的冲突。例如,学校在拟订计划时,两位副校长由于年龄差距很大,分析问题的角度不同,提出的方案不一致,并且都认为自己的是最佳方案,各执己见,从而发生争执。

二、学校组织冲突的影响

传统的管理理论,把冲突的存在视为组织崩溃的迹象,看作是实施计划和控制的失败。到现在,还有许多管理者认为冲突是不能形成团体规范,是破坏组织效能的恶敌。他们强烈追求以和谐、团结、协作、高效、平衡、稳定为特征的"理想组织",企图完全消除组织的冲突,以达到高度的统一。事实上,这是不可能实现的。其实就冲突本身来说,它对组织及对人的行为影响主要取决于人们对待它的方式。冲突具有二重性:破坏性和建设性,如图 8-12 所示。

两种不同性质的冲突的比较

建设性冲突	破坏性冲突
双方对实现共同的目标十分关心	双方对赢得自己观点的胜利十分关心
乐于了解对方的观点、意见	不愿听对方的观点、意见
大家以争论问题为中心	由问题的争论转为人身攻击
互相交换的情报不断增加	互相交换的情报不断减少

图 8-12 建设性和破坏性冲突的特点

冲突的破坏性给组织带来不团结,力量抵消,互相破坏,使组织遭受损失。发生在学校,则使教师之间产生对立情绪,形成对立的小群体;部门之间相互敲竹杠,不合作;教师个体在心理上表现为疏远、冷淡、漠不关心、消沉等,在行动上表现为缺席、拖拖拉拉、不安心工作,严重的出现越轨行为、损坏财产、罢课等。这些都是组织功能衰退的征兆。

冲突对学校组织的另一种影响则是建设性的,正如管理学家麦格雷戈所说:"冲突的潜力渗透在各种人际关系之中,这种潜力既是一种破坏的力量,也是一种健康,成长的力量。"冲突产生的这些的观点、分歧的意见往往是建立在不同依据、不同思考、不同见解、不同参照系的基础之上的。如果能把各方面的观点、意见综合起来,就可以反映事物的全貌,为管理者提供决策的依据。冲突还可以提醒管理者去寻找冲突的根源,发现组织内存在的弊端,重新澄清一些关系。采取一种新的协调方式建立新的组织规范,这样可以提高组织的效能,起到推陈出新的作用。

三、学校组织冲突的解决策略

冲突的存在形式多种多样,对组织的作用也具有二重性。那么,管理者应该如何对它进行管理呢?

(一)树立正确的冲突管理理念

在学校的管理实际中,存在着两种截然不同的组织冲突的管理理念,可以称之为冲突的无效管理和冲突的有效管理。

冲突的无效管理是管理者使用手中的职权压制冲突的出现,不敢公开承认学校内部冲突的存在,千方百计地加以掩饰,采取自欺欺人的办法。管理者深感学校内部矛盾重重,还声称"形势大好,安定团结",用高压政策迫使教职工"友好相处",有意见、有看法不随便说。事实上,教师之间貌合神离。管理者害怕冲突的发生,采取威胁、压制的方式,使学校变成封闭、专制的系统,抑制冲突的发生。导致冲突隐藏在组织内,潜在的破坏性提高,组织的内部关系逐渐恶化,组织健康因此而衰退。

冲突的有效管理是管理者把冲突的处理当成是管理活动的重要环节,积极主动地对待组织冲突,把组织冲突的处理视为提高组织活力的关键。这样的学校校长不仅敢于承认冲突的存在,同时有敏锐的洞察力善于发现组织冲突,让冲突曝光后采取恰到好处的处理措施。这种管理思想强调管理者要敢于正视组织冲突,积极地对待它,使组织成为一个开放的系统,有想法放在桌面上,本着解决问题的态度进行协商。这样组织冲突将体现出较大的建设性作用,从而不断增进组织的健康。

(二)常见的学校组织冲突管理策略

一名合格的校长应该对学校内的组织冲突实施有效的管理,才能使学校变得有生气、有活力。那么冲突的有效处理具体策略是什么呢?下面介绍几种常见的且有效的处理办法,校长应当根据具体情况采用灵活多变的处理办法。

1. 防患于未然法

这是最积极的、超前控制的方法。具体做法是:突出整个组织的效能和各部门在实现组织效能中的作用,根据各部门对组织的贡献进行评定和奖励;要在群体之间加强联系,增进友谊,组织应根据一个部门对其他部门的帮助大小来决定奖励;经常开展一些综合性的活动,调动各部门成员的积极性,以促进他们相互了解,形成"一方有难,八方支援"的良好风气;根据教师劳动的集体性,应尽可能避免非分出胜负输赢的竞争,要强调在协作基础上的竞争;学校要建立反馈迅速准确的信息网络,校长的决策要果断、及时、科学;学校要努力改善办学条件,为教职工的工作提供充足的物质条件;学校可成立管理冲突的机构,尽可能减少冲突的破坏性作用,发挥冲突的建设性作用。

2. 内省法

这是管理者引导冲突各方通过内心的反省,找到自己行为中的错误,重新调整行为的过程。它最适合于处理竞争型冲突,因为这种冲突的各方为满足自己的利益都不择手段,对抗性强,影响力大,破坏性强。冲突的各方不易接受外界作用力的影响,所以只有通过各自内心的发现才能改变行为。例如,校长管理评职称时教师为抢指标而产生的冲突,可按如下步骤处理。第一步,校长召集冲突各方并向他们说明:"指标有限是事实,不能满足每个人的愿望,虽然都够格,但必须好中选优。大家要正确认识自己,做好两种心理准备。"第二步,各自对照《教师工作评价标准》,对自己进行充分、客观的评价。第三步,校长与冲突各方进行个别交谈,交流思想,帮助他们正确处理奉献和利益的关系,善于了解自己和了解别人,用己之短比人家之长,这样才能悦纳别人。第四步,再次召集冲突各方,校长提出进一步讨论:互相攻击对评职称有益还是有害?你是如何树立自己形象的?评职称能以自己的意志为转移吗?让各方发表意见。第五步,冲突各方检查自己过火的言行,消除彼此间的疙瘩,重建关系。

3. 促成合作法

有意识地让冲突各方协作完成某项活动,从中发现合作的好处以及共同的愿望。分摊型冲突就是双方为了取得各自的利益,忽视了合作的好处。如果校长能给予指导,协调他们在合作过程中的关系,让他们感到相互之间的默契,冲突是很容易消除的。例如,两个科任教师为提高教学成绩,争上自习课。殊不知,抢占自习课是事倍功半,学生是不会乐意听你的课的。校长给他们讲清这道理后,让他们从争时间转移到共同钻研教法。

4. 接受时间法

这是指解决冲突的条件还不成熟,需维持现状,等待机会给予解决或者通过时间推移,由生活本身逐渐地加以调整。它最适合解决回避型冲突,这种冲突产生的原因不确定、偶发性大,双方不存在利益之争,通过后期生活上的接触或知识水平、思想觉悟的提高会逐渐调和。校长可组织教职工进行有针对性的学习,让其顿悟其中的道理。

5. 行政调整法

这是用行政命令对冲突双方进行工作调整,减少冲突机会的办法。它对长期不能调和且有逐渐恶化趋势的竞争型冲突的处理是很有效的。例如,某初中二年级的两个班主任,由于性格问题,工作中经常出现一些摩擦,校长多次调解也无济于事,只好将其中一个调离,安排到其他年级,矛盾才得到了缓和。

6. 互感法

校长有意识地让冲突双方交换自己的观点、分析问题的思路,可使双方发现目标的一致性、感受到对方的一番好意,冲突自然烟消云散。校长尤其要懂得采纳下属意见的益处。反面的、尖锐的意见往往是决策的最佳选择,俗话说:"忠言逆耳利于行。"对和解型冲突的处理,用此方法是有效的。

7. 冷处理法

这是指先给冲突各方降温,控制事态不再恶化,过后开诚布公的讨论。应当指出为学校共同利益而发生的争执是利大于弊的,但是切不可节外生枝。合作型冲突的处理适合使用此法。因为冲突各方都是为了组织的利益,只不过是认识上的不统一,其实有了共同利益就有了协作的前景。例如,开会时两位老师因拟定教学大纲而发生争执。校长可以先下令停止争论,暂不评判,让双方冷静下来后,校长分析两者的独到之处,采纳可行的建议,然后充分肯定双方的见解,并给予适当的鼓励。这样不仅能调停冲突,还能促进学校民主风气的形成。

从上述分析不难看出,对于学校组织而言,冲突本身并不可怕,因为它是伴随着进步和变化而产生的一个不可避免的现象,我们应该关注的是如何更好地管理冲突、利用冲突、解决冲突。正如管理学先驱玛丽·帕克·福莱特(Mary Parker Follett)所说:"矛盾可以用来为冲突双方的事业做贡献,前提是这些矛盾是用整合的方法解决的,而不是一言主宰或双方妥协的方法。"

> **知识链接 8-3**
>
> ### 托马斯冲突解决二维模式
>
> 美国的行为科学家托马斯(K·Thomas)和他的同事克尔曼提出了一种二维模式,以沟通者潜在意向为基础,认为冲突发生后,参与者有两种可能的策略可供选择:关心自己和关心他人。
>
> "关心自己"表示以在追求个人利益过程中的武断程度为纵坐标,"关心他人"表示以在追求个人利益过程中与他人合作的程度为纵坐标,定义了冲突行为的二维空间。于是就出现了五种不同的冲突处理的策略:竞争、合作、妥协、迁就和回避(见图 8-13)。
>
>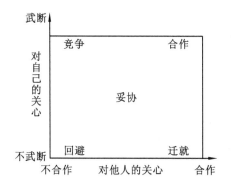
>
> 图 8-13 托马斯冲突管理模式
>
> 回避策略是指既不合作又不武断的策略,竞争策略是指高度武断且不合作的策略,迁就策略是一种高度合作而武断程度较低的策略,合作策略是指在高度的合作精神和武断的情况下采取的策略,妥协策略的合作性和武断程度均处于中间的状态。这五种策略适用的冲突类型,如表 8-2 所示。

表 8-2 不同类型策略适用的冲突类型

策略类型	适用的冲突类型
竞争策略	1.遇紧急情况,必须采取果断行动时;2.需要采取特殊手段处理重要问题时;3.反对采取不正当竞争手段的人;4.处理严重违纪行为和事故时
妥协策略	1.双方各执己见且势均力敌时;2.形势紧急,需要马上就问题达成一致时;3.问题很严重,又不能采取独裁或合作方式解决时;4.双方有共同的利益,但又不能用其他的方法达成一致时
迁就策略	1.需要维护稳定大局时;2.计划矛盾会导致更大的损失时;3.自己犯了错误或不如对方时;4.做出让步会带来长远利益时;5.对方的利益比自己的利益更重要时
合作策略	双方有共同的利益,且可以通过改变方法策略满足双方的意愿时
回避策略	1.处理无关紧要的问题时;2.处理没有可能解决的问题时;3.解决问题的损失可能超过收益时

(资料来源:http://wiki.mbalib.com/wiki/%E6%89%98%E9%A9%AC%E6%96%AF%E8%A7%A3%E5%86%B3%E5%86%B2%E7%AA%81%E4%BA%8C%E7%BB%B4%E6%A8%A1%E5%BC%8F.)

四、沟通与冲突解决的基本知识

冲突解决过程中的重要命题是沟通,有效地解决组织冲突离不开有效地沟通与交流,否则冲突解决无从谈起。不断提升沟通的效率和效果,是学校组织管理者及其成员应当学习具备的重要能力。

沟通,是指意义的传递和理解,即将某一信息或意思传递给客体或对象,以期客体做出相应反应效果的过程。

(一)沟通的类型

1. 正式沟通和非正式沟通

按沟通的组织系统,沟通可分为正式沟通和非正式沟通。正式沟通是指通过组织机构明文规定的渠道进行的沟通,如组织之间的人员往来、请示汇报制度、会议制度等。非正式沟通是指正式交往渠道以外的信息交流和意见沟通,如私人聚会、道听途说的信息等。

2. 单向沟通与双向沟通

按信息有无反馈,可将沟通分为单向沟通和双向沟通。单向沟通是指交往的一方只发出信息,另一方只接收信息,没有反馈系统。双向沟通是指沟通双方既发出信息,又接收信息,在交往过程中可以随时掌握反馈的沟通形式。

3. 直接沟通和间接沟通

按沟通是否经过一定的中间环节,可分为直接沟通和间接沟通。直接沟通是指沟通双方不通过任何中间环节,面对面的沟通。间接沟通是指需经过某种中间环节才能实现的沟通。

4. 口头沟通和书面沟通

按信息传递方式,沟通可分为口头沟通与书面沟通。通过口头语言进行的沟通叫作口头沟通,通过书面语言进行的沟通叫作书面沟通。

5. 垂直沟通与水平沟通

垂直沟通是指组织中不同等级的成员之间发生的沟通,包括自上而下的沟通和自下而上的沟通。水平沟通是指发生在同一等级的工作群体成员之间,同一等级的管理者之间以及任何等级相同的人员之间的沟通。

(二)沟通的工具

1. 语言符号系统

语言符号系统包括口头语言和书面语言。口头语言直截了当、简便易行,形象生动,与非语言符号系统的配合不仅可以传递信息,而且可以传递丰富的情感。书面语言不受时间、空间的限制,书面语言可以字斟句酌,力图达到完美的效果,实现口头语言无法完成的沟通效果。

2. 非语言符号系统

非语言符号系统包括视动符号系统,如手势、面部表情、体态变化等。音质、声幅、声调及言语中的重音、停顿、速度、附加的干咳、哭或笑等都能强化信息的语义分量,具有强调、迷惑、引诱的功能。

(三)有效沟通的技巧

沟通的方式是顺利沟通、消除冲突的前提,而沟通的技巧则决定了沟通双方消除冲突的程度。这里简单讨论几条提高沟通效率的技巧。

1. 掌握成功沟通的基本要素

(1)真诚待人。沟通是全身心的交流,彼得·德鲁克曾说:"人无法只靠一句话来沟通,总是得靠整个人来沟通",因此整体的态度是沟通的基本要素。只有真诚地尊重对方,表达出沟通的诚意与信任,才能做到思想与情感的交流,才能获取准确的信息,才能做出明智的判断。

(2)相互理解。试着站在对方的角度和立场去理解对方,感受对方的需要、动机、性格、兴趣、价值观念等,是有效沟通的良好态度。因为这样一方面可以增进共识的达成,一方面可以消除误会和自我防范,还可以使对方更好地感受到你的诚意,感到被理解、被认同,增进感情和信任,也就更愿意对你敞开心扉。

(3)彼此信任。要做到彼此信任,首先要从我做起,减少防范,敞开心扉,积极主动地突破自己有限的经验,适当有效地进行自我暴露,包括自己的经历、思想和情感等。人际交往中有个等价定律,即交流的双方自我暴露的程度往往是相等的,自我暴露往往可以引发对方也同样坦诚地与你交流,从而增进有效沟通。

2. 做到知己知彼

在沟通之前,应尽可能详细地了解对方的思维方式、性格特点、工作作风、文化程度等,进而调整自己的沟通策略,会在很大程度上增进沟通效果。这里讲一个古代故事作为例子,有一个秀才去买柴,他对卖柴的人说:"荷薪者过来!"卖柴的人听不懂"荷薪者"三个字,但是听得懂"过来"两个字,于是把柴担到秀才前面。秀才问他:"其价如何?"卖柴的人听不太懂这句话,但是听得懂"价"这个字,于是就告诉秀才价钱。秀才接着说:"外实而内虚,烟多而焰少,请损之。"(你的木材外表是干的,里头却是湿的,燃烧起来,会浓烟多而火焰小,请减些价钱吧。)卖柴的人因为听不懂秀才的话,于是担着柴就走了。这个小故事说明了,用对方听得懂的语言进行沟通是沟通成功的保证。

3. 善于倾听

在沟通中,学会听比学会说更重要,而且倾听也不像看起来这么简单,有效倾听是一门学问。正确倾听的能力并非与生俱来,而是需要在学习、生活和工作中逐步锻炼和培养的。例如,在心理咨询师的培训中,倾听是一项需要专门训练的技能。平常我们可以从以下几个方面培养自己正确倾听的能力:①不要以自我为中心;②不要有预设的立场,不要主观臆测,更不要立即下判断;③使信息发出者和接收者的角色顺利转换;④注意收集复杂或冲突的信息;⑤注意对方的非言语信息。

积极倾听的三项主要技能包括:感觉、参与和反应。

(1) 感觉,是通过观察讲话者的非语言行为来意识到他传达的沉默信息的一种能力,非语言行为包括语调、肢体语言及面部表情。

(2) 参与,指的是积极的倾听者用语言、声音和眼神向讲话者传达信息,来表示他正在全神贯注地倾听。这些暗示包括直接的眼神接触、坦诚的姿态、点头以及适当的面部表情和语言表达。

(3) 反应,是指积极的倾听者根据信息传达者传递信息的内容和感情来总结和给予反馈。这些行为鼓励了讲话者进行详细的阐述,使讲话者感觉到被理解,甚至可以提高讲话者自己对问题或所关心事件的理解。反应还包括提问来获得额外的信息、促进额外的沟通,并且发掘信息传达者的情感。

五、校园危机管理

在学校组织的危机管理中,很重要的一个方面就是校园危机管理。近些年,我国校园安全问题进入了多发、易发阶段,轻生、校园暴力、师生冲突等现象越来越严重,这些被称为"校园危机"的事件无时无刻不在威胁着师生安全,同时也对学校形象产生了不利的影响。今后的战争可能不存在,取而代之的将是危机管理,学校管理者不得不面对一个严肃的课题:校园危机管理。

(一) 危机的含义

危机是指因内、外环境所引起的一种对组织生存具有立即且严重威胁的情境或事件,通常具有三项共同要素。一是未曾意料而仓促爆发所造成的一种意外;二是威胁到组织或决策单位的价值或目标;三是在情急转变之前可供反应的时间有限。

校园危机是指在未预警的情况下,突然爆发在学校内外的给学校全体或个人带来危害的事件,它可能严重威胁到学校的正常教育教学秩序,并可能带来其他不良后果。

(二)校园危机分类

美国教育部认为,学校危机管理的核心是学校的全面安全,即全体师生的健康、安全和幸福。该部在2003年5月向全国下发的《危机计划的实用资料:学校与社区指南》中指出:危机是指自然灾害(地震、洪水、龙卷风和飓风),恶劣天气,火灾,化学与危险品溢出,交通事故,学校枪击事件,炸弹危险,医学紧急事件,学生或教职员死亡(自杀、他杀、过失和自然死亡),恐怖事件或战争等。因此,根据危机的性质,我们可以将校园危机分为以下几类:

(1)自然灾害事件,包括地震、洪水、台风等。
(2)社会性灾害事件,包括火灾、漏电事故、建筑事故、社会动乱等。
(3)卫生性灾害事件,包括传染病流行、食物中毒、其他中毒事件等。
(4)校园暴力伤害事件以及师生冲突,包括恐吓、劫持、群体校园动乱以及师生和员工间的伤害事故等。

一般认为,危机的发展可以划分为三个时期:潜伏期、爆发期、恢复重建期。在危机潜伏期中,主要是事前的预防。很多危机的发生,事前都是有征兆的,危机是一个非常态的过程。在危机管理的早期,对环境的分析和判断能力很重要,要尽可能地寻找危机出现的各种迹象。事前的预防胜于事后的救济,最成功的危机解决办法应该是在潜伏期解决危机。

(三)校园危机管理的内容

著名咨询顾问史蒂文·芬克指出,管理者都应当像认识到死亡和纳税难以避免一样,为危机做好计划:知道自己准备好之后,才能与命运周旋。在现实生活中,人们会发现面对同样的危机事件,不同的学校采取的处理方式不同,结果大不相同。造成这种差异的原因在于学校有无危机管理制度。那么,学校该如何制定危机管理制度、开展危机管理呢?我们认为,学校危机管理的内容应包括以下方面。

1. 校园危机预防和防止

即对校园内的人和环境保持警觉。在政策方面,要列明学校的行事程序及人手分工,以应付突发事故。例如,编制和公布危机事件的应变措施方案,公布紧急联络电话等。要充分利用社会资源,与公安、医务部门保持良好的沟通。成立电话联系网络,提供支援人员的工作场所,设计记录资料的格式。这样,如果危机发生,可以及时得到支援。

在人的方面,一是要增强个人面对危机的抵抗力,强化师生的身心健康。二是要在校园内建立良好的师生关系,使学校及时感受到学生的需求。三是要建立开放的校园气氛,通过让师生参加校园建设,提高工作和学习的士气,降低学习失败感。

在环境方面,要创建安全的校园环境,针对学校人群聚集地点或潜在危机发生地点,加强巡查和增设有效的管理措施。此外,学校建筑的层高不够与通风不畅、楼梯栏杆高度不达标、体育器材故障、存在消防隐患、没有围墙或围墙太低等,都容易引发校园危机的发生。同时要控制校外人员的进入,尤其要严格防止可疑人员进入校园。

2. 危机发生时的控制

当组织的内外环境发生了事故,这可能是学校危机的信号,学校成员应确认难题、寻求出路。当一般调适性的程序无效时,便是学校面临是否纳入危机控制的转折点。这种及时捕捉到发生危机的资讯,寻求控制管理之道是非常重要的。研究者们提出的危机控制的一些基本程序如下(朱晓斌,2004)。

(1) 资讯收集:对于出现的危机,先收集各种有关资讯,掌握基本的事实情况,然后才能界定危机涉及的范围,着手减轻因危机的未知性和不稳定而可能造成的客观性损害或主观性损害,因此解决危机的能力是要与信息情报互相配合在一起的。

(2) 状况分析:从多个不同的角度去分析收集回来的资讯,核实其可信度及重要性,尽力掌握危机的重点与真相。

(3) 成立危机控制中心:迅速成立应急小组,集结校内有经验的成员共同处理危机,相对亦可协助继续进行资讯收集及状况分析,以拟定对策。在面对危机时,学校组织的职能应该迅速地集中于一处,即必须中央集权化,如此方可实现有效控制情况的功能。此外,要及时联系上级,报告情况,取得上级的理解和支持。

(4) 消息管理:统一内外的沟通联络,建立唯一的消息发布中心。在适当时间内将重要消息正确及迅速地传达给各有关成员,使其配合控制危机。向校内、外有关人士沟通有关情况,可及时防止各种可能衍生的主观危机及潜在损害。透过消息管理,可不断吸收各方对危机控制的意见,从而修正管理的行动,避免造成严重后果,使学校蒙受损失。在完善的消息管理系统下,有关危机动向的资料都会被收集起来,管理人员分析资料便可以了解危机管理的效果。

(5) 分辨出可能受危机影响的成员:与受影响成员保持紧密的联系,提供必要的帮助,降低损害的程度。

(6) 运用组织力量和专业力量:任何工作,单靠少数人的力量,终究有限,而若能得到整个组织团队力量的支持,对危机的控制更加有力。另外,在有需要时,最好能寻求外界专家的帮助,共同提出各类处理策略。

3. 危机发生后的有效处理

危机发生时,危机管理小组内部应该团结一致。处理危机时要遵守法律规定,避免在校园危机处理过程中违反有关法律规定。同时,要注意处理好危机发生时与外界的沟通,主要包括以下几个方面。

第一,协调与政府主管部门的关系。学校一旦发生危机事件,进行事件处理时,很有必要及时全面如实地向上级政府主管机关报告并保持紧密联系,使之随时掌握危机事件的发展,以取得支持、指导。

第二,协调与新闻媒体的关系。加强学校与新闻媒体的互动,做好新闻媒体的工作,可以维护学校在危机中的形象,避免危机扩大。在危机时期,小道消息片面夸大事实,在很大程度上存在失真之处,如正常传播渠道不能提供足够的真实信息,小道消息的传播就会增加人们的恐慌心理,造成更大的危机,但最终"谣言止于公开"。学校信息公开必须及时准确,争取在第一时间站出来向媒体公开真实的信息,以避免出现信息真空后公众从非正式渠道获取的虚假小道消息和谣言,对学校危机控制造成被动。建立学校统一的信息发布体系,由专人负责发布危机事件处理的相关情况。与社会媒体建立良好的协作关系,向媒体提供全面真实客观的信息以确保报道事实的客观、公正。如危机事件的报道中发现有失实之处,应及时采取措施挽回其不利影响,最好由相关媒体亲自出面澄清。

第三,协调与受害者的关系。学校要建立与家长的有效的、积极的联系,能促进相互理解。危机事件发生后,学校应妥善处理与受害者的关系,及时提供物质、医疗、精神的帮助。学校应该表现出足够的人道主义精神与同情,及时探视受害者,安抚公众,分清责任并主动承担责任。应更多地关注受害者的利益,把受害者的利益放在第一位,善待受害者,尽量为受到危机影响的受害者提供合理合法的补偿,这样有利于维护学校的形象。

(四)我国学校危机管理的法律体系

目前,我国与校园危机管理有关的法律法规:根本大法《宪法》及基本法《教育法》,单项法律包括《义务教育法》、《未成年人保护法》、《预防未成年人犯罪法》,行政法规包括《禁止使用童工规定》、《学校卫生工作条例》、《学校体育工作条例》、《幼儿园管理条例》,部门规章包括《中小学幼儿园安全管理办法》、《学校食堂与学生集体用餐卫生管理规定》、《学校伤害事故处理办法》、《托儿所幼儿园卫生保健管理办法》、《中小学校园环境管理的暂行办法》、《少年儿童校外教育机构工作规程》、《普通高等学校学生管理规定》、《高等学校消防安全管理规定》、《高等学校校园秩序管理若干规定》等。学校管理者应当熟悉或了解上述法律法规,从而在进行危机处理时有法可依、依法办事。

(五)国外学校危机管理的经验与启示

美国学校危机管理管理机构——联邦紧急事务管理局(FEMA,Federal Emergency Management Agency)根据美国联邦应急计划(Federal Response Plan)处理危机,美国各州和地方政府有处理危机的主要责任。当大学出现危机事件时,州政府或地方政府的先期处置权优于联邦政府,即只有在危机的严重性超出州或地方政府的处理能力,并在地方行政长官向联邦政府发出请求,经总统宣布危机要发生后,联邦政府才能介入。此时,联邦紧急事务管理局将会担当起危机管理的协调机构。

在美国学校危机管理法律保障方面,2003年下发全美的《危机计划的实用资料:学校与社区指南》就明确规定各种危机的类型、阶段以及对危机预防和反应的措施。1994年制定的《校园禁枪法》和《改善校园环境法案》,规定危机管理包括4个环节:危机的缓解与预防、针对危机的准备、对危机的反应和危机后的恢复。教育部强烈建议按这4个阶段制订安全计划,同时鼓励各大学制订每所校舍的安全计划。

在日本,政府十分重视全民危机意识的教育普及和避险自救互救技能的训练。日本的危机教育首先从学校做起,日本各都、道、府、县教育委员会基本上都编写了《危机管理和应对手册》或《防灾教育指导资料》等教材,指导各类学校开展危机预防和应对教育。2005年1月,日本文部科学省发表的一份调查结果表明,在全日本5.4万所学校中,有76%的学校已对学生进行过如何应对天灾人祸等突发性危机的教育,有67%的学校已对学生进行如何防范和应对突发性危机的训练。与此同时,45%的学校已建立了防范监视系统,有的学校还利用卫星定位系统给每个学生配备了可以随时显示学生所在位置的联络装置。

国际学校危机管理经验对我国校园危机管理有许多有益的启示,其中包括推行法治,完善现有的危机管理的法律法规体系,修复法制管理上的漏洞,并增强学校组织的法治观念。在学校学生中普及危机教育,一方面防患于未然,另一方面学习正确应对突发事件,增强自我保护意识和能力。学校应加强系统管理,建立专门的危机处置机构和完善各级应急预案,完善响应体系,增强应对处置突发事件的能力。学校危机管理应以预防为主,防控结合,以最大限度地保障学校组织成员利益与安全。

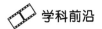

美国学校危机管理的模式

美国的危机管理体系是构筑在整体治理的基础上,通过法治化手段,将完备的危机应对计划、高效的核心协调机构、全面的危机应对网络和成熟的社会应对能力包容在体系中。美国的各级政府都对学校的危机管理给予相当的重视,制定了一系列的政策法规,并有详细的操作指南。借鉴美国学校危机管理的理论和经验,对中国学校建立和完善自身的危机管理体系是相当有益的。

美国学校危机管理是一个连续的四阶段模式,具体为:危机的缓解与预防—针对危机做准备—对危机的反应—危机后恢复。这个四阶段模式可以在实践过程中不断完善和修正,这种完善和修正是建立在经验、研究和实际情况的基础上的。根据这个模式,美国教育部为各级各类学校制定了危机管理的政策指南,具体的政策要点如下:①提供一个有组织的、系统的危机管理程序来帮助学校师生和家长;②让教职员工知道如何在危机情况下帮助学生;③在危机管理方针指导下,危机管理组成员制订合作计划,分配职责;④学生的双亲和社会其他成员是学校危机管理的重要组成部分;⑤通过法律来保护学校的利益,当没有对应政策能防止诉讼发生时,建立一个基于"最好实践"的政策和程序;⑥各部门协同建立一个强有力的合作关系,以增强学校与社区公众安全的信息交流。

"9·11"事件后,美国国土安全部建立了一套五级国家威胁预警系统,用绿、蓝、黄、橙、红五色旗代表从低到高的五种警戒级别,以实现从常态向紧急状态的转换。美国教育部根据上述"警戒级别"的要求,制定了学校采取相应行动的指南,各个学校可以根据这个行动指南来制订具体的行动方案。

(资料来源:朱晓斌.美国学校危机管理的模式与政策[J].比较教育研究,2004,25(12).)

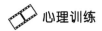

人际沟通能力测试

下面是一组沟通能力的小测试,请选择一项适合你的情形。

1. 在说明自己的重要观点时,别人却不想听你说,你会:(   )

A. 马上气愤地走开。

B. 于是你也就不说了,但你可能会很生气。

C. 等等看还有没有说的机会。

D. 仔细分析对方不听自己说的原因,找机会换一个方式去说。

2. 去参加老同学聚会回来,你很高兴,你的朋友对聚会的情况很感兴趣,这时你会告诉他(她):(   )

A. 详细述说从你进门到离开时所看到和感觉到的以及相关细节。

B. 说些自己认为重要的。

C. 朋友问什么就答什么。

D. 感觉很累了,没什么好说的。

3. 你正在主持一个重要的会议,而你的一个下属却在玩弄他的手机并有声音干扰会议现场,这时你会:(   )

A. 幽默地劝告下属不要玩手机。　　B. 严厉地叫下属不要玩手机。

C. 装作没看见,任其发展。　　　　D. 给那位下属难看,让其下不了台。

4. 你正在跟老板汇报工作时,你的助理急匆匆地跑过来说你有一个重要客户的长途电话,这时你会:(   )

A. 说你正在开会,稍后再回电话过去。　　B. 向老板请示后,去接电话。

C. 说你不在,叫助理问对方有什么事。　　D. 不向老板请示,直接跑去接电话。

5. 与一个重要的客人见面,你会:(   )

A. 像平时一样穿着随便。　　　　B. 只要穿得不太糟就可以了。

C. 换一件自己认为很合适的衣服。　　D. 精心打扮一下。

6. 你的一位下属已经连续两个下午请了事假,第三天上午快下班的时候,他又拿着请假条过来说下午要请事假,这时你会:(   )

A. 详细询问对方因何要请假,视原因而定。

B. 告诉他今天下午有一个重要会议,不能请假。

C. 你很生气,什么都没说就批准了他的请假。

D. 你很生气,不理会他,不批假。

7. 你刚应聘到一家公司就任部门经理,上班不久,你了解到本来公司中有几个同事想就任你的职位,老板不同意,才招了你。对这几位同事你会:(   )

A. 主动认识他们,了解他们的长处,争取成为朋友。

B. 不理会这个问题,努力做好自己的工作。

C. 暗中打听他们,了解他们是否具有与你进行竞争的实力。

D. 暗中打听他们,并找机会为难他们。

8. 与不同身份的人讲话,你会:(   )

A. 对身份低的人说话,你总是漫不经心地说。

B. 对身份高的人说话,你总是有点紧张。

C. 在不同的场合下,你会用不同的态度与之讲话。

D. 不管是什么场合,你都以一样的态度与之讲话。

9. 你在听别人讲话时,你总是会:(   )

A. 对别人的讲话表示感兴趣,记住所讲的要点。

B. 请对方说出问题的重点。

C. 对方老是讲些没必要的话时,你会立即打断他。

D. 对方不知所云时,你就很烦躁,就去想或做别的事。

10. 在与人沟通前,你认为比较重要的是,应该了解对方的:(   )

A. 经济状况、社会地位。　　　　B. 个人修养、能力水平。

C. 个人习惯、家庭背景。　　　　D. 价值观念、心理特征。

评分方法:

题号为1、5、8、10者,选A得1分、选B得2分、C得3分、D得4分;其余题号选A得4分、B得3分、C得2分、D得1分。将10道测验题的得分加起来,就是你的总分。

结果分析:

总分为11~20分:因为你经常不能很好地表达自己的思想和情感,所以你也经常不被别人所了解。许多事情本来是可以很好解决的,正是你采取了不合适的方式,所以有时把事情弄得越来越糟。你需要严格地训练自己以提升沟通技能。但是,只要你学会控制好自己的情绪、改掉一些不良的习惯,你随时可能获得他人理解和支持。

总分为21~30分:你懂得一定的社交礼仪、尊重他人;你能通过控制自己的情绪来表达自己,并能实现一定的沟通效果。但是,有较多地方需要提高,你缺乏高超的沟通技巧和积极的主动性,许多事情只要你继续努力一点,你就可大获成功的。

总分为31~40分:你很稳重,是控制自己情绪的高手,所以他人一般不会轻易知道你的底细;你能不动声色地表达自己,有很高的沟通技巧和人际交往能力。只要你能明确意识到自己性格的不足,并努力优化,定能取得更好的成绩。但要记住:沟通艺术无止境。

小　结

1. 学校组织是指在一定的教育管理体制下,学校为了实现特定的目标而形成的机构、结构及其管理体系。学校组织是一种社会组织,但除了社会组织的共同性质以外,还具有自身特点,如规范性、权威性和强制性等。

2. 一所学校区别于另一所学校的一系列心理和行为特征,被称为学校组织气氛。与此密切相关的概念为学校组织文化,可以被看作是学校组织气氛的内容之一和具体表现,是指学校全体师生员工在长期的管理、教育教学实践中形成的支配他们行为的价值观念、管理思想、群体意识和管理制度、行为规范、人际模式等。

3. 对于学校组织来说,改革创新具有重要的意义,改革带来的新鲜空气可以激发组织活力,摆脱原有桎梏,获得更新和成长,因此学校组织变革是国际社会共同关注的教育热点。

4. 冲突被认为是组织中不可避免的现象,就冲突本身来说,它对组织及对人的行为影响主要取决于人们对待它的方式。冲突具有二重性:破坏性和建设性。因此,正确认识和处理冲突,有利于维护学校正常的教育秩序,促进学校发展,也有利于提高管理者的水平。冲突管理方面有一系列的策略和技巧,需要学校组织成员,特别是校长学习应用。在学校组织冲突的内容中,尤其需要引起重视的是对校园危机的预防与应对。校园危机是指在未预警的情况下,突然爆发在学校内外的给学校全体或个人带来危害的事件,它可能严重威胁到学校的正常教育教学秩序,并可能带来其他不良后果。

对本章的学习,需要重点把握学校作为一种特殊的社会组织,需要面临和解决的特殊问题是什么,以及相应的理论、策略、技巧有哪些。学习时可以按照由理论延伸到实践,由实践再归纳为理论,以及由一般到特殊、再上升到一般的方法进行学习。在把握学校组织的界定与特性、学校组织气氛、学校组织文化的基本知识、学校改革创新的方法、学校组织的冲突管理与危机处理等理论知识的基础之上,结合我国学校发展的实际,运用案例,进一步深化对学校组织的理解,以及进一步提升组织管理的知识、技能。

练习与思考

1. 练习题

1) 填空题:

(1) 学校组织具有组织的一般特性,但同时学校组织也有其自身的性质特点,表现为_____、权威性和_____。

(2) 校风的结构包括:政风、_____和_____。以上三者的关系为三个同心圆,最里面的圆为政风,由里到外是决定关系,由外到里是制约关系和体现关系。

(3) 库尔特·勒温(Kurt Levin)提出了力-场分析,系统地分析组织中的优势、劣势、机会和威胁,得出了三阶段的基本变革策略:_____、_____、_____。

2) 简答题:

(1) 请列举学校组织结构常见的几种基本结构类型。
(2) 学校组织变革的主要模式有哪些?
(3) 学校组织冲突的类型有哪些?
(4) 学校组织冲突的解决策略包括哪些?

3) 论述题:

请阐述并举例分析学校危机管理的主要内容。

2. 思考题

一般而言,教师们面对改革时所采取的态度是截然不同的,或积极支持,或观望,或反对。更有研究者指出,教育人员对于改革的态度基本上呈正态分布,大致分为反对者、拖延者、沉默者、支持者、热诚者五类,各类人员所占的比例大致如下:沉默者最多,约为40%,其次为支持者和拖延者,各约占25%,热诚者与反对者最少,各约为5%。这就向改革倡导者和学校领导者提出了挑战,他们必须针对拖延和反对者的行为和态度做出积极反应,而对于占人数比例最大的沉默者群体更要给予关注,因为他们的走向将直接影响着学校变革的进展程度和可能空间。从一些实践结果来看,学校除了通过一定的组织设计与管理手段为教师提供促使其变革的诱因之外,激发教师的内心意愿也是一个相对重要的举措(操太圣,卢乃桂,2005)。

请你从心理学的角度分析如何提升教师对学校变革的认同感。

 综合案例

一、案例背景

从《窗边的小豆豆》看班级文化的精神引领

日本作家黑柳彻子在《窗边的小豆豆》中,怀着无比敬仰与感激之情,讲述了她的小学校长小林宗作先生一个又一个润物无声的育人故事。校长先生不仅有自己独特的育人理念,更重要的是,他是一个真正理解孩子的教育者。所以他的"巴学园文化"让调皮另类的小豆豆能顺利地和大家一起学习、交往;让天生残疾的高桥君在运动会上屡获冠军,充满自信……他让每个孩子都把学校当作一片乐土,让学校生活的每一天都成为一生中永不磨灭的记忆。这是教育的理想境界,这是学生的理想乐园。小林校长和他的巴学园,其魅力何在?其成功的经验到底是什么呢?我想,归根结底是文化,是校园文化乃至班级文化的精神引领。

(一)创设和谐的育人环境,让孩子爱上校园生活

巴学园是一所与众不同的学校,这首先表现在它的校园环境。长着茂盛枝叶大树的校门,坐上去就像在"旅行"的电车教室,营养又美味的"海的味道,山的味道",都让孩子们耳目一新,每天心情舒畅。可见,优美的环境能给学生增添生活与学习的乐趣。它有助于培养学生正确的审美观念,陶冶学生的情操,激发学生热爱班级、热爱学校的感情。

苏霍姆林斯基曾经说过,要使教室的每一面墙壁都"会说话"。有效地运用空间资源,创设具有教育性、开放性、生动性的育人环境,能融合师生的情感,促进学生奋发向上。教室环境的建设法则是:生动、活泼,突出班级特点,调动学生参与热情。

1. 卫生靠大家。干净的教室不是打扫出来的,而是保持出来的。在平时的工作中,要经常教育学生看到地上有纸屑就主动捡起来;课桌椅摆放整齐;清洁用具、文体用品、图书等各归其位,让每个学生都尽到主人翁的责任。教室的卫生是班级文化环境的基础,有了这个"地基"就可以添砖加瓦了。

2. 墙壁会说话。教室的环境布置要和谐统一,突出班级特点。最好的办法是先确立班级的特色,如布置一个充满书香气息的班级,可以摆放一个书橱,里面摆满学生爱读的各类书籍;开设"快乐分享"专栏,推荐优秀习作、经典文学作品和读书心得;开辟"事事关心"阅报栏,关注新闻时事,交流社会热点;张贴"喜结硕果"丰收树,鼓励学生点滴的进步。

3. 参与你我他。教室的墙壁会说话了,还要能持之以恒地发挥效力,这就需要学生的热情参与。每个栏目的更新与维护都请专人负责,调动全班学生积极性。这样,教室的墙壁就像孩子们的朋友一样,每天相互倾诉、相互交流、相互鼓励。

实践证明,优美的育人环境,具有"桃李不言,下自成蹊"的特点,能使学生在不知不觉中自然而然地受到暗示、熏陶和感染。虽然我们难以像小林先生建设巴学园那样灵活开放、别具一格,但我们还是可以利用有限的空间,给孩子们增添无穷的乐趣和活力,把教室建设成一个愉悦的场所,给学生一种高尚的文化享受。

(二)加强心灵的沟通交流,让孩子心情愉悦的生活

小豆豆喜欢巴学园,喜欢上学,很大程度上是因为她喜欢小林校长。小林校长第一次见

到小豆豆,就不厌其烦地听她讲了四个小时的话!小豆豆心里想:"能和这个人永远在一起就好了。"在其后的学习生活中,小林校长有时是个亲切的朋友,有时是个和蔼的长者,有时是个慈爱的父亲,无论扮演哪种角色,他总能站在孩子的角度,真正理解并包容他们内心的想法。他将他的教育理念融入与学生心与心的交流之中。所以我们不仅要优化外在的育人环境,还要关注学生的内心世界,做一根纽带,协调好学生与学生、学生与家长、学生与老师之间各种复杂的关系,用朋友之情、父母之爱、恩师之德感染学生,教学生学会为人处世,心情愉悦地学习、生活、成长。

1. 学生与学生之间,做好对小团体的引导。在班集体的创建过程中同时会伴有一个或多个小团体的产生,这些小团体往往以一个人或两个人为领袖,有着他们自己幼稚的行事原则。他们有时会为一些鸡毛蒜皮的小事争吵,有时会为一时的不快而闹点恶作剧,有时会因为某个同学爱抠鼻孔爱放屁的不雅行为对他敬而远之……总之,孩子的世界是善变的,不能简单处之。所以,我们要经常倾听来自孩子们的声音,关注他们的团体生活,及时做好疏导工作。

2. 学生与家长之间,互相理解最重要。俗话说,家家有本难念的经,孩子与父母的关系也是很微妙的。有的非常和谐,可惜只有少数;有的像拉锯战,在双方的"较量"中痛并快乐着的,可能占多数;有的关系紧张,孩子厌烦,父母无奈,也不在少数。家庭教育不是教师育人的范畴,但是它严重影响到孩子学习的心情和效果,所以我们也要关注。平时多察言观色,看看哪个孩子情绪不佳,问问原因,想想办法。特别是单亲家庭的孩子,要多了解家庭背景,多和其父母沟通,多和孩子聊天,及时解开孩子心中的疙瘩。

3. 学生和老师之间,各科均衡发展是关键。班主任和学生相处的时间多,所以班主任教授的学科,学生一般都比较重视。那么,其他学科学生是否同样重视并有兴趣学习呢?我们也要多方了解,我们要培养的是有个性、全面发展的学生。所以,要经常和本班其他学科的老师沟通交流,一方面协助老师做好教学工作,另一方面也能发现一些"另类"的人才,及时鼓励并在适当的时机提供"用武之地",使每个孩子都能在各自的领域里占据第一的位置。例如,有的学生语文方面比较迟钝,但在英语学习上得心应手,动手能力和创造能力也很强;有的性格内向,寡言少语,但特别喜欢钻研奥数题,用数学老师的话来说,他未来很有可能是个研究型的人才;有的对数学反应较慢,但非常沉迷于写作,她的理想是当一名作家;还有的在语文、数学学习上令人头疼,但在游泳和绘画上却胜人一筹。这并不奇怪,因为每个人都有自己的特质,就像小林校长经常说的:

"无论哪个孩子,当他出世的时候,都有着优良的品质。在他成长的过程中,会受到很多影响,有来自周围环境的,也有来自成年人的影响,这些优良的品质可能会受到损害。所以我们要早早地发现这些优良的品质,并让它们得以发扬光大,把孩子们培养成富有个性的人。"

(三)开展别开生面的活动,让孩子身心健康的成长

读完《窗边的小豆豆》,我们一定会对小林校长开展的一个又一个别开生面的校园活动记忆深刻:"海的味道,山的味道"、"电车来了"、礼堂露营、温泉旅行、韵律操、裸泳、野炊、装鬼等,还有那场让残疾的高桥君独揽各项奖牌的运动会。真的很难说清楚,他组织每项活动的初衷是什么,但我们不得不由衷地佩服他:每个活动达到的教育效果是惊人的、是深刻的,不仅让当时的孩子们获益匪浅,身心受益,更给他们的一生留下深远的影响。古人说得好:寓教于乐,现在我们也提倡"玩中学",可见开展丰富的活动对孩子的成长多么重要。

班级文化是一门潜在的课程，它有着无形的教育力量，就像一首诗中所说：随风潜入夜，润物细无声。小林先生投入他毕生的精力去研究和探索它的奥妙，并把他的教育理想付诸实践。他的尝试初显成效，为我们提供了很多值得借鉴的经验。虽然当今应试教育的压力仍然很大，理想和现实的差距也远不是一步之遥，但是我想，每个教育者的心中都有一个理想的"巴学园"，不要埋怨环境的恶劣，不要怪罪孩子的无知，不要随波逐流，坚持自己的理想，沿着前人的足迹，用心耕耘，让这门特殊的"文化"绽放异彩！

（资料来源：张俊芳.从《窗边的小豆豆》看班级文化的精神引领[J].班主任之友：小学版，2008(2).)

二、案例讨论

请思考并分组讨论：

1. "巴学园"校园文化的魅力在哪里？这种学校组织文化是如何建立起来的？
2. "巴学园"对传统学校教育的革新体现在什么地方？
3. 小林校长的这种教育改革探索对我们今天的学校组织改革有什么启示和借鉴意义？

本章推荐阅读书目

[1] 埃德加·沙因.沙因组织心理学[M].北京：中国人民大学出版社，2009.

[2] 维克.组织社会心理学[M].北京：中国人民大学出版社，2009.

参考文献

[1] 程正方.学校管理心理学[M].北京:中央广播电视大学出版社,2000.
[2] 陈学军,林志红,等.管理心理学(心理学经典实验书系)[M].杭州:浙江教育出版社,2009.
[3] 熊川武.学校管理心理学[M].上海:华东师范大学出版社,1996.
[4] 马超,刘晶.学校管理心理学[M].北京:清华大学出版社,2012.
[5] 王卫东.对学校管理心理学研究对象及其内容体系的意见[J].心理学探新,1989(1):54-57.
[6] 张秋菊.学校管理心理学教学方法与教学手段的改革与发展[J].湖北第二师范学院学报,2005,22(2):106-108.
[7] 刘野.学校管理心理学的学科发展[J].辽宁教育行政学院学报,2002(9):77-79.
[8] 徐建成.《学校管理心理学》教材解读[J].江苏教育学院学报(社会科学版),2010(1):36-37.
[9] 宋华.学校管理心理学的结构体系发展初探[J].读与写:教育教学刊,2011,8(9):78.
[10] 张建峰.学校管理心理学在学校管理中的应用[J].亚太教育,2015(17):215.
[11] 徐伯钧.浅谈激励理论在学校管理中的运用——某案例引起的思考[J].教学与管理,2001(16):11-12.
[12] 丁兰芬.马斯洛需要层次理论在高校教师管理中的运用[J].继续教育研究,2003(2):107-109.
[13] 杨喜波,马俊彪,彭信.学校管理中的人性假设[J].教育探索,2005(9):49.
[14] 张丰.基于斯金纳强化理论的高校教师激励机制研究[J].教育与职业,2009(21):41-42.
[15] 张民松.论学习型组织理论在学校管理中的应用[J].科教文汇旬刊,2009(5):87.
[16] 彭虹斌."文化人"假设与教育管理理念的变革[J].教育研究与实验,2012(2):6-10.
[17] 张宁.过程型激励理论在高校教师管理中的应用[J].江苏师范大学学报(哲学社会科学版),2012,38(4):147-150.
[18] 杨建春,李黛.基于勒温场论的高校教师激励机制探析[J].东北大学学报(社会科学版),2012,14(6):544-548.
[19] 邱明娟.自我实现人假设对高校教师管理启示[J].教育界,2013(3):160.
[20] 周慧杰.由"复杂人"假设浅谈学校管理[J].学园,2013(13):146.

[21] 朱正一.基于波特—劳勒综合激励模型的高校教师激励管理探究[J].中国农业教育,2015(5):38-43.

[22] 吕青倩,罗增让.论教师的情绪调节和课堂管理[J].教师教育论坛,2016(1):72-75.

[23] 萨日娜.民族中学牧区高中生的情商现状调查及对策探究[D].呼和浩特:内蒙古师范大学,2008.

[24] 马蒂·兰妮.内向孩子的潜在优势[M].赵曦,刘洋,译.长春:北方妇女儿童出版社,2011.

[25] 莱利.内向者优势[M].杨秀君,译.上海:华东师范大学出版社,2008.

[26] 燕道成.中小学生网络游戏成瘾的心理成因与教育应对[J].中国教育学刊,2014(2):99-102.

[27] 熊勇清.组织行为学[M].长沙:湖南人民出版社,2006.

[28] 白云阁.非暴力沟通:让校园充满爱意[J].人民教育,2016(2).

[29] 刘琳慧,刘佳佳.沟通,从倾听开始——人际交往技能团体辅导[J].中小学心理健康教育,2012(4):20-21.

[30] 陶媛.澳大利亚呼吁学校培养中小学生情绪恢复能力[J].世界教育信息,2014(7):77.

[31] 彭聃龄.普通心理学[M].4版.北京:北京师范大学出版社,2012.

[32] 刘玉梅.管理心理学——理论与实践[M].上海:复旦大学出版社,2009.

[33] 姜媛,白学军,沈德立.中小学生情绪调节策略的发展特点[J].心理科学,2008(6):1308-1312.

[34] 郭继东.学校管理的沟通策略[J].教学与管理,2012(31):15-17.

[35] 黄寒英.小学生情绪认知能力的发展及其影响因素[J].教学与管理,2010(33):42-43.

[36] 陈振中.重新审视师生冲突——一种社会学分析[J].教育评论,2000(2):40-42.

[37] 范慧玲.促进小学生情绪智力发展的初步探索[J].基础教育研究,2014(5):53-55.

[38] 雷雳,杨洋.青少年病理性互联网使用量表的编制与验证[J].心理学报,2007,39(4):688-696.

[39] 陈虹.给教师的101条积极心理学建议——积极语言HAPPY[M].南京:南京师范大学出版社,2012.

[40] 钱志亮.特殊需要儿童咨询与教育[M].北京:北京师范大学出版社,2006.

[41] 毛颖梅.特殊儿童游戏治疗[M].北京:学苑出版社,2010.

[42] 陈云英.中国特殊教育学基础[M].北京:教育科学出版社,2004.

[43] 申荷永,高岚.心理教育[M].广州:暨南大学出版社,1996.

[44] 邓良勇.疏导中学生早恋的几点做法[J].四川工程职业技术学院学报,2007(2):61-62.

[45] 王金元,何侃.特殊儿童心理健康教育生态化支持系统的建构[J].南京特教学院学报,2008.

[46] 张婷婷.北美25个"有效促进儿童及青少年积极发展项目"的评定结果研究[J].中小

学心理健康教育.2009(13):18-21.

[47] 陈旭,张大均.心理健康教育整合模式探析[J].教育研究,2002(1).

[48] 张雯.促进小学一年级随班就读学生学校适应性的班级管理探究[D].重庆:重庆师范大学,2012.

[49] 刘慧丽.融合教育理念下资源教师角色的指导模式研究[D].武汉:华中师范大学,2013.

[50] 董宁.学校心理健康教育模式的"科学困境"及审美转向[D].呼和浩特:内蒙古师范大学,2014.

[51] 尹天松.影响教师发展的深层原因与促进教师发展的策略研究[D].华东师范大学,2005.

[52] 张洪波.谈谈做好学生对教师课堂教学的评价工作[J].安庆师范学院学报(社会科学版),2002,21(5):100-102.

[53] 吴晓义.国外积极课堂气氛形成理论及其对我国的启示[J].外国教育研究,2007(9):31-36.

[54] 方双虎.论课堂心理气氛的影响因素[J].内蒙古师范大学学报(教育科学版),2003(4):43-46.

[55] 王桂平,等.国外关于课堂纪律问题的研究述评[J].外国教育研究,2005(6).

[56] 阿拉坦巴根.高校课堂教学心理契约的履行机制研究[D].东北师范大学,2014.

[57] 王鉴.班级心理学[M].北京:北京师范大学出版社,2012.

[58] 郭颖.心理辅导视域下的班级管理策略[J].现代教育科学,2006(4):74-76.

[59] 苗青青.班级管理中心理效应的探索与实践[J].中国西部科技,2010(7):93-94.

[60] 邱勇强,黄金来.积极心理学理念与高校班级管理[J].中国成人教育,2011(6):31-33.

[61] 靳丽华.班级管理的生态化探析[J].教育理论与实践,2012(19):26-29.

[62] 王洪明.从"管理"到"辅导":班级变革研究[D].上海:华东师范大学,2011.

[63] 赵敏.论班级管理的职能及其意义指向[J].教育理论与实践,2003(6):29-33.

[64] 魏凡.心理辅导技术在班级管理中的应用[J].当代职业教育,2010(6):39-40.

[65] 李文丽.心理学效应在班级管理中的应用[J].新课程学习,2012(3).

[66] 申磊.基于积极心理学的班干部选择[J].教学与管理:中学版,2015(8):27-28.

[67] 陈薇怡.浅谈心理效应在大学生干部管理中的应用[J].赤峰学院学报(自然科学版),2008(11):178-180.

[68] 李敏.我国青少年学生领导力的测量及其影响因素研究[D].武汉:华中师范大学,2013.

[69] 祝菡.高校学生干部管理中的心理契约模式探析[J].湖南工业职业技术学院学报,2011(4):63-64.

[70] 栗婷.高校学生班干部胜任力研究[D].西安:陕西师范大学,2006.

[71] 吉明明.论心理文化指导下的学生干部管理体系建设[J].学术探索,2012(4):106-108.

[72] 秦凯.团体心理辅导在高校学生干部管理中的作用[J].文教资料,2014(5):140-141.

[73] 董洁.调整心态 直面压力——"心理健康教育"主题班会设计[J].河北教育:德育版,2015(6).

[74] 孙昊.班主任开展心理班会初探[J].班主任之友,2008(10):38-40.

[75] 谭志敏,郭亮.心理辅导技术在高校主题班会中的运用及其注意要点[J].中国电力教育,2007(11):74-75.

[76] 宋洋,李冬梅.校园心理剧在中小学心理主题班会中的应用[J].中国德育,2010(10):69-70.

[77] 李玉荣.校园心理剧在小学心理主题班会中的应用[J].中小学心理健康教育,2013(11):16-18.

[78] 段婀娜.心态决定命运:关键时刻勇者胜——班级管理案例分析[J].基础教育参考,2010(11):17-18.

[79] 刘晓辰.城乡交流背景下校长角色适应及应对机制研究[D].沈阳:沈阳师范大学,2013.

[80] 程思明.吉林省中小学校长职业角色认同的研究[D].长春:东北师范大学,2014.

[81] 林崇德,杨治良,黄希庭.心理学大辞典[M].上海:上海教育出版社,2003.

[82] 周永康.大学生角色认同实证研究[D].重庆:西南大学,2008.

[83] 杨斌,肖蔷.基于职业角色分析的校长专业发展知识体系构建[J].教学与管理,2008(36):6-8.

[84] 朱广清.中小学校长任职资格培训课程研究[D].苏州:苏州大学,2008.

[85] 张平.学校变革视野下校长领导力研究[D].上海:华东师范大学,2010.

[86] 王利敏,郭继东,张天佩.校长角色的多元化分析与整合[J].中小学校长,2009(3):25-27.

[87] 魏青.论高校领导干部的心理能力[J].乐山师范学院学院,2008(11):18-21.

[88] 金胜利,孟庆新.高校领导干部自我心理调适能力的培养[J].思想政治教育研究.2012(4):129-132.

[89] 朱永新.管理心理学[M].3版.北京:高等教育出版社,2014.

[90] 迈克尔 A.希特,等.组织行为学——基于战略的办法[M].北京:机械工业出版社,2008.

[91] D 赫尔雷格尔,等.组织行为学[M].上海:华东师范大学出版社,2001.

[92] 贾汇亮.中小学校长领导的有效性及其评估体系研究[D].广州:华南师范大学,2004.

[93] 许敏.学校领导力的内涵、功能及其提升策略[J].教育发展研究,2008(6):51-54.

[94] 郑燕祥.学校效能与样本管理:一种发展的机制[M].上海:上海教育出版社,2002.

[95] 萧宗六.学校管理学[M].4版.北京:人民教育出版社,2008.

[96] 詹长春.试论影响领导有效性的因素及其改善途径[J].经营管理者,2013(1):134.

[97] 孙萍,张平.公共组织行为学[M].2版.北京:中国人民大学出版社,2011.

[98] 范国睿.多元与融合:多维视野中的学校发展[M].北京:教育科学出版社,2002.

[99] 朱新秤.教育管理心理学[M].北京:中国人民大学出版社,2008.

[100]　程正方.学校管理心理学[M].北京:中央广播电视大学出版社,2000.

[101]　林则田,王苏琪.强化校风建设　培养合格人才[J].河南教育:高校版,2005,23(8):1-4.

[102]　张俊芳.从《窗边的小豆豆》看班级文化的精神引领[J].班主任之友:小学版,2008(2).

[103]　杨小微.全球化进程中的学校变革[M].上海:华东师范大学出版社,2004.

[104]　彼得·圣吉.第五项修炼——学习型组织的艺术和实务[M].上海:上海三联书店,1994.

[105]　李希贵.学校组织变革的策略选择[J].上海教育,2013(6):25-31.

[106]　杨小微.转型性变革中的学校领导[J].教育研究与实验,2005(4):23-27.

[107]　李亦菲.对学校文化的要素与结构的分析[J].天津师范大学学报(基础教育版),2008,9(1):11-16.

[108]　郑莉君,戈兆娇.学校组织气氛研究述评[J].辽宁师范大学学报(社会科学版),2009,32(1):51-54.

[109]　曹艳琼.澳门小学学校组织气氛与教师工作满意度之研究[D].广州:华南师范大学,2002.

[110]　马云献.高校组织气氛及其与教师工作绩效的关系研究[D].郑州:河南大学,2005.

[111]　潘孝富,程正方.学校组织健康与学生心理健康的相关性研究[J].心理发展与教育,2001(2):59-64.

[112]　李春玲.我国学校组织变革研究的现状及展望[J].华东师范大学学报(教育科学版),2006,24(3):31-36.

[113]　朱晓斌.美国学校危机管理的模式与政策[J].比较教育研究,2004,25(12):45-50.

[114]　唐京,陈卫旗.从"组织气氛"到"组织文化"——概念发展的逻辑[J].心理科学进展,2001,9(1):62-65.

与本书配套的二维码资源使用说明

本书部分课程及与纸质教材配套数字资源以二维码链接的形式呈现。利用手机微信扫码成功后提示微信登录,授权后进入注册页面,填写注册信息。按照提示输入手机号码,点击获取手机验证码,稍等片刻收到 4 位数的验证码短信,在提示位置输入验证码成功,再设置密码,选择相应专业,点击"立即注册",注册成功(若手机已经注册,则在"注册"页面底部选择"已有账号立即注册",进入"账号绑定"页面,直接输入手机号和密码登录),即可查看二维码数字资源。手机第一次登录查看资源成功以后,再次使用二维码资源时,只需在微信端扫码即可登录进入查看。